河北传媒学院

智慧传媒·五月新传论坛

（2024·5）专辑·首卷

张金桐 张玮 申玉山 付超 ◎ 副主编

李锦云 ◎ 主编

中国国际广播出版社

智慧传媒·五月新传论坛（2024.5）编委会

主　任：李锦云
副主任：李建平　董孟怀
委　员：（以姓氏笔画为序）
　　　　王贺新　王敬照　申玉山　付　超　朱良志
　　　　刘　静　刘玉清　孙洁丽　李　婉　杨东伶
　　　　杨晓娟　张　玮　张金桐　张振国　张晓建
　　　　贵传忠　贾宗普　薛立磊　默书民　穆　洁
　　　　魏茹芳
主　编：李锦云
副主编：张金桐　张　玮　申玉山　付　超
统　稿：申玉山　付　超
编　务：武卫卫　石宏杰　朱席席

在智慧传媒研究院成立暨首届"新传论坛·五月科研活动月"的致辞

（代前言）

王锡朝

尊敬的各位领导、各位专家、老师们、同学们：

大家上午好！

首先，我代表河北传媒学院，向长期以来关心和支持学校发展的各位领导、各位专家、老师们、同学们表示最热烈的欢迎和最诚挚的感谢！

今天，我们齐聚一堂，共同见证河北传媒学院智慧传媒研究院的成立暨首届"新传论坛·五月科研活动月"的启动，这不仅是河北传媒学院发展历程中的一个创新事件，也是我们面向未来，拥抱智能时代，深化传媒教育与科研创新的庄重承诺。

河北传媒学院是一所以传媒艺术为主、多学科兼容的民办全日制普通本科院校，设有13个二级学院、51个本科专业、2个专业硕士研究生授权点；有3个国家一流本科专业建设点、11个河北省一流本科专业。学校遵循"传媒是社会的良知，人类的道义"校训，以立德树人为根本，重视创新创业教育实践，推进产学研合作协同育人，综合实力稳步上升，连续多年被评为中国顶尖级民办大学、全国民办艺术类高校第一名、河北省民办高校第一名。

智慧传媒研究院和"新传论坛·五月科研活动月"，均以本校新闻传播学院为依托，聚合人才资源，汇聚智慧力量，搭建集科学研究、作品创作、对外交流以及社会服务于一体的综合性平台，旨在为学校的建设和发展发掘新动源、开辟新阵地、搭建新平台。今天，河北传媒学院智慧传媒研究院成立和首届"新传论坛·五月科研活动月"启幕，我们邀请学界、传媒界专家近距离指导、点评论坛论文，一定能促进、帮助老师和同学们提高科研能力，提升科研水平。而即将进行的专家论坛也一定会带给我们最前沿、最专业、最鲜活的科研信息，开阔我们的研究视野，进而推动全学校科学研究的新突破！

在此，我想就这两件事情提几点建议。

希望智慧传媒研究院成为科研创新驱动的高地，成为青年教师成长的摇篮，成为课题项目的孵化器，成为作品创作的基地，成为对外交流的桥梁，成为社会服务的窗口。智慧传媒研究院要汇聚多学科智慧，瞄准传媒业界前沿，紧跟学界最新研究动态，推动传媒科学理论的创新与应用；要营造充满活力和具有创新性的学习环境，帮助、指导青年教师快速成长；要培育、打造一系列具有前瞻性、创新性和应用性的研究课题；要积极开展"燕赵文脉"系列策划创作实践活动，有创意，出精品；要加强与校内外、国内外的联系，拓宽校际、校企、校媒间的合作渠道；要对接社会需求，转化科研成果和人才优势，为学校发展乃至地方经济社会发展做出力所能及的贡献。

"新传论坛·五月科研活动月"要常态化举办，创新机制，形成制度，定期邀请专家举办高层次论坛，与相关期刊建立良好的沟通机制，及时了解学界研究动态；要将智慧传媒研究院与"新传论坛·五月科研活动月"融为一体，组织好论文的写作、指导、评阅工作；要建立科研工作激励机制，为师生多出成果、出高水平成果注入动力和压力，调动、激起他们开展科研工作的主动性和积极性，全面提高师生的科研能力，提升学院的办院层次，助力河北传媒学院的长足发展！

各位领导、各位专家、老师们、同学们，智慧传媒研究院和"新传论坛·五月科研活动月"承担着重要的责任和使命，我衷心希望它们能为河北传媒学院的发展注入新的活力，为推动传媒教育与行业发展发一份光、添一份彩。让我们携手并进，共创智慧传媒的美好未来！

谢谢大家！

2024.5.25

目 录

上 编

媒体融合与社会发展

| 主流媒体新闻短视频的内容创作与传播策略 | 曹素贞 刘 静 / 002 |

| 网络文学 IP 剧的场景建构与价值共创研究 | 默书民 范 则 / 010 |

| 社会化媒体时代大众非理性表达与行为探析：表征、动因 | |
| 及引导路径 | 党 洁 / 022 |

| 网红县域流量变现路径与本土化启示 | 贾 蓓 / 033 |

| 创新扩散理论视角下乡村短视频的现实表达与异化 | |
| | 付 超 朱丹丹 / 045 |

| AI 技术赋能主持传播数字化重塑 | 张苗苗 / 055 |

| 媒体深度融合背景下广电融媒体的品牌化建设 | 赵 珣 石宏杰 / 068 |

| 京津冀协同发展背景下体育传播策略研究 | |
| ——基于 4C 理论视角 | 靳文雅 / 076 |

| 基于符号互动论的科技传播效果研究 | 韩亚峰 / 084 |

媒介与文化传播

影像奇观和浪漫现实：《长安三万里》的中国式叙事
　　　　　　　　　　　　　　　　　　张敬亚　武卫卫 / 094

"女性受害者"网络新闻中的传播偏向研究　　窦玉英　李巧丽 / 103

媒介融合背景下红色文化视觉传播认知维度的提升　　那　鑫 / 111

中华传统文化类图书出版的问题、成因及出路　　　　毕维娜 / 118

受众体验视域下的河北非遗传播　　　　　　　杨　茜　薛立磊 / 127

提升中国影视作品国际传播力对策研究　　　　　　　丁国钰 / 138

主持人讲好中国故事的策略
　　——以《环球华人》节目为例　　　　　　　　　张静怡 / 149

新闻摄影作品的获奖奥秘
　　——以《风雪夜大营救》为例　　　　　　　　　宋兆宽 / 154

传媒教育与教学

人工智能与高校实验教学的融合发展探析　　李亚秀　朱席席 / 166

新传类大学生新媒体运营创新创业能力培养模式探索
　　　　　　　　　　　　　　　　　　杨雪梅　罗可心 / 177

讲好中国品牌故事
　　——"品牌战略与管理"课程思政教学的研究与实践　武　文 / 184

艺术与议程：新媒体时代艺术类高校思政课教学创新
　　　　　　　　　　　　　　　　　　张孟军　姚小菲 / 196

高校双语播音主持人才培养中的跨文化传播教学策略探析　张彤彤 / 209

虚拟仿真实验在播音主持专业实践教学中的应用设计
　　——以"展览解说实训"课程为例　　　杨　帆　李　婉 / 218

建设数字新闻学"反思性实践教学体系"　　　　　王贺新 / 226

文旅融合背景下口语传播人才培养的研究　　高　毅　王超宇 / 237

"播音主持创作基础"理论课堂教学互动策略研究　　王小翠 / 248

人工智能时代新闻学教育面临的机遇和挑战　　米贯一　刘红丽 / 258

下　编

社交媒介与新闻传播

社交媒体与女性主义运动的相互赋能
　　——以小红书"脱美役"与"服美役"的考察为中心
　　　　　　　　　　　　　　　　　　商建辉　徐雅涵 / 274

信息接收者对"已读回执"功能的反利用
　　——基于行动者网络理论　　　　　　穆　洁　赵　微 / 284

身份的隐匿与重构：社交平台中 momo 群体的自我呈现
　　　　　　　　　　　　　　　　　　　朱席席　牛子清 / 292

建设性新闻视域下环境新闻报道框架分析
　　——基于中国新闻奖中的环境新闻报道　陈淑娟　侯嘉诚 / 300

多维发声与角色坚守
　　——央视新闻对涿州暴雨事件的报道策略探析　石宏杰　任子赫 / 312

4R 危机管理理论视角下移动游戏产业突发事件应急管理策略

武卫卫　王　玥 / 321

人工智能与媒体变革

算法推荐视域下短视频推送服务的局限与优化路径

刘　静　赵　薇 / 329

人工智能技术赋能新闻采写的现状、困境及突破路径

米贯一　李世苗 / 344

维贝克"道德物化"视域下社交聊天机器人的技术伦理探析

杨东伶　申欣如 / 354

媒体融合背景下记者数字素养提升研究　　王贺新　王怡文 / 363

知识付费产品试用体验对用户黏性的影响研究
　　——以"一元公开课"为例　周思超　俞健豪　卢光金　戚晓婷 / 373

城市形象与区域文化传播

"梗文化"塑造城市形象的路径分析
　　——以哈尔滨特色文旅活动火爆出圈为例　窦玉英　张卉馨 / 396

新媒体平台赋能城市传播的媒介情境探析　　吴　兵　王艺妍 / 404

《长安十二时辰》跨媒介叙事对西安城市形象的传播

杨　茜　陈娅君 / 412

海南红色文化之创新·扩散·融合
　　——以红色娘子军文化传播为例　　　　　付　超　林　娟 / 420

电视文化节目主持人话语样式分析
　　——以《非遗里的中国》为例　　　　　　薛立磊　万重瑶 / 436

少数民族大学生参与社交媒体平台民族文化信息正向建构研究

               金　强　赵晓楠 / 446

湖北卫视播音员主持人普通话应用调查研究

 ——以2023年12月4日全天段节目的语言呈现为例

               张海燕　刘梦儿 / 460

在"智慧传媒"研究院成立暨首届"新传论坛·五月科研
活动月"的总结发言（代后记）   张金桐 / 470

上编

主流媒体新闻短视频的内容创作与传播策略

曹素贞　刘　静

【摘要】 在信息技术向智能化、平台化、可视化方向发展的背景下，短视频平台正在从一种视听内容聚合端口逐渐演变为互联网的基础设施，由此也成为主流媒体重塑话语格局、创新传播形态的重要抓手。本文立足主流媒体新闻短视频的价值导向，探究新闻短视频内容创作的六大维度，即互联网话语、交互性叙事、直观化表达、视听化元素、热点性聚焦和技术化驱动，认为主流媒体应遵循传播规律、转变传播理念、丰富传播语态、拓延传播渠道，使短视频平台成为媒体优质内容传播的新领域、新载体和新引擎。

【关键词】 主流媒体；新闻短视频；内容创作；传播策略

短视频是基于移动网络和智能算法等技术的社交媒介，不同于传统电视媒介的专业化生产，其以短小精悍的内容实现、门槛较低的全民参与和沉浸式的视听体验等特征逐渐发展成为互联网平台的底层基础设施。对主流媒体而言，破局短视频传播，是重塑自身传播力的必由之路。为此，有必要在明晰主流媒体新闻短视频价值导向的基础上，厘清新闻短视频的内容创作着力点，探索主流媒体新闻短视频的传播策略。

一、价值导向：主流媒体新闻短视频的责任担当

1. 专业化报道，提供权威信息

主流媒体在专业化报道方面拥有天然的优势。一是主流媒体拥有专业的新闻采编队伍和规范的采编流程，具有完备的政治把关能力、全媒体信息采集能力和新闻传播能力，能够提供权威的新闻短视频。二是主流媒体具备广泛的信息渠道和正规的新闻采编权，可以产出重要报道和独家报道，推出大批具有深刻影响力的新闻短视频。例如，围绕习近平总书记系列重要讲话和重要指示批示精神，主流媒体精心策划内容选题，新华每日电讯抖音号推出的"时代是出卷人，我们是答卷人，人民是阅卷人"、新华网抖音号推出的"青年之于党和国家而言，最值得爱护、最值得期待"等，进行了广泛的宣传阐释，引起了重大反响，取得了良好的传播效果。

2. 主流化引导，弘扬主流价值

主流媒体作为信息时代重要的信息传播媒体，担负着弘扬主流价值和引导社会舆论的重任。在纷繁复杂的短视频平台信息中，弘扬主流价值、传递主流声音既是主流媒体进行内容生产和传播的初心与使命，也是主流媒体应对传播渠道和传播载体变化的创新体现。一方面，主流媒体积极融入短视频平台，"弘扬主旋律，传播正能量"，将有态度、有深度、有温度、接地气的新闻短视频推送给短视频用户。比如，央视新闻App中的央视号推送的"奋斗者·正青春"专题系列短视频，以《中国UP！》青春季、青春风采和奋斗有我三大版块对青年奋斗者的新闻事迹进行了报道，引起了青年用户的共鸣。另一方面，主流媒体充分发挥舆论引导效能，主动及时回应社会关切，避免网络谣言、虚假信息等在短视频平台传播。

3. 主题化设置，制定传播议题

主流媒体作为能够对其他媒体产生影响力的媒体，又被称为"议程设

置媒体"。主流媒体的新闻报道和信息传达活动以赋予各种议题不同程度的显著性的方式影响着人们对周围世界"大事"及重要性的判断。围绕新中国成立74周年、中国共产党成立102周年、决战决胜脱贫攻坚、党的二十大、神舟十七号成功对接空间站等重大主题新闻报道,主流媒体凭借新契机、新选题、新视角和新技术,在守正创新的基础上设置传播议题,运用多元化的短视频表达形式,推出了一系列主题突出、内容聚焦、类型多样的主旋律新闻短视频,充分发挥了主力军、主阵地的作用,传播成效显著。

4. 多元化呈现,培育社会风尚

主流媒体除了扮演新闻报道者、价值风向标、舆论压舱石的角色,还承担着社会黏合剂和时代记录者的重任。在新闻短视频中,主流媒体把社会主义核心价值观贯穿于内容的策划、制作、推荐等过程,聚焦典型事迹,反映鲜活实践,挖掘普通人为梦想奋斗的事例,充分展现各地的善行义举等,引起了短视频用户的极大关注。比如,人民日报抖音号推送的"89岁母亲晕车,兄弟两人轮流用背篓背母亲去医院""敏锐、细心又果断,'女侠'司机你真棒!"等新闻短视频充分挖掘了主人公事迹的亮点和瞬间,均获得了千万以上的点赞。此类新闻短视频以见人见事、入情入理的画面呈现、充满穿透力和震撼力的情感表达,培育了社会风尚,在润物细无声中展示了核心价值观的道义力量。

二、内容创作:主流媒体新闻短视频的生产机制

1. 创新话语表达,活用互联网话语

短视频聚合平台的新闻短视频与传统的电视新闻相比,生产理念和话语方式存在着巨大差异。新闻短视频较为注重碎片化、场景化和感染力。在话语表达方面,一是标题制作具有"网感",突出内容和风格的网络特征,拉近与用户的距离;二是剪辑或截取新闻视频的核心片段,通过贴网

络话语字幕、配表情包、添加背景音乐、放大镜头等方法制作出吸引注意力的新闻短视频；三是使用亲和、放松、接地气的语言，上接"天线"，下接"地气"，传播热点新闻，进行舆论引导。央视新闻推出的系列短视频《主播说联播》是典型案例，既做到了使用区别于《新闻联播》的播报式的话语风格，以轻松、亲和的年轻化、网络化表达方式吸引了大批用户；又将主流意识形态与时政内容进行了良好的整合输出，对社会舆论形成了良好的引导效应。

2. 融入社交元素，强化交互式叙事

亨利·詹金斯等人将社交媒体称为"扩散媒介"，其中，"扩散"主要体现为用户对信息内容的主动分享，也正是对媒介内容的分享驱动着人们开展互动。[①] 短视频平台之所以具有良好的传播效果，重要原因之一在于其社交性。主流媒体的短视频创作需从根本上摒弃"将传统新闻题材视频化为新闻短视频"的认知，改变单纯线性的叙事方式，从符合短视频的互动叙事的题材和角度进行内容创作，提升代入感、增强共情力，提高用户分享、转发、评论、点赞等参与度。比如，人民日报抖音号的新闻短视频以较强的"现场感""临场感"和更能带动用户参与的表达方式，将交互性元素融入新闻短视频，既注重选择贴近民生民情的议题，又较多使用了凸显交互叙事的表达方式，获得了良好的用户关注和参与。

3. 提炼新闻核心，注重直观化展现

在媒介消费碎片化的环境中，即时性、轻量化和现场感是新闻短视频不同于传统新闻报道规则的重要体现，因此，新闻短视频如何在以秒计算的短视频产品中实现震撼性的视觉呈现和完整的叙事表达是其内容创作和生产的重要考量。尽管新闻短视频的时长较短，但其主题鲜明、叙事结构紧凑，需要新闻短视频能够提炼新闻核心，善用"倒金字塔式"结构，突出新闻重点，注重核心内容的直观化表达。由此，短视频的制作中，可将

---

① 张媛，李福森. 总台时政新闻短视频平台分发策略探析 [J]. 电视研究，2022（5）：65-67.

有影响力的新闻素材紧凑剪辑，注意语言文字的凝练，以"短小精悍"的创编突出新闻重点、交代新闻要素、展现新闻细节，进而满足用户在信息获取方面要求高效的习惯。

4. 贴近用户观感，布局视听化元素

随着移动短视频平台中的视听转向，用户逐渐依靠视听符号和视听体验接触和获取媒介信息，以视觉呈现和听觉体验为中心的沉浸式短视频时代已然来临。主流媒体新闻短视频的内容制作应注重对画面、声音和字幕等传播手段的综合运用和配合，利用影像、语言、音效等多个维度传递新闻信息。通过提高色彩运用的灵活度增加新闻的感染力，使用风格多样的配乐烘托气氛、巧用字幕元素、场景的叙述等将新闻展现出来，以更好地吸引用户关注，呈现新闻事实。总而言之，在恪守新闻真实、客观、公正、全面的前提下，应尽可能地优化视听语言，顺应移动短视频聚合平台的传播特性。

5. 紧追社会热点，引领话题性参与

社会热点新闻具有很强的时效性和社会关注度，是主流媒体提升传播力和影响力，拓展传播圈层和空间的重要机遇。主流媒体新闻短视频需要及时跟进热点议题，报道国内外各种新闻事件，向公众传递权威信息。尤其是针对重大突发事件、重要节日或者高考季、开学季、毕业季等具有特殊意义的时间节点，应从独特的视角进行及时传播，使热点新闻、社会动态等尽可能快而准确地触达用户。此外，在信息供给爆炸性增长的短视频平台中，由于整体内容生产模式的碎片化、浅层化和娱乐化，极易出现情绪宣泄型内容、虚假新闻信息等，主流媒体紧追话题热点，引领话题性参与，既可起到释疑解惑的作用，也可有效把握和正确引导社会舆论。

6. 借力技术驱动，推动智能化升级

从技术逻辑的建构看，技术对主流媒体内容建设的驱动经历了技术创新内容表达方式、技术改良内容生产流程、技术变革内容生产模式与技术驱动内容战略调整四个阶段。[①]AI（人工智能）、大数据、AR（增强现实技术）、VR（虚拟现实技术）、全息影像、360 全景视频、元宇宙等信息技术在驱动主流媒体重构内容表达方式的基础上，以更为深入的协作式与嵌入式模式影响着主流媒体新闻短视频的生产。主流媒体新闻短视频的内容创作也在技术赋能的系统化动力机制下朝着智能化内容生态体系发展。主流媒体需从"内容＋科技"的融合维度出发，推动内容创作的战略调整与结构升级，探索 AI 主持人、Vlog 等新传播样态，创新表达方式，将新技术、新手段和新创意在新闻的采集、制作、呈现等方面综合运用，完善内容科技创新体系，推动智能化升级。

三、传播策略：主流媒体新闻短视频的实践探索

1. 遵循传播规律，适应平台化的信息运作模式

移动短视频社交平台的短视频呈现出"轻体量""生活化""趣味性"等特点，主流媒体短视频的传播不仅要有"新闻意识"的时新性和重要性，还要有"规则意识"的贴近性和"新奇性"，以更好地适应短视频领域的传播规律。新闻短视频的传播应从宏大叙事、理念阐述等角度向微观叙事、交互叙事等方向转变。比如，新华社抖音号主打时政类报道、社会新闻报道及正能量新闻报道，在语言表达上兼顾严肃和活泼；中央广播电视总台将传统的电视新闻《新闻联播》进行二次创作后融入抖音、快手、微信、微博等短视频聚合平台或者社交媒体短视频平台，用接地气的语言寻找与用户的对话感、交流感等，打破了刻板印象，实现了多屏互动和全平台传播；等等。这些举措均是主流媒体创新探索的成功实践。

2. 重塑传播理念，寻求传受双方的最大公约数

安东尼·梅菲尔德（Antony Mayfield）在《什么是社会化媒体》一书

[①] 黄楚新，许可. 深度融合中主流媒体内容建设的多重逻辑与发展转向［J］. 武汉科技大学学报（社会科学版），2022，24（3）：293-298.

中，将社交媒体定义为一种给予用户极大参与空间的新型在线媒体，具有参与、公开、交流、对话、社区化、连通性等特征。[①] 主流媒体进入短视频领域，应打破传统思维定式，充分考虑即时传播、海量传播、交互叙事和用户体验等基本要素，重塑传播理念，树立平台化、技术化、产品化、社交化等思维。其一，从信息发布载体向信息平台提供者转变，以短视频平台为中介与用户进行"对话"；其二，活用大数据、AR、VR、AI 主播、全景影像等媒介技术，以新理念引领短视频内容的制作与传播；其三，以信息、服务、社交、娱乐等产品化思维满足用户的平台需求；其四，注重新闻短视频的社会化属性和社交性功能，强化用户的主角意识，融入社交元素，从而寻求传受双方的最大公约数。

3. 丰富传播语态，探索"事实＋情感"的共情传播新范式

共情是指个人对他人情绪和精神状态的感受和认知，是引发短视频传播的重要因素。在社交化、碎片化的媒介环境中，主流媒体的新闻短视频要想赢得用户的喜爱和自觉转发，必须能够引起用户的情感共鸣和思想认同。因此，在遵循传播客观事实的基础上，以"事实＋情感"为内核，辅以情感化、观点化叙事的传播语态，探索共情传播新范式，是动员用户、引发共鸣的有效手段。比如，新华社、央视新闻、人民日报等主流媒体在抖音、快手、微视等社交媒体短视频平台的新闻传播，丰富了互联网表达方式，少了严肃的官方播报，多了大众化语言与当下流行网络用语的使用，以平等的姿态加强与用户的对话和互动，提高了短视频平台用户的接受度和贴近感。

4. 拓宽传播渠道，构建多元化的信息传播格局

主流媒体的新闻短视频传播矩阵主要涵盖三种传播渠道：一是新闻媒体自建的终端平台，如新华社、央视频、澎湃新闻 App 等；二是短视频聚合平台的官方号，如央视新闻、人民日报及省市级主流媒体等的抖音、快

---

① 黄建国. 5G 风口下主流媒体的布局路径及理念创新 [J]. 传媒观察，2019（6）：95-100.

手、微视官方账号；三是主流媒体在微信、微博等各类社交平台上的新闻账号，如人民日报社的"人民日报""人民日报国际"视频号，上海广播电视台的"看看新闻Knews"视频号，等等。主流媒体新闻短视频的传播效果很大程度上依赖于三种传播渠道的协同效应。由此，一方面，主流媒体可通过自主可控的终端App发布短视频类新闻内容，促成各类新闻信息的实时传播；另一方面，应积极开拓传播渠道，进行平台入驻和平台合作，借力短视频聚合平台、社交平台等实现多渠道连接的集群和联动效应。与此同时，要借助平台的"流量叠加"的信息推送模式和转发互动的多链条传播模式，拓展信息传播空间，实现全方位立体化传播，最为广泛地覆盖短视频用户。

结　语

在媒介技术发展的语境下，"短平快"的内容创作逻辑重构了新闻实践的内容生产边界和信息传播生态。主流媒体需守正创新，转变短视频新闻的内容生产与传播模式，以专业化报道、主流化引导、主题化设置和多元化呈现为价值导向。在新闻短视频的制作上，积极适应新媒体和新平台的形式与语态，将底层话语表达与交互式叙事协同、直观化展现与视听化布局并行、话题性引领与技术化驱动并重；在新闻短视频的传播中，提供权威信息，传播社会正能量、凝聚社会共识，从而让主流声音传得更开、传得更广、传得更深入。

网络文学 IP 剧的场景建构与价值共创研究

默书民　范　则

【摘要】网络文学 IP 剧之所以成为当下热门影视形态，关键在于传播者与受众之间形成的价值共创关系。在互动中，网络文学 IP 剧通过元宇宙元素融入情景建构、奖励机制和仪式化构建双重场景等方式，吸引受众共同创造多元传播场景。但是，这一过程存在公私域矛盾、共生作品保护不足、受众共创参与环节不足等问题，需要价值共创各个参与主体协同合作，关注受众在 IP 剧价值共创场景中的参与性，激活个体参与媒介场景空间搭建的活力。

【关键词】网络文学 IP 剧；场景建构；价值共创

网络文学 IP 剧作为互联网时代诞生的文化消费产品，正向高质量阶段快速发展，影响着大众的社会文化生活，占据着电视剧领域的重要位置。网络文学 IP 剧在价值共创的过程中，以场景建构的方式与受众互动，研究这一过程与影响对网络文学 IP 剧的发展将具有一定的促进作用。

21 世纪，管理学教授 Prahalad 与 Ramaswamy 在著作《竞争的未来》中，明确提出了"价值共创"的概念；从企业竞争战略视角出发，提出了"消费者体验逻辑"的价值共创概念。他们认为，消费者体验的形成过程也是企业与消费者共同创造价值的重要方式，共创价值形成于消费者与价值网络各结点企业之间的异质性互动[1]。

场景原本是指电影、戏剧的画面,也包括摄影布局等。罗伯特·斯考伯在《即将到来的场景时代》中提出"context"一词,认为场景包括空间环境与基于心理与行为的环境氛围[2]。可以理解为场景的建构,既包括空间上的建构,也包括媒介中营造出的氛围,这是我们基于所处的移动互联网时代需要考虑的。传统意义上的媒介空间场景搭建仅限于现实中电视机与人之间的实物连接,对物理空间有固定的要求,一旦脱离电视机的空间,传播者与受众就断了联系。

移动互联网将传播者与受众拉入赛博空间,受众随时随地都能有选择地接入,这就为网络文学 IP 剧提供了价值共创的"场域",传受双方在这一场域任意环节都可以进行互动,保证了场景和情景的结合,将创造出更多具有共创性质的新场景。

一、研究样本选择

网络文学 IP 剧体量庞大,以互联网为市场,内容营销的商业模式发展时间不长。从笔者在中国知网的文献梳理看,2015 年"IP"概念才引入网络文学改编剧领域。综合考虑选取的样本需要代表网络文学 IP 剧的发展现状与未来方向,要能够得出有效的结论,因此,将本研究窗口界定在与研究时间接近的 2022 年,选取这一年上新的部分热门网络文学 IP 剧作为研究对象。虽然 2022 年并非网络文学 IP 剧发展阶段成绩唯一突出的年份,但较之前年份已经形成了较为成熟与全面的传播模式。互联网的普及范围是逐年扩大的,传播者与受众相互间的价值共创互动更为明显。因此,2022 年较之前的年份更具代表性、典型性、主题相关性和资料可获得

---

[1] PRAHALAD C K, RAMASWAMY V. The future of competition: co-creating unique value with customers [M]. Boston: Harvard Business School Press, 2004.
[2] 谭雪芳. 弹幕、场景和社会角色的改变 [J]. 福建论坛(人文社会科学版), 2015 (12): 139-145.

性，这一年的上新热播作品可以作为价值共创互动模式的代表，通过研究能够得出有效可行的结论。

研究对象的选取条件有以下几点。

第一，较高的互动热度。其中包括播放量与社交平台话题量，价值共创的核心在于主体间的互动性，互动热度较高的网络IP剧为此提供了充足的观察数据和曝光量，能够更便捷和快速地收集到有效信息。

第二，多样性。为了保证研究的普适性，所选择的部分样本要能够代表总体，在样本总量中需包含三种或三种以上的热门题材；同时也要从不同的播放平台选取，着重总结不同平台间的共创共性。

基于以上条件，本论文根据搜集到的综合数据，选择以云合数据与新浪微博、抖音短视频平台的"2022年年度剧集数据榜单"为参考，以两个社交平台主话题阅读量与播放平台内热度值为筛选依据。在筛选条件的基础上提炼出9个网络文学IP剧样本，分别源于三大头部网络播放平台，样本覆盖多类热门题材，年度热度居于榜单前列，平台互动热度较高，虽然部分IP剧间数据相差大，但并不影响结论，见表1-1。

表1-1 网络文学IP剧样本情况

项目	播放平台	播放平台内最高热度/万	新浪微博主话题阅读量/亿	抖音主话题阅读量/亿	题材
《苍兰诀》	爱奇艺	1.1	286	261	古装仙侠
《二十不惑2》	爱奇艺	0.7	43	63	现代女性
《卿卿日常》	爱奇艺	1.0	70	107	古装爱情
《星汉灿烂·月生沧海》	腾讯视频	3.3	230	203	古装爱情
《开端》	腾讯视频	1.3	55	73	时间循环
《余生，请多指教》	腾讯视频	1.5	112	106	都市情感
《沉香如屑·沉香重华》	优酷	1.0	189	197	古装仙侠
《小敏家》	优酷	0.9	45	124	现代女性
《两个人的小森林》	优酷	1.0	93	91	都市情感

二、网络文学 IP 剧的共创场景建构方式

网络文学 IP 剧以受众体验为中心，打造价值共创的互动空间，与受众建立互动连接，吸引用户参与价值共创。也就是说，受众需要外部的媒介环境刺激产生共创意愿。因此，在网络文学 IP 剧的价值共创中，要以消费者的体验为主，构建与受众信息适配的丰富多元的共创场景，通过与受众的互动循环，创造更多有共创价值的场景。

（一）元宇宙元素构建体验情景

场景的建构，除了媒介本身的空间建构，也包括媒介内容的情景搭建。场景传播追求的不是速度，而是"时空一体"的适时体验，所谓"适时体验"，指移动技术在用户恰有所需时传递恰当的信息[1]，也可以理解为提供体验的服务情境。正如彭兰教授对"场景"的解释，场景是"场景"和"情景"的结合[2]。人类传播活动的终极目标不是同质信息的大众传播，而是个性化信息和服务的适配，场景传播就是要努力做到在特定的时空环境下为用户提供个性化的、贴心的信息和服务[3]。

网络文学 IP 剧在价值共创的过程中，在媒介内容上融入"元宇宙"的概念，制造沉浸式传播氛围，满足受众深层体验需求。"元宇宙"以多重技术为基础，以沉浸式的虚拟空间构建为核心概念，包含对虚拟身份的承载。VIP 会员在播放平台的弹幕中，拥有角色头像发送弹幕的特权，可以体验角色第一人称的剧外表达。比如，在《卿卿日常》的弹幕场景中，剧情画面是男主角的母亲为其向父亲求助的情景。男主角的母亲自产下他后因产后抑郁，表面对男主角冷淡不关心，但她心中一直有关心男主角的情

---

[1] 梁旭艳. 场景传播：移动互联网时代的传播新变革［J］. 出版发行研究，2015（7）：53-56.
[2] 彭兰. 场景：移动时代媒体的新要素［J］. 新闻记者，2015（3）：20-27.
[3] 斯考伯，伊斯雷尔. 即将到来的场景时代［M］. 赵乾坤，周宝曜，译. 北京：北京联合出版公司，2014：11, 71.

愫只是畏于表达，男主角一直是"没娘疼"的人设，但在男主角受难时，母亲站出来为其申诉背后的苦楚。弹幕中的语言以男主角的口吻自话，"尹峥：有妈疼了""尹峥：有嘴真好"。这两条弹幕将自己带入男主角的视角，既是用户吐槽，也是观众对虚拟角色的具身体验，一定程度上实现了与剧中角色人物的融合，也将剧集从内部向外延伸，受众成为讲故事的人，使受众在场景互动中能创造出平行于剧集故事之外的新叙事场景。

此外，元宇宙概念也延伸至另外的媒介场景，创建出与故事内容互文的跨媒介叙事场景。研究中，60%的网络文学 IP 剧均有 IP 主创角色的新浪微博账号，IP 角色以"数字活人"的形式活跃在互联网中，通过社交互动的方式，实现故事世界的拓展。网络文学 IP 剧一般会开通两个至多个角色账号，并以剧中人物特征命名，给受众以熟悉贴切之感。与原故事场景不同的是，虚拟角色账号与受众拥有相同的"微博用户"身份，这一次是剧中角色参与到受众的生活空间中，打破虚拟与现实之间的"次元壁"，把现实事件虚拟化、场景化，与受众建立起仿佛现实熟识的朋友关系。虚拟账号在故事剧集的播出周期内实时发布动态，与受众在平行时空下共同观剧、讨论。比如，《苍兰诀》的角色账号在剧集播出周期内积极营业，剧集更新前会发布微博预热。"仙女小兰花"在剧集播出前发布"一会儿准备去换喜服啦"的微博条文，与剧集预告中的结婚场面形成互文，同时抓住受众的注意力，起到提醒观剧的作用。在互联网中这些数据被永久留存，即使在剧播结束后，仍然能吸引受众关注。"观剧＋虚拟角色"互动的模式，在社交平台中建构出沉浸式的虚拟互动场景，使受众的身体与思维同步参与进故事世界。

（二）奖励机制衍生传播场景

网络文学 IP 剧在新浪微博的虚拟社区中设置奖励机制，激发受众参与互动的兴趣。比如，网络文学 IP 剧发布"转发＋评论"等具有奖励机制的活动，抽选部分参与者予以现金或礼品的奖励；与广告产品开展联名活动，在评论、分享的参与者中抽奖。这样做一方面增加剧集热度，另一方面为产品赋能。除了实物奖励,还包括虚拟互动的"翻牌"奖励。"翻牌"指官方账号点赞、评论或转发获奖者参与活动的微博内容,获奖者的二创作品或账号被展示在官方账号的微博内。

《二十不惑2》通过发起"微博剧评活动",邀请用户在评论区发布观后感,获奖者予以现金奖励,激发受众二创的热情;《小敏家》联合剧中的汽车品牌"别克",邀请受众参与评论区互动,抽取粉丝获得"别克暖冬围巾"的实物奖励;《开端》发布"开端手绘大赛",邀请受众参与,并抽选粉丝予以腾讯视频会员季卡奖励;《两个人的小森林》官方微博通过与华策合作,共同推出3D角色数字盲盒,受众通过转发参与抽奖,剧方还与中国国家地理图书联合推出植物画册与剧集定制版明信片,以"转发+评论"的形式抽取粉丝送出礼品。

实物奖励激发受众传播、互动和自发创作的热情,也是对受众参与互动的肯定和激励,加深受众对剧集的喜爱,增强用户黏性,刺激用户"N刷"剧集找互动灵感,为剧集自身和跨媒介传播热度赋能。

虚拟的奖励机制也激发受众的互动与传播热情,是对受众粉丝身份的认同,使其得到个人归属感和虚荣感的满足。网络文学IP剧大部分都设置了邀请受众参与"二创"和"超话团建"的活动。将参与"二创"活动的获奖作品转发到官方微博首页予以展示,将抽奖活动的获奖名单在官方微博主页内展示,受众的个人能力和"粉丝身份"获得官方的认同,则能满足受众内心的"翻牌"期待。"超话团建"激发受众互动热情,使受众有机会与角色账号"对话"。

这些互动围绕奖励机制衍生出更多共创场景,为网络文学IP剧创造出更多的数字场景,这些数字场景永久留存在互联网空间中,延长了IP的生命力。

(三)仪式化构建双重狂欢场景

詹姆斯·凯瑞提出"传播仪式观"的概念,仪式与传播都是公众沟通、交流的方式,传播活动是神圣的仪式典礼,通过仪式将具有共同信仰的群体集中到一起[1]。网络文学 IP 剧线上线下将受众群体聚集在一起的传播活动，是将 IP 文化与价值观内化的仪式行为。将受众聚集到一起，进行 IP 文化与价值观的传递，更是在交互中共同创造专属于这一 IP 剧的集体记忆。

参与仪式是很重要的，仪式体现对受众的尊重。参与仪式的人往往将注意力集中在对自身来说有特殊感情的对象上，仪式是一种象征性的活动，受到规则的约束和控制[2]。网络文学 IP 剧在剧集播出收官之际，推出各种主题的仪式活动，如"大结局点映礼""VIP 会员见面会""线下主题展览会"等，将受众聚集在线上线下，通过一系列场景互动唤起受众的剧集记忆，并在此基础上构建新的集体记忆，可以让受众沉浸在仪式空间中，深度感受文化产品的魅力。

《沉香如屑·沉香重华》和《星汉灿烂·月生沧海》在剧集收官时以线上直播形式连接手机和电脑前的受众，推出"大结局收官礼"的点映模式，VIP 会员通过购买礼包的形式方可参与，与主创演员线下齐聚在同一场景空间。礼包中包含提前解锁大结局、收官礼的直播邀请券，给足了受众观剧的仪式感。

舞台或剧场有着天然的"仪式感"，除了"点映礼"的形式，《苍兰诀》与《卿卿日常》在剧集结束之后，通过舞台见面会的形式举办"收官仪式"。线上线下相结合的 VIP 见面会将观众与主角团集聚一堂。线下场景以剧集内的"符号"为舞台搭建元素，人物、道具、背景画面都还原剧集，打造仿佛置身剧集之中的沉浸式场景，现场与屏幕外的受众仿佛置身于故事场景之中，产生共同的在场感受。

线下的主题展览也是"仪式化互动空间"的搭建。部分网络文学 IP 剧依据自身的题材特性，将剧集内的相关服装、道具、场景进行展览，游走

---

[1] 冯蕾，陈佳倩. 传播仪式观视角下《典籍里的中国》建构文化记忆探究[J]. 新闻爱好者，2022（11）：69-71.
[2] 翟杉. 仪式的传播力：电视媒介仪式研究[M]. 北京：中国传媒大学出版社，2014：15.

于各个城市的大型商场等地点，或者以入驻书店站台形式进行主题展览。《苍兰诀》在上海、杭州等一线城市进行主题巡展，吸引剧迷纷纷前往；《沉香如屑·沉香重华》与欢瑞服装厂和中信书店联合打造主题展台入驻北京某商场的书店，为线下实体店赋能 IP 价值。这种虚拟场景流入现实的方式，能满足受众身体在场的实景体验，如此一来，IP 即使在剧集播出结束后的很长一段时间里，依然能焕发生命力。

线上、线下仪式化的互动场域的搭建，是在仪式之前就与受众形成了情感连接，或者受众参与这场传播活动是以获得了共同的情感体验为前提的。与虚拟社区中的互动空间不同，仪式化的场景是在特定时间、特定地点下，将拥有共同情感信仰的受众聚集在同一时空内，以固定的形式推动新场景的建构和走向，受众也是仪式场景中的一员，与每个参与者同步共享文化，完成对网络文学 IP 剧的情感升华。

三、网络文学 IP 剧的共创场景建构反思

网络文学 IP 剧的价值共创行为大多发生在网络媒体中，网络赋予受众匿名性，部分共创行为存在隐患，并非百分百有利于社会发展。网络文学 IP 剧不具备完全成熟的共创模式，发展中也会面临问题，只有在鞭策中才可以持续向好、不断优化。受众自发行为的弊端、共生作品的版权保护和共创模式的持续性等问题，在互动中也显露出来，需要价值共创每一环节的共创主体共同努力。

（一）自发行为：公共空间被个体侵蚀的隐患

网络媒介延伸了人们互动交流的边界，互联网技术的发展满足了人们自我表达的需求。马斯洛的需求层次理论证实了人类需求是多层次的，传统电视满足了人们观看的功能性需求，网络媒介提供跨越时空的互动场景，人手一个麦克风，赋予了人们自由表达的话语权。在公共的网络互动场景中，受众群体塑造了自我表达的多元场景，其中也包含非理性的吐槽

与情绪化表达，为价值共创模式带来负面影响，模糊了公共场域与私人场域的边界。

受众始终拥有场景体验的掌控权，部分受众的行为具有私人性质，存在个体侵蚀公共空间的隐患。斯蒂芬森在《大众传播的游戏理论》一书中提到，"传播是一种主观性的游戏，受众具有高度的自主性与主观性"①，虚拟的互动空间为受众的言论与行为披上了匿名的"外衣"，网络空间也成为理想的游戏场域，如弹幕将信息以碎片化、聚集化的形式呈现，信息的快速流动性使得受众不用为其不当言论买单。《苍兰诀》开播时，弹幕空间中存在对女主角演员过度的人身攻击等言论，"我怎么就那么不喜欢女主呢""长得太平凡了""受不了女主夹子音，太装了"等相关话题也引发受众的讨论。"苍兰诀女主夹子音"等话题短时间内登上新浪微博热搜，这些文本保存在弹幕空间中，一系列带有私人化情绪的言论甚至引发骂战，严重影响后续观看剧集受众的观剧体验。

弹幕与社交平台上的非理性话题与讨论，是受众将个人情绪化的不当言论发表在公共空间中，一方面，消解了剧集的故事沉浸感，影响其他受众对于场景的解读与体验；另一方面，个体充满戾气的言语攻击侵犯了互动空间的公共性，跨越公私边界，创造出具有不良作用的新场景，影响他人参与互动的热情。

（二）共生作品：版权保护陷入危机

在数字时代下，共生作品已经成为网络文学 IP 剧互动模式创新与延续生命力的重要驱动力。共生作品是指在价值共创的互动中，由传播者发起、受众参与的不涉及侵权与抄袭的共生内容，如受众原创绘画、二创视频剪辑等与网络文学 IP 剧相关的作品。共生作品的版权保护处于法律的灰色地带。在互联网空间中，信息的复制与传播是极快的，抄袭的成本极

---

① 陈洁雯，胡翼青. 从斯蒂芬森出发：传播游戏理论的新进展［J］. 新闻春秋，2019（6）：82-88.

低。个人与有团队的版权拥有者不同，个人无法同时胜任在创作、经营和法务上多方面的工作，因此在这一层面上的抄袭行为屡见不鲜，即使运用水印等技术上的版权保护，防抄袭功能依然薄弱。

比如，《开端》在共创过程中，以"开端手绘大赛"的形式构建具有奖励机制的互动场景，其参赛规则中包含了对侵权、搬运和剧透行为的抵制，但依然存在抄袭的现象，有参赛者发现自己的作品被他人拿去参赛，并获得了主办方的点赞，原创作者发现提醒后抄袭者才将其参赛微博删除。网络的信息资源共享特性，与版权拥有者的个人权益发生冲突。各方对共生作品的版权保护往往十分滞后，常在侵权和抄袭行为已经发生后，才发现和制止。

价值共创的互动中，受众的权益保护也是传播者不容忽视的。在价值共创的过程中，受众的个人利益与传播者的利益是相关联的，个人与网络空间的利益相冲突时，传播者的信誉也会受到影响，并且单单依靠个体无法杜绝抄袭现象。传播者并未重视后续获奖作品的共生作品身份，识别抄袭作品的能力也有待提高。

（三）共创模式：受众参与停留于表面

在互联网时代中，选择与掌控的权利握在受众的手中。从表面上看，虽然受众拥有网络文学IP剧的内容选择权，但在场景的构建中，受众依然是"观众"的角色，多样的互动场景建构并未深入了解受众的互动诉求。传播者在生产环节仍然占据绝对的主导地位，受众只能在剧集内容播出以后参与互动，在设定中被动接受后进行反馈，对于生产环节的影响不大。从本质上说，受众被动接受的身份并没有发生改变。

梅罗维茨提出的媒介情景理论表示，电子媒介最根本的是通过改变社会生活中的"场景"来产生影响，而不是从内容上改变[1]。受众表面上是有选择地参与进媒介场景的消费与体验，但这一过程始终以传播者提供的

---

[1] 梅罗维茨.消失的地域：电子媒介对社会行为的影响[M].肖志军，译.北京：清华大学出版社，2002：214.

场景为基础，本质上还是在传播者构建的场景中选择，受众长期被动地接受媒介所提供的场景则会被传播者控制。研究样本中有两部开启了大结局"点映礼"的服务。"点映礼"是指 VIP 会员提前解锁大结局剧集，当日主演团通过线上直播的形式聚在一起陪伴观剧，在特定的时间带来聚集效应，赋予受众大结局观剧的仪式感和沉浸感。"点映礼"的前身是"付费点播"的形式，即开通了 VIP 会员之后付费提前观看剧集。虽然中国消费者报发布的《2022 长视频平台用户满意度报告》中，超七成用户愿意接受"付费直播大结局"，但受众对"点映礼"形式的满意度并未得到传播者的重视，"点映礼"模式的创建过程也并没有受众的参与，受众完全是场景结果的体验者，互动的过程几乎完全体现在消费环节。因此，这一模式并未真正赋予受众更多的自由选择权和参与创造权，受众的地位依旧是"被动接受"。

价值共创模式实现了广度拓展，原因在于互联网的特性改变了受众的传统地位，赋予了受众更多的选择与创造价值的权利。但网络文学 IP 剧各环节的价值创造并未都让受众参与进来，受众的自发行为也是建立在传播者所提供的物的基础上才得以发挥，互动功能只能存在一段时间。价值共创理论也证明了受众以传播者的角色存在于产品生产、传播的各个环节，如果仅仅在一个领域互动，则无法实现有效的共创价值。IP 开发是一个长期的过程，只有让受众真正参与进各环节，才能触及 IP 价值的深度，消费者的价值创造者身份才更有说服力，这一模式才能够得到长久维持。

结　语

本论文从场景建构的视角解构网络文学 IP 剧的价值共创形式。网络文学 IP 剧利用社交媒体和数字技术，在网络播放平台与社交平台构建多元的共创场景，与受众实现线上线下的互动。不容忽视的是，网络文学 IP 剧的价值共创模式并非一套成熟的体系，也存在需要优化的问题。在观察与分析中，我们发现这一模式存在一些隐患，个体与公共空间的矛盾、共生作品的版权保护不足和传播者对受众参与的重视程度不足等问题，传播者可以从话语空间、版权保护议程和共创实践原则上改进，同时国家、媒介平台与受众等共创主体也要与之相协调，有效配合才能使网络文学IP剧的价值共创模式生生不息，持续创造有利于社会大众的文化产品。

社会化媒体时代大众非理性表达与行为探析：表征、动因及引导路径

党　洁

【摘要】 社会化媒体时代，网络民意的形成正在发生嬗变，群体传播成为网络传播的主要方式。而网络表达在多种因素的作用下衍生出的非理性的舆论环境情绪表达，如圈层化、部落化的群体之间产生并形成的网络民意，在社会体系中造成在互联网环境下被权威消解的失序性风险。在此背景下，本文聚焦于社会化媒体时代下的公众非理性表达现象，从行为表征、形成动因和引导路径三个维度进行探究，从而在公众生成内因消解、媒介层面网络治理、内容生成把关机制等方面形成有效疏导，以推动媒体、公众与社会的良性互动和发展。

【关键词】 社会化媒体；网络舆论；非理性表达；引导路径

互联网时代，社会化媒体已成为生存环境的一部分。作为一个开放、互动的公共平台，社会化媒体在丰富社会关系、强化社交功能，以及构建社会秩序方面发挥了极其重要的作用。在社会化媒体日益发达的今天，公众使用微博、微信等各种社交软件讨论公共事件已成为普遍现象，各种网络公共事件的网络舆论也呈现出传播范围更广、演变速度更快、治理起来更复杂的特征。这直接导致我国当前的网络舆论环境发生了多重变化，进而造成负面网络舆论的滋生以及网络情绪的各种非理性表达，尤其是在基于人际社交关系网的社会化媒体传播下，更容易造成连锁型的集群现象。

持续且带有广泛性的非理性表达，极易冲击正常的价值观念与社会秩序，从而助推带有"圈层意识"的同质性舆论发酵传播，并导致国家在对网络意识形态话语权的控制力上有所减弱。因此，重视社会化媒体公众的非理性表达现象，探索有效的化解及引导路径是当前需要解决的问题。

一、社会化媒体时代公众非理性表达的行为表征

（一）情绪释放宣泄型

心理学家弗洛伊德在对人格理论进行剖析时曾提到，"心理中无意识的代表感情的部分称为'本我'，代表理性和常识的部分称为'自我'，与含有感情的本我形成对比"[1]。现实生活中，由于人们受到社会制度、意识形态以及文化价值体系的社会规训，个人言行通常与其身份、地位、社会角色相一致。而在相对自由且隐匿的网络空间中，个体得以摆脱现实社会中存在的各种束缚和限制，从而可以在网络空间中实现更为自由的言论表达。

在社交媒介构建的互联网生态中，人们在"本我"的叙事框架下，展现出一种对内在本能性的欲望以及具有强烈主观情感的宣泄，这种即时性和碎片化的个性表现，以其独特的个性化特征和对个体利益的直接诉求，在网络空间中与主流媒介场域中的宏大叙事产生了对立。"网络众怒"作为这一现象中的典型表现，体现了公众在特定社会议题上的非理性表达。愤怒情绪的产生和波动主要聚焦于冲击社会道德底线、挑战社会规则和法律秩序等社会现象，如近年来曝光的校园霸凌、食品安全、恶性犯罪等事件，这些事件经由社会化媒体的广泛传播，让网民对事件的价值判断产生了情感共振，让个人情绪变得具有公共性，将原本分散的个人情绪汇聚成具有公共性的强烈愤慨与批评浪潮。

---

[1] 弗洛伊德.自我与本我［M］.徐胤,译.天津：天津人民出版社，2020.

（二）圈层相峙对抗型

随着社会化媒体作为公众核心信息渠道的地位日益凸显，其信息传播的场域也呈现出前所未有的多元性与复杂性。社会化媒体中不断涌现出更多社会分层结构群体参与公共事务讨论，形成了多样化的声音和视角。这种"自组织"式的网络圈层依据共同兴趣、价值观或特定议题自发形成，并在社会化媒体平台上经历着动态的分化与重组过程。这一过程催生了一系列独特的网络舆论分支，这些分支往往围绕特定议题或群体利益展开，形成具有鲜明特征的网络社群讨论场域。

在社会化媒体构成的网络社会中，网民对个体在各个网络圈层中的身份认知介入了更多的情感因素和心理活动。随着圈层成员之间交流的逐步深入以及持续式的互动，他们会产生强烈的归属感，圈层成员会表现出更多的信任度和对自身身份的认同，在网络空间的情绪表达上也会更加趋向于这种圈层认同感。因此，一旦与其他圈层的意见发生对立，圈层内部便会体现出高度的团结性和统一性，并与其他"圈子"形成相峙对抗的态势，这种对立会不断被延伸、细分，并随着个性化效应的加剧而愈加明显。

（三）乌合之众裹挟型

法国社会心理学家古斯塔夫·勒庞在其经典著作《乌合之众：大众心理研究》一书中剖析了"心理群体"的现象，指出当网民集结在一起形成所谓的"心理群体"时，此时的他们已不再是原来的自我，也不是个体的简单累加，其心理状态和行为模式将发生根本性转变，表现出迥异于个体的特征，即"乌合之众"的群体特征[1]。

在当前社会化媒体高度发达的语境下，这一现象得到了更为显著的体现与延展。随着信息传播越发迅速与广泛，围绕各类热点事件迅速聚集的网民群体，便构成了互联网时代特有的"心理群体"。这些群体中，个体

---

[1] 勒庞.乌合之众：大众心理研究［M］.冯克利，译.北京：中央编译出版社，2019.

的思想和感情往往会受到群体氛围的浸染和影响，通过暗示和相互传染迅速转向为一个同一性的意识形态，这一过程不仅激发了个人在群体中释放原始本能的欲望，还导致自身的有意识被群体的无意识淹没，取而代之的是一种集体性的情感共鸣与行为模式。这种集体性的行为趋同，在网络空间中表现出的大众狂欢景象，力量之强大往往难以遏制。因此，当这种狂欢失去理性并缺乏有效引导时，极易转化为网络暴力的温床，从而破坏网络生态的和谐与稳定。

（四）价值错位冲撞型

价值观作为驱动个体行为的核心要素，在当前的互联网生态中呈现出多元化的特征。尽管主流价值观倾向于积极、包容与丰富，但仍有部分"非理性声音"在网络蔓延，对主流价值观的权威性与影响力产生了潜在的削弱作用。由于个体在社会结构中的地位不同，其价值观体系也呈现出各种差异，这种差异在政治观念、经济理念及道德评判等多个维度上尤为显著，互联网作为信息传播与意见交流的无界平台，自然成为各类价值观和舆论相互交流、碰撞的舆论场。这一环境中存在网络主流价值观和网络非主流价值观的分野。有被广泛认可、引领社会思潮的核心价值观，也有偏离主流、可能产生负面效应的诸多支流观念，它们构成了网络空间中的"杂音"与"噪声"。自由的网络环境让各种观念和价值观一拥而上，因此难免出现不同价值观的碰撞，但有时这种碰撞并不是百花齐放，而是网民媒介素养缺失导致的价值观扭曲、错位，甚至被少部分人恶意操纵，造成网络环境的污染，扰乱网络秩序。

二、社会化媒体时代公众非理性表达的动因探析

（一）内容极化：意见领袖的同心圈层情绪聚合

随着互联网技术平台的不断深化与拓展，网络社群已逐步演化为

市场的酒店预订量同比增加了68%，景区门票订单量同比提高了151%[①]。游客数量剧增，县域也通过门票销售和服务业收入实现了流量变现。

（二）建立全媒体矩阵，打造县域特色IP

IP本义是指"知识财产"（Intellectual Property），引申义为符号、代表或招牌[②]。在互联网背景下，IP是网红县域可持续塑造的品牌和标识，许多主流媒体从全方位的视角深入探究当地文化的核心，构建全媒体矩阵，进行多角度宣传。他们依托特色自然和文化资源，成功塑造了具有当地特色的IP，贵州"村超"IP的塑造就是一个成功的案例。贵州融媒体在微信、微博、抖音等新媒体平台上都创建了贵州村超联赛的官方账号，贵州省人民政府还专门搭建了名为"贵州来了"的专题网站。同时新华社、人民网、中国新闻网等各大主流媒体也对"村超"进行了报道，实现了报道的多渠道、全方位，将"村超"变成了贵州的特色名片。将"流量思维"转变为"价值思维"，依托IP为县域进一步发展提供价值支撑，才能实现长久发展。

（三）挖掘产业潜力，促进全产业链优化升级

县域的繁荣能够助推当地产业的发展，而产业的进步也可以为县域的持续繁荣提供支撑。曹县因一位短视频博主的土味视频而爆火出圈，此后澎湃新闻等多家媒体都对曹县进行了报道。凭此契机，曹县"木艺之都""汉服之魂""淘宝村"等称号为人所熟知，打开了曹县产业的知名度。在此基础上，更需要县级融媒体的助力，深度挖掘地域、产品的特色与内涵，不断向公众输出契合时代热点又兼具独特内涵的内容，展示独特的魅力。曹县爆火之后，在电商、汉服生产、木材加工等领域形成了相对完整的产业链条。在兼具地域特色魅力的同时，又能满足时代的需要，

---

① 新华网.旅游预订同比增140%"小城市"如何收获到大流量［EB/OL］.（2024-04-26）［2024-06-11］.https://news.cctv.com/2024/04/26/ARTIMNgIv7n5dRx22oYlZ3Ek240426.shtml.

② 张好，蔡振华，张延鹏.济南打造网红城市的困境与对策：基于城市形象塑造与传播的角度［J］.全媒体探索，2023（8）：120-122.

一种高度互动、紧密相连的人际关系集合体，展现出更为明显且紧密的聚合特性。在社会化媒体盛行的当下，意见领袖的角色作用不仅体现在对信息的加工与解释上，在大众传播效果上也具有更广泛的影响力。社会化媒体会发生非理性表达的群体行为，原因之一便是其群体核心的意见领袖在一定程度上支配并引导了受众的行为。在各自独立分化形成的新社会圈层架构中，身处不同圈层的网民被鲜明地赋予了社会身份、地位层次或文化偏好的符号化标签。面对这种小众分化式的传播，意见领袖在各自所属的圈层领域内拥有较高的话语权和说服力，他们的观点与意见作为圈层内的重要声音，能够产生较强的辐射效应，影响着圈层成员的认知框架和态度倾向，更容易形成"一呼百诺"的集体行为模式。基于此，社会化媒体平台不仅充当了信息传播与交流的核心媒介，更成为社会结构、价值观念及舆论生态在网络空间中的映射与重构。

（二）差序格局：社会等级和人际关系中的交往位置

互联网时代的人际关系，展现出一种以网络和计算机技术为基础的线上交往新模式，这种交往方式超越了传统面对面交流的物理界限，将人际活动迁移至虚拟世界中。这与线下社会依据所有制等客观标准所构建的阶级分层体系截然不同，网络社会通过各大社会化媒体平台的搭载，打破了传统的界限区隔，通过网络空间的话题交流、同频互动、共同兴趣和价值观的聚合，构建了一个基于网络身份认同与社群归属的新型社会分层框架。

在这一框架下，线上关系在社会等级与人际关系的构建上，体现了网络社群所独有的特征。借由费孝通提出的"差序格局"理论视角，在互联网环境中，每个人都以自己为中心结成网络，如同水波纹一样推开，构建起一个动态、延展，随自己所处时空的变化而形成的"网络差序格局"[①]。

[①] 费孝通.乡土中国［M］.北京：北京大学出版社，2012.

这一网络差序格局的形成，是互联网技术赋能下社会关系重组的直观体现，个体作为网络节点以其为核心向外辐射，超越了传统亲缘、地缘的物理桎梏，转而以兴趣、价值观、专业领域等非物质因素为纽带，形成层层递进、相互交织的社交圈层。在差序格局下，社会结构和社会地位都是相对应的存在，用户之间的亲疏关系一定程度上助推了受众的话语表达和行动参与，使其表现出极强的边界感和排他性。即对于关系紧密、互动频繁的社群极力维护，对于圈外群体则大张挞伐，在维护、讨伐过程中达到追求社会认同的目的，这种非理性秩序与价值正是社会化媒体的生态格局造成的，差序格局加剧了互联网中的信息茧房效应，从而导致信息视野的狭窄和不同圈子间的对立。

（三）认知偏差：集群对峙圈层下的价值观错位

社会化媒体时代，公众广泛利用多样化的网络平台作为发声渠道，积极表达个人观点和态度，参与网络舆论的形成和传播，体现了网络社会中社群"自组织"现象的广泛存在与影响。网络社群作为"自组织"的典型代表，在社交媒体平台的推动下得以强化与扩展，并伴随着持续参与话题、分享观点、交流信息，形成共同的价值取向与行为准则，进而推动集群结构的稳定与演化。热门舆论事件成为网络社群演化进程中的催化剂。近年来，网络空间出现的负面现象，包括网络暴力，谣言传播，对个体隐私权、名誉权的侵犯，以及诸如拜金享乐主义、畸形网络审美、颓废消极看待社会矛盾等价值观严重错位现象。

究其原因，一是在于网民媒介素养的缺失。互联网的成员构成复杂多样，年龄、教育背景、职业身份及地域分布等因素，决定了一些网民在面对不同媒体多渠道的信息传播中，能否基于自身情况，对媒介信息做出真伪与否的准确评判，能否对媒介信息的价值和作用进行评估。二是在于社群"自组织"下的认知偏差和对抗加剧。在缺乏有效引导和监管的情况下，社群内部往往容易形成对特定体制、文化或价值观的片面认知与极端态度，这种认知偏差导致成员在表达观点时趋于非理性化，甚至引发群体极化事件，在一定程度上干扰了公众对生活本质及社会价值的正确判断和定位。

（四）平台维度：流量追逐与把关不足导致的舆论失焦

在社会化媒体日益成熟的今天，信息传播具备快速化、快捷化、多样化的特征，这一进程亦伴随着偏激性、对立性、情绪化、集体式和难控性。负面网络舆情与后真相时代下的舆情分化现象频发，加之信息扩散过程中把关的失守，进一步加剧了情绪化的传播环境。社会化媒体的发展在促进信息高效传播与增强网民互动沟通能力的同时，也为一些过激言论的快速传播提供了温床，这些言论往往能够迅速煽动公众情绪，造成社会不稳定因素增加。在当下的互联网平台环境中，一方面平台的运营者要争取市场和流量，为受众提供独家的、个性化的服务以赢得更多的受众注意力；另一方面，由于传播模式和传播主体逐渐扩大，信息急剧衍生和膨胀，在这个过程中，部分互联网平台、自媒体等在"流量"的追逐中，往往摒弃了对公共价值的坚守，导致信息传播偏离了正向的传播秩序，形成了带有偏差性的信息环境。

三、社会化媒体时代公众非理性表达的引导路径

（一）合理纾解群体情绪，增进群际沟通互联

在当前数字化时代，民众信息获取和信息互动高度依赖于线上平台，网络空间已然成为社会情绪感知、网民情绪纾解与调节的核心场域。作为在网络互动和传播途径中形成的情绪产物，网民情绪具有显著的易感染性，因此要敏锐捕捉并及时感知网民的非理性情绪倾向。为合理疏导并做好相应的纾解工作，亟须依托现有的大数据抓取和智能化互联网技术，提升对网民负面情绪的精准捕捉与分析能力，实现情绪风险的量化评估与预测，通过网民负面评价和负面情感的精准测度，建立情绪风险应对预案，

防范负面情绪的聚集传播。在此基础上，制定并实施情绪风险应对预案，采取以"疏"代"堵"的策略，在负面情绪初现端倪时即能迅速、精准地介入，从而有效遏制其聚集与扩散的态势。此外，促进群际间的沟通互联亦至关重要。通过搭建多元化的网络交流平台，鼓励不同群体间的开放对话与理解，可以增进相互间的认知共识与情感共鸣，为网民情绪的理性化表达与解决提供更为广阔的空间。

（二）优化媒体算法机制，创新网络技术赋能

社会化媒体盛行的背景下，舆论暴力空间的滋长与传播速度的激增，动因之一在于平台"算法推荐"机制的广泛应用。计算机算法如今已渗透社会生活的方方面面，并使舆论传播生态发生改变，算法机制所伴随的"算法黑箱"、"算法偏见"和"算法窥视"等弊端问题，使网络空间秩序发生变化，也在一定程度上加速了非理性舆论的扩散传播。这不仅加剧了社会舆论传播的安全风险，也容易激发社会舆论传播的导向安全风险和舆情管控风险。基于此，社会化媒体平台应尝试对现有算法机制进行优化和改进，打破"算法黑箱"，积极探索并创新多元算法机制，如引入公平性、多样性及责任性考量，以减轻算法偏见，促进信息的全面、均衡传播。同时，网络技术赋能需与法治监管深度融合。一方面，应充分利用大数据、人工智能等前沿技术，提升网络内容审核的智能化水平，实现对网络舆论暴力的精准识别与快速响应；另一方面，应加强法治建设，完善相关法律法规体系，明确界定算法推荐的法律责任边界，为算法治理提供坚实的法律支撑，形成网络舆论暴力的多元治理格局，助力社会舆论的安全运转。

（三）构建各方共担机制，提升受众媒介素养

以互联网为依托的社会化媒体平台受众群体持续壮大，新媒体语境下受众对时间、空间的理解经历了深刻的变革，尤其是"网生代"年轻社交媒体成瘾现象显著，过度依赖以手机与互联网为代表的新媒体环境，信息的碎片化、泛娱乐化以及流量机制下的利益驱使等，给使用者带来信息茧房和难以消弭的信息鸿沟，受众在网络媒介的接触、使用、认知、评价等方面，凸显出公众媒介素养普遍缺乏的问题。平台、政府、社会应聚合多方力量，构建全方位、多层次的传播媒介素养教育体系，共同推动媒介素养教育的普及与深化。现代媒体平台应深入洞察并关注用户使用社会化媒体的动机和行为，提升大众利用社交工具进行交往互动、参与社会公共领域的能力，同时利用自身技术与资源优势，开发媒介素养教育资源。社会各界也可通过公益组织、学术机构、媒体等多渠道，对不同的群体实施多样化的手段，推动媒介素养教育的普及与深化，以各方力量护航互联网环境的健康有序发展。

（四）强化内容"把关力"，维护舆论语境权威

自 20 世纪 50 年代提出"把关人理论"以来，该理论在网络环境的衍生发展下不断拓展与深化。在新的媒介生态背景下，新媒体平台通过数字化、平台化、智能化变革重塑内容生产模式、生产流程及运作机制。这一转型过程中，把关主体逐渐由人向智能化系统过渡，把关标准亦从单一的价值规训转向受众偏好迎合，而把关机制则全面融入了程序算法的高效运作。这一变化虽然极大地加速了信息的流通，扩大了信息传播范围，但同时也带来了信息内容的极端化、情绪化泛滥以及控制难度的提升。因此，基于平台对信息渠道的重构、控制以及平台的中介地位属性，有必要进一步强化信息传播学的把关人理论，从内容把关、导向把关等维度构建内容运营团队的责任体系，提高舆论处理能力和权威话语权，使其在社会化媒体的发展进程中有效、有序地发挥应有效用。具体而言，需从内容把关与导向把关两个核心维度出发。内容把关层面，应融合人工智慧与专家判断，确保信息的真实性、准确性及价值导向的正当性；导向把关层面，则需敏锐洞察社会情绪与舆论走向，及时引导公众理性讨论，维护网络空间的健康生态。

（五）强化失范行为规控力，科学完善法律规制

在社交媒体平台上，网络用户成为信息生产与传播的关键力量与节点，其表达与传播行为展现出复杂多变的特性，其中不乏背离社会普遍认可行为规范的现象。以微博、抖音等社会化媒体为温床滋长的"饭圈"文化乱象尤为突出，部分"粉丝"为了捍卫偶像形象，在互联网社交平台上实施站队、无度评论、攻讦谩骂，甚至人肉搜索、恶意举报等极端行为，此类失范行为不仅严重违背了社会主义核心价值观，侵犯了他人合法权益，更扰乱了网络社会秩序，侵占了互联网的公共话语空间。面对此类非理性的网络行为，需要推动法律规制体系的科学构建与优化升级，构建一套以政府为主导、平台监管为核心，社会各界协同参与，以法律规范为基石的综合干预策略，强化对网络失范行为的约束力度。在此过程中，政府应发挥在立法与政策制定方面的核心作用，明确界定网络失范行为的范畴与法律责任，为网络空间治理提供坚实的法律基础；平台应加强与政府、社会组织的合作，构建网络空间治理的联防联控体系。通过细化法律法规、明确责任主体、提升执法效能，形成互联网失范行为协同治理的新格局。

结　语

在社会化媒体时代，大众非理性表达与行为频繁涌现，映射出信息传播环境的变迁，也揭示了个体行为、社会心理与媒体技术革新之间的交织关系。大众非理性表达并非孤立的社会现象，它深深植根于社会化媒体的传播生态之中。在动因分析上，本研究强调了社会心理、认知偏差、群体行为以及媒体操纵等多方面的因素，探究了社会化媒体环境与非理性表达行为之间的关系，为厘清社会化媒体时代特征与非理性表达的类型、原因提供了理论支持，亦为全媒体时代下网络舆论的治理路径、实现互联网舆

情回归理性提供了一定理论参照。受限于研究视角与方法，本文仍存在诸多不足之处，未来将进一步深入挖掘非理性表达传播及作用机制等更为深邃的层面，力求全面剖析其内在逻辑与外在表现，以增强这一概念在不同语境下的解释力与适用性。

网红县域流量变现路径与本土化启示

贾 蓓

【摘要】 抖音平台改变了网红主体单一化的形态，网红县域和城市的涌现标志着流量变现成为影响区域形象的因素。本文通过对网红主体的梳理，对网红县域的现象和成因进行了归纳，分析其流量变现的路径，并进一步以河北正定县为例，剖析其利用抖音平台推广时的机遇与挑战。研究表明，正定县可通过利用网红效应提升旅游竞争力、整合全媒体资源打造特色IP、挖掘产业依托促长红、聚焦人才培养并优化服务来实现更好发展。

【关键词】 网红县域；流量；变现路径

随着互联网技术的飞速发展，社交媒体平台如抖音等成为人们获取信息、表达自我、互动交流的重要窗口。在这一背景下，网红现象应运而生，并逐渐从单一的个体形态演变成为包含网红县域、网红城市在内的多元现象。这些网红地域的崛起，不仅标志着流量变现成为塑造和推广区域形象的新途径，也体现了互联网经济时代下地方特色文化与旅游资源的深度融合。

回顾网红的发展历程，从最初的文字时代到富媒体时代的来临，网红现象已经经历了从单一到多元、从个体到整体的转变。特别是抖音平台的崛起，更是为网红现象注入了新的活力。短视频的普及，使网红的影响力从线上延伸到线下，从虚拟空间渗透到现实生活，从而催生了网红县域和网红城市的诞生。

网红县域和网红城市的出现，不仅为地方经济的发展注入了新的动力，也为地方文化的传播提供了新的渠道。它们通过挖掘和展示地方特色，吸引了大量的游客和粉丝，促进了地方旅游业的繁荣。同时，这些网红地域还成为地方形象的重要代表，对于提升地方知名度和美誉度起到了积极的作用。

在此背景下，本文旨在探讨抖音平台下网红县域的流量变现路径，以及这些成功案例对河北正定县等地方发展的启示。通过对网红县域现象的深入剖析，为正定县等地方在利用互联网平台推广地方文化、发展地方经济方面提供有益借鉴。

一、从个体到整体——网红县域的出现

所谓网红，即网络空间中的名人，是伴随互联网文化逐渐形成的有机组成部分。网红的含义不断地扩张与复杂化，但也遭到污名化。网红现象在中国的出现始于20世纪90年代末，20余年间对它的研究既观照到了其发展类型，也观照到了群体的变化，还有学者将研究视向转向网红经济，包括对其反思。

（一）中国网红发展阶段流变

研究者对于网红发展阶段的梳理，大约形成了较为一致的认知。基于网红现象呈现的内容，可将网红现象的发展概括为以下三个阶段。

第一阶段（1998—2003年），以论坛、社区、博客为主的文字时代，以作家韩寒、痞子蔡等为代表。当时网红刚刚起步，影响范围小，影响力偏低，平台少，种类单一[①]。

第二阶段（2003—2010年），以图片文字为主的图文时代，以用图片吸睛的芙蓉姐姐为代表。这一阶段，网红的成名速度和成名原因开始多元

---

① 吴世文，杨小雅，冯铭钰.网红的历史长歌：网络名声的累积、流通与变现[J].传媒观察，2023（12）：57-68.

化，影响力范围相较于第一阶段较广，网红开始利用自身身份获取相关经济报酬。

第三阶段（2010年—　），视频、图片、文字弹幕、直播互动齐上阵的富媒体[①]时代。这一阶段百花齐放、百家争鸣，以 papi 酱为初期阶段的代表，网红名气和变现能力得到极大提升。[②]

（二）抖音平台下网红现象的分型

对于网红发展阶段，以时间为线、以媒介形态为轴做梳理不免粗糙。社交媒体近十年的发展变化造就了富媒体时代，也使它的发展状况并不单一。

抖音作为一款社交短视频应用程序，于 2016 年 9 月上线，并在短时间内迅速走红。抖音的普及带动了大批网红的诞生，并在今天延伸出多元化的表现形式。网红的主体不再是单一的个人，而是形成了从个人到群体的演变，以及从个体形象到区域形象的变迁。

1. 网络红人

抖音上线之后，随即诞生了第一个大火的抖音网红张欣尧，他的视频"要不要做我女朋友"点赞量达到 600 万次，成为抖音平台的第一批网红代表。颠覆了早期网红多为文坛名人的传统出处，草根意见领袖、时尚博主、美食达人等开始在社交媒体上走红，出现于社会生活的多个领域，如房琪、董宇辉、罗翔……他们身份不同、地域不同、爆火之路与缘由均不同，但均产生了巨大的流量及变现影响力。

2. 网红景点

网红文化在现实生活中不断传播，在这一过程中，网红一词的意义不断丰富，并拓展成可依附于各种名词前面的形容词，包括网红民宿、网红手办、网红书店等。在这个过程中伴生了一个词——"打卡"。继网络红人

---

① 张骥先. 面向移动终端的富媒体技术研究［D］. 成都：电子科技大学，2010.
② 沈霄，王国华，杨腾飞，等. 我国网红现象的发展历程、特征分析与治理对策［J］. 情报杂志，2016，35（11）：93-98，65.

之后，网红景点在传播中逐渐变为一种视觉符号，其服务功能还添加了社交属性，指网络上汇聚网络社交平台焦点关注的热点景区，并逐渐在各地涌现。

3. 网红县域

短视频的普及使得网红从个人过渡到群体。2020年11月，时任新疆昭苏县副县长的贺娇龙，因身披红斗篷策马雪原、为昭苏县旅游代言的短视频走红网络平台。走红的不仅有美女县长，还有其代言的昭苏县文旅。同年，四川理塘也以同样的方式成为网红县域。随后的2021年，山东曹县成为网红县域。但曹县不同于新疆昭苏以及四川理塘的出圈方式，后者是靠美人美景给人带来的愉悦感受，而曹县是靠浓厚山东方言喊麦的戏谑效果。

4. 网红城市

社交媒体驱动下，网红化的范围呈现出日益扩大的特点。当前，人们对短视频、直播的依赖程度上升，大众依靠短视频获得出行推荐，又借助短视频旅游打卡，满足社交互动和分享欲望。据马蜂窝旅游数据，2023年五一假期期间，山东淄博热度环比增长605%[1]。2023年7月初，石家庄宣称将全面打造中国"摇滚之城"。随后，黑龙江哈尔滨成为2024年开年第一个网红城市，甘肃天水麻辣烫作为"深闺美食"带火天水。

二、网红县域产生的基本逻辑

（一）网红县域的现象表征

经知网查询，尚未有学者对网红县域做过权威定义。笔者基于长期对这一现象的研究，将网红县域定义为在互联网上受到广泛关注和热议的县级行政区，这些县域往往因为某些特色文化、景观或人物吸引了大量网友

---

[1] 马蜂窝.2023旅游大数据系列报告：五一小长假［EB/OL］.（2023-05-03）[2024-06-11].https://file.digitaling.com/eImg/uimages/20230510/1683705113644042.pdf.

的关注和讨论，成为网红打卡地或热门旅游目的地。

2021年5月，山东曹县因一名主播拍摄视频时经常夸张喊出一句口号在网上走红，形成一种独特的网络表达现象，曹县因此一夜成名，吸引了人民日报、中央广播电视总台等主流媒体的报道和跟踪。2024年新春伊始，马面裙的爆火再度将山东曹县送上舆论场的"热搜"，曹县也再次成为网红县域。无独有偶，2023年，有着近80年历史的贵州榕江的"村超"进入大众的视野。"村超"出圈以后，全国各地的游客、球迷纷至沓来，高速高铁车流量暴增，让榕江的经济增长创造了历史。[①]2023年11月18日，东方甄选在古城正定开启的首场河北直播专场，4次登上全网热搜，让正定带动下的河北火爆出圈。河北正定古城在2023年被纳入文化和旅游部5A级旅游景区创建序列，文旅项目建设实现大幅跃升，加之春节期间可免费线上预约游览古城灯会，吸引了众多游客前往。据美团数据统计，2024年春节以来，含"灯会"关键词的景点门票订单量增长260%[②]，其中"正定古城灯会"排名靠前，高流量、高订单量意味着景区人数众多。

（二）网红县域产生的原因

1. 一个人、一个景、一句梗引发网络爆点

根据前文现象表征的描述，我们不难发现，区域的网红化皆完成了从点到面的传播过程。曹县出圈的关键在于网友们二次创作的纯文字梗，如"北上广曹是我不可触及的梦想""青春没有售价，硬座直达拉萨"等，成为一句洒脱不羁的硬核口号，开启了席卷全国的旅游狂欢。除了梗词条，网红人、打卡景点的出现均加速了网络爆点的形成。

2. 平台的包容性为其传播提供土壤

以抖音、快手为代表的短视频平台，具有解读门槛低、草根性强、传

---

① 杨逐原.流量变现视域下民族地区乡村体育赛事中的数字化劳动研究：以贵州省黔东南州榕江县的"村超"为例[J].贵州民族研究，2023，44（6）：103-109.
② 证券时报网.元宵赏灯热度持续高涨 美团：灯会搜索量同比增长超7倍[EB/OL].（2024-02-23）[2024-06-11]. http://www.stcn.com/article/detail/1127343.html.

播发酵快等特点。同时随着互联网普及和城市化进程，短视频平台用户群体形成下沉趋势。用户规模不断扩大，为网络流行语的产生和火爆提供了现实条件。

查理德·道金斯提出的"迷因"是理解个体模仿行为的重要概念[①]。迷因传播是指由于模仿而导致的大规模传播行为，主要表现为自发参与、传播迅速、模仿复制。迷因视域下，这种现象更易解释，短视频用户具有极强的包容性，更容易接受接地气、土味、村味的视频。这是一种极具个人主观能动性的文化复制传播行为。

3. 政府行为提升舆论热度

无论是当地政府的公开回应还是应急措施的实施都能使舆论热度增温。网红县域的形成离不开线上线下行为的合力。曹县县委副书记、县长梁惠民面对爆火公开回应称，欢迎大家到曹县来走一走、看一看，看一看真实的曹县。榕江县委副书记徐勃在接受专访时表示，早在2021年，他便开始思考如何利用当地的生态环境和多彩的民族文化为榕江打造独树一帜的文化IP，暖场、秀歌舞、接送游客等要全民参与。

获得流量后，接踵而来的是对当地资源和服务水平的考验。2024年4月，为了缓解正定小商品夜市的停车压力，当地交通管理大队立即发布关于开放附近学校内部停车场作为临时停车场的公告。

4. 核心竞争力是"长红"的底牌

人民日报的评论指出："走红，也是给有准备的城市的。"[②]曹县电商产业起步早、发展好，拥有山东省唯一一个全国首批"淘宝镇"——大集镇，该镇有30万人加入电商行业。2021年，榕江县被评为首批全国县域足球典型县，目前有25块足球场，光是县城就有14块。当地有80多年

---

① 杨娟，梁锋，刘依.迷因理论视角下的网络"爆梗"传播：以"打工人"为例[J].青年记者，2021（24）：50-52.
② 人民日报评论.曹县有梗！只是发展内功的"点火器"|人民锐见[EB/OL].（2021-05-18）[2024-06-11].https://baijiahao.baidu.com/s?id=1700103839179680395&wfr=spider&for=pc.

的群众足球基础,"村超"在爆红前已经举办了十几届。

无论是特色产业还是文化 IP,在这样的核心竞争力下,全民都能亲身体验到网络带来的红利。互联网思维使他们容易接触新事物,能够敏锐捕捉到发展机遇,从容应对网络爆火。

总之,网红县域的产生并非单一原因。它需要有一个人、一个景抑或是一句梗引发网络爆点,同时在短视频平台的迷因传播现象中得以滋长,政府下场使其舆论热度持续。而要想让县域接住"泼天的富贵",最终还需要核心竞争力。

三、网红县域流量变现的路径

(一)借助网红魅力,实现旅游产业流量变现

游客数量的增长和旅游业收入的增加直观反映了网红县域流量变现的成效。2020 年 11 月 11 日,丁真凭借仅 7 秒的短视频爆火;11 月 25 日,甘孜文旅的微博宣布丁真为家乡四川甘孜代言,成功搭上了这次流量的"顺风车",并在 67 个 A 级景区推出门票免费、酒店半价等多项旅游消费刺激政策。在不到 10 天的时间里,甘孜州纳入监测统计的 13 家景区的游客接待量与去年同期相比增长了 112.31%[1]。同样火爆的情况也发生在榕江县。据贵州日报报道,2023 年 1—7 月,榕江县共吸引游客 554.62 万人次,同比增长 58.48%,实现旅游综合收入 59.71 亿元,同比增长 80.72%,带动引流到周边县市游客 292.03 万人次[2]。许多县域都成功借助网红影响力,实现了旅游产业的大跨步式发展。近年来,越来越多的游客选择县域作为旅游目的地。在线旅游平台的相关数据显示,2024 年五一假期,县域

---

[1] 李硕."丁真效应"下四川理塘文旅业的冷思考[J].西部旅游,2023(22):21-23.
[2] 邓国超,李坤,陈诗宗,等.群众创造历史 创新引领发展[N].贵州日报,2023-09-20(1).

多次抓住互联网红利,实现与经济互联的网络文化输出。新华日报报道,2023年以马面裙为主的龙年拜年服销售额已超3亿元[①],产业为县域的持续繁荣提供着支撑。县级融媒体加入之后,不仅能够更好地对外宣传,也能保护好当地的传统与特色,真正实现多方共赢。

(四)注重人才培育,为流量变现提供持续动力

2021年5月,山东菏泽曹县爆火后,曹县县长回应"走红"时曾说:"将会进一步招商引资,吸引优秀人才到曹县工作,这样才能使曹县不至于昙花一现,能继续火下去。"2021年6月11日,曹县县委、县政府办公室官方微信公众号发布了《曹县人才创业扶持政策(试行)》,借助多元化优惠政策吸引人才,增强竞争力,推动产业发展,从而实现流量高效变现。榕江县也打造了自己的媒体人才队伍体系,致力让每个村寨都有自己的新媒体服务站和相关人才,人才的支撑为流量变现提供可持续发展的动力。

四、典型网红县域对河北正定县的启示

(一)利用网红效应提升正定旅游产业竞争力

2024年春节期间,文化和旅游部指导河北正定、山西平遥等五个古城开展了"古城过大年"活动。活动期间,正定巧妙地将传统文化与现代潮流相结合,举办了古城灯会、京津冀非遗集市、非遗巡游等多场活动,吸引了大量游客前来体验。此后,正定夜市更是多次登上热搜,被央视财经等多家主流媒体报道,火出了圈。巨大的流量也给正定旅游业带来了新的发展机遇,正定应把握契机探寻更深厚的文化底蕴与内涵,推动正定旅游产业可持续发展。

网红县域有热度增长猛、借助互联网宣传、靠服务态度巩固优势等共同点,但也存在"红得快冷得也快"的通病。因此,县域应该探寻更深厚

---

① 陈洁.甲辰龙年,街上流行马面裙[N].新华日报,2024-03-01(11).

的文化底蕴与内涵。

正定县拥有 10 处全国重点文物保护单位和 5 处省级文物保护单位，历史上与北京、保定并称为"北方三雄镇"，历史文化底蕴深厚。现如今，正定应将古城面貌恢复与全域旅游开发深度融合，深挖千年历史文化积淀，再现古风古韵市井繁华。应依托文化资源提升正定旅游产业的竞争力，加强与周边地区的合作，推出团票等活动，共同推广旅游资源，形成区域旅游品牌，吸引更多游客。还可推出文创产品，制定不同季节文旅方案，拓展文旅模式。

（二）整合全媒体资源，打造正定特色 IP

目前，正定融媒体打造了包括"掌上正定"微信公众号、"自在正定"抖音号、"掌上正定"微博、"冀云正定"App 和"掌上正定"App 等多个平台的全媒体矩阵，应用新媒体技术拓宽了宣传渠道。但融合思维还未完全成熟，运营方式等方面有待进一步优化，资源有待更高效整合。以抖音平台为例，正定主要通过"正定文旅"和"自在正定"这两个官方抖音账号开展宣传。其中，"正定文旅"发布作品的时间周期较长，以 2024 年 3 月为例，整月仅发布了 4 个作品。而"自在正定"虽然发布的作品较多，但内容涵盖民生、国情等多方面，缺乏垂直度，不符合抖音的推广机制。因此，应打造活跃度高、内容垂直的专属账号。政府部门作为县级媒体的指导方，从上至下进行短视频宣传时，也存在创新意识不够、内容制作简单且缺乏趣味、宣传力度弱的情况[1]。之前，正定县联合抖音号"正定讲解李明"开展了"李明带你游正定"的线上旅游活动，但仅在抖音号简介中提及，宣传不足。可通过打造话题标签等方式提高热度，同时把握线上旅游契机，采取"文旅+电商"的直播方式，借助新媒体机制进一步宣传和推动正定发展，擦亮"古城古韵、自在正定"的品牌。同时应充分利用"正定古城""正定夜市"等承载着正定独特的文化、风俗内涵的极具代表性

---

[1] 刘荣荣.基于模因理论的网红短视频县域宣传策略研究[D].济南：山东大学，2022.

的符号，通过精心策划和创意设计，将其打造成极具吸引力的 IP，推动正定发展。

（三）挖掘产业依托，助力正定长红

产业支撑是县域发展得以优化的重要条件。科技夯实产业根基，正定一直深入贯彻落实科技创新战略。2024 年，正定县人民政府工作报告指出，正定县全年新增规上工业企业 9 家、国家高新技术企业 18 家、国家科技型中小企业 88 家，连续 5 年被评为县域科技创新能力 A 类县。正定新区 5G 智慧园区已建成 30 平方千米，正定应把握数字技术与产业融合发展的时代契机。目前，正定已依托 5G 基站开展了云 VR 直播，运用 3D 扫描成像等技术展示古城全景。但宣传方面仅通过"网信正定"等账号碎片化宣传，缺乏专属账号和 App，给用户查询和体验带来不便。此外，除借助技术布置声音、灯光等配套设施展现正定古城魅力，还可以利用技术提供更加个性化的服务，如打造红楼体验馆，借助 3D 技术还原《红楼梦》中的真实场景，丰富用户体验感。建立"端口并联"的协调联动机制，实现线上云客源互送、线路共推。依托技术将不同的数据源连接到统一的旅游数据分析平台，可以进行全面的分析和洞察，满足用户需求，更好地以科技产业为依托，助力正定长红。

在国潮风盛行以及旅游热的大背景下，古城和汉服妆造也逐渐成为热门。正定的火爆有力地推动了文化产业的发展。在正定古城附近，有众多汉服体验馆，很多年轻游客都会选择先到店内换装，再前往古城打卡拍照。汉服、簪花等项目深受游客喜爱，游客们在小红书等社交平台上的晒图分享也起到了口碑传播作用，进一步为正定做了宣传。未来应充分挖掘正定的产业潜力，以科技为支撑，不断推动产业融合与创新，同时让正定在国潮风与旅游热的浪潮中持续绽放光彩，真正实现以产业为依托助力正定长红的目标。

（四）聚焦人才培养，优化服务提升

习近平总书记提出："媒体竞争关键是人才竞争，媒体优势核心是人

才优势。"①2023年，正定县发布《关于进一步加大招才引智力度 助推正定高质量发展的若干措施（试行）》，从完善人才奖励激励政策和拓宽服务保障渠道等5个方面推出了16条举措吸引人才，助推县域发展。除吸收引进外部人才、健全保障激励机制留住人才，正定县还应重视内部人才发展，从全员、全类型、全层次系统观念出发，通过各种形式的专业培训提升不同类型人才能力，通过项目制实战训练、协同相关机构进行跨界联合培训等方式培养全媒体人才。

在2024年全国两会上，针对网红如何实现"长红"的问题，来自各地的两会代表均给出了具有自己地方特色的方案，为完善和丰富游客体验出谋划策。从哈尔滨为"南方小土豆"将冻梨切片，到天水成立麻辣烫服务专属保障班，各地文旅产业竞争激烈，在加强宣传的同时，更加强了对用户需求和体验的关注。正定也需要提升服务水平，留住游客。为了保障游客的体验，正定需要从多个方面入手，进一步探索和完善相关路径。首先，要完善配套设施，针对游客爆满导致的交通拥堵、住宿困难等问题，政府需要完善基础设施建设，优化顶层设计，提高游客容纳能力。其次，要加强对旅游市场的监管，加强对服务人员的专业培训，建立游客体验反馈机制。在社交媒体时代，口碑至关重要，游客的分享、推荐和不满都能够迅速在社交媒体上传播，引起网民的关注。正定应该重视用户反馈，及时解决用户问题，塑造良好的地域形象，进一步推动县域的发展。

---

① 习近平. 习近平谈治国理政：第二卷［M］. 北京：外文出版社，2017：333.

创新扩散理论视角下乡村短视频的现实表达与异化

付 超 朱丹丹

【摘要】 短视频影像赋权下的乡村生活与乡村文化不断被激活，城市与乡村有了互通与联结的新纽带，乡村形象的建构与传播也变得更加多元和真实。但是，乡村短视频传播过程中，乡村文化的价值认同在一定程度上呈现差异性。本文将在创新扩散理论视角下，分析乡村短视频在现实表达与异化传播两方面的问题。一方面，找寻影响短视频扩散的内部创新属性以及扩散过程，探寻乡村短视频的发展现状。另一方面，乡村短视频的现实表达已出现不同程度的异化现象，在分析问题与现象的基础上，对乡村短视频的创新扩散方式、创新表达等方面做出思考，以期推动乡村短视频的健康发展和乡村文化的传承与创新。

【关键词】 创新扩散理论；乡村短视频；现实表达；异化传播

乡村短视频作为乡村文化传播与认同的载体之一，使乡村现实的"缺场"在新的媒介形态中可视化、具象化，进而形成一种新的乡村社会的呈现形式。中国互联网络信息中心（CNNIC）发布的《第53次中国互联网络发展状况统计报告》显示，截至2023年12月，中国网民规模达到10.92亿人，互联网普及率为77.5%，农村网民规模为3.26亿人，占网民整体的29.8%。2023年，快手平台"三农"短视频发布量达2.7亿条，兴趣用户量达3.3亿人，将提供30亿流量扶持乡村发展与人才培养。短视频的爆发式、快餐式成长，促使乡村群体被"看见"和被"听见"，通过短视频的"看见"与"听见"逐步实现身体与精神的回归与在场可感，很多"空心乡村"又热闹起来，乡村振兴不再是空想、空谈，乡村文化逐渐具象化传播，人们的乡愁也变得富有诗意和多元。乡村短视频由此成为大众传播的一种流行语态，其功能与影响不可小觑。以创新扩散理论为视角对乡村短视频进行研究，探寻乡村短视频发展与传播机制对社会贡献功能所形成的影响。

一、乡村短视频在创新扩散过程中的现实呈现

所谓创新扩散（diffusion of innovation），是指创新经过一段时间，经由特定的渠道，在某一社会团体的成员中的传播过程。乡村短视频在城乡共融的社会结构中，逐渐成为乡村生活展演的一种新方式、城乡信息交换传播的一种新空间、乡村形象重建的一种新途径。观察乡村短视频的传播，可以从传播内容的创新属性以及现实表达中来探寻其呈现价值。

（一）乡村短视频的创新属性

1. 媒介使用缩小数字鸿沟的相对优势性

相对优势是指一项创新比起它所取代的方法具有的优势。结合乡村传播媒介的迭代历程，从最早集体性的有线广播、露天电影放映到以家庭为单位的媒介时代，收音机、电视机等媒介进入农村家庭，再到如今在移动通信网络的加持下，乡村传播媒介逐渐转向个人主体性阶段，它不再是某一固定媒介空间的稳定生产，而可以脱离专业性人员辅助，实现在不同媒介空间中自由流动的转换。乡村短视频依托移动终端的发布与传播，一步一步拉近了农民对于媒介使用的物理距离与心理距离，缩小数字鸿沟已不再是天方夜谭，这是传统媒介无法比拟的创新传播与自由。

2. 城乡乡愁的兼容性

兼容性是指一项创新与现存价值观、潜在接受者过去的经历以及个体需要的符合程度。乡村短视频的出现，一方面牵连着老一辈乡村人对已逝时光的怀旧情感，另一方面满足了大多城市人口对乡村生活的憧憬与好奇。乡村短视频承载着很多从乡村走入城市的人的乡愁与记忆。莫里斯·哈巴赫（Maurice Halbwachs，也译作哈布瓦赫）认为，"现代社会生活中的人们仿佛存在于一个幻想中，似乎童年和青年时代的生活远远比现今的生活美好得多"[1]。社会需要一种"记忆"，使人们不只是在记忆中再现以前的生活，还要润饰它们、完善它们，为城中的农村人提供集体记忆，消解压力；也为精神焦虑的城中人开辟一处释放压力的世外桃源，供其暂时性地逃离。借助短视频，乡村被重新发现，也被赋予了深刻的文化意义和乡土情怀。

3. 技术助力削减的复杂性

复杂性是指一项创新被理解或被使用的难易程度。在乡村短视频的制作、使用与接受方面，复杂性是逐渐削减的。一方面，短视频主要靠画面展示内容，很大程度上消解了文字带来的隔阂，并且由于内容较短、表达事物单一，媒介接触和内容理解的难度降低。另一方面，5G技术的不断优化，互联网普及到农村地区的范围越来越广，为短视频的传播、存储与制作带来了便利条件。设备的选择不再依赖于专业的摄像机，移动终端的介入也为乡村短视频的生产与创作开通了快捷通道。受众对内容的理解与认知变得更加直接，创作者的时间成本与金钱投入也有所降低，复杂性也就不难理解与接受了。

4. 乡村短视频审美与审丑的可试验性

可试验性是指在某些特定条件下一项创新能够被实验的可能性。乡村短视频除了其本身短平快的特点，平台还为创作者提供了丰富的背景音

---

[1] 哈布瓦赫.论集体记忆[M].毕然，郭金华，译.上海：上海人民出版社，2002：92-95.

乐、紧跟热点的特效形式，以及可以直接套用的模板，这些技术可以帮助创作者实现一键生成。这种便捷性为更多人参与创作提供机会，让审美与审丑混杂于一体，不断试验着美与丑的共融与共存。这一试验性在不同对象之间传递和演变，过程中又不断融入新鲜元素，尝试新的内容与形式，从而形成了新的乡村审美价值观。平台技术赋能下的可试性，为创作者带来了更大的成就感与价值感，促使全民参与乡村短视频的创作与生产，同时为短视频的审美与审丑带来了新的命题。而乡村短视频的可试验性为审美与审丑提供了更多创作、接受与传播的空间。

5. 乡村熟人社会伦理的可观察性

可观察性是指在多大程度上个体可以看到一项创新的结果。个体越容易观察到一项创新的结果，就越容易采用它。乡村短视频之所以在扩散初期受到大量创作者的追捧，主要是它拥有更快捷和更直接的反馈，可以及时通过点赞量、评论量、阅读量来知晓，这些量化的数据，更容易被观察、被认同、被关注、被传播。费孝通先生曾在《乡土中国》一书中提到，"以'己'为中心，像石子一般投入水中，和别人所联系成的社会关系，不像团体中的分子一般大家立在一个平面上的，而是像水的波纹一般，一圈圈推出去，愈推愈远，也愈推愈薄。在这里我们遇到了中国社会结构的基本特性了"。乡村短视频的传播结构其实就如同波纹一圈圈推出去传播开来的模式，不断扩大圈层，形成一圈又一圈的"波纹"。乡村短视频和与之发生社会关系的大众共振、共情后产生一轮轮"波纹"的差序，这种差序又能唤起很多受众骨子里的乡村伦理观，所以乡村短视频的传播不仅仅是快餐式的刷屏流量和短暂的吸睛经济，我们还应观察乡村短视频传播背后折射出的乡村伦理在当今时代的延续与变化。

（二）乡村短视频的现实表达

1. 符号建构乡村意境，场景引发情感记忆

文化客体传递着意义，文化实践活动都在意义的建构中进行，文化传播的活动离不开各种符号的联结。对短视频而言，表意语境条件的形成由符号建构，包括视频中的场景符号、声音符号、人物符号等[1]。以"滇西小哥"为例，短视频内容中的场景符号主要由乡村中的自然风光和特殊乡村意象两部分构成。除了山水、烟囱等普遍性的乡村符号，具有本地特色的场景符号也融入其中，包括云南鲜花、瓜果、菌菇等。而在人物符号的表达中，阿太（奶奶）、阿豪（堂弟）、阿霞（妹妹）的出现营造出一片和乐、大团圆式的场景，浓浓的亲情与乡愁不断呈现。回思客路岂非梦，乍听乡音真是归，乡音落处即吾乡，方言是各地区独有的乡音。将方言应用于乡村短视频的叙事文本，一方面，可以更加贴合乡村的生活场景，契合农民的朴素形象，有利于乡土记忆的表达和集体记忆的建构；另一方面，也为方言的保护与传承开拓了新的路径。另外，乡村短视频在后期创作中，并不会掩盖"鸟鸣""蛙叫""水流"等自然的符号声音，画面与自然声音交织映衬，保留了原汁原味的乡野气息，构建了真实纯粹的乡野场景。

2. 关系融入情感叙事，增进文化价值认同

现代媒介最重要的特征是个体在叙事媒介上情感的表达和个性展示，情感的互动机制甚至可以在很大程度上决定叙事的效果。[2] 乡村传播的主体是乡村、人物即时性的呈现，视频内容中隐性呈现深层次的乡土人情是视频内容质的升华。将人物关系与情感表达纳入乡村短视频，发挥情感叙事的重要作用，不仅可以增加乡村短视频的温度，增强粉丝的黏性，还可以潜移默化地影响受众对乡村文化的认知，弥合城乡文化差异，提升乡村文化的认同感。"潘姥姥"的短视频内容是制作乡村美食，同时也隐性地传达出姥姥对外孙的宠爱，这种"隔辈亲"的情感引发了受众的强烈情感共鸣。在中国的乡土社会，家并没有严格的团体界限，社群里的分子可以依需要，沿亲属差序向外扩大。在"滇西小哥"的视频中，狗狗"大王"也成为家庭和视频中不可或缺的角色，人与动物之间的相处日常时常打动人

---

[1] 邢梦莹，王坤.乡村振兴视角下短视频内容生产及其传播策略探究[J].中国电视，2022（5）：17-21.

[2] 凌海青.讲好中国故事聚焦现代叙事逻辑[N].中国社会科学报，2022-02-24（6）.

心。短视频表意的关系叙事背后所隐性传达出的情感连接，在打动受众的同时，也会丰富互动的内容，密切与粉丝之间的联系，增进创作者与受众的文化价值认同。

3. 不同平台的多元形式呈现，强化传播效果

乡村短视频的内容表达并没有千篇一律，而是依据平台属性进行多维度传播。以"滇西小哥"为例，最初其视频在微信粉丝群和公众号传播，如今其在多个社交平台均开设了自己的短视频账号，包括公众号、微博、抖音、哔哩哔哩、小红书等，其视频在各个平台发布，内容形式多样，会针对平台的属性特征和受众特征，对同一内容进行不同形式的创作，精准强化传播效果。更为明显的区别体现为：抖音平台主要将长视频剪切创作成多个短视频发布，迎合了抖音用户的使用习惯；小红书平台主要将视频进行图片化处理，图文并存成为主要形式，内容更倾向于知识性与实用性。但是目前绝大多数乡村短视频并未形成优质内容的多平台差异化传播。

4. 大众传播连接受众，人际传播突破圈层

罗杰斯在创新扩散理论中指出，大众传播与人际传播是创新在扩散过程中的重要传播渠道。在乡村短视频的传播扩散中，新媒体随着自身发展逐渐成为大众传播的重要渠道，也为乡村短视频的扩散提供了便捷的条件。在乡村短视频的扩散过程中，人际传播主要通过粉丝以及个体之间的转发等路径传播。具有相同属性的受众聚集在同一平台，由趣缘连接的受众在同一社群相遇，成为某类视频内容的粉丝，他们会主动定时定点观看视频，并在社交平台转发分享，或者直接推荐给身边的熟人，后者这种传播行为，为扩散网络中的异质沟通提供了优势，有助于突破圈层之间的隔阂进行传播。

二、乡村短视频的异化传播

短视频的出现丰富了乡村影像的形式，小叙事、全视角、沉浸式的特

点深受大众青睐。它不仅能够记录真实的生活碎片，还可以传递当下瞬时的情感，逐渐成为建构农民形象、乡村形象的主要渠道，以及构建乡村话语、传播乡村文化的重要方式。但是由于创作门槛的降低、创作者媒介素养的参差不齐，以及资本的裹挟，乡村短视频也出现了一定程度上的异化现象，形成了负面影响。

（一）创新的过度采用：视频主体异化

乡村短视频在创新扩散过程中，全方位、多角度为乡村建构了多元景观，但是也出现了一些过度运用创新寻求关注与流量的现象，短视频呈现的乡村形象既有熟悉的乡野也有奇化的陌生。一些乡村短视频的创作者通过"戏仿、反讽、拼贴"等方式，潜移默化地对乡村形象进行异化。其中，一部分乡村短视频创作者热衷于以粗鄙的、不够严肃的态度去调侃那些经典的影视作品、文学作品等。他们在乡村里布景，以业余的农民作为演员，在情节与台词的设置中不惜运用夸张的身体叙事，以"土"为噱头，满足受众"审丑"的偏好，以此抹黑乡村形象。同时，短视频在传播过程中，对于乡村文化的理解和包容也可能存在偏差，从而失去了其原有的文化滋养特征。不难理解，"农民群体在通过短视频获得乡村文化传播话语权的同时，也在经历一场'数字异化'，有逐步沦为短视频平台的'网络劳工'之嫌"[1]。很多剧情类的乡村短视频经常有重男轻女、嫌贫爱富等非理性非正向内容，久而久之，视频内容会消解反讽本身的意义，反而加剧受众对视频主体的偏见。

（二）创新的特性削减：视频风格同质化

乡村短视频目前已经趋于饱和，头部主播纷纷把精力投入直播带货领域或是广告创作领域，很难发出对乡村创新性的探索，更多的是围绕家庭生活展开的即兴创作，缺乏对乡村价值的深度挖掘。乡村短视频的创作者多是当地的农民，受限于创作者主体素养的参差不齐、技术素养的有限

---

[1] 沙垚，张思宇. 公共性视角下的媒介与乡村文化生活 [J]. 新闻与写作，2019 (9)：21-25.

性，以及拍摄与制作短视频设备的随意性，乡村短视频创新特性减弱，风格同质化问题比较突出。被誉为"东方神秘力量"的李子柒，曾在荧幕上脱颖而出，但很快，大量的模仿与抄袭也相继出现。同质化内容的集中出现，势必会造成受众的审美疲劳，导致视频内容的传播力和影响力下降，压缩优质内容的生产。

（三）创新扩散路径单一：视频传播竞争窄化

乡村短视频的创新扩散程度主要取决于同质性的沟通，即在两个相似个体之间扩散，不利于乡村短视频的横向发展，使传播范围缩小、传播速率放缓，从而降低视频传播的影响力。一些短视频平台为了吸引流量和赢利，会使用非正常手段进行恶性竞争，导致短视频内容的商业化显著增加。这些行为不利于短视频在乡村文化宣传和乡村旅游建设方面发挥作用，反而会对目标受众产生误导。同时，乡村短视频的扩散传播，在各个地区呈现不均衡的状态。像"巧妇9妹""牛不啦"等创作者所在的地区均已配备完整的工作团队，可以进行有序且专业的制作和传播。但有些省份目前乡村领域头部博主较少，并且同一个地区的创作者鲜有联动，很难扩大整个区域的乡村短视频传播力，更难以形成品牌传播，乡村短视频的经济价值和文化价值因此就不能得到有效开发。

三、创新与扩散：回归乡土本真

乡村短视频的赋能，使乡村形象建构主体回归本位。在乡村短视频不断创新与传播的过程中，真实且立体的乡村呈现在受众的视野里，实现了乡村文化的认同与传承。但是任何新兴事物或者媒介的出现都是一把双刃剑，短视频在建构乡村形象的过程中出现的异化问题，容易遮蔽真正的乡村样貌，扭曲乡村文化的内核，阻碍乡村振兴的发展。因此，乡村短视频的未来发展需要摒弃诱惑、创新内容、扩散路径，助力实践城镇化回归乡土的主题。

（一）培训与把关，规范视频内容和形式

乡村短视频的创作主体多为农民，他们在专业素养和技能技术方面并未得到系统的培训，所以若想要乡村短视频长足发展，从源头处开始优化是必经之路。一方面，政府和企业可以合作，以区域为单位，发挥县级融媒体中心的作用，定期为当地的乡村短视频博主进行专业培训与指导，提高创作者的认知水平和审美素养。另一方面，平台需要担负监督责任，完善乡村短视频的算法推荐机制，不能仅以用户偏好为推荐指标，也需要设置一些公共流量池，让更多异质性的用户也能接收到正向的乡村短视频内容，看到乡村的多样面孔，对乡村有更加客观和全面的认知。

（二）依据地域特色，实现差异化传播

乡村文化是在特定的历史背景与地理环境下产生的，因此带有独特的地域特色。不同地区在生活理念、传统文化与宗教信仰等方面具有较大差异性，这也导致各地区的乡村文化具有多样性。面对这种多样性与差异性，在传达乡村文化的过程中需要谨慎运用符号来建构意义表达，以减少文化隔阂。在内容主题的选择方面，创作者需要突破短视频流动的表层内容，围绕乡土文化的深层次内涵，挖掘新的创作素材，发挥"主流化效应"，助力乡村文化自信与文化增值的培育。创作者还需依托本身的乡村资源，做好内容风格定位，形成有特色的个人风格，以差异化代替同质化。

（三）面向国内外，拓宽传播渠道

乡村文化不仅仅要拓宽国内市场的传播渠道，更需要秉承开放、融合、交流的传播理念，做好乡村文化的国际推广，让优秀的中国乡村传统文化内容、精神内涵和制度文化走向世界，增强文化自信。一方面，搭载目前国内受众面广泛的社交平台，增强短视频内容的互动性与社交性，利用社交平台的分享便捷、圈层突破，让城乡之间的文化交流更加频繁。另

一方面，面对跨文化国际传播，丰富乡村文化传播主体的多样性，以微小视角叙事，拓宽传统的国际传播渠道，让国际友人也能在他们日常的社交平台上接触到中国的乡村文化，削减文化盲视与消极想象。再者，乡村短视频在传播渠道中也要加强线下实体路径的建构，塑造乡村产品与文化品牌。在乡村缺少市场性与经济性的状态下，乡村品牌可以成为乡村与消费者沟通的桥梁和纽带，从线上交流转化为线下互动，连接更多受众与消费者，提升乡村资产的整体增值。

结 语

在新媒体环境下，乡村短视频的出现可以视作一种创新，同样也是传播乡村文化的全新渠道。在创新扩散理论的视角下，乡村短视频具有相对优势性、兼容性、复杂性、可试验性以及可观察性特征，且在创新扩散传播的过程中在内容、受众以及渠道等方面呈现出的现实意义既有积极影响也有消极影响。乡村短视频对乡村文化的发展以及乡村经济的建设起到重要支撑作用，但也出现了诸如内容同质化、故意丑化乡村文化、异化传播、传播渠道单一等问题。因此，需要提高创作者的认知水平和审美素养，规范好视频内容，引导其正向传播，并且根据地域特色，面向国际视野，实现内容上的差异化传播。同时，也要拓宽传播渠道，线上线下双向互动，扩大乡村短视频的扩散范围，增强乡村短视频的国际传播力与影响力。相信乡村短视频的不断创新发展，可以打破城乡的二元区隔，促进城乡多元互动，提升乡村文化自信和文化认同，塑造特色乡村品牌，实现乡村文化增值，助力国家乡村振兴政策的实施。

AI 技术赋能主持传播数字化重塑

张苗苗

【摘要】 AI 技术已介入媒介传播领域，促使主持传播逐渐走向专业化和精准化。就主持传播主体而言，AI 主持的出现呈现具身性传播机制，人类是主持传播主体，在 AI 技术的迭代升级中，景观式传播机制日趋成熟，赛博格式人机协作式传播机制也在主持传播业中受到关注；就主持传播客体而言，AI 化、社交化人格不断显现；就主持传播内容而言，在不断多元化发展的同时，人们对传播内容茧房效应的关注度也在不断增加。基于此，主持传播业应对 AI 技术之策，在于强化主持传播规范化发展，重构人机智能化协作关系。

【关键词】 人工智能；主持传播；传播主体；传播客体；传播效果

AI 技术赋能媒介传播，使信息的互动性和公共性重现新高，激起主持传播活动全民狂欢的盛况。智能媒介创生了线上虚拟社群，个体用户被技术赋能，可自发控制、即时交互、参与意见生产或公共讨论。智能媒介召唤视听感官的回归，实现了人类在多维空间和同时空的即时交互。在此背景下，主持传播过程中的传播主体、传播客体、传播内容和传播效果不断异化，展现主持传播的现实构建和时代特征。

一、AI 技术重塑媒介环境

（一）AI 技术推动主持传播演变

3000 多年来，口语传播作为人际传播的原始媒介在主持传播活动中一直占据显赫位置。从面对面的物理场交流沟通，到沉浸式视听环境导致的口语传播的消弭，再到智能网络中口语传播的虚拟情境，在不同比率的感官调配中，主持传播活动具有鲜明的时代特征。世界、媒介和人的感知系统三者共同建构了智能化的虚拟现实空间，感官的作用就好比"电灯一亮，就出现一个感知世界。电灯一灭，这一感知世界就荡然无存"①。主持传播本身就具有人际化口语传播属性。目前，我们所处的 AI 数字化虚拟网络空间使人类在某种意义上实现了跨时空、融群体的智能媒介环境，双向互动交流，造就了去中心、去等级的视听觉均衡发展的新口语传播时代。由此，只有借助智能技术的软硬件与智能终端设备才能使传播链条中受众的视听感官被电子智能技术加持，呈现出前所未有的视听盛宴。

（二）AI 技术推动 AI 主播进化

布莱恩·阿瑟提出技术进化的"自创生"机制。他认为：技术是历史的产物，所有技术都是以已有技术为基础被创造的，因而"技术的价值不仅在于可以用它做什么，而且在于它进一步可以导致什么"。AI 主播是集数字媒介、虚拟个体、图文声物质特性、信息传播等于一体的智能电子媒介，它能够将文本、图像、声音统合在其既有的表达模式中，从而能够拟人类化实现"一对一""一对多""多对多"的人－机传播范式。

2014 年 5 月 29 日，人工智能小冰第一代产品问世，随后第二代、第三代，一直到第七代小冰，不断升级演化。2021 年 10 月 2 日，湖南卫视实习主持人小漾（数字主持人）问世。AI 主播从最初的对文本的有声转化

---

① 麦克卢汉.理解媒介：论人的延伸［M］.何道宽，译.北京：商务印书馆，2000：169.

到智能语音对话再到人－机的多维度交互，逐渐实现 AI 主播的类型化和个性化。

二、AI 技术重塑主持传播主体

主持传播，即以播音员、主持人等人格化传播者为传播主体实施传播的一种传播样态，实际上是一种在传播中实现传播主体人格化，并在传播过程中体现出人际性特点的传播方式。其中的人格化、人际性是构成主持传播的关键，亦是主持传播的特点和优势所在。[1] 无论主持传播主体是人类还是虚拟智能，主持传播正以"人际化"传播态势的新面貌植入社会生活，"人格化"是主持传播的核心。

（一）AI 主播理性传播范式

起初，AI 主播依托动画形象和模拟设计仅于互联网进行播音和主持。之后，随着 AR 技术的发展与普及，AI 主播开始真正走到台前。一方面，AI 主播的主持传播范式以智能技术为载体。由技术手段合成的以人类为原型的 AI 智能虚拟主播被广泛应用于新闻消息播报：通过大数据云计算等智能技术展现其特有的标准化播音腔调以及书面化播音语言，充分体现出 AI 智能主播以技术为载体的理性传播范式。另一方面，据官方介绍，AI 主播是通过提取真人主播新闻播报视频中的声音、唇形、表情动作等特征，运用语音、唇形、表情合成以及深度学习等技术联合建模训练而成。这表明，AI 主播的本质是以以"人"为原型的智能技术为载体，为观众带来一种介于人物原型和新技术之间的"感知界面"，不仅可以实现文本有声化呈现，还在多维度互动领域进行初探。但 AI 主播事件评论、现场报道、镜前即兴表达等能力的呈现还不能排除人类文本干预的嫌疑，也就是人类对传播内容的文本具有绝对的主控权，而 AI 主播对文本只有有声转

---

[1] 高贵武. 主持传播学概论 [M].2 版. 北京：北京大学出版社，2019：2.

化权。另外，AI主播的多维互动能力后续也没有大范围使用，这足以证明智能技术的升级迭代目前始终围绕对文本的转化展开。

1. 人－机互动式主持传播范式

虽然AI主播在有意识地挣脱文本有声化的束缚，但目前仍以传统的新闻播报为主。在主持传播中，人－机互动的社交性还仅仅停留在信息浅层互动。例如，生活场景中的人－机智能语音对话，基本是AI主播以"助手"的身份解决实际生活中的小问题。更多的播音主持工作中，主持传播很难抽象成程序化的智能技术。即便AI主播拥有流畅、标准甚至悦耳动听的语音面貌，其所能做的绝大多数仍是文本的有声化。由此，AI主播的虚拟人格还只是停留在以图像符号为载体的"实体缺席"式交流互动，即便是在智能技术下凸显出其缺席物理环境的本质，但智能主体以类人类的图像符号营造一种基于视觉图像而存在的虚拟交流场。

2. 赛博格式主持传播范式

随着智能技术迭代升级，"赛博格"这一概念及相关现象的讨论又一次受到关注，并且开始有了直接的、现实的支持。如今的智能时代，赛博格这个术语也被广泛应用于传播领域。因为机器的新应用而出现的数字化生存形态，使人与机器的关系也发生深层变化，这使得一些新的主持传播形态逐步形成。主持传播的范式因人机融合而走向理性（智能机器）和非理性（情感实体）传播范式的融合。

2020年全国两会期间，5G+AR采访眼镜大显身手。它看似平平却"能量巨大"，既可以帮助媒体记者快速"识别抓取"新闻人物，了解人物信息资料，还可以第一视角进行现场直播。记者只需手势或语音控制即可完成视频录制、拍照、直播等工作，拍摄时可以与后方编辑实现屏幕共享、实时互动。人民日报、光明日报、北京日报等众多媒体均使用这款眼镜进行两会新闻采编。技术赋能人类主体，在传播范式中发挥智能作用，促使传播主体人格化显现。赛博格的出发点是技术对人的增强，它体现在主持传播主体中人与智能设备的重叠，这些智能设备存在于人的身体上，促进了人类主持传播方式的赛博格化。智能技术负责理性传播（智能设备），主持传播主体负责感性传播（情感实体），体现主持传播中技术操纵和实现与用户连接的智媒体时代特征。人的物质实体以数据的方式被映射为"虚拟实体"，同时智能设备提高了人的"可量化度"与"可跟踪性"。"虚拟实体"的概念在主持传播中得到启示，这为主持传播主体提供更为精准、动态认识用户的新方式，精准定位受众用户的画像。这的确会促进主持传播范式的更新，在理性和非理性边界模糊化的状态下，产生出全新的主持传播态势，催生"技术+人格"的赛博格式主持传播范式。

（二）人类非理性传播范式

1. 沉浸式主持传播

智媒时代，媒介内容可反复观看，这个反复观看的连锁过程就是使用和满足的连接，传受之间的黏性借此得以实现且愈加牢固。在使用与满足理论中，受众被看作有着特定"需求"的个人，他们的媒介接触活动被看作基于特定的需求动机来"使用"媒介并得到"满足"的过程[1]。从市场需求出发，智能技术锁定目标受众，最终形成线上线下整体品牌营销传播矩阵，形成更私密化定制化的服务，在数字技术的赋能下使受众"沉浸式"感受传播活动。人们所拥有的"在场感"与"沉浸感"是由多媒介建构而成的，在大数据云计算的高科技智能技术的支持下，受众在传播链中被精准分析和定位，这不仅增加了传播内容的实用性，更能使主持传播理念实现"润物细无声"的效果，为受众得到沉浸式感受提供了可行性依据。通过与受众沉浸式互动——点赞、刷礼物来表现主持传播活动的价值和品牌的理念，实现全方位、深层次的用户交互和转化，这种浸入式的主持传播范式，实现了定制化服务理念。

---

[1] 彭兰.网络中的人际传播[J].国际新闻界，2001（3）：50.

2. 主持群体"转型期"

主持群体纷纷入驻各类网络媒介平台，智媒时代 IP 相较于品牌更强调内容化与人格化特征。在跨媒介超链接的 AI 技术支持下，大量主持人进入"转型期"以期实现多样化 IP 形象。这种形式有助于主持人在智媒平台形成对受众产生深刻影响的"标签"——养生专家、母婴博主、数码专家、旅行爱好者、教师、心理医生、学者等，形成主持人形象 IP，即主持人成为一种现象或者自身形成一种效应。IP 是从文化领域延伸来的术语，具有"品牌"的含义，通常包含粉丝、故事、情感以及内容输出、价值体现、传播渠道等元素，在某一领域或群体能产生影响力和号召力。[①] 在康辉的系列 Vlog 中，形式与内容受到广泛关注，主持人的媒介形象因此更加多元和立体。换言之，智能技术赋能媒介平台和传播方式，使康辉不再是单一的符号，也可成为 Vlogger（视频博主）。朱广权在节目中以受众喜闻乐见的"押韵"的修辞方式整合内容，在直播带货的数字经济时代中摇身一变成为 Rapper（说唱歌手）。他们是有个人主观意识的主持传播活动带入者。智媒时代主持传播主体因跨媒介转型传播而使主持传播范式多样化丰富化，个人形象品牌逐渐立体全面。

3. "还原真实"交流场

主持人人格化的主持传播活动是以肉身实体为载体向受众传递真实可信的情感，通过逻辑思维自主调节表情、语气、声音及语言表达等受众可以直观看到的表情符号的实体，塑造人格化主持风格，从而与受众形成物理化、可持续发展的"交流场"，为真情实感的流露搭建可靠平台。这与 AI 主播以图像为载体展开的主持传播活动有本质不同。真实肉身的主持人塑造真实物理交流场以培养和受众在主持传播活动中的感情，在快节奏智能生活的当下显得难能可贵，构成主持传播活动中黏合受众的关键因素。

---

① 申林，史文思. 融媒体环境下时政新闻主持人的媒介形象塑造：以央视主持人康辉的 Vlog 为例 [J]. 传媒，2020（10）：51.

《鲁豫有约》的特别版《鲁豫有约一日行》以嘉宾的日常生活轨迹为节目基本结构，在主持人与嘉宾的沟通场景中，改变了以往演播室这样刻板固定的录制场所，摒弃了被围观的舞台和观众。主持人以"非提问"的方式聊出受众感兴趣的话题和内容，去掉了"正襟危坐"，呈现出"茶歇式"私人领域的"漫"沟通，更符合受众的接受心理。主持人鲁豫以"老朋友"为自身定位，放下"提问"的逼迫感，反而给出"这样不是更好""没必要把自己弄得那么累"等"朋友式建议"，仿佛沟通就是在生活轨迹里自然发生的，最大限度地让节目"还原生活真实"，以"纪实态+碎片化"的方式呈现节目内容，更有利于新媒体平台的投放以及短视频平台的传播。这也是当下AI技术重塑主持传播主体过程中，人类较AI技术寻求的更有效的生存之道。

三、AI技术重塑主持传播客体

媒体深度融合结合技术迭代升级，传播内容也在悄然发生变化。作为主持传播的客体，传播内容为传播主体和受众搭建交互的桥梁，用不断变化的形式体现超强的适配性。现阶段各大媒介平台越来越重视媒介产品及内容的性能以及应以何种方式为受众服务。AI技术在不断重塑主持传播客体：第一，AI技术让信息茧房效应更加凸显；第二，AI技术让媒介平台中的产品百花齐放；第三，AI技术为媒介产品提供"区块链"加密技术保障。

（一）信息茧房效应

第一，基于网民这个庞大的群体，智能技术中的云计算、大数据等才能充分施展拳脚，做到精准分析，快速定位用户群体，掌握受众喜好与需求，适时调整主持传播客体。第二，对特定媒介环境下信息茧房现象的思考不容小觑。信息茧房其实一直都存在，只是在智能算法推荐系统中可能更加容易和明显。智能算法推荐系统的运作依赖于受众的积极参与，所以是否形成信息茧房，很大程度上取决于受众的媒介使用行为。[1] 技术产生的信息内容是否会对当代受众产生控制是基于智能技术讨论的关键点，海德格尔的观点认为，现代技术在事实上已经成了一种座架，成了对人的自动化控制。技术的智能化趋势不可避免，对可能导致的信息茧房产生关注是值得肯定的。应对不良影响的关键在于，以用户和公众的发展为宗旨，维护用户的信息接近权、知情权等，以确保在技术迭代升级的同时，公众对信息内容及个体在社会环境中的相对自由。

（二）"人人麦克风"时代

智媒时代不仅使主持传播活动实现类人际化传播的手段更加丰富，也使主持传播的专业门槛被逐渐打破。智能化设备的普及、互动，更为直接的移动端应用、手机点对点互动，都预示着全民主持的时代已经到来。

1. "人人麦克风"时代的大众狂欢

由于智能技术赋能，在简单易行的媒介平台操作界面中每个人都可以做内容的传播者，信息内容的传播权已不仅仅为新闻工作者所独有。在"人人麦克风"时代，传统媒体主持人也纷纷在抖音、微博等平台中加入"人人麦克风"的大军。可见，智能技术不仅改变了主持传播主体，更是渗透到主持传播的客体，对传播内容进行了智能化消解和改变。"人人麦克风"，这是主持传播中"人际性"在智能技术更新中的最新产物。媒介平台中人人都可成为信息的发布者。例如：UP主（个人视频制作者）"老师好我叫何同学"制作发布的短视频受到受众青睐，2022年2月2日其短视频在微博平台的点击量达到2692万次；母婴博主"千惠在这里"2022年2月6日发布的视频"千惠的三胎战袍"点击量达29.2万次。这些草根式主持传播主体活跃在网络媒介平台中，主持传播媒介产品在新媒体平台也呈现出百花齐放的态势，"人人麦克风"的时代达到历史高峰。

---

[1] 晏齐宏. 技术控制担忧之争议及其价值冲突：算法新闻推荐与信息茧房关系的多元群体再阐释[J]. 现代传播（中国传媒大学学报），2020，42（3）：61.

从接受心理上分析，在接受信息之前，要先感受到无实际效用的快乐，接下来再从是否愿意接受该内容方面做出选择。在 AI 智能引发的"人人麦克风"时代，主持传播活动带来"泛娱乐化"影响，对传播内容的把关尤为重要，主持传播主体由传播者的角色逐渐赋能"把关人"的职能。当下，在"人人麦克风"时代，大众应保持冷静，不能忽视或避而不谈媒介内容的"泛娱乐化"。媒体融合的过程中智能新技术在不断更迭，主持传播活动在智媒体中呈现绿色可持续发展，主持人应坚决抵制功利主义和过度娱乐带来的对主流意识形态话语的消解，维护和坚持主流意识形态话语的权威性和主导性。

2. 媒介内容生产数字化

主持传播活动呈现大众化趋势，传播内容多样化，AI 技术快速冲击媒介平台，跨屏发展式媒介融合无疑是最能将各个媒介优势功能最大化和实现双赢的渠道之一，由此形成了全新的媒介组织形态 MCN（Multi-Channel Network）。所谓 MCN，即多频道网络，这种模式将不同类型和内容的专业生产内容（Professional Generated Content）联合起来，在资本的有力支持下，保障内容的持续输出，从而最终实现商业的稳定变现。[①] MCN 形态的产生使主持传播的创新路径更为明确，进一步将融合主持传播推向深入。而随着供给侧三要素逐步实现技术新升级，中国电视媒体也积极利用"4K（8K）+5G+AI"的新技术回归到视频电视节目内容生产这一中心环节，进一步改善内容生产的环境、生态和市场。以《2021 年中央广播电视总台春节联欢晚会》中的一个歌舞节目《牛起来》为例，这档节目采用了全息投影、AI 等新科技，实现了内容呈现与新科技的完美融合，使身在香港的演员刘德华仿佛就在北京的演播厅，极大地丰富了观众的视听体验。因此，媒介内容生产转向科技化、电子化。

---

① 李金聪.5G 背景下广电媒体如何以 MCN 模式发力短视频［J］.传媒，2021（4）：49.

（三）区块链技术对传播客体的加密保障

区块链技术实现了对媒介产品的保护作用。2016年10月，工信部发布《中国区块链技术和应用发展白皮书》，鼓励文娱产业将区块链技术应用到生产、复制、流通等环节，以适应数字化传播时代发展潮流。区块链的底层技术实则是一套不可篡改且可追溯的密码学账本系统。区块链技术的保障机制能够激发传播主体对原创媒介产品的创作激情，能够实现去中介化的媒介产品数字化，提高媒介平台的管理效率和水平，并且赋予短视频生产者、观看者和投资方内容生产的新动能。区块链技术使得媒介产品版权价值数字化，短视频创作者可通过智能合约发起交易行为，对其创作的媒介产品进行确权和定价，通过网络市场特有的交易渠道获得打赏货币、广告植入和内容订阅的收益，减少中间流通环节以获取最大化收益。区块链技术通过对媒介产品的加密保护激发了传播主体的创作激情，同时也激励受众参与到内容的评论、点赞等互动中，让传播主体实时了解受众对内容的需求，更有效地在流通环节实现代币变现，助力实体经济的发展。

四、AI技术使主持传播效果多维度发展

（一）集体讨论式互动

智媒体主持传播以网络为主，受众呈网民化群体趋势，技术的进步与发展成为主持传播发展的重要推动力，并为主持传播向着人际化迈进提供具体路径。智媒时代中，传受双方可通过网络实现"随时互动、及时反馈"，"闻其声""见其人"不再是电子媒介时代受者对传者的单向局限性互动。可见，大众传播中的人际性之所以得到空前的发展，缘于"即时互动技术"的发展。

一方面，语言的"网感"带来集体讨论的狂欢。主持传播主体频繁地使用在网络传播中受众容易接受的方式，而网络语言的广泛使用则是个有

效途径。主持传播主体在主持传播活动中要迎合网络习惯，这直接体现主持传播主体人格化特征。可以在大数据云计算的智能技术中锁定受众喜爱的主持传播范式，通过智能技术描绘受众画像以具化传播范式，形成主持传播主体独具特色的个性化播报方式，提高主持传播效果。社会生活的变化影响着日常人际交流的语言系统，时代的变迁改变了人们对词汇的选择和使用。随着技术的快速发展，网络影响和改变了人们的语言模式，成为我们社会新时代的显著标志，网络语言已成为国家主流语言的有机组成部分，它改变着全社会语言系统，也是全民集体讨论式互动的前提。

另一方面，集体讨论式互动催生受众主动性。 主持传播活动互动具有技术依赖性，媒介平台及相关技术的水平直接影响着人们互动的方式、手段，以及深度、广度。在VR、AR技术发展日新月异的智媒时代，通过AR和VR展现在受众眼前的逼真人像，让受众倍感亲切，缩短了主持传播主体与观众之间的距离。网民是当下主持传播中的主要受众，在各大媒介平台的直播间中，受众以集体讨论式互动体现共生的力量，从而对传播内容产生愉悦接受。由此，智媒体中的主持传播活动需要互动性、自由性与开放性。受众在集体讨论中创造了更广阔的想象空间，可实时反映在传播主体的主持传播活动中，由此形成更高效的传播。网络互动直播、弹幕、VR、虚拟技术的发展同样促使主持传播的人际化传播特点更加突出。在网络直播间里，网民不仅可以实现与主播的"面对面"交流，可以与之聊天、对话，还可以通过发表弹幕、为其打赏的方式，即时对主播的表现做出反馈，实现受众之间在智能虚拟环境中的集体讨论式互动。而主播们则可以随时通过屏幕看到网民对其表现的评价，第一时间对受众的反馈做出回应。受众之间、主播和受众之间在虚拟环境中进行的"面对面"的互动交流，可以激发传受双方互动的主动性。

（二）粉丝经济的多元融合

智媒时代中受众、传播主体、媒介产品得以可持续性发展，源于粉丝型受众对偶像型主持人的"忠诚度"。所谓粉丝文化是指一个个体或群体，对自己内心虚拟的对象或者是现实存在的一个对象的崇拜和追捧的心理造成的文化消费以及由此产生的综合性文化现象。[①] 偶像型主持人被粉丝型的受众视为"精神领袖",他们不仅指引着受众的审美倾向,甚至一言一行时刻都在影响着受众。受众的喜好不仅使其具备超高的消费能力,而且是粉丝文化中最主要的价值缔造方向,这成为主持传播活动中多元化商业运作模式繁荣发展的前提。与此同时,主持传播活动中的商业运作模式还依托智能技术的支持。2020年5月1日晚,"央视boys"康辉、撒贝宁、朱广权、尼格买提首次同框直播带货,在短短3个小时的直播中创下了央视新闻联合企业直播的新高,观看人数超过了1000万人次,单场直播成交额高达5.286亿元。冲破媒介固有商业运作模式的束缚,主持传播活动在更多的领域探索商业价值,并且在智能技术的支持下得以实现。河北音乐广播(FM102.4)在媒介技术的支持下顺利完成与虚拟商超"乐商城"的对接;河北交通广播(FM99.2)同样在媒介技术的支持下完成了与线上虚拟商超"爱商城"的对接,传受双方黏性进一步增强。智能技术的不断发展为主持传播的商业运作模式提供了更多可能。

结　语

智媒体中的主持传播活动带有鲜明人际性特质,在AI技术迭代升级的同时对传播主体、客体和传播效果不断整合升级。于主持传播主体而言,需在理性和非理性主持传播范式中不断寻求创新之举措;于主持传播客体而言,需在"人人麦克风"时代对传播内容"精准把关",并且使用区块链技术增强媒介产品保护机制;于传播效果而言,主持传播活动内部和外部结构的多元融合发展不断提升经济效益。智能技术赋能主持传播活动进而改变主持传播范式,实现技术对人类的增强,赛博空间的主持传播

---

① 张苗苗,王文斌.粉丝文化视域下网络直播带货的特点探析[J].记者摇篮,2020(11):43.

活动不能被智能技术束缚，与智能技术和谐共生才能实现主持传播范式的破圈发展。AI 技术的介入，对重塑主持传播活动发挥了不可小觑的作用，并使之不断电子化。在深化技术改革的同时，加快相关法律法规政策的出台，使技术与应用相互促进、意识与职能相互融合，将为我国主持传播与 AI 技术的融合营造出更和谐稳定的发展环境。

媒体深度融合背景下广电融媒体的品牌化建设

赵 珣　石宏杰

【摘要】广电融媒体品牌化对广电媒体推进深度融合并获得市场竞争力具有重要意义。本文基于已有广电融媒体品牌建设，尝试总结广电融媒体的品牌化经验。文章认为，在广电融媒体品牌化进程中，坚持以传播正能量引导社会价值观，以特色化内容作为融媒体品牌的内容支撑，以亲民化的叙事风格满足融媒体用户的需求，是品牌化建设三个重要方面。

【关键词】深度融合；广电媒体；媒体融合；品牌化

媒体融合是大势所趋，融合理念已经深入人心。随着各大媒体纷纷开始推进融合发展，且深度融合日益推进，品牌化发展将是激烈的融媒体竞争中的重要路径。而如何在众多融媒体中塑造媒体的品牌形象，提高市场竞争力，是深度融合时必然遇到的又一难题。自2014年8月中央印发《关于推动传统媒体和新兴媒体融合发展的指导意见》以来，广电媒体积极推进融合发展，涌现出中央广播电视总台央视新闻、上海广播电视台看看新闻Knews、山东广播电视台闪电新闻等一大批广电融媒品牌。在探索广电媒体深度融合的过程中，这些广电融媒体品牌提供了有益经验。

一、传播正能量：广电融媒体品牌化的价值引领

作为传统广电媒体转型的产物，广电融媒体的定位是新型主流媒体，要把传播主流价值观和正能量作为首要任务。在品牌化建设的过程中，无论渠道、运营多么重要，广电融媒体都不能忽视内容的导向性，通过传播正能量、弘扬主旋律起到价值引领作用，是广电融媒体品牌化发展的基础。因此，彰显广电融媒体的品牌价值，就要强化舆论引导功能，提高主流价值传播和引导能力。[①]

1. 强化舆论引导功能，坚守主流舆论阵地

自媒体融合成为国家战略开始，传统主流媒体纷纷开启融合进程，其重要原因之一是要在互联网新媒体时代掌握主流媒体的舆论主导权。对广电融媒体来说，这就要求把正确方向作为品牌化发展的基础，不断提高舆论引导能力。与此同时，互联网新媒体时代的舆论纷繁复杂，很容易受到各种因素影响，需要主流媒体把握舆论方向。因此，强化舆论引导功能是广电融媒体发展的内在要求，也可以反过来为品牌化发展奠定坚实的内容基础。

目前，广电融媒体已有一批品牌化的平台和节目出现，其特点就是主打新闻牌，在新闻节目中不断强化舆论引导功能，成为热点事件中的舆论稳定器，在人们心目中树立起颇具公信力和影响力的品牌形象。[②] 例如，中央广播电视总台的央视新闻、时政新闻眼，上海广播电视台的看看新闻Knews、第一财经等，都是在全国享有很高知名度的新闻品牌。这些融媒体品牌都把舆论引导作为新闻报道的职责所在，以公信力赢得口碑，做大做强主流舆论阵地。相反，有些广电融媒体把娱乐、社会新闻作为主要内容，过于强调娱乐价值，采用跟风炒作的方式提高流量，即便是以此获得

[①] 王思文，赵随意.破局与方向：媒体融合背景下广电业新型主流媒体建设研究[J].传媒，2022（4）：18-20，22.

[②] 陈琦.广电媒体深度融合的新探索[J].传媒，2022（4）：8.

大批粉丝，也会因为舆论引导功能的不足，影响到其品牌的公信力，进而偏离了作为新型主流媒体的角色定位。

2. 重视价值引领功能，突出正能量内容传播

在互联网环境中，社会思潮多元化，意识形态舆论斗争形势严峻，自媒体虽然数量多，但价值观纷繁复杂，很难起到引领价值的作用。受此影响，网上的歪风邪气屡禁不绝，而且直接影响到线下人们的价值观和社会道德、社会风气。在这种互联网氛围中，人们渴望有主流媒体站出来，引导社会价值走向。作为主流媒体，广电融媒体重视价值引领功能，加强正能量的传播，无疑是打造品牌形象的重要路径。

随着广电融媒体的深度发展，一些广电媒体在打造品牌形象的过程中，逐渐抛弃传统广电以娱乐、综艺为主的风格，把传播正能量、引领社会价值作为内容基调。例如，湖南广电打造的视频类新闻平台风芒 App，把传播正能量和弘扬主旋律作为主线。贵州广电动静新闻创新报道形态，通过文图和音视频等多样化形式生产融媒体新闻，提高正能量传播的吸引力和影响力。山东广电联合省内市、县融媒体中心，以全天候、全媒体、全覆盖直播以及新媒体产品的形式，带网友通过沉浸式慢直播、行进式报道的方式学习党代会精神。这些都为广电融媒体品牌擦亮了"主流"形象，为品牌化发展奠定了良好基础。

3. 发挥典型报道功能，提高榜样示范作用

媒体引领社会价值的方式有很多，其中，典型报道是引领社会价值观的重要方式。通过典型报道，媒体可以为社会树立主流价值观念的榜样，起到示范作用，引导社会价值走向。作为主流媒体的重要部分，广电媒体具有权威性和公信力，在塑造典型方面有先天优势，而且也有较为成熟的典型报道经验。在媒体融合发展的背景下，广电融媒体可以充分利用典型报道，助力其在品牌化建设中的价值引领角色发挥。[1]

---

[1] 赵梅.中国广电媒体融合发展的特点与趋势[J].传媒，2022（4）：9-10.

随着市场竞争日趋激烈，一些广电融媒体借助典型报道实现了破圈。例如，温州广电集团的聚合视频《驾车撞山也要让它停下来！工程车公路失控温州青年百米冲刺爬车制动》，由旗下快点温州客户端聚合视频小组制作，经由快点温州App及微信、微博等平台首发后，迅速引发全网关注，五天时间里全网播放量超过1900万次。新疆广电打造的《海米提正能量》，以正能量的新疆人物事迹为素材，结合热点话题进行创作，起到了弘扬社会主义核心价值观、传递正能量的作用，并因此逐渐树立起品牌形象。

二、内容特色化：广电融媒体品牌化的原创支撑

随着媒体融合的普遍开展，内容的重要性日益突出。在海量的新兴媒体平台账号中，要想获得用户认可，需要有多样化、特色化的原创内容。然而，当前广电融媒体普遍面临融媒体产品特色不够突出、名牌栏目缺乏、原创内容比例较低等现实问题。因此，广电融媒体品牌化要高度重视特色原创内容创作，通过垂直领域的内容深耕、创新融媒体产品形态等方式，为品牌化发展提供内容支撑。

1. 打造特色融媒产品，提高融媒体品牌知名度

媒体深度融合背景下，融媒体产品已经成为融合竞争的焦点所在。在这过程中，融媒体产品出现了同质化现象，制约了融媒体品牌发展。同时，也有一些融媒体平台凭借着特色的融媒体产品走红，成为全国范围内的知名品牌。广电融媒体的品牌化发展，需要紧紧抓住融媒体产品这一抓手，通过人才、技术、创意的综合实力，创作出有特色的融媒体产品，在激烈的竞争中获得市场地位，提高融媒体的品牌知名度。实践中，各地广电纷纷把新闻客户端作为突破口，并在此基础上围绕特色做文章，逐渐树立品牌形象。

例如，山东广电推出的闪电新闻客户端已在全国范围内具有一定知名

度。其做法就是把直播和视频作为特色抓手，并围绕直播和视频，开设了头条、政事、评论等50多个特色栏目。不仅如此，闪电新闻还强调融媒体产品的原创性，在自主研发的核心系统支撑下，不断推出原创融媒体产品，提升品牌影响力。广东广电的触电新闻不断创新运营方式，打造精品头条工程和特色化频道，不仅在省内融媒体平台中占据重要位置，也在全国范围内获得了市场和口碑。由此可见，对广电融媒体来说，特色原创内容至关重要，它不仅可以满足用户的需求，更能在众多广电融媒体中走出同质化困境，成为品牌化发展的重要路径。

2. 增强原创爆款潜能，提高融媒体品牌可见度

作为媒体融合的重要产物，融媒体产品已经成为考验媒体融合能力最具有可见度的形式。当各大媒体纷纷把融媒体产品作为拳头产品，如何在众多产品中脱颖而出成为一大难题。在此背景下，爆款融媒体产品成为重要抓手，每当遇到重要节庆日和重大事件，就会涌现出一批，很多媒体也因此提高了知名度。因此，广电融媒体品牌化发展，也要增强原创爆款的能力，借助爆款融媒体产品提高品牌可见度。

例如，江苏广电打造的融媒体产品《AI带你读报告绘出2023新图景》，以AI绘画的形式、极富冲击力的视觉场景，展示了政府工作报告提出的2023年奋斗新图景，受到网友欢迎，全网阅读量近500万次。湖南广电风芒App推出的两会街采短视频《心心向荣》，用Vlog的方式探访长沙网红饭馆，充分展现了长沙餐饮经济迅速复苏[①]；评析视频《六十秒说两会》，以熙熙攘攘的人群为背景，主持人对两会热点话题进行评说，具有很强的代入感，在网上广泛传播。这些爆款融媒体产品，有的加强了原有的品牌形象，有的提高了平台的可见度和知名度，充分体现出爆款的品牌作用。

3. 加强公益内容创作，提升融媒体品牌形象

随着媒体格局的快速变化，媒体的品牌形象被越来越多的业内人士

---

① 王珊珊.媒介深度融合背景下湖南广电媒体品牌重塑[J].西部广播电视，2022，43（3）：34-36.

关注，而公益既是主流媒体承担社会责任的有效路径，也是打造良好品牌形象、提升核心竞争力的重要方式。对主流媒体来说，既可以开展公益活动，也可以通过公益性的内容报道，参与到公益事业之中。在品牌化发展的过程中，越来越多的广电融媒体开始关注公益，把公益内容作为特色内容，推出公益节目、公益活动，体现出广电融媒体的温度，有效提升了自身品牌形象。

例如，福建广播影视集团的《新闻三剑客》节目，以民生为目，以调查为纲，每年有超过300个的民生选题，积极协助群众维权，做好公益报道和公益活动，打造有温度、有态度的融媒体产品，为群众解决实际问题。湖北广电新闻广播事业部打造特色音频产品，先后推出大型系列广播剧《助残脱贫决胜小康——一个也不能少》《点亮心中的明灯》《抗战老兵回忆录》等融媒体产品。这些产品讲述了残疾人在精准帮扶下，通过自身努力、抱团协作等方式，实现脱贫的感人故事，进而展现了对精准扶贫、残疾人的关注。这些公益产品有助于提高广电融媒体的社会形象，为品牌化发展赢得口碑。

三、风格亲民化：广电融媒体品牌化的群众路线

在互联网融入人们日常生活的今天，越来越多的人把互联网作为信息接收的主要平台，也习惯了互联网的语言、叙事和话语风格。传统广电的权威模式难以满足普通网民的心理需要。广电融媒体要想获得网民青睐，就需要以活泼、轻松、亲和的话语方式，抱着平等对话的姿态，与网民真诚沟通，走好网上群众路线。

1. 聚焦民生热点议题，提高品牌公信力

民生问题与民众密切相关，是民众最关心的话题。新闻媒体坚持以人民为中心的工作导向，就要重视民生议题，聚焦民生热点，回应网民关切，帮助民众解决身边的民生问题。这不仅是媒体承担社会责任的表现，

也有助于提高媒体的品牌公信力。广电融媒体以视频传播为主，用户分布于各个村庄社区，群众基础好，在解决民生问题方面有先天优势。正是看到了其中机遇，一些广电融媒体已经开始探索把民生作为重要突破口，打造群众喜爱的融媒体产品。

例如，长沙广电建设运营的融合平台"我的长沙"，一直紧紧抓住老百姓最关心、最需要解决的问题，打造出一批群众喜爱的优质融媒体产品。其中，"我要找记者"发挥采编优势和平台优势，为市民用户切实解决了诸多身边问题。"我要找工作"从"求职中"到"就业后"，为市民用户提供就业信息服务。北京大兴区融媒体中心打造的《言之有理》产品，聚焦市区中心工作，围绕群众"急难愁盼"的关键小事，围绕垃圾分类、物业管理等问题，回应关切、化解矛盾，还增设"网上随手拍"功能，加大问题曝光力度。吉林广电的《第1报道》，通过十余位主播、百余位记者，形成了快速反应融媒体报道团队，全面关注社会热点难点。

2. 满足用户接收习惯，塑造品牌人格形象

互联网环境下，新闻传播具有个性化、平民化、生活化的特征，人们习惯于按照自己的个性灵活地使用语言。在此背景下，网络语言呈现出求新、求简、求快的诸多特点，网民信息接收习惯也发生了很大改变。这就要求传统媒体在融合过程中要注重叙事风格的转变，采用网言网语，贴近用户心理。尽管广电融媒体以视频语言为主，也可以通过语言、叙事、人物个性等，塑造出人格化的品牌形象，提升品牌影响力。

例如，中央广播电视总台新闻栏目《新闻联播》主持人联合推出的《主播说联播》短视频系列作品，接地气的话语方式让人耳目一新，获得社会广泛关注。四川广电的《四川观察》之所以出圈，关键就在于抓住了受众共情点，与年轻人高频互动，以趣味式视频模式发布新闻内容，贴近年轻人兴趣，形成了人格化的短视频账号，塑造出"四川观察"的品牌IP。苏州广电的《暖视频》把"暖人心、接地气、正能量"作为核心定位，通过系列暖心、有爱的人物故事、新闻事件，讲述有温度的故事，充分展现积极向上的正能量形象,吸引了众多用户。随着媒体深度融合的推进,具有个性、亲民色彩的人格化形象对融媒体品牌建设的作用将越来越重要。

3. 构建体系化服务,维护品牌可持续性

随着媒体融合的深度推进,媒体功能逐渐从新闻报道向综合性服务转变,越来越多的媒体把提供多元化的服务作为目标定位。尤其是地方性媒体,普遍开始推进内容与服务的有机融合,通过聚合服务信息和智能化、个性化推荐,实现平台的政务服务、城市服务、社会服务等多元化服务功能,形成完整的服务体系,为市民的生活便捷度提供平台基础。

例如,作为北京市大兴区广电融合发展的产物,大兴区融媒体中心推出了北京大兴 App,并以此为依托,把"新闻+政务+服务+商务"作为建设目标,实现"融资讯、融政务、融生活、融未来"的融合目标。如今,北京大兴 App 已经实现全区 3000 余个区镇级事项在线办理,开通网上祭扫、打造空中课堂、增加挂号问诊、直播人才招聘等多样化服务。正是基于这些服务,广电融媒体不断深入民众日常生活,与用户形成了密不可分的连接,从而维护了品牌的可持续发展。随着广电融媒体的深入发展,"服务"将成为一个重要理念,而要让服务更好地体现品牌价值,还需要从体系化入手,建构起系统的服务模式,切实转变传统广电运营模式。

京津冀协同发展背景下体育传播策略研究
——基于 4C 理论视角

靳文雅

【摘要】 在京津冀协同发展成为国家重大战略的基础上，体育产业和体育传播得到高度重视，对提升我国文化软实力具有重要意义。本文聚焦于京津冀协同发展背景下的体育传播创新，探讨了体育传播在该区域发展中的重要性及面临的挑战，分析了京津冀地区体育传播的现状与优势，并基于4C营销理论，从消费者需求、成本、便利性和沟通等方面提出了有效的创新策略，旨在推动京津冀地区体育传播的进一步发展。

【关键词】 京津冀协同发展；体育传播；4C理论；创新改革

引　言

近些年，京津冀地区在体育产业领域所获得的成绩有目共睹，各类体育场馆的建成并投入使用、各大体育产业协会的发起与成立、各类大型体育赛事的成功举办等都有力证明了京津冀协同发展中对体育产业和体育传播的高度重视。当前，京津冀体育产业的发展规模越来越大，也逐步形成了多元形式的产业链条，体育产业、体育传播与市场接轨越发紧密，在市场的推动作用下，京津冀地区的体育传播展现出超强的发展潜力与拓展空间。

一、京津冀协同发展背景下体育传播创新与发展的意义

体育强国是我国重要战略决策之一，创新与发展体育传播相关工作是实现体育强国理想的必经之路。体育拥有改变世界的力量，而这种改变世界的力量指的便是体育自身的文化价值。当前，我国正处于文化大繁荣、大发展的关键时期，文化软实力更是成为我国立足于世界的重要基础，是积攒和展现民族凝聚力与创造力的重要源泉，而体育便是文化软实力的重要组成部分，直接关系到我国文化软实力的整体竞争力。《京津冀健身休闲运动协同发展规划（2016—2025年）》为京津冀健身休闲运动发展提供了行动纲领。一方面，推动京津冀协同发展是一项重大国家战略，需要体育部门积极主动地从这一国家战略出发，结合体育工作的特点，充分发挥体育对促进京津冀协同发展的独特作用；另一方面，健身休闲已融入人们日常生活，需要充分发挥体育在促进发展、改善民生、服务社会等方面的独特作用，发展以人民为中心的体育。[①]

二、基于SWOT理论的京津冀体育传播现状分析

（一）优势（Strengths）

京津冀协同发展是一项重大国家战略，政府出台了一系列支持政策为体育传播的各个环节提供了明确的发展路径和资金支持。同时，随着区域内各类体育场馆的建成与投入使用，以及体育用品和休闲娱乐用品的持续更新，体育市场越发繁荣，为体育传播提供了丰富的素材和广泛的受众基础。

京津冀地区拥有丰富的体育资源，如众多高水平的体育赛事、体育组

---

① 李瑶，耿元文，林琴琴. 京津冀公共体育服务跨域治理多主体协同关系与优化策略［J］. 山东体育学院学报，2024，40（4）：29-39，48.

织和体育人才，这些资源为体育传播提供了丰富的内容和高质量的传播素材。例如，2022年北京冬奥会、中国环塔（国际）拉力赛、北京奥林匹克公园等大型赛事和场馆，不仅吸引了国内外众多媒体的关注，也提升了京津冀地区体育传播的影响力和品牌价值。

京津冀地区的体育传播渠道随着新媒体技术的迅猛发展而日趋多样。电视、广播、报纸等传统媒体依然发挥着主流作用，同时，互联网、移动终端等新兴媒体也迅速崛起，为体育传播提供了更加便捷、高效的传播手段。这种多元化的传播途径，对于扩大体育传播的覆盖范围和影响起到了推动作用。

（二）劣势（Weaknesses）

内容结构不合理。目前，京津冀地区体育文化资源传播集中度过高，热门体育项目得到大力传播，从而导致部分非热门体育项目被边缘化。此外，体育传播角度聚焦于大型体育赛事和竞技体育，忽视了群众体育和休闲体育的传播，使得体育传播的社会功能被弱化。

新媒体技术的发展为体育传播提供了新的平台和渠道，但京津冀地区在体育传播方面仍以传统主流媒体为主，体育传播形式与渠道单一，仍然过度依赖传统媒体的转播，缺乏对新媒体技术的充分利用和深入挖掘。这种平台和路径的单一，限制了体育传播的广度和深度。

部分体育传播主体为了追求竞争优势和眼球效应，忽视了体育传播的基本原则，传播质量参差不齐。一些虚假、夸大甚至误导性的体育报道不仅损害了体育传播的形象，也影响了公众对体育运动的认知和参与热情。

（三）机会（Opportunities）

随着人们生活水平的提高及健康意识的增强，大众对体育的需求也不断提升，这为体育传播提供了极大的市场空间。京津冀地区可进一步增强区域体育传播的市场竞争力，通过创新体育传播方式和内容，满足大众多元化需求。

新媒体技术的快速发展也为体育传播提供了更多的可能性。通过运用互联网、大数据、云计算、人工智能等先进技术，可以更加精准地定位受众群体，提供更加个性化的传播内容和服务。同时，这些技术也有助于提升体育传播的内容质量及传播路径，更加有效地传播内容，降低传播成本。

京津冀协同发展作为国家战略的重要组成部分，为其体育传播提供了良好的政策环境和发展机遇。政府相继出台一系列优惠政策和扶持措施，鼓励和支持体育传播的创新与发展。

（四）威胁（Threats）

随着体育市场的不断扩大和新媒体技术的快速发展，体育传播领域的市场竞争也日益激烈。来自国内外各类媒体和平台的竞争压力使得京津冀地区的体育传播面临着更大的挑战。

另外，公众对体育传播的需求日益多样化，不仅关注体育赛事的直播和报道，还注重体育文化的深度挖掘和体育精神的传承。这要求体育传播在内容和形式上不断创新，以满足受众的多样化需求。然而，创新往往伴随着风险和不确定性，如何在创新过程中保持稳健和可持续发展是京津冀地区体育传播需要面对的重要问题。

三、基于 4C 理论的京津冀体育传播优化策略

"4C 营销理论"（The Marketing Theory of 4Cs），是美国营销专家劳特朋教授在 1990 年提出的。它以消费者需求为导向，重新设定了市场营销组合的四个基本要素，即消费者（Consumer）、成本（Cost）、便利（Convenience）和沟通（Communication）。该理论强调企业首先应该把追求顾客满意放在第一位，其次是努力降低顾客的购买成本，再次要充分注意顾客购买过程中的便利性，最后还应以消费者为中心实施有效的营销

沟通。[1]

消费者（Consumer）强调以用户需求为先，有针对性地提供商品或服务。

成本（Cost）指企业的生产成本，顾客消费产品或服务所付出的经济成本、时间成本及消费者所耗费的精力、体力等的总和。

便捷（Convenience）指的是在整个消费过程中，生产者、经营商等为顾客提供的各种消费便利，如了解产品、购买途径、运输渠道及售后服务等。

沟通（Communication）是指生产者与消费者之间的沟通互动关系，建立企业与消费者双向沟通渠道，更好地了解顾客需求，以便改进产品或服务。

（一）用户：内容为王，满足用户差异化需求

深入了解受众需求是制定有效体育传播策略的基础。在新媒体发展的当下，大数据技术的运用为我们提供了精准了解受众的机会。运用大数据分析手段，对京津冀地区受众的体育兴趣、观看习惯、信息接收偏好等进行详细调研，并对受众的潜在需求和行为模式进行揭示，能够对体育传播策略进行更具针对性和实效性的制定。例如，对用户在社交媒体、体育论坛及在线视频平台上的活动情况进行分析，对用户关注的体育项目、讨论的热点话题及观看的视频类型等进行跟踪，运用数据分析得出受众的精确画像，可以在体育传播策略上做到心中有数、有的放矢。

依据艾媒网调研数据，2022年北京冬奥会期间，中国冰雪运动群体主要以青年人为主，其中27—39岁的冰雪运动爱好者占比为58.4%。[2] 通过分析他们的在线行为，我们可以发现他们偏爱的冰雪运动项目、关注的明星运动员以及喜好的内容形式。基于这些数据，传播策略可以更加精准地加大冰雪运动相关内容的宣传力度，选择更合适的传播渠道和方式，从而

---

[1] 张天虎. 基于4C理论的冀云新闻客户端营销策略研究［D］. 石家庄：河北科技大学，2022.
[2] 数据来源：艾媒网. 艾媒咨询｜2022年中国冰雪运动行业发展趋势报告.

有效吸引这一群体的关注。

（二）成本：开源节流，降低用户时间成本

优化信息传播途径，利用新媒体和社交媒体平台，可以减少受众获取信息的时间和经济成本。

首先，新媒体和社交媒体平台允许所有人或组织发布信息，这使得体育信息来源更加多元化，受众可以从多个渠道获取所需信息，降低了信息搜索和筛选的成本。同时，其传播速度远超传统媒体，受众可以在第一时间获取到最新的体育信息，无须等待传统媒体的制作和发布周期。其次，新媒体和社交媒体平台具有全球覆盖能力，无论受众身处何地，只要有互联网连接，就能轻松获取体育信息，这大大降低了信息获取的地域限制成本。艾媒数据显示，接近七成的冰雪运动爱好者通过社交平台获取冰雪运动信息。

（三）便捷：技术赋能，提高用户使用便捷度

为了提供最大的便利性，多渠道传播和优化用户体验成为体育传播策略中的两大支柱。新媒体技术在这两方面都起到了不可或缺的作用。

1. 多渠道传播

新媒体技术的运用使信息传播的可能性得到极大的提高，传播的范围得到极大的扩展。在通过电视、电台、报纸等传统媒体传播的同时，社交媒体、新闻App、运动App等网络及新媒体平台也成为传播的重要渠道。例如，2022年北京冬奥会期间，体育赛事完成"电视与网络平台的联合直播—新闻客户端的整合报道—短视频平台的赛事高光传播—社交媒体平台的实时互动传播"的跨平台整合传播，确保信息内容的一致性和形式的多样性，以满足不同受众群体的信息获取习惯（见图1）。

```
电视与网络平台的联合直播  →直播→  新闻客户端的整合报道
        ↑                              ↓
       互动                            报道
        ↑                              ↓
社交媒体平台的实时互动  ←传播←  短视频平台的赛事高光传播
```

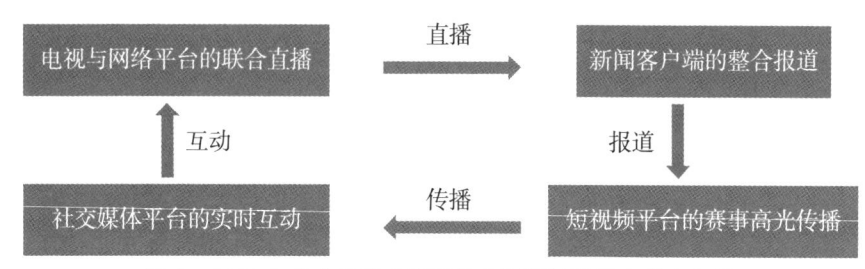

图 1　2022 年北京冬奥会期间体育赛事的跨平台整合传播

2. 优化用户体验

利用新媒体技术，可以设计出更加简洁明了、用户友好的界面，减少用户获取信息的障碍。同时，通过优化交互设计，使用动画、微交互等元素，可以提升用户的操作体验，优化用户体验。央视频客户端在 2022 年北京冬奥会期间推出"VR 看冬奥"，运用模拟 3D 化虚拟赛事空间，结合 8K 高清信号传输让用户可以与运动员同框，对冬奥会的不同项目进行沉浸式体验。同时 5G 和物联网的人机协同可以实时将运动员的位置、动作进行 360 度转播，用户只需要点击手机屏幕，就可以实时观看运动员的各个角度。中央广播电视总台将"5G+4K/8K+AI"应用到冬奥音视频内容生产过程中，有效提升了北京冬奥会转播报道的制作水平。AI 技术工具极大提升了北京冬奥会中新闻生产的采编效率，如新华社媒体大脑的"直播机器人"可以帮助编辑快速锁定精彩镜头，快速拆条并一键发布到各大平台。央视体育新媒体引入 AI 编辑部等智能生产工具，实时完成多赛事的智能内容理解，在极短时间内自动生成精彩视频素材。[①]

（四）沟通：深度互动，打造开放社群空间

建立有效的反馈机制是了解受众需求和意见的重要途径。通过网上调查或用户评论的方式收集受众对体育传播的反馈意见，可以了解受众的需求和意见，然后对传播策略进行相应调整，从而有助于提高传播效果和质量。

---

① 王佳航，董文宇. 智能、沉浸、深融：冬奥报道智能媒体升维 [J]. 中国传媒科技，2022（4）：31-32，35.

增强互动与参与感，进而提高受众的参与度与忠诚度，是巩固受众基础的关键。利用社交媒体等平台加强与受众的互动，如开展线上问答、投票等活动，有助于提升受众的参与感，从而提高受众的忠诚度。

　　最后，构建共同体是促进体育传播深入发展的有效手段。通过组织线下体育活动、建立体育爱好者社群等方式，可以增强受众之间的归属感和共同体意识，从而促进体育传播的深入发展。这种共同体的建立不仅能够加强受众之间的联系和交流，还能够为体育产业的发展注入新的活力和动力。

结　语

　　综上所述，在当前京津冀协同发展的时代背景下，作为能够促进区域文化与经济发展的重要力量，体育传播的创新发展与改革显得格外关键。对京津冀体育传播现状进行分析发现，虽然其在政策扶持力度大等诸多方面都占有显著优势，但在传播渠道选择、内容制作等方面还存在一些问题和挑战。所以为了更好地满足受众多元化的需求，本文根据 4C 理论进行深入分析，并得到以下结论。一是，可以通过多元化的传播渠道和精准的内容定位，在降低受众获取信息的时间与经济成本的同时，提高传播效率与便捷性，从而促进体育传播在京津冀地区的发展。二是，以新媒体技术为基础，构建开放互动的社群空间，可以增强受众的参与感与归属感，实现体育传播的转型升级与高质量发展，为构建体育强国、文化软实力的提升做出重要贡献，对体育产业发展具有积极意义。

基于符号互动论的科技传播效果研究

韩亚峰

【摘要】 科技知识普及对个人生活质量、社会进步和经济发展有着十分重要的意义,在信息传递过程中,符号系统扮演着至关重要的角色,它像一座桥梁,将传者的思想和意图转化为受者能够理解的信息。符号互动论,是一种研究方法论,它强调个体之间通过符号的互动构建社会行为和文化。符号互动论认为,人类社会行为背后的心理机制是通过符号交流实现的,而文化和社会结构的建立与维护都依赖于符号互动。符号系统是信息传递的基本工具,能够传递抽象概念、情感态度,并创造新的意义。随着科技的发展,新的符号系统如数字符号、表情符号等不断涌现,推动了信息传递技术的进步。在科技传播中,社交媒体的符号互动尤为突出,具有时效性、场景性和个性化特征。科技知识传播的符号可分为实物符号、图像符号、文字符号和声音符号,它们通过编码、传输和解码过程传播科技信息。提升科技传播效果的策略建议,包括加强科学知识的符号化与普及、利用新媒体技术优化信息传递方式、增强用户参与度等。这些策略旨在提高信息接收效果,促进科技知识的广泛传播和理解。

【关键词】 符号互动论;科技传播;效果研究

科技知识的普及不仅关系到每个人的生活质量,也推动着社会进步和经济发展。现阶段,科技的快速发展使得信息传播前所未有地迅速和广泛,特别是网络即时通信技术和社交媒体平台的出现,极大地为科技传播充能——不仅加快了信息的传播速度,也使信息传递更为直接和个性化。如何确保科技信息的有效传播,成了一个值得思考的问题。符号互动论,作为一种研究方法论,提供了一种较为深入分析信息传播模式的方法,通过观察科技信息的接收者与传播者之间的互动过程,可以揭示信息的传递机制、受众对信息的反应以及信息的实际影响。此外,符号学的视角还能够帮助我们识别和分析科技传播中常见的信息失真、误传等问题。

一、符号互动论概述

符号互动论,最早是由美国社会学家米德创立,并由其学生布鲁默正式提出的。该理论的核心观点是,人类社会行为和社会结构是由个体之间的符号互动构成的[1]。

1. 符号互动是理解社会行为和文化的关键

在符号学的观点中,人类社会是通过符号交流建立和维持的。

首先,符号互动理论揭示了人类社会行为背后的心理机制。人们在社会互动中,通过不断地使用和解释符号,形成对自我和他人的认知,进而影响各自的行为。例如,在人际交往中,人们通过使用语言、肢体动作、表情等符号来传递信息,表达自己的需求和情感,同时也解读他人的符号行为,从而实现有效的沟通。

其次,文化是一种社会共同认同的象征体系,符号是文化传承的载体。人们通过符号互动,不断地学习和传承文化,使之成为自己行为的一部分。例如,教育是通过符号互动来传递知识、价值观和行为规范的过程,学生在这个过程中习得了一定的文化素养和身份认同。

最后,符号互动理论强调了社会结构和社会秩序的重要性。社会秩序的建立和维护依赖于人们之间的符号互动。在社会组织中,各种制度和规范都是以符号形式存在的,如法律、道德、宗教等。人们遵循这些符号所

---

① 胡荣.符号互动论的方法论意义[J].社会学研究,1989(1):98-104.

代表的意义，从而实现社会秩序的稳定。

2. 符号系统在信息传递中的作用

在信息传递过程中，符号系统扮演着至关重要的角色，它像一座桥梁，将传者的思想和意图转化为受者能够理解的信息。

符号系统能够传递抽象的概念和思想，如人类通过语言可以传播复杂抽象的公式、理论等。符号系统也能够传递情感和态度，如肢体动作、面部表情等非语言符号所附带的情感和态度，使得信息传递更加丰富和立体。最重要的是，符号系统还能够创造新的意义和理解，通过创造新符号和解释旧符号的新意义，不断地丰富和扩展符号系统的内涵，这个过程使得特定信息的传播不仅仅是简单的传播活动，更是一种创造性活动。

符号系统是信息传递的基本工具，它允许人们通过语言、图像、声音、手势等符号表达和分享思想、情感及知识。不同的符号系统可以跨越文化和语言的界限，作为沟通的桥梁，促进不同背景人群之间的理解和交流，帮助社会成员理解和维持共同的价值观、信仰和习俗。

符号提供了一种认知框架，帮助人们理解复杂的现象和概念。在信息传递过程中，发送者通过编码将信息转换成符号，接收者则需要解码这些符号以理解信息的原始含义。随着科技的发展，新的符号系统不断涌现，如数字符号、表情符号等，它们推动了信息传递技术的进步，并影响了人们的沟通方式。

二、科技传播中的符号互动

1. 社交媒体的符号互动

社交媒体的符号互动是现代社会交流的重要组成部分。在社交媒体平台上，用户通过各种符号交流和互动，这是一种新的社会构建过程，用户通过文字、图片、视频和音频等符号的传递和解读建立意义和关系。

社交媒体的符号互动具有强烈的时效性和场景性。与传统媒体相比，社交媒体的信息传播速度更快、范围更广,用户可以在第一时间获取和分享信息,从而使符号互动更加及时。同时,社交媒体的互动场景也更加多样,用户可以根据自己的需求和兴趣选择不同的平台和话题进行互动。这种时效性和场景性使社交媒体的符号互动更具吸引力和影响力。

社交媒体的符号互动还具有明显的个性化特征。在社交媒体平台上,用户可以根据自己的喜好和特点选择和创造符号。这种个性化符号互动不仅能够更好地表达用户的个性和情感,还能够吸引具有相似兴趣和价值观的用户,从而形成特定的社交圈子。这种个性化特征在一定程度上促进了社交媒体的细分和多元化。

2. 科技知识传播中的典型传播符号

符号作为科技知识传播的载体,不仅承载着科技信息,还体现了科技文化的内涵。

科技知识传播符号可分为实物符号、图像符号、文字符号和声音符号四大类。实物符号包括科技产品、实验装置等,它们通过展示科技成果的具体形态,使受众直观地感受到科技的魅力。图像符号以图形、图表等形式呈现,具有较强的直观性和易懂性。文字符号是科技知识传播的核心符号,包括科技论文、科普书籍等,它们以文字为主要载体,传递科技知识和信息。声音符号主要体现在科技讲座、报告等活动中,通过口头传播的方式,使受众了解科技知识。

科技知识传播符号的传播机制包括符号的编码、传输和解码过程。在编码阶段,科技知识传播者将科技信息转化为符号,使之具有可传播性。在传输阶段,传播者通过各种传播渠道,如媒体、网络等,将符号传递给受众。在解码阶段,受众对接收到的符号进行解读,获取科技信息。这一过程涉及传播者的素养、传播渠道的特性以及受众的认知水平等因素,共同影响着科技知识传播的效果。

符号互动论强调人在社会互动中通过符号进行意义的创造和交换。科技知识符号化互动过程不仅仅是信息的传递过程,更是意义的共同构建过程——传播者和接收者通过语言、图像、数据等符号系统交流，共同定义科技的含义和价值。科技传播中，个体通过使用特定的科技信息来表达自己的社会角色和身份，如了解最新的科技信息（了解并尝试使用ChatGPT）可能被视为追求时尚和科技潮流的象征。互动过程还是动态性的，科技的快速发展使传播行为中的符号和意义不断变化，个体需要不断适应新的符号系统；同时，科技传播中的符号互动不是单向的，而是一个包含反馈的循环过程。

科技提供了新的自我表达方式，如社交媒体平台，使个体能够探索和扩展自我认知。科技传播中的某些特定的符号互动形式（如个体之间互相比较个人成就或生活方式）可能导致个体自我观念的变化，有时还会导致自我价值的重估。此外，科技使得个体能够在虚拟世界中构建和重塑自己的身份，掌握和使用科技可以增强个体的自我效能感，即对自己完成特定任务的能力的信心。

科技传播过程中各参与者（传播者、受众、意见领袖等）的角色也会影响传播效果。个体可能会根据社会期望和个人目标采取不同的角色扮演策略，如在专业环境中展现专业技能，在私人交流中展现亲和力。科技传播也可以作为个体角色发展的催化剂，促使他们学习新技能、适应新环境，从而实现个体的成长。

三、科技传播效果评估指标

目前关于新媒体科技传播效果评价的指标体系仍在探索中，一些研究提出了不同的评估体系。有学者提出的评估体系包括用户认知、情感和态度、用户行为、社会影响以及政务微信公众号平台等五个方面；还有学者提出的评估体系包括传播形式、传播速度、传播规模、科技新闻价值、科技传播价值等维度。学者牛盼强结合经典传播效果理论和科技传播的结构系统论，基于实证研究，提出新媒体科技传播效果评价的四大类指标——

"公众普及度"、"公众理解度"、"公众反思度"和"公众行为科学度",并采用熵值法进行定量评价[①]。本文将公众的普及度、理解度、反思度和行为科学度简化为"受众参与度"这一单一指标。

然而,量化和评估科技传播中的受众参与度是一个复杂的过程,需要综合考虑多种因素和方法。互动数据的使用是量化受众参与度的一种有效方式。随着媒体从传统的线性叙事向个性化体验转变,受众对信息的控制权增加,这使得通过互动数据来预测和理解受众参与变得重要。自媒体的发展为公众参与科技传播提供了新的途径,这种参与不仅体现在数量上,也体现在质量上。量化和评估科技传播中的受众参与度需要采用多种方法和技术,包括但不限于互动数据分析、考虑自媒体平台的特点、关注新媒体技术的影响、采用灵活多样的评估方法以及利用单源受众信息系统等。通过这些方法的综合应用,可以更准确地理解和评估受众在科技传播中的参与程度。

四、科技传播效果的实证研究

科技类媒体的新媒体平台官方账号基本遵循以下传播步骤。

第一步,官方账号生产的内容为信源,出于传播的动因,将内容发布;

第二步,在内容发布之后,受众将其符号化,利用文字、点赞等将自己想要表达的信息传递给内容生产者和其他受众,这是传播者和受众之间的符号互动;

第三步,受众之间也会形成与上述情况类似的符号互动,但此时用户生成的内容(UGC)会连同传播者生成的内容一起构成新的互动仪式链条;

第四步,之后传播者和受众之间、受众和受众之间会不断循环这一过程,直到互动结束。

---

① 牛盼强. 我国新媒体科技传播效果评价研究:以科技类微信公众号为例[J]. 当代传播, 2020(1):48-51.

从第二步开始，便需要受众参与到传播过程中来。

在新媒体时代，科技类媒体的传播效果评估是一个复杂且细致的过程，涉及多个维度和指标。以《科技日报》官方微信公众号为例，第三方数据监测分析平台"新榜"对其进行了数据价值评估，以新榜指数[①]为评价体系量化公布，并由此来深入分析其传播效果。

新榜指数是一个综合评价体系，它通过一系列量化指标衡量新媒体账号的影响力和传播效果。

例如，2024年5月13日，《科技日报》官方微信公众号的新榜指数为839.4[②]，该指数为统计周期内所有发布内容的阅读数总和、统计周期内所有发布内容中的单篇最高阅读数、统计周期内所有发布内容的阅读数平均值、统计周期内位置为头条的内容的阅读总数、统计周期内所有发布内容的点赞数与在看数总和的加权计算结果，新榜分别用整体指标、优异指标、质量指标、主动预判指标和互动指标定义上述数据，通过指标标准化和加权得出"指数"，该算法中有比较严格的统计口径。

具体来说，整体指标反映账号整体的传播力和影响力；优异指标衡量的是账号在特定领域或特定时间的表现；质量指标评估内容的质量，如原创性、深度等；主动预判指标可以帮助账号运营人员预测账号未来的表现和趋势；互动指标是受众参与度的体现，包括阅读数、点赞数和在看数等数据。

经过仔细分析新榜指数选取的指标，核心统计数据为"阅读数"和"点赞数"、"在看数"和"转发数"等，其余指标几乎均为基于核心统计数据做出的进一步研究和合理推断。而恰好，无论阅读、点赞还是"在看"全都指向受众参与度，可见新媒体的信息传播效果评估，始终与受众的参与紧密相关。据悉，新榜平台的分析人员会对数据进行长期跟进，如

---

① 新榜.新榜指数NRI算法说明［EB/OL］.（2021-03-23）［2024-05-13］. https://www.newrank.cn/public/about/reference.pdf.
② 新榜.《科技日报》公众号详情［EB/OL］.［2024-05-13］. https://www.newrank.cn/profile/gongzhonghao/kjrbwx.

果确有极大的影响，会及时优化调整算法版本。

　　进一步获取《科技日报》官方微信公众号 2024 年 5 月 13 日的具体数据[①]，可以知晓：在统计周期（通常为一周，因新榜指数有"日指数"和"周指数"之分）内，其账号发布内容的阅读数总和达到 12.7 万余次，单篇推文的最高阅读数为 58862 次，阅读数中位值为 11589 次，头条内容的阅读总数为 11.14 万，点赞、在看及转发总数为 4794 次。这些数据中，单篇最高阅读数显示的是某篇推文的受众欢迎程度，阅读数中位值反映出账号内容的普遍吸引力，头条内容的阅读总数代表了账号头条内容的传播力，点赞、在看及转发总数直接反映了受众的互动和参与程度。

　　标题为《央行"发糖"！520 心形纪念币来了》的推文为当日最高阅读数文章，介绍了央行在 5 月 20 日发行的吉祥文化纪念币[②]。其中心形纪念币契合了"520"（谐音"我爱你"）这一关乎爱情的主题，且恰逢 5 月 20 日这一民间表达爱意的特殊日期前夕，其配合推文中巧妙运用的文字、图形等符号，让这篇文章有了较高的"阅读数"和"点赞数"、"在看数"和"转发数"。

　　另据最新的统计周期数据，2024 年 7 月 30 日，《科技日报》官方微信公众号的新榜指数为 881.7，在科技类账号榜单中排第 4 位[③]，当日推文总阅读数 24.9 万次，最高阅读数的推文有两篇（一篇主题为国际时事，不属于本文讨论范畴），阅读量均在 10 万次以上（微信公众平台上所谓的"10w+ 阅读量"）。其中一篇标题为《中国队全员斩获金牌！》，报道了 7 月 29 日在沙特阿拉伯首都利雅得闭幕的第 56 届国际化学奥林匹克竞赛，

---

① 新榜.《科技日报》公众号详情［EB/OL］.［2024-05-13］. https://data.newrank.cn/pick/wechat/detail?isNew=1&orderType=0&taskIds=EBD464ACF0A54B0D83914499C2EBCE92.
② 科技日报公众号.央行"发糖"！520 心形纪念币来了［EB/OL］.（2024-05-13）［2024-05-13］. https://mp.weixin.qq.com/s?__biz=MzI3NDI5MjI4OQ==&mid=2247795753&idx=1&sn=f006ef5e6bc1d423ac0ab7c4d4e79310&chksm=eb184f07dc6fc6111acc3d641ecf425363a31fd9508f886a37c36e5f41be7a1152ca68178d1f#rd.
③ 新榜.《科技日报》公众号详情［EB/OL］.［2024-08-01］. https://www.newrank.cn/new/?account=kjrbwx.

091

中国代表队 4 名参赛高中生选手全部斩获金牌[①]。这篇推文稿件内容具备重要性、时新性、趣味性及接近性等因素，因此获得了非常高的阅读、点赞、在看及转发数。

《科技日报》的日新榜指数和周新榜指数在同类科技媒体中均处于较高的排名，通过上述具体数据的简单分析，可以看出新媒体平台的传播效果是比较显著的。

综上，科技传播效果评估的最佳实践应包括四个方面：第一，明确评估的目标和对象，选择合适的评价指标；第二，考虑信息传播环境的变化，调整和优化评价指标体系；第三，采用科学的方法和技术进行数据收集和分析，确保评估结果的准确性和可靠性；第四，根据评估结果提出改进措施，促进科技传播效果的提升。

五、提升科技传播效果的策略建议

第一，加强科学知识的符号化与普及。图表、动画和信息图表等视觉元素可以作为强大的符号工具，帮助解释科学现象和数据；也可以结合使用书籍、电影、电视节目和在线内容等多种媒介，扩大科学知识的受众范围；还可以增强传播内容的时新性、重要性、趣味性等特征，以更好地吸引受众。

第二，利用新的媒体技术优化科技信息的传递方式。开发交互式内容，允许用户亲自探索科学概念，如在线模拟和虚拟实验室；利用 AR 和 VR 技术提供沉浸式的学习体验，使科学知识更加直观和生动；将科技信息与社交媒体功能整合，如评论、分享和点赞，以促进信息的传播和讨论；利用算法为用户提供个性化的科技信息推荐，提高信息的相关性和吸

---

① 科技日报公众号. 中国队全员斩获金牌！［EB/OL］.（2024-07-30）［2024-07-30］. https://mp.weixin.qq.com/s?__biz=MzI3NDI5MjI4OQ==&mid=2247803876&idx=2&sn=ae7cda2e74797c22f9bff7d94a6a83c9&chksm=eb1828cadc6fa1dc6698c70dfabcdb513b604308fe7d242233a56519e49744d8eafafe38c14f#rd.

引力。

第三，增强用户参与度，提高信息接收效果。鼓励用户参与在线论坛和讨论组，就科技话题进行交流和辩论；允许用户创建和分享自己的科学实验视频或文章，增加参与感和创造性；通过游戏化元素，如积分系统、排行榜和挑战任务，激发用户的学习兴趣；建立有效的用户反馈机制，了解用户的需求和偏好，不断改进信息传递方式。

结　语

随着科技的不断进步和新媒体技术的蓬勃发展，科技知识的传播变得尤为重要。符号互动论为我们提供了一个全新且不失深度的视角，以理解和评估科技传播的效果。通过加强符号化、利用新媒体技术、增强用户参与度等策略，人们可以更有效地推进科技知识的普及和理解，进而推动社会的整体进步和繁荣。期待更多的研究和实践能够继续探索和优化科技传播的路径，确保科技的力量能够惠及更广泛的群体，为构建一个更加知识化、信息化的社会贡献力量。

影像奇观和浪漫现实：《长安三万里》的中国式叙事

张敬亚　武卫卫

【摘要】 动画电影是中华优秀传统文化创造性转化和创新性发展的重要载体。《长安三万里》取材于历史，以具有中国传统特色的文化符号、意象，以及诗画融合的美学追求创造文本和生产意义，再造盛唐景象，唤起观众的盛唐想象和共同的文化记忆，在影像奇观和跨时空对话中连接情感，建构集体记忆，共同完成对中华优秀传统文化的传承和对中华民族共同体的认同。

【关键词】《长安三万里》；场景对比；诗画融合；符号意象；集体记忆

追光动画"新文化"系列电影《长安三万里》讲述的故事是"中国的"，其围绕诗人——过往只作为盛唐意象点缀出现在银幕上的群体展开叙事，并串联起各个事件，将写史、写人、写情与展现文化交织融合在一起，以此为观众呈现盛唐气象、大唐雄浑气魄和唐诗传承千年的经典魅力。其在余韵悠长的盛唐文化的根基上，凭借紧跟时代的中国式创新表达，视觉呈现大唐群英闪耀时刻，展现了中国文化自信，成功完成了对中华优秀传统文化创造性转化和创新性发展的有益探索，在视听享受中唤醒观众的文化基因，共创绵延千年的集体记忆。

《长安三万里》的叙述方式是"中国式"的，采用了数字电影技术与中国水墨画相结合的方式,通过构建对比场景和诗画融合的技法,以及对多种文化符号的提炼和意象的使用,在唐诗、国画与电影的合唱中,呈现了影像奇观和浪漫现实。

一、场景突出开展对比叙事

《长安三万里》的很多场景是对比出现的,具有较强的隐喻意义,这也使其本身成为演绎故事情节的主要"角色";《长安三万里》采用的是先进的数字电影技术,但在艺术上主要还是传承了中国画中诗画融合的手法。

场景一般是人物或者事件生发于其中的生活场景或者背景,能够介入电影叙事,展现故事发生的地理环境、时代背景和社会文化,构成事物关键情节或人物关系冲突的转折点,推动情节发展。《长安三万里》的地理跨度涵盖长安、江夏、扬州、塞北、冀州、幽州等,随着主人公的历时性变化,留下他们人生轨迹的很多场景是对比出现的,呈现出较强的隐喻意义。

长安与梁园的对比。长安是李白曲江宴饮的主场,热闹繁华到极致但又隐含着高潮后的危机。梁园是高适休养身心的诗意田园,虽历经时代淘洗呈现破败的迹象,但作为汉初文人聚集的区域性政治文化中心[①],又以阳光明媚、色彩艳丽、生活气息浓厚而蕴藏勃勃生机。生活空间的不同也隐喻两者的性格和命运有很大的不同。

黄昏蒹葭丛中相识场景与雪夜清月分离场景的对比。李高二人相识于辽阔绚烂的蒹葭丛中。蒹葭之意出自《诗经·风·秦风·蒹葭》,大致有招贤说、爱情说、治国说。从影片来看,虽然蒹和葭都是价值低贱的水草,但黄昏的余晖将其渲染成一片金黄,旺盛且灿烂。这大抵隐喻了以下几种内涵:二人出身皆微贱并相识于微末之际;从回顾的角度来看蒹

---

① 刘向斌.试论汉初文人集团的地域成因[J].青海社会科学,2008(1):170-173.

葭，有思念故人、思念过往的意蕴；二人如蒹葭一般虽出身低微，但都身怀治国之志，即使"道阻且长"，也会执着追求；二人报国之志虽旺盛，但"夕阳无限好，只是近黄昏"，寓意整体的社会环境也许只够追逐梦想者"昙花一现"。李高二人分离的场景是相救郭子仪之后的月夜雪景。清冷的圆月下，停雪后的大地一片白茫茫，唯余二人在两条狭窄分叉小路旁话别。此情景正应和李白高吟的《行路难》。大雪覆盖苍茫大地隐喻世路艰难，但只要有圆月作指引，就一定会"长风破浪会有时，直挂云帆济沧海"，而歧路寓意二人将要探索不同的路径。相识与分离，两处场景相对，将二人的志向、社会环境、未来前途隐喻其中。

岁月静好场景与战乱疮痍场景的对比。岁月静好时的黄鹤楼是文人雅士题诗交流的文化圣地，但遭遇战乱之后的黄鹤楼楼塌屋斜、满目疮痍；岐王宅中，曼妙的舞女和七彩装扮的大象是大唐的华丽点缀，而战火后的长安大街上浴火惊恐狂奔的大象和破壁残垣中的舞女，则成了对开元盛世的凄美告别；扬州月下古桥上欢歌嬉戏的女郎与同景下披坚执锐的军士交错对比，物是人非，令人唏嘘。这些场景皆形成鲜明的对比，美好的事物被破坏与践踏，给人留下破碎与悲痛。

对比手法具有极强的叙事能力，在我国具有悠久的发展历史和良好的心理接受基础，并由此影响了中国人的思维方式和对偶的审美习惯，在诗歌、传统文学中广泛应用，能够产生"诗以咏志""文以载道"的作用。[①]

二、诗画融合开展美学叙事

诗歌是时间听觉艺术，画面是空间视觉艺术，《长安三万里》借鉴具有中国民族特色的诗画融合技巧，将这两种艺术有效结合在一起，便超越了时空的限制，呈现出独有的诗情画意。

---

① 张芳馨，徐嘉遥.古老、传统与历久弥新：中国文化的特点与对比叙事[J].文艺争鸣，2014（8）：180-183.

中国诗画从汉代开始就有在同一个轨迹上发展的传统，到了唐代，此艺术追求已经明朗[①]，可以说诗画结合是中国特有的文化景观，并演变成对"境"的追求。何谓"境"？王昌龄在其诗论著作《诗格》中提到了"诗有三境说"，即"物境""情境""意境"。"物境"为形似，"是对客观事物的特点忠实地加以描绘"；"情境"是主观感受与客观情景交融后的情感抒发，即创作主体的人生感悟与特定情景契合交融；"意境"为更抽象和更主观之"境"，主要是以创作主体储存于主观中的经验为对象，并借助某种能够表征经验的媒介或意象，创造出更"真"的现实与精神本质世界。[②] "三境"是一个层层递进的有机整体，"物境"重在"物"，是主观对客观世界的认知与摹写；"情境"重在"情"，是在对所观察和体验之物有所认知的基础上，主客观交融进而产生的情感；"意境"重在"意"，是在主客观完成融会贯通之后，升华而成的抽象的圆融意境，是对"物"与"情"本质的把握与认知。

《长安三万里》对诗歌的处理，借鉴了诗画融合的技法和"三境"说。其实"物境"和"情境"实不可分，两者都是主客体共同参与之下才能创作出来的，不过是一个侧重客体，一个侧重主体。对这两境的表达比较容易，创作者或者采用情景再现的方式将古诗镶嵌在故事发展脉络中，如《行路难》《早发白帝城》等，或者采用添加虚幻的水墨画的形式将诗与画面结合在一起，如《黄鹤楼》等。但诗画融合的"意境"唯有体现在李白忘情吟咏《将进酒》这一华彩篇章中。彼时的李白在短暂入仕随即因咏诗赞杨贵妃而被误读后有了跳出方外之心，他的内心情感是复杂的，《将进酒》因此也交织着失意与壮志、悲愤与豪迈。这样强烈的个人情感没有哪一种或者哪几种自然之物、真实之景能够表达出来。因此，影片采用了虚实转换、虚实同构的手法，营造了深受道家思想影响的李白"自由挥洒"间泼酒成河，驾鹤从黄河逆流而上在天地翻转间直上九天，在银河中邂逅

---

① 黄思源. 丰子恺文学创作与绘画 [D]. 长沙：湖南师范大学，2014：11.
② 王红丽. 王昌龄"三境说"浅探 [J]. 名作欣赏，2006（14）：101-103.

巨鲲，于琼楼玉宇间畅游太虚，与仙人共醉同乐与天地同化的幻象。美酒、仙鹤、银河、鲲鹏、仙人，这些在李白诗中多次出现过的或真实或想象的意象，展示了"以静制动""以虚御实"的写意精神和超脱现实的"意境"，表现出强大的内部张力和意蕴，将诗人几经挫折而壮志难酬的悲愤心情、自由翱翔天地间蔑视富贵的天纵豪情，以及自我超脱天人合一的精神表现得淋漓尽致。

三、提炼符号开展意象叙事

符号是从社会现象中抽象出来的形式，具有较强的戏剧张力和表现力，能够传达事物的核心本质，与中国古代美学范畴中的"意象"在内容和形式上有可通之处。凭借自身的媒介优势，动画电影更易于将民族文化符号或意象予以视觉呈现。《长安三万里》正是通过提炼和创意使用古今共用的符号体系，以意象化的叙事方式，揉进了创作者的意趣情思，创造出了中国化的绝妙意境。

（一）唐诗——传承

唐诗，作为盛唐皇冠上的明珠和中国古代诗歌的典范，是中华五千年历史长河中积淀出的民族文化符号，成为整部影片最亮眼的符号。

唐诗，在中国人从小的反复背诵中早已种进心田，浸润到血脉，形成延续千年的集体记忆。《长安三万里》别出心裁，将唐诗作为叙事线索之一，整部影片共出现了48首古诗，通过诗歌及背后故事与情感的再讲述，串联起其人其事、其情其史，为观众营造了独特的观影体验，让观众的文化基因在视听享受中被唤醒，形成银幕上下共同背诵古诗的景观。影片最后，高适与书童做关于"长安"的猜诗游戏，以及影片结束时"彩蛋"部分呈现不同地域、不同年龄、不同性别的人共同吟诵有关长安的各种诗作的场景，起到了"领读"的作用。2024年中央广播电视总台春节联欢晚会西安分会场歌舞《山河诗长安》再现了李白吟诵《将进酒》的经典画面，引得观众齐声跟读。同时再现了影片结尾处"流动"的诗作场景，刘奕君、张艺谋、贾平凹、闫妮等陕西籍名人的领诵，打破了受众之间的千年时空和圈层壁垒，使个体的观影想象转化为实践式互动参与，为读古诗营造了一种仪式感。

仪式在形成和建立集体所认同的价值观念、行为方式、思考模式、情感形式以及沟通途径中扮演着重要的角色。电影往往通过再现或者再造各种仪式来展现时代特色和社会规则，并借助仪式中人物的思想和行为让观众"感同身受"，在产生情感共鸣的基础上，通过"身体实践"①的方式对各种有意义的符号完成理解、再创造和传播，从而分享意义并使某种价值观和集体记忆得到强化。在这个仪式过程中，个体记忆在对话交流中开始向集体记忆汇聚，以共情体验寻找民族情感共通点并塑造情感共同体，在"解码"中完成对中华优秀传统文化的认同与传承。

（二）长安——复兴

长安，是整部影片中具有多重隐喻意义的象征性符号。长安，不仅是物质性的地理空间，而且是因社会集体想象而容纳了中华民族共同记忆的文化意象。

首先，长安是理想与实现的象征。每个个体的具体理想不同，但长安——大唐的文化政治中心，因是所有人向往的理想实现之地，是与所有人"命运与共的共同体"，而成为理想的象征。《长安三万里》这一片名，来自明代陈子龙《从军行》中的"梦到长安三万里，海风吹断碛西头"。制片人宋依依对《长安三万里》的名字做了这样的解读："长安即我们心中的理想之地，三万里是我们与理想的距离。"②"长安"不仅是一个繁荣昌盛的大都会，更是一个符号，象征着无数人为之奋斗的梦想，"三万里"则是现实与理想之间的距离。无论是李白，还是高适，抑或是他们身上映射的各个时代各个阶层在历史的长河中为理想而不懈奋斗，虽微小但

---

① 唐纳顿.社会如何记忆[M].纳日碧力戈,译.上海:上海人民出版社,2000.
② 韩晓莹.《长安三万里》主创:致力于还原唐朝风貌[N].环球时报,2023-07-08(5).

仍倔强地散发出人生之光的中国人的影子，都是鲜活且相似的，他们在历史洪流中不断突破逆境，即使与梦想远隔"三万里"，仍向着心中的理想之地——"长安"负重前行。

其次，长安是兴盛与复兴的代名词。长安，寓意"长治久安"，自汉朝起被使用了一千多年，见证了大汉的强盛和大唐的盛世，那些时代的辉煌与精神，已经深深镌刻在这个名字之中，承载了对国家兴盛的向往；长安，古丝绸之路的起点，古代东西方文化交流的枢纽，代表着中国文化的开放和包容。长安，曾经无比辉煌的世界之都，伴随历史迭代而时有兴衰，但就是在不断地淬炼中得以在更高层面上完成物质与精神的双重重建。正如影片结尾处高适所言："只要诗在，书在，长安就会在。"这句话"言有尽而意无穷"，如果要补充，那一定是"只要诗在，书在，长安就会在，中国理想就在，中国精神就在，中国盛世就在"。长安，在当代"一带一路"倡议精神下，更将成为中国与世界共享和平与发展等时代体验的地理与意义空间。

（三）大鹏——自信

"抟扶摇而上者九万里"的大鹏形象，贯穿影片始终，诉说着以大鹏自喻、昂扬自信的中国人，虽九转千回，仍坚定不移地向着理想中开放包容、繁荣昌盛、生机勃勃的理想之国阔步前进的精神。

首先，大鹏是恣意旷达如"天赋之子"李白等中国精英的象征。大鹏，源于庄子的《逍遥游》，是中国古典诗歌意象，后世人常化用大鹏意象，或抒发个人怀抱，或赋予时代特色。李白在"大鹏一日同风起，扶摇直上九万里"中直接自比为大鹏，将之视作自己的生命图腾，展现了壮阔自由的胸襟气魄和对理想信念的终极追求。李白既有儒家的积极入世之心，又存道家的出世潇洒之态，他才华横溢、浪漫潇洒、桀骜不驯，不愿"摧眉折腰事权贵"，但也曾为获得入仕资格而两次接受联姻入赘。他在入世与出世之间纠缠而饱尝悲愁沮丧，但无论是顺境还是逆境，总能在酣畅淋漓的情绪抒发之后极快极好地调整心态，千帆过后，依旧自由如初，依旧保留一份勇敢和积极向上之心。李白的精神是丰富多元的，在他的身上，集中呈现了中国人的精神风貌，呈现了鼎盛中国的博大气概。

其次，大鹏亦是脚踏实地、坚持不懈、向着理想勇毅前行如高适等普通中国人的象征。影片中的高适是一个普通人，出身于没落家族，父亲客死他乡，他抚棺回乡后，已经是家徒四壁。但他果敢坚毅，没有意志消沉，而是以家族的荣耀激励自己，一直想用高家枪法实现保家卫国的梦想，虽经历了举荐不通、投军不成等重重坎坷，但最终大器晚成。高适的身上，有坚忍、执着、正统持重、为人生理想奋斗的整个中华民族的影子，也寄托着所有普通人历经艰难终将成器的希望。

最后，大鹏还是才情与胸怀不输任何人，但因为时代条件、制度局限和人们认知水平的制约与影响而不得施展身手的中国女子的象征。影片中的裴十二就是代表，她是裴家新一代中的佼佼者，文学武功样样精通。在文学上，她可与李白同行，在家学武功上唯有她尽得精髓，甚至可以胜过善武的高适，但只因女子这一身份，即使是在开放包容的唐代，亦不可如男儿一般施展抱负。裴十二是清醒的，但她没有放弃对理想的追求和对自己的严格要求。裴十二的身上，有中国女子的坚韧、聪慧和不懈追求，亦有中国女子不屈服于世俗，执着为理想和人生奋斗的精神。

除了以上意象，影片还使用了寓意"千里共婵娟""今人不见古时月，今月曾经照古人"等能够拉近影片与读者距离的意象——圆月，等等。

综上，水墨画、唐诗、长安、黄鹤楼、扬州、大鹏、圆月等，被文学修辞建构为盛唐想象的符号和意象，旨在唤起有关盛唐景象的集体情感和观念。

四、在诗意与现实的融合中建构共通的意义空间

《长安三万里》中国式的叙事内容和叙事技巧，也决定了其建构的意义空间必定是中国式的。

作为一种记忆产业，电影媒体生产各种表征，用于鼓励受众感知、认

同，并做出思考。记忆对文明延续具有重要意义。集体记忆，是"一个特定社会群体之成员共享往事的过程和结果"[1]，也是构建文化自信与民族认同的基石与新路径。仪式在形成和建立集体所认同的价值观念、行为方式、思考模式、情感形式以及沟通途径中扮演着重要的角色。电影往往通过再现或者再造各种仪式展现时代特色和社会规则，并借助仪式中人物的思想和行为让观众"感同身受"，在产生情感共鸣的基础上，通过"身体实践"[2]的方式对各种有意义的符号完成理解、再创造和传播，从而分享意义并使某种价值观和集体记忆得到强化。《长安三万里》以48首唐诗展演了诗歌创作、欣赏与传诵的仪式，在反复传诵中形成了共享性谈资；以水墨画等富含中国古典美学的意象再现了中国气派和中国精神。仪式的重复性，使个体记忆进入公共空间，重构并加强了族群的集体记忆。《长安三万里》营造的盛唐群体记忆框架下开放包容的文化与历史现象背后，涌动的是中国人民越发坚定的文化自信和民族认同。

"中华民族共同体认同建构有四个基本路径，即从政治、经济、文化和社会四个维度共同推进。"[3]电影作品对从文化维度构建认同具有重要价值。《长安三万里》之所以取得成功，并不仅是因为其重现了蕴含厚重历史人文的盛唐景象，也不仅是因为其营造了富含中国古典美学的视听奇观，更重要的是将历史与现实紧密勾连在一起，在宏观上与当下包含但并不限于家国情怀和奋斗精神等在内的价值观和信仰体系交互，在微观上将现代观众的生活现实与想象世界联系起来并预留了可以补充的空间，从而在"讲故事"与"听故事"的情境下进行了有效对话，完成了对盛唐印象的集体记忆建构。将过去融入现在，将个体融于集体，相似的精神气度，拉近了古今心理距离，连接了古今情感状态和精神世界，在跨时空对话、认同与传承的基调下激发出对踔厉奋发与当下盛世的憧憬。

---

[1] 哈布瓦赫.论集体记忆[M].毕然，郭金华，译.上海：上海人民出版社，2002：70.
[2] 唐纳顿.社会如何记忆[M].纳日碧力戈，译.上海：上海人民出版社，2000.
[3] 杨鹍飞.中华民族共同体认同的理论与实践[J].新疆师范大学学报（哲学社会科学版），2016，37（1）：83.

"女性受害者"网络新闻中的传播偏向研究

窦玉英 李巧丽

【摘要】 在多种社会思潮的冲击下，人们对新闻的需求有所改变，某些媒体也因此做出改变。近年来，更多的案件被放置在网络平台，有意无意地引导舆论，甚至挑起性别对立的网络之战。在我国社会转型的敏感时期，媒体更应该担当使命。本文从伊尼斯的媒介偏向理论出发，通过分析"女性受害者"网络新闻的相关报道，发现媒体在此类事件报道中存在时间、空间偏向，父权凝视及职业失范问题偏向同样存在。基于此，笔者旨在探究媒体在报道时如何克服偏向，保持公正客观的报道方针，为真正有需要的"受害者"发声，为社会稳定做正向引导。

【关键词】 传播偏向；女性主义；新闻报道；网络新闻

近年来，越来越多的新闻事件通过网络平台得到较高关注，这不仅使事件更快得到解决，也为网络平台吸引了更多的流量与关注。互联网等各种技术赋予普通大众发布信息的权利，但如果没有主流媒体的加持、意见领袖的推波助澜，事件不可能快速发酵并得到有效处理。2020年，我国脱贫攻坚战取得了全面胜利，在社会转型的敏感时期，多元社会思潮冲击主流价值观，此时对于弱势群体的报道对社会发展具有建设性作用，而女性这一议题更容易引起网民的激烈讨论。目前，关于"女性受害者"的报道中，许多媒体甚至是主流媒体会有意无意地以受害者性别等其他特点为噱头吸引眼球，以至引发次生舆情。本文以哈罗德·伊尼斯的媒介偏向理论为研究支撑，通过对相关案例的分析，研究媒介在报道"女性受害者"新闻时存在的偏向问题，寻找是什么因素促使媒介偏向产生，并寻求改变这种现象的方法，以帮助女性受害者得到更多的帮助与更少的伤害。

一、女性议题与传播偏向研究分析

（一）女性议题分析

20世纪六七十年代，随着大众传播学理论的发展，女性主义媒介研究产生，盖尔·塔什曼《炉床与家庭：媒介中的女性形象》论文集的出版，标志着女性主义媒介研究正式成为传播学研究的一个分支[1]。而我国女性主义研究起步较晚，1995年，第四次世界妇女大会在北京召开，会议通过的《行动纲领》将"女性与媒介"确定为与女性发展相关的领域之一[2]。第53次《中国互联网络发展状况统计报告》数据显示，截至2023年12月，女性网民占比为48.8%，女性的声音得以通过网络更大地发出，各大平台都更加看重女性话题的吸引力，女性在媒介中扮演的角色有了更多的可能性。网络平台模糊生理性特征，赋予每个人平等的权利。"她经济"对于各媒介都分外重要，女性议题成为各大平台争夺的信息资源，而女性在新闻报道中的形象通常表现为社会角色的矛盾，如家庭中是女儿、工作中是经理，情感伤害的问题，受害者身份等，"女性受害者"这一形象往往与"平凡""精英"的标签格格不入，容易吸引用户的注意力。无论是主流媒体、自媒体或是其他类型媒体，在传播这类新闻时，通常会使用标签化的词语进行点缀，站在消费立场物化女性，刺激网民对人性的好奇。

---

[1] 宋春筱.《南国都市报》社会新闻中的女性形象研究［D］.海口：海南师范大学，2020.
[2] 刘立红."她"博客中女性媒介形象研究［D］.兰州：兰州大学，2009.

（二）传播偏向分析

如今，网络世界多样化发展，网络舆情促使案件得到有效快速解决，新闻报道推波助澜，媒介偏向论的时代性依然显著。哈罗德·伊尼斯认为，传播媒介对知识在时间和空间中的传播产生重要影响，提出媒介的时间偏向与空间偏向[1]。从伊尼斯的专业背景看，他关注的重点在偏向，并且这种偏向与媒介物的特质有关，也就是说，不同的媒介物有不同的特征，因而具有不同的偏向。伊尼斯的媒介偏向理论在互联网高度发达的今天既有适用之处，也有局限方面，互联网更多情况下是双重偏向。之后有许多著名的学者不断丰富此理论，如传播的偏向等。传播偏向概念源于媒介环境学派，其中麦奎尔认为，媒体有意或无意产出、隐藏某种偏见，包括由于媒介技术本身属性和特点所固有的偏向及在新闻采集与生产过程中的偏向[2]。

二、"女性受害者"网络新闻呈现的传播偏向分析

由于网络平台具有双重偏向，同时在数量、质量、传播速度等方面也有较强偏向，本文将结合网络媒介本身的特性分析"女性受害者"的报道偏向。伊尼斯后期也将偏向理论扩展，如文化偏向。仅仅是媒介偏向不足以挖掘新闻传播的内在逻辑，人类的主观意识贯穿于新闻传播的整个过程，人与技术合力造成的偏向更值得我们反思。

（一）时间偏向产生的首发头条

网络平台奉行流量至上，5G的普及运用使得信息量呈指数级增长。什么样的新闻能够快速吸引更多的流量呢？尼尔·波兹曼在《童年的消逝》中指出，电视新闻无限挖掘有关人性的话题来吸引关注度，网络平台

---

[1] 张学勤.媒介的偏向：文化史视角下的媒介变革与社会发展互动[J].中华文化论坛，2014（9）：133-139.
[2] 敖雅倩.大众传媒影响下的"童年的消逝"[J].明日风尚，2016（12）：304.

同样需要不停地挖掘新鲜内容来争取流量①。"女性受害者"新闻具有弱势、性别等属性，成为各媒体报道的首选内容。同时，新闻讲究时度效，各平台都想要成为某一新闻事件的吹哨人，由此博得流量。而过分抢占首发头条往往造成新闻失真，不合理压缩新闻公开所需时间。例如，2018年"合肥女教师被杀案"，该新闻由《安徽商报》微信公众号首发报道，报道使用被动语句，以"女性受害者"为主体吸引眼球，引发网民对受害者的语言攻击。媒体在把关中没有进行消息验证与核实，对事件进行简单归因，最后即使得到了网民的关注，但随着新闻的反转终会受到反噬。微信公众号属于私域流量，具有地域性特点，能够在微信好友中产生影响，同时微信公众号又属于公共空间媒介，可以使信息传播到整个网络平台。伊尼斯讨论的媒介偏向是媒介本身的偏向，网络技术发展到今天，已经超越了媒介技术本身，使得信息可以实时传播。网络模糊了时间，各平台二十四小时不间断传播信息，使人们从时间中解放。虽然媒介本身存在时间偏向，但信息本身各有特点，只争首发而忽视信息本身并不利于媒介长远发展。

（二）空间偏向产生的网络暴力

互联网将整个世界连接起来，便于信息储存和流传，因此网络媒介兼具时间和空间偏向。空间偏向不断扩展，就形成元宇宙等。网络平台将一个新闻事件呈现在人们面前，人们可以自由地选择时间、地点使用媒介，这是媒介本身特性所影响的人的行为，同时也将后台信息前台化。基于媒介技术特性，追求流量打造首发新闻，从而在初期吸引注意力，而不加辨别地将所有信息推向前台，就有可能造成衍生事件。例如，2020年"杭州女子被造谣出轨快递小哥"事件，标题中受害女子在前，可见此标题重点在于受害者是"女性"，犯罪嫌疑人信息反而被保护。本就是网络造谣的新闻事件，但其报道反而将影响范围延伸至受害者的日常生活，不少网友站在道德制高点对其谩骂。这种看似毫无成本的网络造谣，利用大众文化

---

① 刘宁，丁甲第，曾艾妮，等. 新闻报道中的女性受害者形象研究：以新京报微信公众号为例 [J]. 新闻研究导刊，2022，13（3）：35-39.

对人们的长期影响，以性别属性话题迎合大众兴趣，网络的匿名性为"键盘侠"营造罚不责众的环境，而现实生活大家又不得不面对网络舆论产生的负面影响，媒介的空间偏向从虚拟转为现实，产生现实社会问题。

（三）父权偏向产生的男性凝视

事实上，关于"女性受害者"的相关报道，大多数仍然以男性视角为主导，而女性是被凝视的对象[①]。利用标签策略可以使新闻事件快速吸引大众的注意力，长期给女性受害者贴标签，会分散人们对事件核心的注意力，不断加深人们对这类事件的刻板印象与固定认知。网络时代人人都可以拿起麦克风，新闻事件更多由网民首发，事件舆情声量达到一定值就会促使相关媒体与部门跟进介入。而媒体要吸引大量的讨论，就需要运用策略使新闻标题、内容产生吸引力。但是，在一些新闻事件中，将受害者性别属性前置，会出现大量"求资源"与恶意分享女性受害者有关信息的评论，女性受害者的尊严与新闻真实被调侃与戏谑的言论逐渐消融，评论背后是来自人性底线的凝视，而大量的无关言论也会造成舆论失焦，遮蔽事件本身的真相。

（四）真实偏向产生的伦理失范

公共领域中女性处于边缘、弱势地位，通过有关法律、政策的更新与落实，现状有所好转。新闻源于事实，应追求客观真实，但同时也应该添加作为人类的主观价值。新闻报道中存在编辑人员的主观态度与立场，过分追求事件真实、还原真相，未必会对社会产生较好的影响。例如，媒体播放未添加马赛克与未进行声音处理的采访录像，实则是侵犯了受害者的隐私权，女性受害者的个人信息可能会被某些别有用心的人利用并传播，给女性受害者增加了二次受害的风险。另外，为了追求更加真实地还原事件经过，有些媒体会利用三维动画模拟事件过程，在文字中过分披露细

---

① 刘鸣筝，梅凯. 作为内嵌的可供性：元宇宙时代时度效标尺论再解读[J]. 青年记者，2022（23）：53-55.

节，而某些细节可能会成为网民的二次生产内容，对女性受害者再次造成伤害，也可能会对未成年人产生不良引导，因此对新闻真实性的把握是较大考验。

三、"女性受害者"新闻报道纠偏策略

伊尼斯的媒介偏向论的研究对象不是符号，而是传播信息的介质，这种划分在当代有所局限。媒介在设计之初，它的设计者本身就带有某些偏向，媒介本身是中立的，而它背后的人类具有主观思想。每一种媒介都各有特点，其特点决定其传播内容、传播形式与传播效果。综合考虑媒介及其内外部环境，全社会形成正确的新闻价值观，才能更好地克服"女性受害者"传播偏向，保护女性受害者，维护新闻价值。

（一）站稳媒体中间立场，强化专业人员素质

媒体应推进全面报道，主动设置议程，引领好新闻舆论起始的走向，同时应多方寻找与核实信息，并注明信息来源证明新闻的真实性。媒体从业人员应当具备过硬的专业知识与技能，同时拥有高尚的职业伦理道德。技术不是天然存在的，是人类创造发明的，媒介技术的偏向也是人类的偏向，媒介技术的设计人员应当秉持公正客观的立场进行设计，使媒介在设计和使用之初就保持平等公正。新闻事件不是自发地被人们看到，而是通过媒体工作者的筛选整合，运用媒介形式传送到受众眼前。因此，媒体从业人员应当提高自身的社会性别意识，加强社会责任感，注意尊重女性受害者的隐私信息，避免过度询问，专心于新闻事件的探索，并努力创作具有建设性的报道。另外，新闻从业人员需要掌握新技术并灵活运用。网络技术对传统媒体的冲击促成了媒体融合的发展，专业人员对技术的深刻把握可以加快对新闻的跟进，及时发现舆情并重点关注女性相关舆情，缩短舆情发展的时间线，增强新闻传播效果。

（二）注重媒介素养教育，营造健康网络环境

网络媒介技术存在多种偏向，网络平台充斥着各种碎片化的内容，"星腥性"、算法"黑箱"等需要人们不断辨别与克服，需迫切提高大众的媒介素养。首先，女性自身性别意识的提高，可以及时发现不良媒体对女性受害者的偏向报道，有意识去发声与抗争。只有自我意识足够强大，才敢于直面报道中的性别刻板印象，要求相关媒体公正客观地报道新闻。其次，提高全社会的媒介素养。大众在使用媒介时不仅需要分辨大量的信息，还应合理运用媒介，发表正当真实的信息，做一名文明理性的网络用户。在出现报道偏向时，仅有女性发出的声音不够强大，需要全社会更多人参与进来，培养批判性思维，共同维护社会平等，才能更好地推动性别平等，营造健康的网络环境。

（三）完善法律规范制度，促进性别公平意识

我国在性别平等方面做出了长期且巨大的努力，但陈旧的观念需要逐步改善，更要从宏观社会层面做出支持。在法律层面健全与女性相关的法律法规，促进社会性别意识主流化，是解决问题的根源，是从法律层面保障女性的正当权益。对于新闻事业，应当制定更加严格的行业标准与准则，对违反新闻标准的人员依法依规惩处，对新闻报道中受到二次伤害的"女性受害者"给予适当的帮助与赔偿。要加大合理维权途径的宣传，帮助需要帮助的人快速找到正确的维权途径解决问题，避免不合理维权引发的悲剧。性别平等意识应从小从早抓起，在不同的学段设置相对应的课程，增强青少年的性别平等意识，这样才能改善性别观念，形成更有利于社会发展的环境。

结　语

网络平台关于"女性受害者"报道的偏向已经司空见惯，任何事物只

要经过主观加工，就必然存在某些偏向。但这种偏向可能会对受害者造成二次伤害，或经过其他社会人员的参与造成不良影响，现实社会中也已经出现多起女性受害者因报道有失偏颇遭受二次伤害事件，因此有关报道存在的偏向问题亟待纠正。本文从哈罗德·伊尼斯的媒介偏向论出发讨论关于"女性受害者"网络新闻报道存在的时间、空间偏向，基于父权凝视下的性别偏向以及过分追求新闻真实而导致的伦理失范问题，从新闻从业人员、社会大众、上层建筑等方面提出改善策略，以更多的建设性新闻报道促进社会发展。

媒介融合背景下红色文化视觉传播认知维度的提升

那 鑫

【摘要】 在媒介融合的大背景下，红色文化的传播出现多元化的传播策略以及新的技术趋势。随着视觉技术和网络环境的飞速发展，移动终端也开始呈现多元化、便捷化特征，这就为红色文化的视觉传播提供了深入大众各阶层的丰富渠道。我们需要在媒介融合的大趋势下通过提升视觉传播的认知维度，让这些红色精神更好地继承与发扬。本文通过视觉传播认知的角度，从图片化、数字化以及弱传播三个侧面思考了红色文化的传承与发展。

【关键词】 红色文化；图片化；弱传播

自20世纪共产主义运动在全球风起云涌，红色中国的精神样貌就初现雏形，并逐步衍生成为具有核心凝聚力的中国特色红色文化。然而，红色文化在中国早期传播的时间里，并没有独立明确的视觉符号，直到毛泽东同志发动秋收起义，镰刀斧头的图案才终于出现在了中国共产党的正式符号体系中。那一面高高飘扬的"工农革命军第一军第一师旗"上，镰刀和斧头这两个图案告诉了人们这支军队源于谁、属于谁和为谁服务。自此，利用多元化的视觉符号构建完整红色文化传播视觉体系的时代正式到来。

进入 21 世纪，随着视觉技术和网络环境的飞速发展，移动终端也开始多元化、便捷化，这就为红色文化的视觉传播提供了深入大众各阶层的丰富渠道。习近平总书记对传承红色文化高度重视，强调"要充分挖掘和利用丰富多彩的历史文化、红色文化资源加强文化建设""打造精品展陈，坚持政治性、思想性、艺术性相统一，用史实说话，增强表现力、传播力、影响力，生动传播红色文化"。作为主流文化中最核心的传播内容，我们需要在媒介融合的大趋势下通过提升视觉传播的认知维度，让这些红色精神更好地继承与发扬。

一、图片化推动红色信仰的视觉需求

有关于信仰和仪式习惯的人际交流，是早期人类活动的基本需求，不同信仰的人类群体很可能与具有各自特色的媒介文化有关。[①] 本文提到的红色信仰，指的是中国人民在 20 世纪初期，从对镰刀与斧头的工农革命军军旗的初次认识，到对红色五角星的深深眷恋，再到真正学习到以毛泽东同志为中心的中国共产党的各种纲领，从旧中国到新时代，在漫长的岁月中锻造出的人民群众对党的忠诚与崇敬，是党员坚守的精神高地与不懈追求的崇高价值。

在视觉传播成为信息内容展示主体的今天，我们为什么要用图片化推动红色信仰的视觉需求，而不选择用文字和视频？静态图片比深刻系统的文字和动态连贯的视频更具有优势的地方在哪里？

（一）反复读取的直观性与思考性

在受众充满视觉饥渴的今天，信息的二十四小时滚动与更迭模糊了大部分人的关注重点，人们越来越倾向于寻找那些能够直观得到信息的传播内容，并更加关注该内容是否能够在第一时间打动到自己，于是在一定程

---

① 周宪.当代中国的视觉文化研究[M].南京：译林出版社，2017：377-380.

度上理性且对文化需求更高的文字内容就显得稍微弱势一些。大段的文字很容易在长时间的读解过程中消耗掉受众激动与澎湃的心情，使之归于理性与平淡，这就让信仰中最重要的情感与情绪偏于教条与总结。

比如，我们在没有上下文的情况下读到"中国"这两个字，第一时间会想到文字信息的综合性抽象内容。而我们看到一张插在海礁上飞扬的国旗图片，或者一张刻有"中国"字样的界碑图片，就会有不一样的感受与体验：是领域与疆土，是自豪与荣光。图片可以让受众的情感具体化、直观化、细节化，甚至使受众的信仰心理产生极强的向心力与黏合力。

图片化传播让红色信仰的视觉需求具有一定的思考性，这源于图片传播是非线性的、多渠道的，对新媒体的依赖并没有如视频一般，非"网"不可，这反而为红色信仰的视觉需求提供了更丰富、更多元的平台。人眼在图片中"自由"寻找信息细节与情感落脚点，利用自己对图片中不同人物与事物的独特理解，将思索转化为情感，甚至爆发激动、愉悦、悲痛等情绪，进而坚定自身对于原本就具备的精神力的总结，进一步夯实心中的信仰与认识。

（二）去速食化与娱乐化的严肃感

信仰不是娱乐，信仰是人心中不可亵渎的精神力。

在"娱乐至死"成为传播的一种表达方式的今天，大众对信息的解构能力、速食能力，甚至娱乐能力都远超前人。图片化红色信仰既可以直观地烘托受众的心理情绪，又能够避免冗长或琐碎的图像视频带来对信仰的娱乐解构与消磨，传播者可以将想象力依托在图片内容上来诠释信仰、渲染情绪，不用将内容事无巨细地加以分析拍摄和记录，再传送给受众，使情感过于僵硬与模式化。

就中国当下而言，信息传播已经越来越依赖于形象表达方式内在的情感吸引力，有很多红色信仰的诠释者更适合图片的传播状态。比如，一位战功赫赫的老红军，当他沟壑纵横的脸上流露出甘于奉献与平凡的笑容，再配上胸前不同时期的军功章，他在图片中便被受众定格为一个符号，一个为民族解放而舍生忘死的英雄符号，这张图片背后凝聚的是对党、对解放军、对成千上万的民族英雄的坚定信仰，不可娱乐，亦不可亵渎。

二、数字化建构红色旧址的网络表达

目前，大多数红色旧址的线上宣传形态，还依然秉持着旧式的网页版本。一张房屋图片配几句简单的介绍，实在让观众无法对红色旧址产生真正的感情。于是，我们期待利用数字化虚拟现实展示来建构网络红色旧址，利用3D实景与VR技术为其打造多媒体终端，让网络成为红色文化宣传与教育的基地，使更多的受众在上网时有一个精神上的归属与去处。

（一）数字化扩大传播效果

中国已进入高速发展的"物联网"时代，"互联网+""媒介融合"等词在今天的网络传播中屡见不鲜，但这些优势在红色文化的认知传播上并没有得到更好的利用与发展。人们往往还是局限于一地一景，凭借红色旅游文化增加红色旧址的宣传性，期待利用线下资源在人员流通便捷的新时期宣传红色文化。以河北省西柏坡纪念馆为例，作为国家一级博物馆、AAAAA级旅游景区，在2018年国庆期间，仅6天就接待境内外游客21万人次，这带来的红色文化宣传效果是有目共睹的。

然而，2020年初新冠疫情发生之后，各大旅游景区均闭门谢客，这就催生出我们对网络数字化红色文化旧址的新作用最大限度开发的思索。

要进一步打开互联网市场，建立数字化网络虚拟空间宣传红色旧址，通过数字化来集成红色旧址中的文化信息，以保证信息资源的大数据化、视觉展示的多媒体化，受众可以通过数字化的红色旧址实现参观和学习的目的。这种虚拟的现实展示空间可以规避红色旅游景点过于偏远，或周边旅游资源匮乏等缺点，达到最大限度地扩大受众层次，全平台、多时段地参观学习的目的。

（二）数字化提供交互作用

因为技术的进步，今天的互联网大环境可以让网民充分地表达个人观点，为他们的情感找到了宣泄的渠道。数字化红色旧址的网络宣传可以突破现实红色文化旅游景点中观众留言本的普通互动方式，观众在虚拟的游览之中可以通过多种方式进行具体的交流询问，甚至包括感想发布，让红色旧址中原本冰冷的器物焕发出因交流而产生的情感共鸣，这样既保留了红色文化资源的原貌与故事，也通过观众们的即时交流提高了对红色文化的共情能力。

红色旧址的主要功能在于收藏、展示和教育，这就决定了它真正的内涵与精神所在。只有当受众对信息内容进行消化与沟通、再现与传播时，他们才会真正地接受并思考信息内容，而并非人云亦云或走马观花。因此，数字化网络平台为陌生人提供一个可供交流沟通的平台就显得极为重要，人们在肯定与被肯定中能深化对红色文化的理解，进一步学习并铭记历史。

三、弱传播打通红色情感的视觉认知

弱传播一般指的是舆论世界弱者优势的传播现象，甚至可以理解为现实中的强势群体就是舆论中的弱势群体。[1]

弱传播主要能够带来舆论世界的大众情感，当所有弱者聚集在一起，对强者心甘情愿地表达敬意与谢意，就是最经典的弱传播的成功范例。军队是每一个国家现实生活中的强势群体，他们高度制度化且拥有武器。但是中国的军队有另外一个名字——人民子弟兵，这就决定了中国军队虽然同样是现实中的强势群体，却拥有现实中弱势群体的衷心爱戴。比如，刚

---

[1] 邹振东.弱传播［M］.北京：国家行政学院出版社，2018：41-47.

刚结束的河南抗洪，在解放军撤离的军车缓缓驶过时，有很多老百姓主动向车上丢矿泉水、水果等物资感谢解放军的辛苦付出，而这种场景几乎出现在历史里每一次解放军与老百姓同时出现的环境中。这种视觉传播带来的心理感受正是弱传播的最佳效果。

红色文化的传播就是要在媒介融合的大趋势中，保证大众在视觉认知的帮助下让红色情感得以发扬延续，而重情感、轻理性恰恰也是弱传播的一种特点，只要将视觉认知的内涵延伸到内心情感，就可以得到比较可靠的传播效果。

（一）视觉认知中红色情感的凝聚

媒介融合带来的最精彩的地方，是传者与受者的合而为一，是信息与噪声的往复交替。弱传播的假说认为，舆论的世界就是一个弱传播的世界，舆论的世界里，现实生活中的弱者反而成了舆论的强者，这恰恰就证明了弱者的凝聚性。[①]

作为普通人，大多数的网民在接收到某一信息的时候会做出最有利于自己或者最有利于他人认同自己的观点判断，以求得到赞赏与肯定，在这一点上红色文化的传播完全能够契合大多数人对于情感的把握。走过近现代中国的挫折与迷茫，红色文化是当代中国网络信息传播中看似最不容易传播的部分，因为越是主旋律越不好讲。所以，怎样才能将红色文化转换为大多数人都认同的红色情感就变得尤为重要。今天的红色情感在网络中的凝聚我们要注意三个特征：首先，网络传播中视觉是第一位的，是争取认同的表面世界，要把握红色情感的大众性，让更多的人看到红色故事；其次，网络传播中大众的情感就是一种能量，要把握好红色文化中的典型事件进行描摹，产生情感的共通性；最后，网络传播中的红色文化展示要符合历史潮流与民心向背，宣传红色文化时要讲究情感的融入与细致，不要随意。

---

① 库尔德利.媒介、社会与世界：社会理论与数字媒介实践［M］.何道宽，译.上海：复旦大学出版社，2014.

（二）视觉认知中红色情感的传承

从 20 世纪开始，中国社会出现了多次变革，尤其是近代以来中国共产党人艰苦卓绝的探索与努力，让老百姓终于看到了民族复兴的盛世中华。这种普通人对党和政府的坚定拥护，正是一种红色情感的传承。不同的是，过去的传承可能依靠的是口耳相传，或者是共同亲眼见证，而今天的传承更多要依赖于现代社会通信技术的发达与网络时代新媒体技术的整合。今天信息的通畅与发达，让更多的年轻人依赖于用网络寻找新的信息，甚至在网络上得到真正的精神食粮与精神信仰。

一颗五角星，曾经托在战士的手里，今天则可能在抖音的画面中，不同的表达方式传递的是共同的信息。网络上大多数人对于党、国家和政府的认识，正是普通人看待现实中强势群体的角度。在这些角度中，我们的红色传播要着重关注讲问题的方式和处理故事的能力。简单来说，就是如果所有的红色情感都是从红色文化中提炼升华出来的，那么这种情感的始发地就是大众对于红色文化的根本认识。将红色文化中与大众息息相关的故事、英雄人物变换新的形式再次进行网络传播，就是红色情感的延续与传承。在此切忌一成不变地将曾经的传播内容仅仅变换一个渠道就粗暴地进行强制性传播[1]，这种传播效果往往适得其反。要尽量对红色文化进行新的编辑与提炼，保证红色情感核心不变的前提下可以转换内容的表达形式，以期更好地焕发红色文化的生命力，保障情感的传承。

---

[1] 尹韵公，明安香.传播学研究：和谐与发展［M］.北京：新华出版社，2006.

中华传统文化类图书出版的问题、成因及出路

毕维娜

【摘要】 近年来,传统文化越来越受到人们的重视,这使得中华传统文化类图书出版增长迅速,市场表现良好,未来发展空间广阔。但目前该类图书存在着出版同质化、内容功利化、编校低质化以及形式单一化等问题,有些问题已经误导了读者,应该引起出版界的重视。中华传统文化类图书问题产生的深层次原因是:编辑忽视小众个性化需求,抱持实用主义态度,责任心不强、学识疏浅,缺乏与时俱进的革新精神。问题的解决在于强化责任意识,提高编校质量;夯实学识素养,练就过硬技能;把握行业热点,培养创新意识。

【关键词】 中华传统文化类图书;问题;成因;对策

随着中华传统文化热的不断升温,人们对传统文化的需求迅速增长,希望通过传统文化获得精神上的熏陶和滋养。根据读者的需求,各出版社争相出版中华传统文化类图书。这使得实体书店陈列和网上书店展示的此类图书不胜枚举,如石家庄图书批发市场秋林书城有五个书架专门陈列中华传统文化类图书,当当网设有专门的"传统文化类"图书分类条目。笔者通过市场调研,随机挑选了部分中华传统文化类图书,进行了仔细阅读,发现此类图书存在一些问题,容易误导读者。这些问题应引起出版界

的重视，并尽快加以解决。

一、中华传统文化类图书出版存在的问题

中华传统文化源远流长，是以先秦经典及诸子之学为根基，由两汉经学、魏晋玄学、隋唐佛学、宋明理学和同时期的汉赋、六朝骈文、唐诗宋词元曲、明清小说及历代史学等形成的一套完整的文化、学术体系。而中华传统文化类图书是以出版此类内容为主的图书。调查发现，此类图书存在以下突出问题。

（一）出版同质化

由于出版门槛低和竞争过度，中华传统文化类图书同质化现象日趋严重。所谓图书的同质化，是指不同品牌的图书在选题、内容甚至装帧设计上相互模仿，以致逐渐趋同的现象。

1. 选题内容同质化

笔者在调研中对中华传统文化类图书按主题加以分类，发现"典籍解读"和"传统文化常识"是最常见的两大主题。"典籍解读"的主题下，各出版社较为热衷出版先秦经典，以至《论语》《道德经》等版本繁多。虽然不同出版社出版的先秦经典书名各有不同，但内容大都是"典籍原文＋译文解读"，千篇一律，毫无新意。"传统文化常识"类图书则往往以"常识""通识"冠名，内容驳杂泛泛，各出版社间相互借鉴，一时间使读者难辨优劣。

2. 装帧设计同质化

除了选题，中华传统文化类图书在装帧设计上也相互模仿，日趋接近。在封面用色上，各出版社为了契合传统文化的主题，追求古朴典雅，纷纷使用鹅黄色作为背景色。在元素使用上，封面设计中频繁使用水墨画、祥云纹饰、书卷、书法等传统文化元素，甚至在封面的主体结构设计

上，各出版社之间也相互模仿。这使得不少中华传统文化类图书在外观上高度雷同，造成读者选购的困惑。

（二）内容功利化

中华传统文化滋养了中华民族的民族精神，而中华传统文化类图书理应为继承和发扬中华优秀传统文化、帮助读者树立正确的"三观"而出版。但目前中华传统文化类图书的内容存在功利化的倾向。

一是误读传统文化、热衷宣扬为人处世技巧的图书盛行。近年来，社会环境快速变化，这使得人们面临的压力日趋增长。而恰逢传统文化不断出圈引人关注，人们渴望从传统文化中获得舒缓压力的人生智慧，甚至是解决人生难题的路径。一些编辑敏锐地捕捉到了这类信息，推出了一系列披着"传统文化"外衣宣扬为人处世技巧的图书。这些图书在解读典籍原文时，每每以职场、社交举例，在获得成功的个案中教人圆滑处世的技巧。目前，图书市场上有此问题的图书不在少数。这类图书一方面教导读者增强自身的文化和道德修养，另一方面又赤裸裸地号召读者做一个实用主义者。从某个个案中推导出为人处世的通用准则，进而将急功近利的扭曲价值观渗透到读者思想中。这与中华传统文化类图书出版的初衷大相径庭。

二是打着"弘扬传统文化"旗号的升学考试书不在少数。中华传统文化类图书对读者精神的滋养和熏陶是长期的、潜移默化的，一些图书虽在书名中刻意突出"传统文化"，但实则是学生考试升学的备考资料。这类图书迎合老师和学生的需要，内容多针对考点设置，缺乏系统性，追求的是立竿见影的实用效果。这种图书不仅无法帮助读者汲取优秀传统文化中的养分，反而会使读者越来越功利化。

（三）编校低质化

中华传统文化类图书的低质化倾向主要表现在两个方面，一是差错率居高不下，二是论述观点偏颇。

1. 差错率居高不下

当前，不少中华传统文化类图书的差错率超过了国家规定的万分之一的比例，属于不合格图书。比如，北岳文艺出版社的《杨家将传说故事》差错率高达 4.91/万，鹭江出版社的《福建优秀传统文化·历史与研学旅行》差错率高达 2.85/万，天津大学出版社的《面塑传承人口述史》差错率高达 2.55/万[①]。这些差错多为错字别字和丢字衍字，如将"赖账"错写为"赖帐"，"勾践"错写为"句践"；将"杨家将第一代——杨业的相关文献记载"错写为"杨家将代——杨业的相关文献记载"，将"所以这一带杨家将传说很多"错写为"所以这一带杨家将传说很好多"等。

2. 论述观点偏颇

中华传统文化类图书是用来传承中华优秀传统文化、帮助读者树立正确价值观的，如果其中存在偏颇观点，会令读者感到十分困惑。比如，2022 年某出版社出版的图书中有段文字："家中事务一应归于女性管理，包括抚育儿女、管理家务、抚慰丈夫……家有贤良能干的女性，把家事处理得井井有条，生机盎然，和睦友爱，丈夫无后顾之忧，家道必将昌隆。"在倡导男女平等的今天，怎么还会有人认为女性应困于宅院操持家务，成为男人的附庸？怎么还会有出版社认同这样的观点并在书中大肆宣扬？这样的观点明显与当前女性意识觉醒的发展潮流相悖，存在极大的误导性。再如，2012 年某出版社出版的书中再三强调"中国的女权是全世界最高的，因为最高，所以不需要争取"，这样的观点既无出处，也无权威材料佐证，较为牵强附会。此类观点偏颇的书不仅会迷惑读者，甚至会误导读者，不利于中华优秀传统文化的传承。

（四）形式单一化

笔者在调研中发现，目前市场上的中华传统文化类图书虽然很注

[①] 国家新闻出版署.国家新闻出版署关于图书"质量管理 2022"编校质量不合格图书的通报［EB/OL］.（2023-04-13）［2024-03-27］.https://www.nppa.gov.cn/xxfb/tzgs/202304/t20230418_712823.html.

重内容上的延伸衍生，推出了诵读本、注译本、特装本、增补本等多种版本，但是依然以纸质书为主，出版形式较为单一。在数字化时代，数字化阅读成为主流阅读方式之一，单一的出版形式会造成这部分读者的缺席。

二、中华传统文化类图书问题的成因

编辑不仅是出版的核心，也是出版的把关人，其思维、学识、素养等决定着出版物的品质。当前，中华传统文化类图书出现了同质化、功利化、低质化等问题，这些问题的产生一部分原因在于编辑。

（一）忽视小众个性化需求

中华传统文化类图书的同质化有两方面原因。一方面，传统文化经典属于公版资源，出版这类图书成本低、准入门槛低[1]，出版社可以自由出版，无须经作者授权，也无须向作者支付报酬，因此很多编辑在选题时盲目进入该领域。另一方面，编辑缺乏长尾思维，忽视小众个性化需求，未对选题进行深度策划，跟风追逐畅销选题及装帧，造成了图书选题重复、外观雷同的现象。

长尾思维是利用长尾理论开展选题策划的思维。长尾理论指的是由于成本和效率等因素，过去人们只能关注头部的产品，而现在几乎任何以前看似需求极低的产品，只要有卖，都会有人买[2]。长尾思维强调关注小众个性化需求。在图书市场上，读者针对传统文化有很多个性化的需求，但由于编辑缺乏长尾思维，这些需求被忽视了。编辑看不到传统文化类小众选题具有的广阔发展空间，盲目开发大众化的热点选题，以致中华传统文化类图书出现了千书一面的现象。

---

[1] 张秋红.新媒体时代传统文化类图书出版的困境与出路［J］.新媒体研究，2021，7（3）：92.
[2] 安德森.长尾理论［M］.乔江涛，石晓燕，译.北京：中信出版社，2012：741.

（二）出版抱持实用主义态度

通过比较和分析发现，一些披着"传统文化"外衣的功利化图书，大多定位为帮助读者解答"为人处世"困惑的智慧之书。在写作上，这类图书主要以典籍原文为引子，在解读时举出个例，教导人们要在职场、社交中受欢迎，就要懂一些钻营的技巧。这样的图书，不仅不能使读者获得精神上的滋养，反而会更增焦虑。

这类功利主义图书的存在，是实用主义在出版领域的体现。一方面，读者受实用主义的影响，更倾向于选择某些具有"实效"的图书。通俗来讲，就是越能帮助其升学考试、解决现实问题的图书越受到读者欢迎。那些能滋养读者精神的、真正的中华传统文化类图书由于不能产生立竿见影的效果，而遭读者冷落。另一方面，在激烈的竞争压力下，编辑也一度抱持实用主义态度，注重图书的投入—产出比，寻求短期内利益最大化[1]。所以，为了迅速获得盈利，编辑迎合读者需求，推出了一些披着传统文化外衣的功利化图书。

（三）责任心不强，学识疏浅

中华传统文化类图书内容的低质化，主要是由于编辑在审读稿件时缺乏学识素养和责任心。有些编辑学识素养不够、基本功不扎实、业务能力不足，不能发现书稿中存在的错误观点，也无法辨识出传统文化中的精华和糟粕，一味被作者牵着鼻子走。在编校方面，有些编辑工作马虎大意，对字词把关不细致，对引文核实不到位，造成图书差错率高于万分之一。这类编辑缺乏责任心，并未意识到出版是一项关乎国民文化素质、关乎国家文化发展的重要事业。

（四）缺乏与时俱进的革新精神

中华传统文化类图书出版形式单一，主要归因于编辑在工作中缺乏与

---

[1] 余人，袁玲.为孩子撑起一片蓝天：少儿出版存在的问题及应对策略[J].现代出版，2014（2）：15.

时俱进的革新精神。首先,编辑缺乏对当前主流读者的了解,对其阅读偏好、阅读习惯等方面的变化知之甚少,想当然地认为消费传统文化的读者仍然倾向于纸本阅读。其次,中华传统文化类图书的编辑多是文科领域出身,缺乏各类新媒体技术,对何种技术可以发挥何种作用不清楚,对何种呈现方式需要何种技术也一知半解。因此,缺乏与时俱进的革新精神的编辑不可能创新图书的表达形式,也无法满足读者不断发展变化的需求。

三、解决中华传统文化类图书出版问题的出路

中华传统文化类图书问题产生的主要原因之一在编辑,出版的主体也是编辑,因此,解决中华传统文化类图书问题的关键也在编辑。

(一)强化责任意识,提高编校质量

编辑是图书编校质量的重要把关人。中华传统文化类图书不同于普通的图书,它关乎国民世界观、人生观、价值观的树立,关乎民族精神塑造,需要传播优秀传统文化,以此滋养读者精神,提升读者的文化修养。因此,中华传统文化类图书的编辑尤其需要具有强烈的社会责任感,正确引导读者,对读者负责。就编辑自身而言,在做选题时要怀有敬畏心,不助长读者的功利化心理,注意从政治性、思想性多方面编纂书稿;在编校时要认真细致,不忽视一字一词的差错,当查则查,当改则改。就出版社而言,要经常组织编辑参加职业道德和业务培训,强化编辑的责任意识,降低低质内容出现的可能。

(二)夯实学识素养,练就过硬技能

在中华传统文化类图书的出版上,编辑要夯实自身的学识素养,练就过硬的业务技能,认真调研,谨慎筛选,为读者提供优秀的精神文化产品,引领良好的社会风尚,真正解决读者的问题。具体来说,编辑可以通过以下措施提高自身的学识:一是广泛阅读,特别要熟悉传统文化产品

线，以及该产品线上的代表性图书；二是要多参加专业讲座，夯实专业基础，不迷信权威作者，准确把控书稿内容。

（三）把握行业热点，培养创新意识

数字出版时代，编辑要及时了解出版行业热点和读者阅读趋势，不断培养与时俱进的创新意识。

1. 利用长尾思维，开发小众选题

长尾思维是一种伴随着网络时代的兴起而出现的全新思维。中华传统文化类图书的编辑在策划选题时应适当摒弃追逐热门的传统思维模式，注意从小众读者的需求出发，策划、出版满足小众读者个性化需求的产品。这种选题思路，既可以做到差异化选题，避免与竞争者雷同，又可以实现长期盈利，收到意料之外的出版效果。例如，在调研中笔者发现，当大部分出版社将中华传统文化类图书锁定在"先秦经典""唐诗宋词""四大名著"等选题时，个别出版社从长尾思维出发，开发了"香文化""棋文化""斗蟋文化"等选题，所出图书一度受到读者欢迎，销量可观。中华传统文化博大精深、内涵丰富，涉及多个方面，编辑应善于利用长尾思维，挖掘出与众不同的选题。

2. 学习新媒体技术，与时俱进

中华传统文化类图书的编辑要加强对当前各种新媒体技术的学习。首先，编辑应学习大数据挖掘技术，要能从众多潜在信息中分析出出版市场和读者需求的发展动向，从而有针对性地开展选题策划。其次，编辑应学习融合出版的技术，包括音频制作、视频制作、交互作品制作等技术。最后，编辑还应该具备新媒体营销技术，能熟练利用新媒体平台发布短视频、现场直播。总而言之，中华传统文化类图书的编辑需要与时俱进，将自己培养成为集策划、编校、营销于一身的多面手。

3. 创新出版形式，满足读者需求

在掌握技术的基础上，中华传统文化类图书的编辑需要将技术为自

己所用，不断地创新出版形式，使图书的呈现形式更加多样化。具体而言，可以通过以下路径创新出版形式。一是借鉴不同类别的图书，获得灵感。比如，借鉴漫画，创造出"漫画+"的形式——"漫画+礼仪""漫画+诗词""漫画+科普"等，传统文化和漫画元素的结合，可以增强图书的通俗性和趣味性。二是突破传统阅读限制，推出调动读者多感官阅读的图书。三是顺应时代潮流，推出中华传统文化类图书的电子书。

结　语

中华传统文化类图书关乎优秀传统文化的传承，关乎国民素质的提升。编辑在出版中华传统文化类图书时，应避免出现同质化、功利化、低质化等问题，勇于承担社会责任，不断挖掘选题，严格审读稿件内容，唯有如此，中华传统文化类图书才能真正发挥传承中华文脉的作用，其发展前景才是广阔可期的。此外，编辑还要紧跟时代潮流，不断创新表达形式，为读者提供喜闻乐见的传统文化类图书。

受众体验视域下的河北非遗传播

杨 茜 薛立磊

【摘要】 媒介化生存时代,"体验至上"是网络业界的发展原则之一,放大生活体验是非遗文化传播的趋势。在体验哲思的观照下,挖掘非遗文化的体验内涵,在大众传播媒介呈现的基础上,实现作为符号传播的媒介与作为文化实践方式的媒介的协同,空间媒介与身体媒介的协同,意义表达媒介与情感传播媒介的协同,不断拓展非遗文化传播的体验领域,有助于非遗走进人们的常态生活。

【关键词】 体验;河北非遗;媒介物质性;媒介呈现

引 言

媒介化生存背景下,网络媒介带来的"是社会形态的变革,整个社会结构围绕信息化逻辑发生了重构"[①],生活方式因此改变,人类体验因此丰富,"受众为王,体验至上"尤其被网络业界喻为发展原则之一[②],而放大生活体验也是非物质文化遗产(简称非遗)文化传播的趋势性法则。

河北省非遗保护工作成效显著。目前,河北省列入联合国教科文组织人类非物质文化遗产代表作名录的项目共 8 项,国家级非遗代表性项目

---

① 戴宇辰.媒介化研究:一种新的传播研究范式[J].安徽大学学报(哲学社会科学版),2018,42(2):147-156.
② 周鸿祎:互联网思维是常识的回归[J].当代劳模,2014(10):79.

163项，省级非遗代表性项目990项[①]。这些非物质文化遗产是燕赵儿女宝贵的精神财富和智慧结晶，也是中华文明的瑰宝。

在众多非遗项目中，民间文学、传统音乐、传统舞蹈、传统戏剧、曲艺等文艺形式给人们演绎古老故事，带来美感共鸣与艺术体验；传统体育、游艺与杂技早已渗入当代人的日常生活，是娱乐体验和健身体验；传统美术、民俗美化生活，在特别的日子里增添节日味道，也使人们寻到精神寄托、文化体验；传统技艺、传统医药等不仅提示了祖辈曾经的生活轨迹，而且仍在服务今天的社会需求，满足人们的健康体验……非遗在信息爆炸、节奏快速、压力巨大的当下社会不是普通意义上的生活体验方式，它们是丰盛的文化大餐，是美妙的乡愁记忆，是心底的情感归宿，是纯净的精神洗礼，它们唤起当代人的文化记忆和文化认同，让人们体验到乡土之根和民族之魂。深入挖掘河北省非遗项目的文化内涵可生成独一无二的生命体验。

联合国教科文组织《保护非物质文化遗产公约》指出，非物质文化遗产是文化多样性的熔炉，又是可持续发展的保证[②]。作为文化的基因，非遗的特色应是丰富且多元的，然而反观现实，非遗文化传播中出现了过度开发商业价值忽视文化传承、机械复制忽视艺术审美、体验千篇一律忽视独特内涵等问题。以受众体验为导向思考如何细致保护和传承非遗，有助于保持民族传统文化的强大生命力。

一、回归"体验"：非遗文化传播的哲学之思

何为体验？据德国哲学家伽达默尔考证其学理根源，"体验"在德

[①] 龚正龙.文化铸魂聚合力："奋进新时代"主题成就展上的河北元素［N］.河北日报，2022-10-10（1）.

[②] 文化部对外文化联络局.联合国教科文组织《保护非物质文化遗产公约》基础文件汇编［M］.北京：外文出版社，2012：8.

语中写作 Erlebnis，源于动词 erleben①，词干为 leben，即生命或生活。Erlebnis 这个词在 19 世纪 70 年代成为普通的用词②，它与人的生命活动和生存经历密切相关，内涵为亲眼所见、亲身经历③。

　　"体验"一直是东西方哲学中一个极其重要的概念。我国古代哲学主张天人合一、心物合一的体验观。在西方，从柏拉图时期女哲学家第俄提玛所说"这种美本身的观照是一个人最值得过的生活境界，比其他一切都强"④，指涉美的体验胜过世间一切，到斯宾诺莎的实践哲学强调生活是一种存在方式，永恒的存在"完全是实际经验之对象"⑤；从康德说感性直观要么"是纯直观（时间与空间）"，要么"是对在空间和时间中通过感觉直接被表象为现实的东西的经验性直观"⑥，到黑格尔认为"实践意识与物性的和谐一致已经是一个既定的事实……如果这个统一叫做幸运，那么个体就是被他的精神派遣到世界上，去寻找他的幸运"⑦；从谢林的客观唯心论强调"客观的东西和主观的东西是统一在一起的"⑧"实践活动就是自我永远不断地谋求理想与现实相一致的活动"⑨，到马克思所述"全部社会活动本质上是实践的"⑩，无不强调亲身体验的意义。19 世纪末，狄尔泰创立体验哲学，他的"生活体验"概念是指生活中直接的、先于反思的、无主客之分的整体的意识，每一次体验都在生活的延续性中产生，并且同时与其自身生命的整体相连。⑪20 世纪 30 年代，现象学尤其把"体验"当

---

① 邓晓芒.黑格尔辩证法与体验［J］.学术月刊，1992（7）：28.
② 伽达默尔.真理与方法［M］.洪汉鼎，译.北京：商务印书馆，2007：88.
③ 邓晓芒.黑格尔辩证法与体验［J］.学术月刊，1992（7）：28.
④ 柏拉图.柏拉图文艺对话集［M］.朱光潜，译.北京：商务印书馆，2013：250.
⑤ 德勒兹.斯宾诺莎的实践哲学［M］.冯炳昆，译.北京：商务印书馆，2004：88.
⑥ 康德.纯粹理性批判：注释本［M］.李秋零，译注.北京：中国人民大学出版社，2011：115.
⑦ 黑格尔.精神现象学［M］.先刚，译.北京：人民出版社，2013：220.
⑧ 谢林.先验唯心论体系［M］.梁志学，石泉，译.北京：商务印书馆，1977：6.
⑨ 张志伟.西方哲学史［M］.2 版.北京：中国人民大学出版社，2010：449.
⑩ 马克思，恩格斯.马克思恩格斯选集：第一卷［M］.中共中央马克思恩格斯列宁斯大林著作编译局，编译.北京：人民出版社，2012：133-140.
⑪ 安延明.狄尔泰的体验概念［J］.复旦学报（社会科学版），1990（5）：47-55.

作核心概念。胡塞尔认为，体验是对某种东西的意识[①]。他把意识分为两大类，一类是体验的统一体，另一类就是意向体验。他提出"生活世界"（Lebenswelt）一词，认为体验植根于生活世界，因为它是"唯一实在的，通过知觉实际被给予的、被经验到并能被经验到的世界"[②]。胡塞尔的学生海德格尔也说，"人的实质是生存"[③]，现象学研究的基础是理解和接受"体验和生活自身的原始态度"[④]。上述思想都为理解非遗的受众体验提供了哲学之思。

当下多个学科关注"体验"在理论与实践发展中的意义：认知语言学强调人类体验对概念系统的决定性作用[⑤]；心理学关注体验者的情感[⑥]；经济学把体验视为一种独特的经济提供物[⑦]，是使每个人以个性化的方式参与其中的事件[⑧]。

同样，如何更好地传承、保护、发展非遗项目，文化"体验"路径也至关重要。非遗是民族社会发展的产物和先民生产生活经验的积累，是传统社会的生存常态，也是祖先的生活体验，让历史文化变为"遗产"而非"遗存"的关键也是体验，因为"参与是领会文化内涵的必经之路"[⑨]。

二、媒介呈现：网络时代体验非遗的充分条件

媒介是人们建构现实的重要环节，非遗的媒介呈现影响着人们对于非

[①] 胡塞尔.纯粹现象学通论：纯粹现象学和现象学哲学的观念：第一卷［M］.李幼蒸，译.北京：商务印书馆，1996：106.
[②] 胡塞尔.欧洲科学危机和超验现象学［M］.张庆熊，译.上海：上海译文出版社，2005：64.
[③] 海德格尔.存在与时间［M］.陈嘉映，王庆节，译.北京：商务印书馆，2016：261.
[④] 王宏健.在"实际生活"与"存在意义"之间：论海德格尔早期弗莱堡讲课中的两条内在线索［J］.安徽大学学报（哲学社会科学版），2018，42（2）：34.
[⑤] 王馥芳.体验现实主义：理论争议和挑战［J］.北京科技大学学报（社会科学版），2017，33（4）：23.
[⑥] 王馨，白凯.临场感对虚拟旅游参与者情感体验的影响：基于时间失真的中介作用和视觉感知的调节效应［J］.旅游科学，2023，37（2）：157-158.
[⑦] 派恩，吉尔摩.体验经济［M］.夏业良，鲁炜，等译.北京：机械工业出版社，2008：2.
[⑧] 派恩，吉尔摩.体验经济［M］.夏业良，鲁炜，等译.北京：机械工业出版社，2008：17.
[⑨] 范小青.注重参与体验，创新传承方式［N］.人民日报，2022-07-12（15）.

遗的关注、认同与理解，媒介呈现通常与媒介形象相连。近年来，在媒体传播中，非遗形象深入人心，为非遗体验创造了充分条件。

（一）大众媒体助力非遗传播从口口相传到社会参与

2004年8月28日，中华人民共和国第十届全国人民代表大会常务委员会批准《保护非物质文化遗产公约》，中国成为第6个加入此公约的国家。之后，传统媒体持续发力，对非遗进行宣传传播，报纸中的美文故事、广播电视中的文化节目都曾是非遗文化的传播载体。在各种媒体的参与下，非遗由名词普及向深度传播过渡。2014年6月14日，是中国第九个"文化遗产日"，当时的主题是"让文化遗产活起来"[①]，参与非遗传承传播的理念开始深入人心。

（二）新兴媒体使非遗视听体验更为细致，增加互动体验

网络时代非遗数字化保护思路，是伴随数字摄影、三维图像信息、虚拟现实等图像图形技术，以及多媒体与宽带网络技术的发展而出现的一种全新的保护方式，既满足了人们的观看体验，也产生了互动交流体验。

视频媒体将非遗文化细致入微地表达出来，放大了传播效果。短视频被广泛应用以来，传播者通过展示、展演、讲故事，用精美的视听语言满足人们的观看体验。2019年，抖音推出了"非遗合伙人"计划，短视频博主创作了数千万条非遗文化相关内容。在越来越多用户生产者亲身体验非遗传播的过程中，受众也在观看和点击留言互动中表达了对非遗的喜爱，许多热门视频点击量达数十亿次甚至上百亿次[②]。2021年5月，文化和旅游部发布《"十四五"非物质文化遗产保护规划》，提出非遗新媒体传播计

[①] 陈平. 中国非物质文化遗产发展报告（2015）[M]. 北京：社会科学文献出版社，2015：54.
[②] 赖丹. 非遗短视频传播策略及其文化审视[EB/OL].（2023-09-14）[2024-10-17]. https://feiyi.gmw.cn/2023-09/14/content_36831819.htm.

划，强调要适应媒体深度融合趋势，拓展非遗传播渠道[①]。在此背景下，短视频与非遗的融合又再次引发受众点赞、转发、评论，激发了受众的体验与参与热情。

三、多媒介协同：在视听基础上丰富非遗体验层次

近十年来，媒介技术的发展使似乎隐而不显的媒介基础设施凸显出来，5G、区块链、元宇宙这样的专业话题进入日常讨论，传播学研究也相应产生了"媒介物质性"转向。在麦克卢汉"媒介是人的延伸"理念的指引下，研究者跳出大众媒介是报纸、广播、电视、期刊、互联网的固定化窠臼，将传播过程中的原材料和资源，日常交流活动的设备、技术、器物、基础设施等延伸人的感官的事物都作为媒介进行理解。"媒介物质性"的研究将自然与文化、物质与观念整合起来，成为我们思考当下数字生活、剖析文化场域的重要维度。同时，伴随媒介化生活时代的到来，人的生活体验与媒介相联系的场景也越发广阔，因此挖掘非遗文化传播的多媒介形式，可以丰富人们的体验层次。

（一）作为符号传播的媒介与作为文化实践方式的媒介协同

符号即媒介[②]，当人们无法移步真实的非遗存在场景时，可以在媒介传播的符号元素中探求类似体验，如媒体提供的软文、图片、动态图、视频、小游戏、动漫形象、表情包等内容。

诚然，视听是媒介符号带来的感官体验，但是在媒介提供符号满足视听体验的同时，人们也越来越倾向于更广泛的实践体验。媒介社会学者认为，媒介可被视为实践，媒介研究的实践路径意味着"不是把媒介当作物件、文本、感知工具或生产过程，而是在行为的语境里参照人正在用媒介

---

① 中国政府网.文化和旅游部关于印发《"十四五"非物质文化遗产保护规划》的通知［EB/OL］.（2021-05-25）［2024-10-17］. https://www.gov.cn/zhengce/zhengceku/2021-06/09/content_5616511.htm.

② 唐小林.符号媒介论［J］.符号与传媒，2015（2）：144.

做什么"[1]。不仅媒介生产是实践的——现代大众传媒不只是中介性的传播物质实体，更是某种社会组织形式，媒介文化是一定的社会语境下的意义生产方式，包含了从技术、制作、经营到分配的完整的物质实践过程[2]，而且媒介的使用也是实践的——"'媒介'最好被理解为一个广阔的实践领域"[3]，人们满足了"接触"的需要、获取信息的需要、接触他人的需要，维持了在公共领域里"在场"的需要，以及挑选和屏蔽的需要[4]等。

同时，文化也是实践的。哲学家齐格蒙特·鲍曼认为，文化是将知识和旨趣融为一体的一种人类实践的方式，"不论对文化的概念如何精心阐述，它都属于代表人类实践术语的家族"[5]，"人类实践最一般和普遍的特征在于将混乱变为秩序，或用一种同样清晰和有意义的秩序取代另一种秩序"[6]。当非遗项目从生活场景中抽离的时候，媒介会重建非遗文化存在的空间，越来越多的消费者愿意参与到新的非遗实践方式，即媒介实践形成的文化体验中。

首先，利用众筹平台、购物平台等把非遗艺术品做成定制品，可以满足受众消费体验。众筹是团购合并预购，以众筹网站或社交网络为主要载体向网友募集项目资金的模式。众筹出现之初就是小企业、艺术家或个人对公众展示创意，争取受众的关注和支持，获得所需要的资金援助的模式。2015年，建窑建盏作为福建的国家级非遗项目，在网上发起众筹，20天融资超过15万元，达成预定融资目标的3013%。据分析，其支持者大多是来自北京、上海等大城市的年轻人，参与非遗众筹源于对传统文化的

---

[1] 库尔德利.媒介、社会与世界：社会理论与数字媒介实践[M].何道宽，译.上海：复旦大学出版社，2014：39.
[2] 丁云亮.作为文化实践方式的大众传媒：论雷蒙德·威廉斯的媒介批评理论[J].安徽师范大学学报（人文社会科学版），2013，41（5）：656.
[3] 库尔德利.媒介、社会与世界：社会理论与数字媒介实践[M].何道宽，译.上海：复旦大学出版社，2014：57.
[4] 库尔德利.媒介、社会与世界：社会理论与数字媒介实践[M].何道宽，译.上海：复旦大学出版社，2014：57.
[5] 鲍曼.作为实践的文化[M].郑莉，译.北京：北京大学出版社，2009：217.
[6] 鲍曼.作为实践的文化[M].郑莉，译.北京：北京大学出版社，2009：220.

体验需求。河北省的非遗项目中有许多手工精品，如剪纸、石雕、面塑、泥塑，还有特色食品制作等，也可以借助网络新兴的购物方式，通过媒介渠道对其精湛技艺进行展示，在满足人们视听文化需求的同时实现产品的定制，让受众能触摸、能使用，提升体验效果。

其次，公众期待参与非遗的学习实践体验。早期的非遗进学校、进课堂，让学生体验非遗文化，受众相对有限。2016年初，上海公共艺术协同创新中心（简称PACC，上海市教委所辖的以学科知识服务社会的机构）设置手绘、剪纸、雕刻等非遗手工课程，通过微信、微博等社交媒体的传播，吸纳市民交纳一定费用参与制作独一无二的纪念品。在此，非遗不再只是遗产，而是走进当代人的生活，大众化的、品位独特的学习互动体验方式。河北省已经建立的非遗实践基地具备让受众参与体验的条件，尚可进一步通过各种网络渠道实现广泛的用户召集。

（二）空间媒介与身体媒介协同

空间是人们的行动场景，首先是物理或地理意义的空间。空间的媒介是指空间具有同一般意义上媒介一样的传播性和中介性。空间结构构造着社会的结构。亨利·列斐伏尔认为，任何空间是一系列物（物与产品）之间的关系[1]，社会空间"容许一些新的活动发生"，"在这些活动中，有些是为生产服务的，还有一些是为消费（对生产成果的享用）服务的"[2]。

古迹、乡村古建、旅游街区、非遗小镇、非遗园、非遗实践基地、博览园、博物馆、流动博物馆、图书馆甚至餐饮娱乐场所等，都可被视为非遗体验的文化空间。

近年来，文化空间的营造、设计、布局同媒介思维结合起来，非遗体验的行动场所成为传播的媒介场景，从而拥有了多种功能。"场景"原是影视用语，指在特定的时间空间内人物发生的行动，不同的场景组接构成完整的故事。非遗传播场景与这些场所紧密结合起来，成为人们体验文化

---

[1] 列斐伏尔.空间的生产[M].刘怀玉，等译.北京：商务印书馆，2021：184.
[2] 列斐伏尔.空间的生产[M].刘怀玉，等译.北京：商务印书馆，2021：110.

的沉浸式空间。

同时，传播学者开始聚焦身体的媒介属性。传播学早期研究一度把人当作信息传播的主体，身体这一要素只被当作信息的发出者和反馈的接收者，对于身体体验的深度研究则被忽视。当下在文旅结合的背景下，人们越来越注重个体在一定游览空间内对独特文化的参与体验。比如，在河北省赞皇县原村土布文化产业园这样的非遗特色村镇里，非遗生产被植根于农耕文化场景，游客可以体验自己用织布机纺线织布；2023年9月试营业的"保定宴饮食博物馆"，把餐饮服务场景和非遗展演、制作结合起来，甚至允许食客亲自参与糖画、面食的制作等，增加了人们体验的趣味性与深度。

通过走访，笔者也体会到，受资金和理念等影响，河北省非遗体验场景仍有开发空间。2023年7月15日，纪录片《非遗里的中国·河北篇》播出。作为河北省级非物质文化遗产代表性项目，"新新"麻糖厂的蜂蜜麻糖制作技艺在节目中亮相。"新新"麻糖厂手握"中华老字号""中国安全放心品牌""省级非物质文化遗产""河北省著名商标企业"等多项殊荣，有较强的品牌实力。然而走进位于唐山市区的"新新"麻糖厂，厂区的二层小楼和院子是20世纪80年代的旧建筑，相对封闭的厂区和厂门口简单的售卖点，似乎很难将其与辉煌的品牌价值联系起来。近年来，随着健康理念深入人心，麻糖销售量有限，工厂资金缺口大。而一些远道而来的游客表示，他们一方面对厂区的80年代风格充满好奇，另一方面希望在核心制作环节保密的情况下，工厂大门能够敞开，让他们可以进行工业旅游，在厂区的车间里了解麻糖的历史、体验麻糖的制作工艺，或者在售卖口通过明厨亮灶的制作方式领略老手艺人的技术，一饱眼福。总之，游客需要的是在麻糖厂场景里的体验，这也不失为老厂的发展策略。

（三）表义的媒介与传情的媒介协同

媒介通过信息的传播传递意义，意义的交流引发社会互动，情感具有社会属性，是社会互动的组成部分，"情感是个人和集体经验的交集，人们通过自我情感和集体情感结构，来融入社会和人群"[1]。因此，媒介不仅是表达意义的媒介，也是传递情感的中介。

网络时代吸引消费者的不仅有物质产品本身，体验经济学认为，吸引消费者的还有人们在各种消费过程中自己浸润的情感[2]。对非遗传播而言，把众多的历史故事、美好形象凝聚在媒体传播中，可不断改善受众对于非遗的情感认知。

非遗的情感体验来自互动、认同与记忆。近年来，国家加强文化公园建设和传统村落建设，这两类空间可以视作文化的传播媒介。2019年12月5日，中共中央办公厅、国务院办公厅印发《长城、大运河、长征国家文化公园建设方案》，涉及河北省的秦皇岛等多个城市。2023年、2024年财政部、住房和城乡建设部两度公布传统村落集中连片保护利用示范名单，涉及河北省张家口蔚县，邢台沙河市、信都区，邯郸武安市等。在政策助力下，文化公园、特色博物馆、古村落等物质形态建设不断加强，但还应看到，地理空间中的情感营造也不可忽视。"燕赵文化是中国富有特色的地域文化之一，求贤若渴、礼贤下士、慷慨悲歌、义无反顾、与时俱进、锐意改革是其基本内涵。"[3]作为媒介，如果让长城、大运河、国家文化公园与孟村八极拳、吴桥杂技、邢窑烧制技艺联系起来，在建设规划中表现慷慨精神、工匠精神等燕赵文化内涵，可以引发情感共鸣，留下文化记忆。而在连片古村落的建设中把土纺土织等农耕文明的优秀非物质文化遗产融入乡村建设和乡村振兴，则可以留住乡情乡愁。这都要求传播者不断提炼和总结非遗中鲜活的文化内涵，通过各种渠道细致传播，以提升非遗的情感互动体验。

体验是一个人达到情绪、体力、智力甚至是精神的某一特定水平时，

---

[1] 斯宾塞，沃尔比，亨特.情感社会学[M].张军，周志浩，译.南京：江苏凤凰教育出版社，2015：139.
[2] 派恩，吉尔摩.体验经济[M].夏业良，鲁炜，等译.北京：机械工业出版社，2008.
[3] 张金明.燕赵文化精神的现代传承[J].河北学刊，2007（4）：232-234.

他意识中所产生的美好感觉。[①] 体验的价值会在欣赏者的记忆中留下深刻的印象，成功的体验甚至在体验结束后，价值仍弥留延续，记忆中会长久保存对过程的体验。让更多人通过各种渠道体验非遗中的情感与精神，激发情感的认同和情感的记忆，才能使其自愿参与非遗的再次传播。

结　语

河北省是中华民族的重要发祥地之一，从两百万年前的河北阳原泥河湾古人类开始，燕赵大地见证了数万年间人类文明发展的历史和变迁。河北省不仅拥有大量的物质文化遗产，也拥有众多珍贵的非物质文化遗产。如何进一步强力推进非遗项目的保护、传承和发展是推进文化大省建设，实现河北经济社会更快更好发展的必然要求。

在媒介融合技术不断发展的今天，通过"媒介+非遗"，促进多媒介协同创新受众体验，必将给传统非遗技艺插上腾飞的翅膀，让优秀的非遗项目、非遗元素助力当前"大众创业、万众创新"的大背景，成为河北省经济社会新的发展动力和内生源泉。

---

① 派恩，吉尔摩.体验经济［M］.夏业良，鲁炜，等译.北京：机械工业出版社，2008：17.

提升中国影视作品国际传播力对策研究

丁国钰

【摘要】 文章围绕提升中国影视作品国际传播力的策略展开讨论，指出随着全球化进程的加快和新媒体的迅速发展，中国文化的国际传播面临前所未有的机遇。影视作品作为文化传播的重要媒介，具有独特的跨文化传播优势，能够通过视觉化和故事化的形式生动地传达中国的民族价值观和文化内涵，从而在全球范围内塑造国家形象，增强文化软实力。文章分析了当前中国影视作品在国际传播中面临的挑战，如文化差异导致的理解障碍、国际市场对中国文化的认知偏差等。针对这些问题，文章提出了一系列对策，包括加强对外传播的基础研究，明确全球受众的文化偏好，生产符合国际市场需求的优质影视作品；注重内容创新，融入更多具有普遍性和共鸣性的文化元素；此外，还要借助新媒体技术，拓展国际传播渠道，提升传播效率。文章强调，实现中华文化的全球传播不仅仅是文化产业发展的需求，更是国家文化战略的重要组成部分。通过有效的策略，中国影视作品可以更好地在国际舞台上发声，推动中华文化走向世界。

【关键词】 中国影视；国际传播；文化软实力；新媒体传播

引　言

学界普遍认为，美国哈佛大学教授霍尔于1959年出版的《无声的语言》一书是跨文化研究的奠基之作，它标志着跨文化开始成为一个独立的学术领域。西方学者在该领域的研究主要集中在两个方向：文化差异研究和跨文化传播研究。霍尔本人提出的高/低语境文化（High/Low-context Culture）理论以及荷兰著名学者吉尔特·霍夫斯泰德（Geert Hofstede）提出的六个价值观维度理论都被广泛用于分析不同文化之间的差异。在研究方法上，西方学者更多沿袭其实证主义传统，多采用定量研究[①]。在国内，对文化传播与影响力的研究主要集中在文化传播、文化及旅游产业开发、文化软实力提升，以及促进文化交流等方面。在文化产业的发展及文化传播与影响力的关系方面，研究者主要关注文化产业对国家软实力的提升以及文化传播与影响力扩大的作用等问题。这样的研究在了解文化传播、文化认同、文化交流等方面具有重要意义。在全球化的背景下，文化影响力已经成为国家软实力的重要组成部分。因此，研究文化影响力对于提高国家软实力、促进文化交流、增进文化认同等具有重要意义。

党的二十大报告强调，"全面提升国际传播效能""讲好中国故事、传播好中国声音"。国际传播效能体现的是传播行为体对自身的建构能力，即我国如何通过有主体、有内容、成体系的方式从文明、国家、政党、时代的维度展开国家叙事，改变当前国家形象很大程度被"他塑而非自塑"的现状。优秀中国影视作品的海外传播有助于提高我国文化感召力、形象亲和力、话语说服力和国际舆论引导力。在构建人类命运共同体的主题下完成文化强国建设，可以提高中国在国际事务中的软实力。

随着社交媒体的飞速发展，新媒体国际传播研究，即新媒体跨文化传播研究（Intercultural New Media Studies），被视为跨文化传播研究的下一个前沿。这些新媒体拥有全球各地不同文化背景的用户，他们用不同语言传播各领域文字及视频内容。研究发现，这些社交媒体极大地增加了不同文化之间相互接触交流的机会，提高了社交媒体用户的跨文化能力及跨文化认同水平。国际上，学术界对新媒体、跨文化能力、文化认同之间的关

[①] 苏婧，刘迪一. 从独白到对话：对"一带一路"新语境下跨文化传播研究的设想[J]. 国际新闻界，2022，44（11）：142-159.

系少有研究。而在国内，我国学者也大多没有重视我国影视作品的传播效能研究，尤其在国际传播产生的文化影响力方面存在空白。填补这些研究空白对于提高中国文化国际传播力与影响力，以及促进中外文化交流与文明互鉴显然具有极重要的现实意义，这也反证了该领域研究具有前沿性和迫切性。

一、全球化潮流下媒体产业的嬗变

对媒体产业而言，全球化意味着新闻报道的国际化、媒体集团的跨国运营、各国文化的跨域输出。这使得发生在全球任何角落的热点新闻或重大事件都会吸引世界各地的媒体实时实地以各种语言进行报道。这样的国际化报道成就了媒体企业的迅速成长。卡塔尔半岛电视台的崛起是最有代表性的案例。"9·11事件"发生后，由于该电视台独家获得并报道了基地组织领导的录像声明，且报道视角新颖独立，很快受到世界媒体同行及受众的关注。统计显示，卡塔尔半岛电视台在阿拉伯世界的收视率超过50%，远超BBC及CNN在中东的影响力。该电视台一举成为全球最具影响力的新闻频道之一，与上述两个老牌英文新闻频道齐名。

社交媒体的兴起在全球媒体产业中掀起了一次伟大变革，其发展速度之快令人眼花缭乱。媒体行业的这场颠覆性的技术革新正以前所未有的速度传遍全球，并在各国的媒体生态中衍生出各自的社交平台。微信、微博、抖音等媒体品牌就是在这种背景下崛起的。社交媒体这种点对点形成交织网状的传播模式颠覆了传统媒体点对面的信息传播方式，彻底改变了整个行业格局并对后者形成致命性挑战[①]。据国内外研究机构统计，出生于1995年到2010年之间的Z世代人口，主要通过移动端的社交媒体Facebook（脸谱网）、YouTube（优兔网）、抖音（包

---

① 杨军. 传统媒体的真正对手不是新媒体［EB/OL］.（2017-01-12）［2024-10-17］. https://www.tsinghua.edu.cn/info/1182/45269.htm.

括海外版 TikTok)、微博、微信等社交媒体平台获取信息。这导致传统的纸质媒体发行量大幅下降，其赖以生存的广告收入也逐年下降，传统媒体面临被边缘化及最终淘汰出局的尴尬处境[①]，最终纷纷走上数字化道路。电视、广播、报纸等传统媒体的数字化，最终会与新媒体深度融合。

二、大变局为中国文化国际传播带来了前所未有的机遇

文化主要是指一个社会群体整体的生活方式，包含该群体的传统习俗、价值观、生活意义、行为方式，乃至对世界认知的方式[②]。文化的传承发扬，以及如何将一种文化传播到另一个文化区域并形成影响，也就是跨文化传播，它是一个涉及社会、文化、心理学、传播学等多个学科的跨学科研究领域。施拉姆认为，传播学之于文化启蒙如同经济学之于财富累积、政治学之于权力运转，传播的发展应该与经济、政治的发展一样受到重视。在全球化与信息化时代的当下，霍金森认为，媒体传播已经占据了公众日常生活的核心地位。它们以电视、报纸、杂志、网站、音乐、社交媒体以及手机 App 等方式融入人们生活的方方面面。信息化的今天，传统媒体与新媒体融合是信息成为国际文化交流与传播的最有效手段。

全球媒体市场规模庞大，且不断增长。2023 年，全球媒体市场规模达 2.3 万亿美元，预计到 2028 年将达到 2.8 万亿美元[③]。在这个用户为王的媒体时代，消费者越来越倾向于寻求个性化及娱乐化的产品体验和内容。具有场景化、个性化、娱乐化以及关系化特点的产品也受到消费者的

[①] 中国记协网. 新时代传统媒体的现实选择与实践路径[EB/OL]. (2021-10-29) [2024-10-17]. http://www.zgjx.cn/2021/10/29/c_1310271962_2.htm.
[②] HODKINSON P. Media, culture and society: an introduction [J]. 2016.
[③] Global Info Research. 2023 新媒体产业分析报告：新媒体市场发展潜力分析[EB/OL]. (2023-05-12) [2024-10-17]. https://www.globalinforesearch.com.cn/news/683/new-media.

青睐[1]。新生代消费者希望获得与自己兴趣相关的内容，并期望媒体公司能够提供定制化的服务，满足其独特的需求。随着全球化进程的加速推进，融媒体的崛起为文化传播提供了更多的媒介和渠道，也极大整合优化了传统的文化传播系统[2]。融媒体跨文化传播也因此成为当今全球化时代的重要议题。

不同文化互联互通，可以实现从官方到民间各种媒体渠道的实时互动交流。在此背景下，中国文化走向世界迎来前所未有的机遇。我国政府于2020年提出到2035年建成文化强国，这是实现中华民族伟大复兴的重要组成部分。另外，中国于2013年提出共建"丝绸之路经济带"和"21世纪海上丝绸之路"的倡议，简称"一带一路"倡议。这是中国为构建人类命运共同体、实现全球共赢共享做出的努力。随着中国与共建国家和地区经济交往的深入，文化方面的交往及交流也不断深化，中国的全球文化影响力随之逐年提高。根据《美国新闻与世界报道》(U. S. News & World Report) 多年来的评估，中国的全球文化影响力从2016年开始基本处于上升趋势[3]，并于2022年上升到了世界第16位。

这就要求中国在坚定文化自信的基础上，讲好中国故事，用创新手段进行文化对外传播，在世界舞台塑造国家良好形象，在国际文化交流中掌握主动权与话语权。作为一个拥有5000多年悠久历史和丰富多元文化的大国，中国的优秀传统文化大多蕴藏在四书五经、琴棋书画、中华武术、民族服饰、民俗习惯，以及传统节日之中。想要塑造好中国形象，就要在对外传播中讲清楚中华文明的来由和对世界文明的贡献。研究发现，由于

---

[1] 李彪，刘泽溪. 思维、创意与技术：融媒体时代传媒产品的生产路径创新［EB/OL］.（2018-08-03）[2024-10-17］. http://media.people.com.cn/n1/2018/0803/c420761-30205897.html.

[2] 章静怡. 新媒体对文化传播力的影响与提升研究［EB/OL］.（2015-09-11）[2024-10-17］. http://media.people.com.cn/n/2015/0911/c398992-27573083.html.

[3] 张丹萍. 中华文化影响力不断增强：区域视角下共建"一带一路"十周年［EB/OL］.（2023-10-30）[2024-10-17］. https://mp.weixin.qq.com/s?__biz=Mzg3NzIyOTczMg==&mid=2247595011&idx=2&sn=1b865f1f4731a6fb91a127741aa022b2&chksm=cf2517c8f8529edeb74967e59cdaa14e7ad178bf1d19ae0df59f07f77db3c6640ed8a9d04e4a&scene=27.

近现代以来国际话语权被美国为首的西方社会的英文媒体所掌控,而它们中的主流媒体由于政治与地缘政治考量加上价值观的差异,对中国有关的报道多带有偏见甚至敌意。在此背景下,中国媒体与研究者有责任在对外信息与文化传播上主动出击、积极作为,在国际舞台上让中国声音讲好自己的故事,诠释好自己的价值观。

在构建人类文明共同体主题下,实现中华文明的国际化,让世界人民更加了解中国文化,理解并热爱中国人民,就需要通过媒体平台对外传播优秀传统文化。

信息技术的飞速发展为融媒体跨文化传播提供了新的平台和手段。互联网、社交媒体等新兴媒体形式的兴起,使得信息传播的速度大大加快,范围大大扩展。2014年,我国将媒体深度融合作为国家战略在"十四五"规划中提出具体任务要求,从政策层面推进其发展创新[1]。这为中国媒体与国际社会进行更加广泛、深入的交流提供了便利条件。随着中国传统媒体与新媒体的不断融合发展,以及微信、抖音等社交媒体平台在国内外市场的迅速扩张,中国文化国际传播迎来了前所未有的机遇期。

三、影视作品是中国文化国际传播的重要手段

影视作品被视为一种创意文化产品。作为重要的文化载体,这些作品可以生动地反映一个民族或国家在特定时期的生活样态、价值观、信仰等。影视作品的国际传播可以加深不同文化之间的相互了解,促进友好交流。因此,优质影视作品的国际传播具有极重大的文化影响力和国家形象塑造力[2]。美国电影业的出品量仅占全球的6%左右,却贡献了整个电影行业80%的票房收入,在各个国家地区创造了一个个票房神话。在好莱坞的

---

[1] 澎湃网.黄楚新:当前中国媒体深度融合的热点、难点与机制突破[EB/OL].(2021-07-30)[2024-10-17]. https://www.thepaper.cn/newsDetail_forward_13814590.

[2] 慕玲,刘正山.影视产业与国家形象[M].北京:中国传媒大学出版社,2020.

带领下，美国的电影产业出口产值仅次于其航空业[①]。它也成为美国文化、理念以及价值观输出的最佳工具。好莱坞电影无论在语言还是情节上，大多讲述了美国的人物故事，其反映的生活方式、价值取向、行为习惯等都具有鲜明的美国特点。与此同时，好莱坞电影还能够不断吸收其他文化的精髓，讲述其他国家与民族的故事，在人物形象、取景及叙事上加入多元文化元素，并以此为手段扩大受众范围。

中国电视剧与电影的发行量均居世界前列。为了推动国产影视作品出海，国家广播电影电视总局于2001年实施了"走出去工程"，助力国产影视作品开拓海外市场，且取得了不错的商业成效，出海的作品有了很可观的票房成绩。以中国电影北美票房为例，《卧虎藏龙》以一亿多美元高居榜首，《英雄》《功夫》等影片也达到千万美元以上。其他诸如《十面埋伏》《饮食男女》《一代宗师》《流浪地球》《花样年华》等影片在北美也都有不菲的票房收入。

以上数据只是单纯从票房这个商业视角反映出了中国影视作品在北美区域的号召力。然而，院线的受众数量有限，且北美一个区域并没有完全体现出这些作品的全球影响力。在这个社交媒体时代，以YouTube、Netflix（奈飞网）等为代表的视频媒体传播有大量中国电影。其中，YouTube是全球最大的视频社交平台。作为重要娱乐产品，影视作品的传播不仅可以创造票房收入、拉动相关国家的旅游产业发展，还可以带来其他长远发展机会。其文化属性还具有品牌塑造和宣传的功能[②]。

随着"一带一路"倡议的全球开展、影视行业"走出去"政策的落地，以及文化强国战略的实施，越来越多的中国影视作品通过各个传播渠道进入国际市场。近年来，中国大多数的影视作品都上传到了YouTube、Netflix、VIKI、Show Time（娱乐时间电视网）等主要西方视频媒体，它

[①] 张燕. 从好莱坞电影看美国文化传播及对中国的启示［EB/OL］.（2014-03-04）［2024-10-17］. http://media.people.com.cn/n/2014/0304/c376925-24524873.html.

[②] 胡智锋，刘俊. 主体·诉求·渠道·类型：四重维度论如何提高中国传媒的国际传播力［J］. 新闻与传播研究，2013，20（4）：5-24，126.

们是中国电影进入欧美地区最重要的渠道。随着阿里巴巴、腾讯等企业旗下的视频平台开始在东南亚各国拓展市场，很多国内热播的剧目也随之风靡东南亚、非洲，并辐射到了美、日、韩等国家和地区，并在 Netflix 公布的亚洲影视剧影响力排名中取得很好的成绩。

四、中国影视作品国际传播的现实困境

中国与世界其他国家的文化差异不可避免地会对跨文化传播造成一定的阻碍。语言、价值观念、风土人情等方面的差异，可能导致信息传递的不畅和理解的偏差，从而影响融媒体跨文化传播的效果。中国影视作品在国际传播中确实面临上述困境，其海外传播还有很大提升空间。中国电影博物馆与北京师范大学新媒体传播中心合作，调查研究了 2018 年至 2020 年中国电影在海外市场的传播力。该研究报告指出，中国高票房电影的海外表现总体差强人意，比韩国、日本、印度的作品在欧美的影响力弱，西方主流媒体对中国影视作品的关注度不高。加上西方媒体多年来基于意识形态散播对中国的偏见与歧视，导致西方国家受众对中国文化及媒体存在抵触甚至敌对情绪，这也对中国影视作品的传播造成了负面影响。

在诸多传播困境中，首当其冲的是语言问题。传播到海外的影视作品大多数是没有英语或者其他语言字幕翻译的。有的即使有字幕，也由于翻译的水平不高以及缺少对相关文化背景的介绍，而使观众无法理解情节。除了语言障碍，中国媒体对外传播中还存在传播思维僵化、内容符号化、模式单向性、渠道滞后性等诸多问题。例如，从创作体裁上说，同质化问题比较突出，大量的古装剧和武侠片的出现，给受众留下刻板印象。由于缺乏反映现实问题的影片，海外受众对中国的印象还停留在 20 世纪 80 年代，甚至清末时期。影视作品的政治及宣传色彩浓厚也是海外受众难以欣赏接受的原因之一。应将宏达叙述转化为普通人的经历，淡化说教灌输的痕迹，巧妙将战狼式硬传播转换为润物细无声的软传播。研究发现，我国

目前对外传播的内容杂乱无章，且传播手段呆板，形象塑造不够符合目标受众的审美[1]。

另外，中国影视的销售网络资源落后于欧美日韩以及印度。在国际舞台上，中国媒体品牌的总体影响力和知名度都相对较低[2]，除了 TikTok 这个个例，我国媒体与西方发达国家的主流媒体在影响力方面仍存在客观的差距。这不仅影响了中国媒体在全球传播中的话语权和影响力，也制约了中国文化在国际舞台上的传播与交流。

反观美国影视业，其凭借全球顶级的创作水平与营销能力，可以把中国题材的故事精心打造后收到良好的传播效果。以迪士尼制作的《花木兰》为例，该动画影片在基本忠于中国故事情节的基础上，对部分情节进行了加工处理，使其更加利于传播。例如，影片中木兰并没能如中国故事一般把自己女儿身的秘密隐藏到最后，而是在疗伤时被军医发现，并被驱逐出部队，几乎招来杀身之祸。影片还把木兰塑造为一个心地善良却活泼好动的淘气女孩。她把束缚古代女性的女德教条抄到胳膊和扇子上用于作弊，对付媒婆的提问，还把自家养的小狗称作老弟，这些显然都能引起国外受众的共鸣和好感。该动画电影向国外受众全方位生动呈现了那个历史时期中国人的审美观、价值观、婚姻观，以及祖宗崇拜、家国情怀等，把中国女性智慧勇敢、尊老爱幼的形象传播到了世界各地。该故事的成功传播不仅在于语言上的风趣幽默，更在于故事情节上的奇思妙想。这不是中国文化通过好莱坞成功传播的孤例。熊猫和功夫是中国特有的文化符号，现实中前者憨态可掬、行动笨拙，它和需要力量与敏捷的中国功夫很难结合在一起。然而，派拉蒙影业公司和梦工厂动画巧妙地利用了二者的内在矛盾，用金庸武侠小说的方式将二者结合到了一起。这两部影视创作都取得了商业成功，获得了很高的票房收益。

---

① 杨凯. 试论中国文化外传面临的问题及建议［EB/OL］.（2014-09-02）［2024-10-17］. http://media.people.com.cn/n/2014/0902/c388686-25589155.html.

② 周頔. 国家发改委答澎湃：提高中国品牌的世界知名度和影响力［EB/OL］.（2023-02-16）［2024-10-17］. https://www.thepaper.cn/newsDetail_forward_21946217.

中国电影的海外传播无疑可以帮助海外受众增加对中国以及中国人民的了解，可以提升中国形象的亲和力以及国际舆论影响力。中国是一个多民族、多文化的国家，中国的传统文化中蕴含着极其丰富的精神财富，体现出的价值观具有普适性，体现了人类共同的追求，可以引起世界各地受众的同频共振。

结　语

中国经济的持续增长和国际地位的提升，为中国文化和价值观在全球范围内传播并发挥影响力创造了条件。除了中国文化项目在世界各地的实施，中国文化的魅力和中国特色的时尚、影视作品等在国际上也越来越受到关注，这为中国媒体"走出去"提供了良好的契机。另外，信息技术的飞速发展为融媒体跨文化传播提供了新的平台和手段。随着5G、大数据、云计算以及虚拟现实等数字技术在通信领域的广泛应用，社交媒体得以深度整合并迅速发展，这宣告了"万物皆媒体"的全媒体时代的到来[1]，"一人一媒体""全时空传播"这样的传播方式正在逐渐成形[2]。以GPT-4o为代表的语言大模型的发表，标志着人工智能开启了全新的时代，新一轮的工业革命正式开始。人工智能将为媒体机构的创作内容提供思路[3]。具体到影视作品的国际传播，Open-AI旗下的Chat-GPT以及Sora无疑为影视创作提供了前所未有的工具。影视翻译界学者们指出，影视翻译与传播已经

---

[1] CHEN W, ZHANG J. Research on Digital Intelligence Enabled Omnimedia Communication System and Implementation Path in 5G Era [C] //Advances in Intelligent Systems and Computing: Proceedings of the 7th Euro-China Conference on Intelligent Data Analysis and Applications, May 29-31, 2021, Hangzhou, China. Singapore: Springer Nature Singapore, 2022: 221-228.

[2] DUAN P, DUAN P. Prospects for media convergence [J]. Media Convergence and the Development Strategies of Radio and Television in China, 2020: 145-166.

[3] SINITSYNA A. News and media industry trends to watch for in 2024 [EB/OL]. (2023-11-30) [2024-10-17]. https://infotrust.com/articles/news-and-media-industry-trends-2024/.

进入了"AI+"新时代[①]。AI在影视翻译实践中的使用会使各国语言之间的转换高效且准确。它会使字幕翻译,甚至是配音,变成简单且成本低廉的工作。这必将突破长期以来困扰中国影视作品出海的瓶颈。

就内容及题材而言,影视作品在国际传播中要注重文化敏感性和包容性。在吸引跨文化受众时,要充分尊重和体现受众群体的文化特点和价值观念,避免出现文化歧视或偏见[②]。媒体内容的创造者与传播者都应该尊重不同文化及其包含的人生哲学以及价值观,不使用诋毁性语言贬低"他者",这样才能打破"偏见闭环"的桎梏。在叙事中要传达中国文化在建设人类命运共同体时的使命与贡献。在这个全球互联互通的融媒体时代,怎样用目标受众听得懂的语言以及符合其思维习惯的方式讲好中国故事,是中国跨文化传播面临的主要挑战。

[①] 北京外国语大学. "人工智能时代影视翻译与国际传播云端专题研讨会"圆满举办［EB/OL］.（2022-04-11）［2024-10-17］. https://gsti.bfsu.edu.cn/info/1130/3123.htm.
[②] 黄楚新. 当前中国媒体深度融合的热点、难点与机制突破［EB/OL］.（2021-07-30）［2024-10-17］. https://www.thepaper.cn/newsDetail_forward_13814590.

主持人讲好中国故事的策略

——以《环球华人》节目为例

张静怡

【摘要】 本文围绕《环球华人》节目，深入分析其节目定位和内容特色，提炼出主持人讲好中国故事的有效策略，并探讨这些策略在文化传播中的实际效果。通过优化节目内容、明确跨文化服务定位、提升语言与情感表达能力，以及增强传播意识等措施，本文旨在阐述如何更好地用理性、客观、宽容的态度介绍中国文化，提升中国故事的国际影响力。

【关键词】 主持人；中国故事；《环球华人》节目；策略；效果分析

一、《环球华人》的节目定位和内容分析

《环球华人》作为一档综合性的新闻话题类节目，主要面向的群体是广大海外华侨华人，以及对我国传统文化有着深厚感情的外国友人。节目内容主要涉及全球范围内发生的重大事件和新闻，以及海外侨胞相关的资讯，是全球华人华侨了解我国发展最新情况的主要途径，也是海外侨胞关注热点话题和新闻的重要渠道。这档栏目不但有着新闻传播的功能，还具有话题性，面向的是海外侨胞和国际友人，因此需要在节目内容上做到优化创新，主动传播社会正能量，承担文化沟通使命，真实地反映我国的变化，向世界展示我国的风貌。在原本新闻和报道的内容之上，需要将社会

主义的思想体系，以创新的形式，以及全新的传播手段，转化为国际友人能够理解的话语，使传播的文化内容和价值观，更容易被接受和理解[①]。

二、主持人讲好中国故事的必要性和现实困境

（一）讲好中国故事的必要性

在全球化进程不断加快的背景下，信息技术支撑下的新媒体平台建设使文化影响力被放大，文化成为国家软实力的重要组成部分，各国也针对文化输出制定相应的战略，凸显文化的价值。近年来，我国经济的稳步发展，国家综合实力的增强，使文化软实力的不足日益凸显。对此，立足跨文化视角构建对外话语权利，借助新媒体渠道提升我国文化的影响力，传播好中国故事，向世界展示国人的风貌，是时代赋予我们的责任[②]。

（二）创作主体和接受主体的困境

近年来，虽然在新媒体渠道中，我国文化"走出去"取得一定的进展，但是文化传播渠道有限。特别是网络媒介的出现，使传统节目出现传播力量减弱、主持人话语权利降低等现象。对此，部分节目会获取全球市场的认可。但创作主体在内容创造上对民主化和国际化的解释不够深入，对二者的关系没有厘清。较多的中国故事内容不够深刻，还停留在文化符号的层面，使各国之间的文化差异成为文化传播的阻碍，影响我国文化的输出。而在接受主体上，民族固化的思想深深植入西方人的观念，我国文化中倡导的理念，与他国理念在出现冲突时，容易进一步造成文化折扣，降低文化渗透力，难以实现我国文化跨领域的传播[③]。

---

① 王鑫博.文化类电视专题节目主持人语言表达探究：以《故事里的中国》与实践作业《美丽中国》为例［J］.大观（论坛），2022（4）：95-97.

② 廉伟，马天硕.融媒传播新时期主持人的发展路径研究：以中央广播电视总台主持人大赛为视角［J］.保定学院学报，2021，34（6）：33-39，52.

③ 熊伊.中国乡村故事的"我者视角"与"他者视角"：基于纪录片《记住乡愁》国内版与国际版比较［J］.视听，2021（8）：116-118.

三、跨文化背景下主持人讲好中国故事的有效对策探讨

（一）做好节目内容分析，明确中国故事讲解核心内容

《环球华人》作为一档面向海外华侨华人的新闻话题类节目，必须要做好节目内容分析，明确中国故事讲解核心内容，才能保证传播出去的中国故事具有一定价值。应选择具有代表性、能够展现中国发展成就和人民生活新面貌的话题，如新政策、新制度、优秀华侨华人故事等，确保传播内容的价值性和吸引力，增强受众对中国文化的认同感和兴趣。此档新闻话题类栏目主要是以反映中国发展新制度、新政策，中国人民生活新面貌，以及介绍中国发展成就、中国发展现状、中国实力、优秀华侨华人故事等为核心内容。通过为海外华人华侨讲述不同时期、不同历史、不同优秀华人伟人事迹，可以使其体会到海外华人对中国深深的情感，生动显示出中国特色社会主义制度的优越性，树立良好的大国形象。

（二）明确主持人跨文化服务定位

主持人需明确自身文化沟通者的角色，以高度的文化自信讲述中国文化、历史与国情，增强节目的权威性和公信力，促进中外文化的交流与理解。2016年2月19日，习近平总书记曾在党的新闻舆论工作座谈会上明确指出，在新的时代条件下，党的新闻舆论工作的职责和使命是：高举旗帜、引领导向，围绕中心、服务大局，团结人民、鼓舞士气，成风化人、凝心聚力，澄清谬误、明辨是非，联接中外、沟通世界。这一要求的提出，为主持人跨文化服务定位与职责使命做出全新概括，指明了跨文化背景下，新闻舆论的工作方向。要在这一背景下讲好中国故事，将《环球华人》这档节目传播至海内外，让更多人了解中国故事、认识中国故事。主持人要怀着高度的文化自信，讲清中国文化、历史与国情，向世界展示真

实、全面的中国，向世界说明中国对推动世界发展做出的贡献[①]。

（三）提升语言与情感表达能力，提升故事讲解吸引力

广播电视作为一种视听语言，其语言、画面是传播信息的重要手段，情感是引发观众情感共鸣、打动观众内心的重要元素。要在跨文化背景下讲好中国故事，将《环球华人》节目带向世界各地，主持人应积极转变自身角色定位，采用平民化的语言表达方式、通俗易懂的语言艺术，将中国故事更加平民化、生活化、直观化地讲出来，避免语言过于啰唆、多余，难以吸引受众。还要随着受众的情感变化而变化，使讲述出来的内容达到共情的效果，拉近与受众的距离，提高节目的感染力和传播效果。以主持人董卿在《朗读者》节目中的表现为例。无论是讲述著名翻译家许渊冲的故事，还是航天英雄杨利伟的故事，她都以朋友谈话的方式进行，这种平民化的语言表达方式深受观众喜爱，拉近了观众与电视节目之间的距离。《环球华人》作为一档面向海外华人华侨的广播节目，其受众既是跨文化使者，也是中国传统文化对外传播的第一触达点。这一群体的主要特征普遍是在中国出生，成长在中国家庭，对中国文化有一定的认知和理解。所以，在讲中国故事时，主持人应当以恰当的方式，激发他们的情感共鸣，调动这一群体主动传播中国文化的积极性，引导其准确、恰当地将中国信息传递给海外受众，最大限度地降低跨文化传播的"折扣率"[②]。

（四）增强传播意识，促进讲"好故事"与"讲好"故事相互契合

讲好中国故事，要将中国故事、中国文化、中国精神、中国价值传播出去，为世界展现一个真实的文明大国、东方大国、社会主义大国形象，提高国际话语权与国家文化软实力，让更多国际友人感受到中国故事的独特魅力。面向全球讲好中国故事，是主持人必须足够重视、努力完

---

① 高楠.跨文化语境下广播节目主持人如何讲好中国故事：以《环球华人》节目为例［J］.新闻研究导刊，2020，11（11）：1-3.
② 任传功.华文媒体的中国声音和"中国故事"［C］//国务院侨务办公室，河北省人民政府，中国新闻社.牵手世界 见证时代——华文媒体的"中国故事"第十届世界华文传媒论坛论文集.悉尼：澳大利亚澳华电视传媒，2019：8.

成的时代命题。若想讲好中国故事，主持人必须要不断增强对外传播意识、坚定文化自信，在深刻理解中国文化内涵的基础上，以国际受众易于接受、易于理解、比较喜爱的方式，将中国节目传播出去，让更多国际友人感受中国主张、中国经验、中国智慧。在具体实践中，可通过定期组织开展以讲好中国故事为专题的技能大赛，指导各个主持人紧密围绕节目做好内容讲解、文化讲解、故事讲解、情感讲解与意义讲解，并通过将中国贡献、全球背景与个人故事串联起来，寻找聆听者之间的共同价值诉求与情感共鸣的突破口，在讲好中国故事的同时，实现求同存异、凝聚共识，让更多国外受众了解中国、读懂中国、爱上中国。同时，还应厘清讲"好故事"与"讲好"故事之间的差别与要求。比如，讲"好故事"要求主持人既要注重文化积淀，又要树立文化自信、积极践行"四力"要求，以中国元素为特色，发挥主持人创新思维与主观能动性，深入挖掘中国故事中有温度、有内涵、有传播力的价值信息，为实现跨文化传播打下坚实基础。而讲好"故事"则要求主持人树立清晰的叙事观与传播观。以《环球华人》为例，主持人要深入分析节目中最有传播价值的内容，以"大叙事—中叙事—小叙事"三级嵌套的话语体系，动真心、用真情，讲好故事。要寻找与故事聆听者的心灵契合点和情感共鸣突破口，以受众易于理解、乐于接受的方式，向全世界讲述《环球华人》这档节目。

结　语

总而言之，讲好中国故事，是传播我国文化不可缺少的一部分。要通过做好节目内容分析和设计，提升主持人话语水平，加强表达的情感，以保障文化输出的有效性。还要通过对外传播意识的培养，使中国故事唱响在世界领域中，帮助更多国际友人理解我国文化，使我国大国形象树立在全球语境中，实现国家软实力的提升。

新闻摄影作品的获奖奥秘

——以《风雪夜大营救》为例

宋兆宽

【摘要】 经评选,《风雪夜大营救》荣获第二十八届中国新闻奖二等奖。本文认为,该作品的成功奥秘是一鸣惊人留悬念、抢拍照片抓眼球、精写通讯挖深度、多媒联报扩效应和总结推广筑品牌。

【关键词】 图文并茂;深度挖掘;连续报道;铸就品牌

经评选,《漯河日报》晚报版发表的新闻摄影作品《风雪夜大营救》荣获第二十八届中国新闻奖二等奖。该作品的成功经验很值得总结与推广。

一、一鸣惊人留悬念

中国记协网发布的参评作品推荐表显示,该获奖作品首发日期是2017年2月9日,有新闻照片8张,每张照片配有说明词。实际上,2017年2月8日,该报头版就刊登了一张大幅照片,并配有一篇短新闻,题目是《风雪夜大营救》。紧接着,9日该报第8、9版通版发布8张照片,主标题是《众志成城 掘地9米救出女孩》,标题下是2800多字的文字通讯,以及记者手记《团结就是力量》、新闻链接《众媒体报道 众网友点赞》。应该说,上述照片及所有文稿的紧密融合共同构筑了这个影响重大的新闻摄影作品。其中,首发的一张全版大幅照片,配上一篇短新闻迅速及时地起到了一鸣惊人留悬念的传播效果。短新闻的题目是《风雪夜大营救》,内容如下:

2月7日下午3点半,临颍县窝城镇后张村,一名12岁女孩在村南麦田内玩耍时意外坠入机井。附近村民立即拨打报警电话,民警、消防战士、村民冒着大雪展开了一场生死大营救。

经过近9个小时的努力,今日零点15分,小女孩被成功救出。120急救车立即把她送往医院,经检查,小女孩周身有擦伤,生命体征稳定,正在医院进一步观察治疗。详细报道请持续关注《漯河晚报》。

漯河发布手机客户端全程图文视频直播,请扫下方二维码,关注那牵动人心的每一刻。

上述短新闻的最后一段温馨提示每位读者"详细报道请持续关注《漯河晚报》",还都要通过漯河发布手机客户端全程图文视频直播"那牵动人心的每一刻",起到了广而告之的作用。

二、抢拍照片抓眼球

图1 经过近9个小时努力,小雨被成功救出
(刊载于《漯河晚报》2017年2月8日01版,杨光摄)

图 2　挖掘营救

（刊载于《漯河晚报》2017 年 2 月 9 日 08 版，杨光摄）

图 3　救援现场

（刊载于《漯河晚报》2017 年 2 月 9 日 08 版，杨光摄）

一是注重抓拍场景较大的照片。该作品强烈吸引眼球的魅力之一在于大场景的巧妙拍摄。图 1—图 3 基本都是大场景广角近距离拍摄的照片，而且都是表现突发事件不同阶段高潮的经典画面。高潮是某一个事态、某一个动作过程中最饱满、表现力最强的高峰时刻。镜头运用，包括场景的变化，都是表象，突发事件真正能够引起大家共鸣的还是人。上面三张照片在大场景中突出人物，突出了奋不顾身救人的人物及场景。参与救援的每个人，在寒风冷雪中坚持了近 9 个小时，他们的衣服被雪浸透，他们的身上沾满泥土，他们站在水中……需要哪个消防战士上，需要哪个村民来，需要谁家的工具，谁都没说一个"不"字。大家在这一刻拧成了一股绳，同心协力、排除万难，最终救出女孩。上述这些大场景照片展现了整体氛围，为中景照片讲述事件、特写照片突出某个元素做了非常好的铺垫，引发读者共鸣。

图4 亲属望向井内，眼神焦急
（刊载于《漯河晚报》2017年2月9日08版，杨光摄）

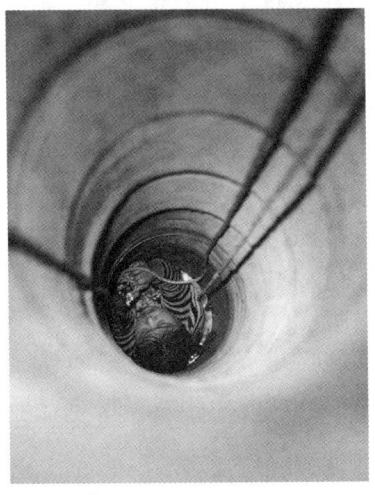

图5 坠入井中的小雨
（刊载于《漯河晚报》2017年2月9日08版，杨光摄）

二是注重抓拍表现人物神态的照片。人物的表情神态是内心情感的表露，有些神态往往无法用语言文字表达。图4、图5的说明词分别是"亲属望向井内，眼神焦急""坠入井中的小雨"，这两句说明词对照片进行了很好的诠释及说明。两张照片角度独特、遥相呼应、令人心焦，非常具有感染力。生动的特写镜头细致地表现了人物面部表情、井下女孩的极端困境，表现了亲人的焦虑与期盼，给观众强烈的印象，引起强烈的共鸣。因此，要在突发新闻中拍摄精品力作。如同军旅新闻摄影家乔天富2018年3月13日在影像国际网所言："这些形象，或是矛盾冲突的焦点，或是震撼人心的刹那，或是新闻人物扣人心弦的面部表情。这里，摄影记者对突发事件的认知能力，对事件本身本质特征的准确把握，比纯技术意义上的抓拍功夫更为重要。只有把握了突发事件的本质，镜头才有正确的指向。"新闻是真实的传达，也是情感的传达。新闻照片的情感，大多是通过人物眼神、表情与肢体语言来体现的。这时候，照片细节的展现，就是揭示人物内心世界和思想情感的聚焦和追拍。

三是注重抓拍角度巧妙的照片。拍摄角度包括拍摄高度、拍摄方向和拍摄距离。拍摄高度分为平拍、俯拍和仰拍三种。拍摄方向分为正面角度、侧面角度、斜侧角度、背面角度等。拍摄距离是决定景别的元素之一。以上统称几何角度。另外还有心理角度、主观角度、客观角度和主客角度。在拍摄现场选择和确定拍摄角度是摄影师的重点工作，不同的角度可以得到不同的造型效果，具有不同的表现功能。《风雪夜大营救》的照片在角度运用上都非常成功。比如，图5运用俯拍角度，令人更加清楚地看到抢险核心区域的狭窄与艰辛，更好地表现了作品的主题。

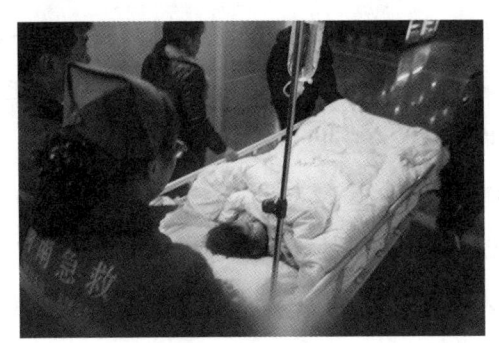

图 6　送到医院
（刊载于《漯河晚报》2017 年 2 月 9 日 08 版，杨光摄）

四是注重抓拍具有特点的照片。一个人物、一个地方、一个场景往往具有各自的独特性。抓拍反映事物独特性的画面，能使照片的表现力增强。比如，图 6 这张照片通过近景"河南急救"四个白字显示出专业救护人员已经来到现场救援的事实，体现出一方有难八方支援的救急氛围，非常好地展示了现场、表达了主题。

三、精写通讯挖深度

与照片呼应的通讯文字稿是该报记者李元良、杨光、陶小敏共同完成的，主标题是《众志成城　掘地 9 米救出女孩》。整篇通讯表现出了记者高水平的事件通讯采写功底。

一是巧妙开头，简笔勾勒事件全程。这种开头如同一篇短消息，用极为节省的语言便将事件全程交代得清楚明白，适应了读者的心理需求，为全文的展开奠定了基础。

> 2 月 7 日下午 3 点半，在临颍县窝城镇后张村，12 岁女孩小雨（化名）在村南麦田玩耍时意外坠入机井。附近村民发现后，立即拨打电话求救。很快，村民、民警、消防队员赶到现场，立即展开生死大营救。

天气很冷，晚上大雪纷飞，刺骨的冷风呼呼吹个不停。

冰天雪地里，大家众志成城、排除万难，历经近9个小时的紧张救援，最终将小雨成功救出。

2月8日，记者从医院获悉，除了感到腰、脖子和膝盖等部位有些疼，小雨已经可以下床自由活动，再观察几日就可出院。

此外，为避免此类事件再次发生，后张村决定对全村所有机井进行排查，没有井盖的加上井盖，并更换破损的井盖。

二是短段行进，画面连放扣人心弦。蒙太奇是电影创作的一种手法，意思是"剪辑组合"，也就是把许多镜头剪辑组合起来，使之成为一部前后连贯、首尾完整、主题统一的影片。写作中借鉴蒙太奇手法，就是把不同时间、不同地点的画面或片段巧妙地剪辑组合起来，用以表现某一主题。这种手法不仅不受时空限制，取材广泛自由，可以多角度、多侧面、全方位、立体地表现主题，而且可以省去承上启下的过渡句、段，使材料更充实、更集中。同时，片段式或标题式的排列方式，还可以使文章思路更清晰、更有条理。《众志成城 掘地9米救出女孩》的文本就很好地运用了蒙太奇手法，将重大的突发新闻事件表现得活灵活现、引人入胜。

时间已经是晚上9点45分，气温已经降至冰点，雪落在麦苗上开始结冰。

消防队员和自发参与救援的后张村村民浑身是泥，雪落在他们头上、衣服上化成了水，他们几乎成了泥人，但他们手中的铁锹没有丝毫停顿，默默地配合着挖掘机的工作，仿佛一台台精密的机器。

围观的村民也跃跃欲试，想过去帮忙。有些村民回家烧热水，买来方便面，让救援人员解渴、充饥。

窝城镇和后张村的党员干部冲在救人第一线，并维护现场秩序，积极配合救援。

随着时间推移，机井边的坑越来越大，越挖越深，挖掘机师傅操作着巨大的铲子，像做手术一样把井边的泥土一点点剥掉。

其他救援人员用铁锹把井壁上的泥土刮去，然后小心翼翼地把井管去掉，一节、两节、三节……每挖掉一节井管，大家的期待便加大一点，救援人员的干劲似乎也更大了。

晚上10点40分左右，第四根井管开挖……

晚上11点10分左右，第五根井管开挖……

晚上11点30分左右，第六根井管开挖……

大家低头干着，世界似乎安静了，雪也逐渐停了下来。

时间到了2月8日零点，平整的田地被挖出一个9米多深的大坑，卡住小雨的最后一节井管露了出来。

井壁上的泥土被轻轻刮去，救援人员又在井壁上打出一个洞，小雨的腿终于可以活动了。

井口的消防战士，把系在小雨身上的绳子递给高处的人，大家慢慢用力，小雨的胳膊终于从井里露了出来。

2月8日零点15分，小雨整个人从井里被拉了出来。

百余人近9个小时的救援，终于把小雨成功救出。这一刻，没有人组织，现场响起了雷鸣般的掌声。

上述文字运用15个蒙太奇片段及画面将3个小时的抢险高潮一一展示了出来。这些片段及画面之间，基本上是各自有各自独立的起讫，每个小版块都有各自相对的完整性和独立性。但是，所有的片段或画面必须围绕着一个主题或中心。表现新闻事实的全面性与表达效果的形象性、跳跃性、可读性等有机统一起来，反映出了记者高超的创新意识和写作手法。

三是观访结合，增强事实真情实感。真实性是新闻的生命。对于重大的突发性新闻事件更要保证事实真实准确不跑偏。突发性新闻事件场面大、人员多、情况杂、变数大，这就更需要保证采访和写作真实准确、可信权威。《众志成城　掘地 9 米救出女孩》中，记者将自己耳闻目睹的一一道来，表明了新闻事实的来源，既增强了报道的真实性、权威性，也增强了报道的生动性、可读性。

>现场已经拉起了警戒线，附近聚集了大量围观群众，消防车和急救车停在附近的路上，井口周围打着应急灯，几辆挖掘机正在麦田内来回作业。几名消防队员趴在井口观察情况。小雨的亲属和民警、消防官兵在制定救援方案，他们脸上雪水和汗水交织在一起，表情凝重。

这段文字表述的是记者观察到的新闻事实，既有宏观场景的观察，又有细节的观察。"小雨的亲属和民警、消防官兵在制定救援方案，他们脸上雪水和汗水交织在一起，表情凝重。"这个细节描写表现出了小雨的亲属和民警、消防官兵的工作态度及鲜明的情感，很有说服力。

四是快慢相间，生成波澜起伏叙事之美。《众志成城　掘地 9 米救出女孩》一文中的语句富有节奏感，有时行云流水，有时铿锵有力，给读者非常好的美感享受。

>窝城镇和后张村的党员干部冲在救人第一线，并维护现场秩序，积极配合救援。
>
>随着时间推移，机井边的坑越来越大，越挖越深，挖掘机师傅操作着巨大的铲子，像做手术一样把井边的泥土一点点剥掉。
>
>其他救援人员用铁锹把井壁上的泥土刮去，然后小心翼翼地把井管去掉，一节、两节、三节……每挖掉一节井管，大家的期待便加大一点，救援人员的干劲似乎也更大了。
>
>晚上 10 点 40 分左右，第四根井管开挖……
>
>晚上 11 点 10 分左右，第五根井管开挖……

晚上11点30分左右，第六根井管开挖……

大家低头干着，世界似乎安静了，雪也逐渐停了下来。

上面文字前三段是慢步运行，接下来是快速奔跑。这类快慢相间、生成波澜起伏叙事之美的段落在文章中有多处。音乐的节奏用拍子来表现，传达出或激越、或舒缓、或绵邈、或欢悦的情感。文章的节奏和音乐的节奏有相通之处，文章的节奏表现在两方面：内容的节奏与形式的节奏，也可以说情感的节奏与语言的节奏，二者之间相互依赖、紧密相连。"文似看山不喜平""做人贵直，为文贵曲"，这两句话就是针对内容的节奏而言的。《众志成城　掘地9米救出女孩》一文中充满了感人肺腑的节奏之美，非常值得学习。

四、多媒联报扩效应

互联网时代，几乎人人都是记者，人人都是媒体，人人都是评论者。在这种背景下，为了抢占舆论制高点，引导舆论导向、避免舆情危机非常重要。事件发生当晚，该报记者第一时间赶到现场，并通过漯河发布客户端进行图文和视频直播，将新闻事实的真实情况持续发布出去，避免了错误的民间舆论导向及杂音。《漯河晚报》延迟截稿两个多小时，最终从数百幅图片中选出最精彩的一幅作为头版主图，向公众及时报道了救援结果。第二天，《漯河晚报》又以两个整版的篇幅再现了救援过程。报道一经发出，众多网友争相转发，为救援点赞。经过及时传递，《新闻联播》及时报道了临颍县众人携手营救12岁女孩的新闻。同时，人民网、腾讯网、《法制晚报》等国内媒体也纷纷对此事进行报道，为消防队员、公安民警和村民齐心协力营救落井女孩的举动点赞。这组图片经各大媒体刊发后传播范围广泛、影响深远，其中记录了小女孩获救瞬间的图片被评为中国长安网2017年度照片，并被中国美术馆永久收藏。

五、总结推广筑品牌

一个媒体影响力的大小，决定了受众数量的多少，决定了该媒体在消费群体中的权威性以及消费群体的忠诚度，决定了其对广告商的吸引力。而直接决定媒体影响力大小的因素之一就是对品牌价值的开发，品牌价值开发得越好，媒体的影响力就越大，收益就越高。可以说，传媒品牌的影响力与传媒的社会效益及经济效益紧密相关。《漯河晚报》非常注重利用作品获奖的良机开发品牌效益，并取得了良好效果。《风雪夜大营救》获得第二十八届中国新闻奖二等奖的消息一经公布，该报就在 2018 年 11 月 5 日，以《本报作品获中国新闻奖二等奖》为题进行了整版报道，打造集聚品牌效应，继续扩大影响力、公信力及美誉度。

图 7 《本报作品获中国新闻奖二等奖》报道版面

如图 7 所示，通栏标题《本报作品获中国新闻奖二等奖》显要夺目，获奖报道的原始版面极具吸引力。而另一版面位居左下方，丰富沉稳。右上方四件获奖证书引人注目，右下方为记者手记，获奖记者杨光以《记录瞬间 见证感动》为题向读者讲述了他的采访过程及体会，给人以深刻的启迪与正能量的再度传播。总之，这次发布专版进一步宣传了品牌的内涵，展示了形象魅力，给受众又一次带来了强烈的视觉冲击及深邃的事实内涵，该报品牌的知名度和美誉度进一步得到彰显，优质的品牌形象更加深入人心。

人工智能与高校实验教学的融合发展探析

李亚秀　朱席席

【摘要】 现代技术的发展越来越呈现出数字化、网络化、智能化的特点，数智化技术的飞速发展必将引发高校实验教学研究视角、研究内容和研究方法的转变。因此，我们需要从多重维度重新审视高校实验教学，从根本上促进智能媒体教育实践的改革与可持续性发展。本文首先总结了人工智能引入高校实验教学后融合发展的意涵价值以及基本原则，然后分别从技术使用论、技术认知论、技术价值论、技术评价论的角度解析融合发展过程中出现的风险与挑战，最后提出相应的发展路径，这对于人工智能赋能高校实验教学的变革与完善具有一定的启示意义。

【关键词】 人工智能；高校实验教学；融合发展

一、问题的提出及研究意义

世界经济论坛（WEF）2024年4月发布的《塑造未来学习：人工智能在教育4.0中的作用》报告，将适应未来的能力、技能、态度和价值观的教学确定为"教育4.0框架"，即面向未来需求转变学习内容和学习体验的全球框架。迅速发展的生成式人工智能为教育高质量发展打开了新赛道，点燃了大众对未来教育的期待，也成为教育者关注的热点[1]。当前，我国高

---

[1] 兰国帅，杜水莲，肖琪，等.人工智能赋能教育4.0：挑战、潜能与案例——《塑造未来学习：人工智能在教育4.0中的作用》的要点与思考[J].开放教育研究，2024，30（4）：37-45.

校实验教学改革关注的两个核心要素仍然是"效率"和"质量",仍存在教师备授课负担重、教育评价效率低、数字技能和人工智能人才短缺、学生探究不足、教学质量不高等问题。人工智能的新发展为重新定义教师工作的性质和质量带来了契机。人工智能可以提供以下功能:简化教育管理流程、提高教育评价效能、培养学生数字素养和人工智能素养、实现个性化学习等。

因此,这就需要我们既要坚守高校实验教学"以人为本、注重实践"的核心理念,又要大力推动人工智能技术与高校实验教学多模式、多维度、多样态的深度融合,为高校实验教学的可持续发展提供强有力的理论研究基础,也为如何理智运用人工智能技术、重塑高校实验教学生态提供可供参考的实践发展路径。

二、人工智能与高校实验教学融合发展的意涵价值

作为新质生产力代表,生成式人工智能以其丰富的语料库与强大的交互理解和对话能力,为破解教学难题、革新教学样态带来了机遇。

(一)多维度文本处理,优化教学设计

生成式人工智能具备在特定语境中进行逻辑推理、归纳总结以及演绎分析的能力,能够推导出多样化的答案或问题解决方案。教师可以利用星火、文心一言、豆包等生成式人工智能产品,高效检索教学资源、自动生成教案,实现自身减负,进而将时间与精力投入更有价值的课程设计与学生辅导中。教师也可以将生成式人工智能当作学科专家,对教案进行多维度分析评价,帮助教师更好地把握教学重难点,精准设计学习活动和靶向作业。

(二)多模态信息加工,丰富教学资源

生成式人工智能具备对文本、图像、音频、视频等多模态数据的理

解能力，能够实现跨模态的语义解析与转换，生成多模态数字资源。借助生成式人工智能，每位教师都能成为数字资源的创作者，无须掌握专业的媒体制作技术，也可以轻松、独立生成个性化的数字资源。特别是随着Sora、GPT-4o等产品的推出，各种教学短视频、动画以及3D模型等资源也可以根据教师需求自动生成，为教师提供了更强的资源定制化服务。

（三）多时段人机交互，助力学生深度探究

生成式人工智能具有强大的情境理解和连续对话能力。教师可以据此引导学生开展素养导向下的个性化探究与思辨学习。课前学生梳理问题，利用生成式人工智能解答问题。课中教师有针对性地组织课堂讨论，引导学生与生成式人工智能开展合作探究、质疑批判等，帮助澄清概念误解，扩展知识边界。此外，生成式人工智能还可以给出启发性问题，自动调整问题难度，在连续的追问循环中促进学生对知识的深度理解和创意加工。

（四）多身份智能代理，提升学生参与度

当前，很多生成式人工智能产品都提供了智能体功能，用于构建定制化的虚拟角色。教师可以根据教学需求构建教学智能体，通过文字、语音等多种形式实现学生与智能体的自然对话交流，解答学生疑问，引导学生开展活动。相比通用大模型，教学智能体可以设定不同的人物身份，通过模拟真实人物形象、声音和动态行为，加强与学生的情感联系，进而提高学生的学习兴趣和参与度[①]。

三、人工智能与高校实验教学融合发展的基本原则

为更好地发挥上述技术优势，防范潜在风险与应用弊端，生成式人工智能赋能高校实验教学应遵循以下基本原则。

---

① 郑庆华. 人工智能赋能创建未来教育新格局［J］. 中国高教研究，2024（3）：1-7.

（一）提升人机交互的认知主动性和深度

人机交互的核心宗旨在于激发学生的积极思考与主动探索，旨在最大限度地唤醒学生的思维活力，而非让人工智能取代其思考与创意产出。若生成式人工智能应用不当，可能导致学生对技术过度依赖，从而使思维能力与创新能力逐渐减弱。为规避负面影响，确保技术真正促进学生思维发展，教师必须准确识别学生在人机互动中的认知主动性与深度。认知主动性体现学生在创编人工智能提示语过程中的积极参与，而认知深度则涉及学生对人工智能生成内容的思维加工与处理水平。

（二）平衡"课前预设"与"动态生成"的配比

随着生成式人工智能的引入，课堂中生成性的内容更加动态、随机，且不可控。为此，教师需要合理设定预设性教学内容与生成性学习活动在课堂教学中的时间比例，保障课堂教学的有序进行。对于低年级学生，教师可通过提高课堂预设性内容的比重，辅助他们构建对基础概念的认知。依据学生知识掌握情况，教师可适度引导学生运用人工智能进行自主探索。对于中高年级学生，教师可以增加生成性学习活动的比重，借助开放性问题、项目化学习、自主编程、自由创作图片等多种方式，促使学生在课堂上进行更广泛深入的探究。

（三）强化生成内容的真伪鉴别和安全使用

训练生成式人工智能涉及的大规模数据集来源广泛，但受算法偏见、语料质量等因素影响，无法保证生成内容的真实性与准确性，输出的信息易出现错误或虚构。因此，师生在使用生成式人工智能的过程中，应杜绝"盲信盲从"，审慎评估生成的内容，加强对信息准确性和权威性的甄别，避免课堂教学出现科学性错误。此外，师生都需要了解并重视使用生成式人工智能带来的数据安全和隐私泄露问题，培养安全意识，增强防范能力。

（四）厘清三元互动关系的平衡与发展

生成式人工智能在课堂教学中可扮演多样化角色，包括学科专家、辅导教师、学习伙伴、口语陪练等。教师可以利用生成式人工智能设置契合不同学科特点的各类职业、社会身份的教学智能体，如虚拟播音员、虚拟导游等，提升项目化学习、跨学科主题学习的真实沉浸感。当然，课堂始终是主要的育人场所，在师—生—机的三元互动关系中，人机互动应始终扮演辅助的角色，师生之间的真人互动应处于教学活动的核心地位。真实交流互动中的情感体验和人文关怀，是生成式人工智能再丰富的拟人智能体都无法替代的。

四、人工智能与高校实验教学融合发展的风险挑战

（一）技术使用边界不清

从智能媒体技术的实际功用看，人工智能是"利用自己的学习能力实现对于人的智能和行为的模拟"，是用来提高我们工作和学习效率的工具。在智能媒体实践教学中，人工智能存在技术使用边界不清的现象。下面以新媒体作品创作为例说明。

第一，学生可以利用 Sora 技术自动生成一个视频，但是，我们不难发现，Sora 提供的方案只能基本满足"合格"的标准，因为它只是通过复制大数据平台中已有的镜头片段拼凑而成，是效仿式的、复刻化的、去情感化的。缺少个人情感和实践体验，难以创造卓越的艺术品。

第二，讲授摄像机拍摄的过程中，尽管可以使用数字技术和虚拟技术呈现步骤分解和动作模拟进行沉浸式教学，但是，流畅性的镜头拍摄技巧不是从分解性流程中简单叠加而来。假如学生把实践学习寄托于数字智能技术，则会缺失新闻传播类学生基本的生存技能。

第三，进行优秀作品赏析时，会包括一些价值类知识的讲授，如兴趣

意向理解、生命价值理解、道德选择理解等。然而，从技术的显在性和直观性的角度看，人工智能教学只适用于陈述性的事实和展示价值类知识，包括情境化呈现，不能给学生提供实践体验和领悟的机会，其他类型的知识则要慎用。

（二）技术认知要素缺失

从教学主体看，智能媒体实践教育中的教学活动存在一定的盲目性及不合理性。杜威认为，技术活动是一种探究活动，必须遵循探究的逻辑[1]。但是人工智能和高校实验教学融合的过程中，极易造成这一环节的缺失。大多数知识和问题都能通过人工智能技术快速得到和解决，极易让学生机械接纳原理，而不去亲历探究过程、批判性反思和创造性再构等知识发生的理路，容易走入技术权威主义的误区，由此导致学生缺失问题意识和推理能力[2]。

从教学内容看，强大的智能分析、智能合成与智能写作技术，给高校实验教学带来了教学过程新生态。人工智能技术虽然善于处理事实性知识的存储、检索和匹配，但是无法助力生成性、情感性、实践性的教学过程。

从教学方式看，智能修复、虚拟仿生、遥控感知等技术可以让学生跨越时间和空间的界限，提高学生的整体素质能力。但是如果过于依赖这些已知条件，也会在一定程度上减少学生亲身体验的实践机会，甚至会削弱其随机应变的能力。

（三）技术价值理性式微

近年来，工具理性支配下的科学技术迅猛发展，导致人们在某种程度上忽略了价值理性的重要意义[3]。为了破除人与技术、价值理性与工具理性二元对立的片面思维，就必须更新思想意识形态，辨清"理性"概念，寻

---

[1] 吴国盛.技术哲学经典读本[M].上海：上海交通大学出版社，2008.
[2] 曹斯，罗祖兵.人工智能应用于教学的困境、限度与理路[J].电化教育研究，2024（4）：88-95.
[3] 王树松.技术价值论[M].哈尔滨：东北林业大学出版社，2004.

找价值理性与工具理性融合发展的创新模式。

人工智能技术不断更新迭代，在某种程度上产生了对立矛盾：一方面，人工智能的快速发展导致其在某些方面产生了异化，成为重复学习、过度学习、超前学习的"学习工具"；另一方面，"学习工具"所习得的套路化的识记、背诵、复述技能在人工智能时代已然过时[1]。这显然违背了价值理性求真、崇善、尚美的价值本质，在功利性的教育目的下，价值理性对工具理性的引领作用大大削弱。

（四）技术评价需优化

从教学设计看，为了减少人工智能使用可能诱发的学生思维惰性，教师需要从提升学生认知加工深度的视角出发，全面革新传统的学习任务设计观念。应设计富有创造性和分析性的学习任务，尽量避免单一、固定答案的题目，采用设计开放式、非结构化的问题和项目。

从教学任务看，为确保课堂上生机交互的有效性，教师需要在课前进行学习任务的认知加工深度分析，明确完成任务所需的最低认知投入度，并制定学生使用人工智能生成内容的反馈预案。教师要精心策划学生使用人工智能的学习活动场景及任务类型与顺序，确保生成性内容能够促进教学目标的实现[2]。

因此，这两个方面都对人工智能的评价体系提出了更加复杂的要求，不仅要综合考虑学生的技术能力和人文素养，而且要追求全过程、全方位、全时段的整体评价体系。

五、人工智能与高校实验教学融合的实践进路

随着人工智能技术的不断迭代进化，智能媒体实践教育体系在教学主

---

[1] 曹斯，罗祖兵.人工智能应用于教学的困境、限度与理路[J].电化教育研究，2024（4）：88-95.
[2] 吴砥，郭庆，吴龙凯，等.智能技术赋能教育评价改革[J].开放教育研究，2023（4）：4-10.

体、教学内容、教学方式等方面也在不断发展变化。为促进智能媒体技术与教学过程各要素的恰当融合，教师、学生在使用智能媒体技术的同时，需要与其保持一个合理的距离，三者要形成一个稳定的"三角形"，共建"双师课堂"，在"人机分工"和"人机协同"中走向融合共生。

（一）厘清技术使用维度，坚定实践教育目的

人工智能技术无论如何发展，都只是教学工具。所以从双重维度厘清技术使用论的内涵和外延，从正反两面考证人机共生的关系，就可以避免受困于技术使用限制，充分使用技术工具，达到提高智能媒体实践教学效率的最终目的。

一方面，正视智能媒体技术的使用局限，寻求人机协同的合理分工。教师首先要摆正心态，明晰它们在哪些领域可用、哪些领域禁用、哪些领域多用、哪些领域少用。将技术视作手段而非目的，做技术所不能做之技艺、行技术所不能行之本领，才能在合理范围内让"AI+教学"发挥最佳的育人效益。"学习是在情境中发生的，随着时间的推移，它就一般化和抽象化了。但是在很多情况下，在网上找到的孤立信息无法完全纳入情境。"

另一方面，正视智能媒体技术的使用价值，寻求人机协同的合作契机。虽然生成式人工智能可以提升课堂教学的互动性、动态性和参与性，但其应用并不适合所有的教学环节。过早或随意引入生成式人工智能可能会破坏教学秩序，影响教学质量[1]。一般而言，生成式人工智能课堂应用有三个适切时机：一是学生对知识的理解陷入困惑，一筹莫展时；二是开展有一定挑战度的小组探究任务时；三是教师依据教学进程和学生学习状态变化需要活跃课堂气氛时。当然，具体时机的把握需要教师结合学情、学科特点、目标达成、内容难度等因素综合考虑、灵活处理。

---

[1] 祝智庭，戴岭，赵晓伟，等.新质人才培养：数智时代教育的新使命[J].电化教育研究，2024（1）：52-60.

(二)遵循技术认识规律,完善智能教学体系

随着人工智能新技术飞速发展,高校实验教学必须确认技术知识的价值,并在此基础上不断完善教学内容体系。以技术合理性为依据,技术认识模式应该包含技术和人文两个维度。

从教学主体的角度看,技术智能和人文智慧相结合。技术智能追求精确性和确定性,如 ChatGPT 呈现的是辞藻华美、形式对仗、模式清晰的宏大叙事,而人文智慧寻求的是可能性和丰富性。教师可以将这种不确定的、开放的艺术带入教学,促进学生的自主探究和能动学习。比如,在新媒体文案创作中特意留白,让学生自主叙事并作补充。

从教学内容的角度看,技术生成和人文关怀相结合。人工智能的技术生成,只能根据学生的学习需求,从已有的数据库中搜索资料提取、拼接生成,而人文关怀却是基于人的能动思维、理解纵深形成的意义增值,是一种"前反思"的直觉生成,强调的是"他者伦理"视域下教师对学生兴趣选择、个性偏好和发展需求的尊重。

从教学方式的角度看,技术虚拟和人文实践相结合。除了虚拟现实技术、增强现实技术的沉浸式虚拟感知,我们作为有具身生命的人类,还会体验到丰富多彩的真实生活,这才是我们自由发展的空间。技术虚拟和人文实践相辅相成,让我们更加清晰地看到虚拟与现实的本质,感受到对真性的追求,避免人工智能技术对于人的意识形态的羁绊,实现真正意义上自我意识的觉醒,帮助人文精神发展与提升。

(三)坚持价值理性引导,建构教育价值体系

根据哈贝马斯的"兴趣"框架,为了满足与实现学生的技术兴趣、实践兴趣、解放兴趣,高校实验教学应以培养学生的工具理性、实践理性、批判理性作为基本的内容,这三个方面分别对应着高校实验教学内在价值的三个维度:技术价值、实践价值、解放价值。技术价值是其他价值的基础,实践价值是对技术价值的补充与深化,解放价值是对技术价值与实践

价值的反思与超越[①]。

一方面，价值理性的教育本质和最终诉求是立德树人。按照维果斯基的社会文化理论，可将人工智能技术视作推动全面化、个性化、终身化发展的辅助工具，进行情景设置——开放性问题情境、探索性对话、建构式互动以及引导式参与，才能推动学生高阶思维的发展，从而形成完善美好的实验教学过程。

另一方面，价值理性的坚持离不开人文情感的辅助。情感是认知与非认知要素的复合体，通过人文情感的辅助，教师能够唤醒学生的能动性、求知欲和好奇心，形成一个有道德感、意义感、价值感的完整的教学过程。

在价值理性对工具理性的引领作用下，在教和学的互动过程中，要帮助学生消除技术偏见和数据标签，借助智能技术的辅助，牢固自我价值和职业认同，推进更加公平、更高质量的教育价值体系建构。

（四）映射内外统一诉求，制定智能评测体系

高校实验教学追求内在价值与外在价值的统一，此种整体性的价值诉求也要贯穿到高效教学的评价环节之中。首先要研制人工智能算法测试评估标准，然后借助大数据分析和尖端技术算法，构建智能评估系统。"德国不莱梅大学的著名学者劳耐尔教授及其团队开发出了实践能力评价的八项指标，分别是功能性、理解与表达、使用价值导向、经济性、工作及经营过程导向、社会可接受性、环境承受性和创新性。它们构成了一个多维度、整体性的评价指标体系。"[②] 经过对比和论证，本文提出具有一定契合性的六项指标，主要包括：技术性指标、实践性指标、解放性指标、经济性指标、文化性指标、自然性指标。

这样的智能评估系统包括创建和实施新的评价机制和方法，促进形成性评价和终结性评价相结合，评价重点由知识转向技能和素质发展；创

---

① 徐宏伟. 论职业教育的内在价值［J］. 中国职业技术教育，2014（9）：36-40.
② 徐宏伟. 职业教育根本问题新探［M］. 北京：社会科学文献出版社，2019.

建技能档案，跟踪和记录学生技能发展的全过程；重视新的学习技术的开发、利用和推广，赋能教育发展，促进每位学生成长，更好更快地推动教育 4.0 的实现。①

---

① 兰国帅，杜水莲，肖琪，等. 人工智能赋能教育 4.0：挑战、潜能与案例——《塑造未来学习：人工智能在教育 4.0 中的作用》的要点与思考［J］. 开放教育研究，2024, 30（4）：37-45.

新传类大学生新媒体运营创新创业能力培养模式探索

杨雪梅 罗可心

【摘要】 为激发大学生的创新创业能力,新传类学科应抓住新媒体运营这一热门职业类别,对培养新传类大学生利用新媒体平台创新创业的模式进行探索。本文通过分析当前新媒体运营创业课程教学存在的问题,剖析当前新传类大学生通过新媒体运营进行创业的优势,从教学内容、教学模式、思维引导以及师资建设等四个方面对未来高校培养新媒体运营人才的模式提供策略建议,旨在完善培养体系,培养出应用型新媒体运营人才。

【关键词】 新媒体运营;高校教育;"双创"教育

进入21世纪,随着互联网、大数据和短视频平台的持续发展,新媒体的概念逐渐进入公众视野,并与大众的日常生活相融合,成为大众生活中不可或缺的工具之一,潜移默化地改变着人们的生活习惯。因此,新闻与传播学类的大学生不仅需要熟练掌握新闻学、传播学等基础知识,也应当培养互联网思维,掌握新媒体运营的基本思路。近几年来,我国经济增速逐渐放缓,传统产业面临转型,新增的就业岗位有限。在"大众创业、万众创新"的时代背景下,高校需要高度重视专创融合的教学改革。新媒体运营课程从培养实用型人才的角度出发,将创新创业教育与专业教育有机地融为一体,全面提升学生的创造性思维、创新意识、创业精神、创新创业实战能力和团队协作能力，为学生就业、创业和职业发展奠定坚实基础[1]。

一、新媒体运营创业课程教学现存的问题

1.侧重理论教学，实践经验不足

近年来，新媒体运营作为新兴概念在地方高校中作为课程设置的时间相对较短，尚未形成稳定且成熟的课程体系。当前，多数新媒体运营课程设计存在知识重于能力、教学重于学习、理论重于实践、模仿重于创新的倾向。这样的教学过程和教学模式对新的课程改革而言，即便提出新的理念目标和要求，也难以有效实施并发挥其应有的作用。此外，尽管新媒体运营的内容贴近大众日常生活，且理论概念相对易于理解，但鉴于新媒体运营的类型、平台和方式繁多，一学期的新媒体运营课程虽能基本阐述其基本概念、类型和运行方式，但在激发学生思考讨论和创新实践方面提供的时间与机会有限。这构成了新媒体运营课程在未来发展中亟待解决的问题之一。

2.缺乏教学资源，课堂趣味性低

从当前各高校新传学类教育资源建设的现状来看，传统课程的场地建设、授课内容和资源投入均较为完善，然而，新媒体运营方面的建设却显得相对滞后。与新媒体运营相关的课程设计虽包含丰富的理论知识，但利用校内资源进行实践的机会相对有限，许多创新性的想法和设想难以转化为实际操作，这在一定程度上降低了课堂的趣味性。由于学校资源条件的限制，新媒体课程主要依赖于学生个人账号的运营练习，缺乏对商业性质账号系统运营的深入实践。这种实训的缺乏导致学生难以充分理解新媒体运营创新创业的概念，同时也缺乏系统的运营执行经验。因此，提升教学

---

[1] 郭梅.课程思政背景下酒店管理专业"双创"人才的培养路径[J].西部旅游，2022(1)：82.

资源对于增强新传类学生新媒体运营创新创业能力具有重要意义。

3. 授课方式传统，学生内驱力弱

目前，我国高校在新媒体运营相关课程的授课方式上，仍沿袭传统理论课程的模式，过分倚重理论教学，学生实际参与的课程实践项目相对匮乏。传统教学模式通常先引导学生积累知识，进而期望通过知识的应用来培养其能力。新媒体运营作为一门内容丰富且更新迅速的学科，授课内容与方式应与时俱进，仅依赖传统的讲授方式难以培养出具备专业素养的新媒体运营人才。此外，地方高校在传播新媒体运营创新创业理念方面存在不足，导致学生缺乏利用新媒体平台进行创新创业的内在动力。同时，近年来我国经济增速的放缓和大学生就业形势的紧张，使得大部分学生更倾向于毕业后直接就业，创新创业的意愿相对较弱。

二、新传类大学生新媒体运营创业的优势

1. 与专业契合度高，技能优势明显

自互联网及其相关产业蓬勃发展，通过新媒体平台进行创业已成为一种趋势。由于新媒体内容创作具有低门槛特性，创业者无论是否具备相关学历背景，均可涉足其中。新传类大学生在利用新媒体平台进行创业时，应充分发挥专业优势，将所学的摄影、文案、剪辑等专业技能与新媒体运营技巧相结合。这包括掌握信息采集与处理的方法，以及利用图文、视频等新媒体形式进行创意内容的选题策划、设计和排版。相较于其他新媒体运营创新创业者，新传类大学生拥有在大学课程中积累的理论知识和实践经验，这些为其在创新创业过程中合理解决问题提供了坚实的基础。

2. 新媒体创业成本低，创意经济兴盛

随着新媒体平台的普及，利用新媒体进行创业已成为当前创业领域的一大热点。对创业资本不足的应届毕业大学生而言，相较于实体线下创

业，通过新媒体平台创业能以更低的成本实现更高的收益，同时也相对减少了试错成本。此外，创意经济的繁荣使得个人能够借助自身的创造力创造潜在的财富和就业机会。鉴于创意经济与新媒体平台的紧密关联，新传类大学生凭借先进的创新思维运营新媒体账号，能够显著提高新媒体运营创新创业的成功率。

3.新媒体运营人才缺乏，海外平台滞后

随着新媒体的日益发展，个体均有机会成为内容的创作者，进而催生了新媒体运营岗位。近年来，随着运营行业的快速发展，专业化系统化的运营人才依然是企业急需的人才之一，而网络与新媒体专业也被视为具有长期就业前景的专业。新传类大学生在校期间系统地学习新媒体运营知识，毕业后无论是选择自主创立并运营项目，还是成立新媒体运营工作室以服务于企业和个人账号，都是值得考虑的创业方向。此外，海外新媒体平台在内容和传播方式上相较于国内存在滞后现象，许多曾在国内流行的内容和运营方式，当前在海外正逐渐兴起。因此，寻找海外平台的机遇进行创业，也是一个值得新传类大学生考虑的选项。

三、新媒体运营创新创业能力的培养思路

1.国内外前沿理论与热门实例相结合的内容体系

为有效培养学生的新媒体运营能力，构建一个将理论与案例紧密结合的内容体系是不可或缺的。在理论层面，该体系不仅要涵盖新媒体运营的基础知识，还要分享国内外的前沿理论。此外，在数字化时代背景下，国内外学者在新媒体艺术、媒体受众以及人工智能等领域进行了深入的研究。新媒体运营是一项复杂且多方面的任务，涉及内容、平台的运营，以及市场和受众的深入分析。因此，熟悉国内外前沿研究，掌握当前热门话题和用户心理，对于新媒体运营创新创业课程至关重要。

热门实例在新媒体运营课程中同样也占据着重要地位，学习新媒体运

营的理论知识最终是为了学生能灵活运用相关知识进行创业，解决自身乃至社会的就业问题。我国的新媒体受众庞大、案例众多，其中不乏可以供新传学科大学生学习的优秀案例。首先，可以观察已经成功的个人或企业新媒体运营的规律并从中获得启发。以瑞幸咖啡为例，观察其在各大新媒体平台的内容发布周期，以及在此发布周期内达到了什么宣传效果，如何进行全域引流和社群运营，从中学习到如何合理运营新媒体为企业或个人带来收益。其次，可以在课堂中对爆款案例进行复盘和思考。以往的新媒体运营案例分析，通常只是对爆款运营方案的优点进行学习。为了增强学生的实践能力，之后在分析过往爆款运营案例时，可以对案例进行复盘，把自己当作爆款账号的运营团队，设身处地地思考作为运营团队在当下应该如何对账号进行运营，在回溯的过程中增加批判性思维，找出爆款账号运营过程中的错误，赋予爆款账号自己的创意，激发学生的创造力。

2. 理论内容模块化与实践内容项目化的教学模式

大学生普遍面临对学科教学内容理解不够系统的问题，且不知道如何有效地将课堂知识应用于实践。新媒体运营的类型划分十分明晰，其在理论中的界定与在实际工作岗位中的划分高度一致，当前主要包括内容运营、平台运营、产品运营、流量运营、店铺运营和活动运营等。基于新媒体运营职责的明确界定，在实际的课程教学中，我们将运营理论系统地嵌入不同的运营模块。例如，在教授产品运营模块时，引入大量产品运营案例，以帮助学生深入理解新媒体运营的工作内容，并通过模块化的教学方式，将所学知识进行整合与分类，从而增强学生对新媒体运营理论知识的记忆与理解。

无论理论课程的设计如何丰富，其终极目标仍是为学生的新媒体运营实操奠定坚实基础。以往新传类学生基于过往的学习经验，往往在新媒体运营实践中将大多数精力集中在内容策划上。一个成功的新媒体账号中，内容固然占据核心地位，但新媒体运营的各个环节均发挥着至关重要的作用。既往课程中，新媒体运营的实践训练多局限于账号创建与运营，而一个成功的新媒体运营团队则致力于通过新媒体平台运营项目，以实现盈利目标。倘若能将新媒体运营实践全面项目化，未来新传类大学生利用新媒体运营进行创新创业的潜力将会得到显著增强。此外，可推进校企合作，使学生有机会真正参与到企业实际落地的运营项目中，进而从中学习并积累实践经验。

3.着重于激发创造力和深入了解用户的思维培养

"眼球经济"和"用户思维"是新媒体发展进程中的核心关键词。对新媒体运营从业者而言，要创作具有创造力和能够触动用户内心的内容，利用用户思维贴近用户并维护用户关系，持续扩大并巩固用户群，进而形成稳定的流量来源，实现新媒体账号的长期稳定发展。在培养新媒体创新创业人才的过程中，创业能力的培养是基础，创新能力的培养则是核心。随着科技的飞速发展，人工智能已逐渐取代人类执行部分程式化任务。在当前新媒体平台内容与传播方式同质化的背景下，人工智能已拥有自己的小红书、抖音等平台账号，并发布了大量优质内容。通过算法的支持，它们对平台流量的规律有了更深入的了解。因此，在高校培养新媒体运营创新创业人才时，应注重激发学生的创造力，鼓励他们在创业过程中勇于尝试与变革，并构建具有鲜明个人特色的内容体系。

4.校内专业理论教师与业内人士相结合的教学团队

教学团队是发展学生培养模式中最关键的角色，学科教育的改革与发展很大程度上取决于教师个人对于学科理解的深度。他们侧重于对理论知识以及业内新概念的研究，并在课程初期通过理论知识的讲授帮助学生了解并熟悉该领域。同时，他们强调实践过程中理论知识的重要性。在创新创业教育领域，校内老师也可为学生提供创业规划指导和政策解读，从而为学生在新媒体运营领域的发展奠定坚实基础。然而，校内老师对于业内实际项目的接触相对有限，因此在实践指导方面需要积极寻求业内相关人士的建议和支持。学校邀请的业内专家可以来自不同领域，包括在互联网企业从事运营工作的职员、负责平台流量投放的专员，以及成功直播带货的网红等，他们的多样性有助于为学生提供更全面的实践指导。业内一线工作人员的实际经验对于新媒体运营至关重要。通过他们的分享，学生可以深入了解新媒体运营的当前趋势、政策环境，以及宏观与微观层面的实践经验，从而实现校内教师与业内专家在知识与实践上的互补。

结 语

新媒体作为一种新兴的媒介形式已广泛融入公众生活。为了满足通过新媒体平台达到用户留存和实际收益等目标的需求，新媒体运营岗位随之产生。新传类学科为顺应时代发展趋势，致力于推动大学生探索创新创业新方向，通过不断优化课程内容及教学方法，积极探索新传类大学生新媒体创新创业的教育培养模式，以期让更多的新传类大学生将校内知识有效应用于实践，通过新媒体平台与社会紧密连接，进而实现自我价值。

讲好中国品牌故事

——"品牌战略与管理"课程思政教学的研究与实践

武 文

【摘要】 基于叙事教学，以"讲好中国品牌故事"为切入点，对"品牌战略与管理"践行课程思政展开了深入探索，明确了通过讲好品牌故事促进思政元素融入课程的必要性和可行性。在教学内容设计方面，通过系统梳理与课程教学重点和中国品牌实践紧密结合的品牌故事，深入挖掘其中蕴含的思政元素，实现课程体系与思政元素的有效融合。在教学形式设计方面，着眼于打通课堂内外，设置多重环节，激发学生主体对思政价值的认同感和获得感，不断延伸课程思政的价值，加快实现价值引领、知识传授和能力培养"三位一体"的人才培养目标。

【关键词】 课程思政；中国品牌故事；叙事教学

近年来，"讲好中国故事"成为时代流行语，也成为思政教学改革领域的热门议题。讲故事，即叙事。叙事教学是"将故事作为课堂内容的起点、教学探索的主要来源和逻辑主线，将教学主体、教学内容和教学方法有机整合在一起，将教师主导性和学生主体性有效统一在教学叙事中"[1]。在思政教育领域，对叙事教学的研究近年来成果颇丰，这也与"讲好中国

---

[1] 余保刚. 运用叙事教学提升大学生对思想政治理论课获得感：以"毛泽东思想和中国特色社会主义理论体系概论"课为例 [J]. 思想教育研究，2018（11）：91-94.

故事"的时代语境相一致。代玉启和朱惠羽认为,"随着人们对故事、话语、叙事的关注,对亲和力、吸引力、感染力的渴求,讲故事进入思想政治教育的学科视野,并成为思想政治教育的重要呈现方式。讲故事能够拉近教育者与教育对象之间的语言距离,提升话语契合度;拉近理解距离,提高价值认同感;拉近时空距离,增强时空体验感"[1]。尹禹文和牛涛认为,"叙事教学作为一种立体式、综合性的教学模式,涉及主体、客体、介体、环体等思想政治教育教学要素,历经文本阐释、知识理解、价值认同、理论践行等环节,可以有效提升思政课亲和力"[2]。相关研究认为叙事教学在思政教育中发挥了重要的作用,就故事的构成与讲故事的策略进行了研究,并更进一步地探讨了叙事教学在提升高校思想政治理论课(简称"思政课")教学效果方面的作用。专业课程思政不同于"思政课",专业课程中的思政仍需以传授专业知识为核心,任何脱离了学科专业特点的"思政",都难免会陷入无源之水、无本之木的困境,导致课程失去生命力和立足点。但是也要改变之前"就专业讲专业"的狭窄视域,不能局限于一般性的知识原理讲解,还要阐释知识的价值,将专业知识的学习与中华民族伟大复兴的时代使命结合起来,引导学生去发现自身与他人、社会、民族的联系。专业课程思政既要立足专业性,又要展现价值性,结合专业视角与价值引领的案例故事讲述将是提升教学效果的重要支撑。目前,对叙事教学在专业课程思政中的应用研究还不多见。在"品牌战略与管理"课程思政建设中应用叙事教学的探索还有待开展。本研究以"将思政元素有效融入'品牌战略与管理'课程"为研究对象,探索通过叙事教学,以讲好中国品牌故事作为建设课程思政的教学主线,在生动呈现品牌发展背后的理论逻辑和市场背景,提升课程专业性的同时,又做到提炼品牌故事中蕴含的思政元素,充分发挥课程思政育人作用,并在教学内容和教学方法

---

[1] 代玉启,朱惠羽.讲故事:思想政治教育的重要呈现方式[J].思想理论教育导刊,2021(8):122-126.
[2] 尹禹文,牛涛.叙事教学提升高校思政课亲和力的逻辑和策略[J].学校党建与思想教育,2022(15):66-69.

中回应"讲什么品牌故事"和"如何讲述品牌故事"的命题。

一、讲好中国品牌故事在"品牌战略与管理"课程中的必要性和可行性

（一）"品牌战略与管理"课程讲好中国品牌故事的必要性

1. 讲好中国品牌故事有利于提升授课效果

2016年12月7日至8日，习近平总书记在全国高校思想政治工作会议上指出，做好高校思想政治工作，要因事而化、因时而进、因势而新。大学学习阶段，学生的思维能力和思辨能力不断提升，相比枯燥的理论知识灌输，学生更倾向于能够了解事物本质和规律的、有深度的、充满趣味的学习。建构主义学习理论认为，"知识是情境化、个体化的产物"[1]。在"品牌战略与管理"课程中，叙事教学以品牌故事的发生、发展构建基础情境，使学生在已有认知结构中同化与顺应叙事情境内容，在品牌故事宏大背景和微观细节的融合中，将专业知识和思政价值渗透其中。同时，教师与学生展开对话与协作，共享群体性思维与智慧，共同完成专业知识的内化和所学知识的意义建构。丰富的中国品牌故事搭建了学生掌握品牌相关知识的重要平台，合理增加了课程的人文性、时代性，提升了引领性。借由品牌讲述中国故事，贴近学生的日常生活，借助学生已有的知识结构，有助于激发学生的学习兴趣，引导其深入思考，提升课程教学效果。

2. 讲好中国品牌故事是讲好中国故事的重要组成部分

2019年3月，习近平总书记在学校思想政治理论课教师座谈会上指出："让学生接受马克思主义，离不开必要的灌输，但这不等于搞填鸭式的'硬灌输'。要注重启发式教育……这里面，会讲故事、讲好故事十分重要，思政课就要讲好中华民族的故事、中国共产党的故事、中华人民共

---

[1] 顾海良. 高校思想政治教育导论［M］. 武汉：武汉大学出版社，2006.

和国的故事、中国特色社会主义的故事、改革开放的故事，特别是要讲好新时代的故事。"[1] 2020年11月，教育部高等教育司吴岩司长在"全面推进新文科建设"报告中提到要以"会讲""讲懂""讲好"中国故事为手段，践行新文科提升国家形象的时代使命。学者赵新利等认为，品牌承载了其国家的经济、政治、文化、记忆、内涵等多个维度的信息，可以被视为其所在国家的象征与符号。[2] 品牌故事本身就是中国故事的重要组成部分，讲好中国故事不仅仅是满足对外宣传交流、展示国家形象的时代要求，更是满足对内理论引导、培育人才的时代要求。在"品牌战略与管理"课程中，应通过讲述中国品牌故事展现中国智慧，传播中国声音，实现课程建设中知识性和价值性的统一。

3. 作为日常生活的组成部分，品牌是社会中特殊的媒介形式，本身就在传递价值观

学者张锐等认为，品牌作为社会经济中一种特殊的媒介形式，是功能、知觉、故事、传奇、叙事、神话和意义的共生体。[3] 鲍德里亚（也曾译作波德里亚）在《消费社会》中写到，"消费者与物的关系因而出现了变化：他不会再从特别用途上去看这个物，而是从它的全部意义上去看全套的物……它们不再是一串简单的商品，而是一串意义……"[4] 消费者在消费商品，也在消费符号，消费品牌的象征价值。品牌浸润在我们日常生活的场景中，通过日常消费和大众传播，品牌故事自然而然地传递和共享某种价值和文化，彰显时代特色。市场发展一日千里，国内外品牌故事众多，筛选并讲好中国品牌故事对实现价值塑造、知识传授和能力培养的立德树人目标来说极其必要。

---

[1] 习近平.思政课是落实立德树人根本任务的关键课程[J].奋斗，2020（17）：4-16.
[2] 赵新利，宫效喆.作为国际传播媒介的品牌：日常生活的国际传播[J].青年记者，2023（5）：57-60.
[3] 张锐，张燚.扩展的品牌媒介理论研究[J].科技进步与对策，2008（3）：44-46.
[4] 波德里亚.消费社会[M].刘成富，全志钢，译.南京：南京大学出版社，2000.

(二)"品牌战略与管理"课程讲好中国品牌故事的可行性

1. 讲故事是中国共产党思想政治工作的宝贵经验

故事是人类心智了解和记忆的基础。"故事特有的传奇性、曲折性、冲突性、戏剧性、生动性和形象性,使之成为最有效、最持久的文化传承和认同构建的形式。"[①] 善讲故事是中国共产党思想政治工作的重要经验。要通过"讲故事"的方式做好国际传播,传播好中国声音,并在国内外各重要场合身体力行地"讲故事"。新闻宣传工作也将"讲故事"视为舆论宣传和行业实践的创新方式,主动开拓"讲故事"的实践空间。

2. "品牌战略与管理"课程本身提供了讲述中国品牌故事的空间

本课程的一个重要特点是在讲授理论内容的同时要结合大量经典和热门的品牌管理案例,做到既通过案例充分支撑理论知识,又能够紧跟市场发展前沿变化,追踪热点品牌事件。这就为课程进行思政改革探索提供了一个重要途径:讲好中国品牌故事。品牌故事本身包含了丰富的值得挖掘的优质思政资源。品牌课程的研究对象来自现实市场中的真实企业真实策略,品牌的发展为中国经济腾飞和国力日益强大写下辉煌的注脚,也为讲述中国故事提供了真实鲜活的案例素材。因此,结合课程内容,将"品牌战略与管理"的知识点与中国品牌故事进行融合,既能生动呈现中国品牌的发展与反思,激发学生学习兴趣,培养学生形成较高的专业素养,又能使学生从中国品牌崛起的故事中见证中国智慧,领略中国力量,进而厚植创新精神、奋斗精神和爱国情怀,达到润物细无声的效果。

二、讲好中国品牌故事,做好"品牌战略与管理"课程思政教学内容设计

选择合适的故事作为叙事教学素材并与专业知识有效融合是提升专

---

① 向勇.文化产业导论[M].北京:北京大学出版社,2015.

业课程思政教学效果的重要一环。无论是历久弥新的经典品牌还是层出不穷的新兴品牌，它们的传奇故事都能勾勒出一幅浓墨重彩的社会画卷。在探索建设以讲述中国品牌故事为主线的"品牌战略与管理"课程思政内容时，首先，应围绕教学重点内容和中国品牌实践去梳理中国故事；其次，合理挖掘这些故事背后蕴藏的思政元素及其内涵；最后，需要将中国品牌故事与课程内容体系进行整合，提升思政元素的融入性。

（一）结合教学重点与品牌实践，梳理中国品牌故事

"品牌战略与管理"课程涵盖诸多知识模块，内容非常丰富。从品牌及品牌化、品牌战略等基础概念的解析，到定位品牌价值、创建与提升品牌资产，再到评估品牌绩效与长期品牌管理等，不同的知识模块背后都能对应相关的品牌故事。因此，结合课程内容安排品牌实践，对品牌故事展开梳理，一方面要做到中国品牌故事与教学内容恰当衔接，提升专业授课效果；另一方面要注重在故事选择中实现价值塑造、知识传授、能力培养三位一体的思政元素素材的积累。例如，追溯品牌概念的起源，北宋济南刘家功夫针铺的"认门前白兔儿为记"生动地体现了中国古人在商业品牌设计上的智慧。

（二）挖掘中国品牌故事中蕴含的思政教育元素

中国品牌的发展史背后是一部中国企业和社会波澜壮阔的发展史，中国品牌故事可以成为引导学生了解世情国情、党情民情的切口。品牌从创建初始到长期管理离不开创新与奋斗，更离不开把握时代潮流的大局意识和诚实守信、勤勉敬业的工匠精神。无论是品牌发展实践还是专业理论内容，都与社会主义核心价值观紧密呼应。扎根中国大地的众多中国品牌提供了讲述中国品牌故事的丰富蓝本，其中蕴含着丰富的、可供多角度挖掘的思政教育元素。以下仅从中国品牌故事背后的中华优秀传统文化元素、创新思维元素、家国情怀元素、国际视野元素等方面进行整理。

1. 挖掘中国品牌故事中的中华优秀传统文化元素

中华优秀传统文化是中华民族的突出优势，是我们最深厚的文化软实

力。中华优秀传统文化中凝结了中华民族的语言习惯、风俗传统、道德修养、精神追求和情感认同。

一方面，扎根于中华大地的中国品牌其经营活动本身就体现着中华优秀传统文化的基因。尤其是老字号品牌的故事充分体现了传统文化与现代品牌营销道德的相通之处。中华老字号品牌同仁堂的创始人乐显扬综合《周易》《素书·安礼》和韩愈的《清边郡王杨燕奇碑文》，用"同仁"二字给其品牌命名，其中蕴含了儒家"天下为公"的思想。同仁堂的大堂对联上写道："同声同气，济世济人；仁心仁术，医国医民"，其品牌文化深刻体现了传统文化中"讲仁爱、重民本、守诚信、崇正义、尚和合、求大同"的思想精华。浸润在老字号品牌故事中的爱国、敬业、诚信、友善，以及品牌管理的价值取向和个人行为准则，在潜移默化中向学生传递。

另一方面，中国品牌也积极将中华优秀传统文化元素融入中国品牌设计，让传统文化随着中国品牌的创新不断焕发更强大的生命力。例如，近年来兴起的"国潮"热浪。李宁品牌在2018年推出"中国李宁"系列，该系列登上国际时装周，重新定义了品牌的调性，使品牌回到年轻人的购买清单。中华优秀传统文化助力国货品牌发展，学生在对国货品牌的研究中，逐渐强化文化自信、民族自信，进而在未来的专业应用中饱含中国心、中国情。

2. 挖掘中国品牌故事中的创新思维元素

创新是品牌在激烈的竞争中脱颖而出，并长久保持竞争力的关键，也是"推动中国制造向中国创造转变、中国速度向中国质量转变、中国产品向中国品牌转变"的重要基础。中国品牌的发展历程中从来不乏创新的故事。成立于2006年的大疆创新以一流的技术产品重新定义"中国智造"内涵。通过不断地技术创新，大疆拥有全球领先的无人机行业核心技术，牢牢掌握了市场的话语权和主动权，建立了强大的竞争壁垒。挖掘和阐述中国品牌发展背后的创新思维，引导学生认识和理解创新思维在品牌创建、品牌定位、品牌资产建设中的重要意义，可以进一步增强学生的创新意识，培养学生的创新能力。

3. 挖掘中国品牌故事中的家国情怀元素

民族是想象的共同体，是凝结了无数集体记忆、集体情感的命运共同体。家国情怀流淌在中华民族的血脉当中，成为一种信仰，也成为一条联结个人与家国的纽带。

一方面，品牌实力是国家实力的体现，品牌战略也是国家战略的重要组成部分。"中国品牌的成长之路，就是中国社会政治、经济、文化等多种因素发展的集中反映和呈现，透过品牌，能够折射出当时社会发展的方方面面。改革开放以后，中国品牌乘着时代的东风实现了前所未有的高速成长。"[①] 中国诞生了一大批卓有成就的全球知名品牌，成为全球品牌竞争中不可忽视的力量。品牌创业奋斗的故事中，既有企业家勇闯敢干的创新精神，也有普通员工坚守岗位的勤劳奋进。另一方面，承担社会责任已成为企业品牌价值构成的重要维度。2021年，国货品牌鸿星尔克向河南水灾灾区捐赠5000万元物资，引发大量消费者"野性消费"，产品销量和品牌美誉度在短时间内迅速提升，成为现象级案例。品牌的经营活动不仅要有商业利益的考量，也要考虑广大消费者及社会的利益和福祉。尤其是面对灾难和疫情的时候，中国人"同舟共济，守望相助"的民族情感也深深体现在中国品牌的"挺身而出"上。品牌发展的故事有利于引导学生从更多角度理解国家的发展成就，树立"四个自信"，同时也能够激发学生以专业报国、积极进取的意识，在深刻理解国家战略的基础上，主动承担历史使命。

4. 挖掘中国品牌故事中的国际视野元素

近年来，中国品牌正在加速"出海"，中国品牌走向国际化已是大势所趋。2023年是共建"一带一路"倡议提出十周年，十年来，我国已与

---

① 黄升民，张驰.新中国七十年品牌路：回望与前瞻[J].现代传播（中国传媒大学学报），2019，41（11）：1-11，46.

150多个国家、30多个国际组织签署了200多份共建"一带一路"合作文件。"一带一路"建设促进了我国与共建国家的贸易，也为中国品牌带来了广阔市场。2020年，宇通客车与卡塔尔签署战略合作框架协议，在卡塔尔建立电动客车工厂。卡塔尔世界杯后，宇通客车海外销量呈现爆发式增长，成为"一带一路"沿线市场一张耀眼的中国新能源名片。在数字技术和跨境电商发展的背景下，品牌营销模式也发生了极大的变化。SHEIN作为一个面向全球的电子商务平台品牌，凭借全球领先的"按需生产"柔性供应链和"实时零售"模式迅速成为跨境电商中的黑马。挖掘中国品牌故事中的国际视野元素，立足中国品牌的"出海"实践，展现中国品牌在国际市场中日益强大的影响力，有助于引导学生拓展视野，理解国际视野在品牌管理中的重要性，关注国际市场中的品牌营销传播现象，探索国际市场中的品牌发展规律。

（三）整合教学内容体系，融入中国品牌故事

课程思政的改革探索，以课程内容为中心，以中国品牌发展实践为线索，遵照科学、合理、典型的原则选择中国品牌故事融入课程教学。通过"故事线+知识点+思政延伸"的形式，中国品牌故事与课程知识点紧密衔接，形成充分利用课堂时间、延伸课后思考、引导学生主动探索的教学效果（见表1）。

表1 中国品牌故事与教学内容的整合示意

"品牌战略与管理"课程知识结构	中国品牌故事（示意）	课程思政元素融入
第一章：品牌和品牌管理	北宋济南刘家功夫针铺的故事 中国品牌四十年发展小史 从中国制造到中国智造：科沃斯的转型发展	"四个自信" 奋斗精神 创新精神 国际视野
第二章：制定品牌战略	国潮当道，李宁品牌的重新定位 大疆创新，中国智造弯道超车 中国银联，"虽远必达"的业务，"分文不差"的使命	中华优秀传统文化 文化自信 创新思维 奋斗精神

续表

"品牌战略与管理"课程知识结构	中国品牌故事（示意）	课程思政元素融入
第三章：品牌营销活动	价值共创，小米品牌的营销创新 鸿星尔克事件，品牌公益营销新思考	创新思维 家国情怀
第四章：评估和诠释品牌绩效	互联网+品牌新势能：瑞幸的故事 电商品牌黑马：SHEIN的故事	创新思维 改革创新的时代精神 国际视野
第五章：提升和维系品牌资产	年轻化：老字号品牌的机遇与挑战 惊艳亮相卡塔尔：宇通客车的出海之路	家国情怀 工匠精神 敬业、友善等核心价值观 国际视野

三、讲好中国品牌故事，做好"品牌战略与管理"课程思政教学形式设计

叙事教学，不但要考虑叙事的内容，更要考虑叙事的方式。一方面，通过教学方法的设计，转变叙事者身份，师生协同讲述，充分发挥教与学双方的积极性，激发学生主体对思政价值的认同感和获得感。另一方面，通过教学环节设计，让宏观叙事与微观叙事相结合，打通课堂内外，结合线上、线下各类教学信息资源和品牌实践资源，渐进式拓展课程思政的价值。

（一）善用案例教学，启发学生思考

思政教育不是课堂上刻板、空洞的说教，也不是教师单方面的表演和灌输。只有让知识鲜活起来，让课堂生动起来，才能实现情感的有效沟通、价值的有效传递。案例教学法是指教师根据教学目标和内容要求，精心收集、策划、设计案例，将学生置于特定情景，通过师生互动与学生之

间互动，引导学生对案例进行深入分析、广泛讨论和交流，借以提高学生发现问题、分析问题和解决问题的能力，培养学生的创新思维和团队协作意识的教学方法。根据"品牌战略与管理"课程讲好中国品牌故事、融入思政元素的要求，案例教学法是课程教学中采用的重要方法。通过精心设计案例，介绍品牌故事背景，在具体的品牌问题情境中，在课堂的互动讨论中，在学生设身处地地对问题解决方案的探索中，品牌故事自然起承转合，增加了课程的趣味性和启发性。这样的品牌故事，不是由教师从头到尾讲完内容并进行引申，而是给学生留下探索与思考的空间，引导学生自己得出结论，树立正确的价值观念。

（二）设计教学环节，拓展思政价值

思政元素融入课程，重在春风化雨、润物无声，思政价值的领会和延扩也是一个渐进的过程。通过设置课前、课中、课后三重学习环节，打通课堂内外，以项目任务为驱动，引导学生由表及里、逐层深入地探索、理解中国品牌故事，可以使学生在此基础上领会其中所蕴含的思政价值。

1. 前置品牌故事背景

结合教学目标和知识点，提前布置任务，对品牌故事的讲述进行"预热"。多样化的品牌故事要求不同程度地"预热"。学生依据任务要求，或对品牌相关文字材料进行阅读，或利用线上资源、线下调研提前对某品牌事件进行了解，形成初步研究成果。

2. 聚焦品牌故事亮点

课堂是课程思政实施的关键，教师承担着实施课程思政的关键任务。一个来自真实世界的品牌故事映照出丰富多元的思政价值，因此，教师要围绕教学目标，合理提炼品牌故事中的知识点，恰当对接品牌故事与思政元素的"触点"，聚焦品牌故事的高光亮点，完成价值引领、品牌知识传授、能力培养"三位一体"育人目标。

3.延扩品牌故事价值

发挥课程思政的育人作用，发挥课程内容所蕴含的思想价值和精神内涵，绝不仅仅限于课堂。通过多元化的品牌故事讲述者打造多维度的品牌故事，可以拓宽课程思政教育空间。"品牌战略与管理"作为一门具有较强实践性和应用性的课程，就要充分拓展课外环节，提升专业课程的深度和广度。一方面要着力打造课外平台，聆听来自实践一线的品牌从业者的声音。结合业界的鲜活经验，利用品牌专业知识分析这些实践策略和操作，在加强课程专业性的同时，可以引领学生关注中华优秀传统文化、树立创新思维、体悟奋斗精神等。另一方面要引导强化学生主体内生的思政价值延扩动力。可以组织学生对品牌的发展实践展开调研，根据调研结果和实践经历，写作微型品牌故事，运营主题自媒体账号。让学生在实践中体会思政价值对专业能力的提升、对行业发展的促进，从而增强学生对思政价值的认同感。此外，让学生从输入到输出的转换过程中，完成对知识和价值的内化，增强对思政价值的获得感。

结　语

党的二十大报告指出，要"讲好中国故事、传播好中国声音，展现可信、可爱、可敬的中国形象"。中国品牌演绎的成功故事，也是我国形象的一个重要组成部分。要通过叙事教学，将中国品牌故事与思政元素有效连接，在一个个生动的品牌故事中，彰显课程思政价值。此外，我们也应该注意，思政价值的发挥存在过程性和渐进性。在叙事教学推动课程思政的过程中，要考虑学生的认知水平、知识储备、实践经验以及兴趣爱好等因素，动态结合本专业学生特点和故事讲述，进一步探索叙事教学在专业课程思政中的作用和策略。

艺术与议程：新媒体时代艺术类高校思政课教学创新

张孟军　姚小菲

【摘要】 新媒体时代给高校教育带来变革，艺术类高校思政课教学面临信息爆炸和价值多元的双重挑战。为了有效应对这些挑战，基于议程设置理论创新艺术类高校思政课教学展现出了极大的可行性。基于此，新媒体时代下艺术类高校思政课教学可从议题引导、艺术诠释、媒体素养提升等方面提升思政课的吸引力和教学成效，培养学生的综合能力。

【关键词】 新媒体时代；艺术类高校；思政课；议程设置；互动教学

新媒体时代，信息技术的迅猛发展给高校教育方式和内容带来了前所未有的变革。在这个时代，高校思政课作为培养学生人生观、价值观和道德观的教育，面临着信息爆炸和价值多元的双重挑战。[①] 新媒体背景下，传统艺术教育正在发生解构，新的艺术教育正在建构。[②] 这也影响了思政课教学的有效性，对思政课教师提出了更高的要求。

面对新媒体时代的挑战，艺术类高校在保持专业艺术教育特色的同时，怎样有效地利用新媒体技术进行思政课教学，是一个亟待解决的问

---

① 韦庠，秦佩璐.新媒体时代下高校艺术教育与管理的对策研究［J］.四川戏剧，2019（8）：181-184.
② 徐韵，康健.论新媒体时代艺术教育的策略创新［J］.南京师大学报（社会科学版），2011（5）：107-112.

题。基于议程设置在传播领域的优势，思想政治理论课可从大学生心理关注、提高理论灌输长效和培养大学生思维判断力等方面优化教育效果。[1]因此，本文从议程设置的视角，对艺术类高校的思政课教学创新进行了分析和探讨，并提出了创新的教学策略。

一、新媒体时代下艺术类高校思政课教学面临的挑战

在新媒体时代，高校思政教学正在经历一场深刻的变革。互联网和社交媒体的普及不仅改变了信息的传播模式，也重塑了学生的学习习惯和价值观念。这种背景下，传统的思政课教学模式遭遇了前所未有的挑战。

（一）新媒体环境下艺术类高校大学生获取信息的新特点

新媒体技术，特别是互联网和社交媒体的广泛应用，极大地改变了信息的传播方式和接收习惯。这些变化直接影响了教育领域，尤其是思政课的传播效果和接受度。

1. 信息爆炸和碎片化

随着互联网的普及和新媒体技术的迅猛发展，信息传播的速度和规模呈爆炸式增长。学生可以随时随地通过手机、电脑等新媒体渠道获取各种信息。虽然新媒体将零散的信息整合，但高校青年在使用中却存在碎片化倾向[2]，这使得学生们在接收信息时难以集中注意力，深入理解思政课教学的内容。比如，传统的思政课堂，教师会系统地讲解每一个知识点，确保学生能够集中精力听讲和思考，从而有效地吸收和掌握知识。但在新媒体环境下，学生们接触到的信息往往不再是一个完整的体系，而是零散且跳跃的片段。这些信息的碎片化特性，使学生们的注意力也变得分散，难以

---

[1] 王爱莲，康秀云.引入议程设置提升思想政治理论课实效性[J].思想政治教育研究，2015, 31（5）: 68-70.
[2] 韩晓峰，张天译.新媒体环境下高校思想政治教育工作的机遇与挑战[J].东北师大学报（哲学社会科学版），2015（6）: 219-222.

将信息串联起来形成完整的知识体系。因此，尽管新媒体为学生提供了丰富的信息来源，但也对他们的学习效果产生了一定的影响。

2. 信息茧房和回音室效应

社交媒体算法的推荐机制，在新媒体时代，已成为信息传播的重要手段。这种机制通常基于用户的兴趣和偏好，推送个性化的内容，看似提供了更为精准的信息服务，却带来了不容忽视的负面影响。最为显著的问题是信息茧房和回音室效应。对大学生而言，这种影响尤为深远。大学生是社会的未来，他们的思维方式和价值观将决定社会的走向。当只接触与自己观点一致的信息时，他们的原有观点往往会被不断强化，而对于与自己不同的观点，则可能产生排斥或忽视的态度。这种单一信息输入，削弱了大学生批判性思考的能力，使他们在面对复杂问题时，难以做出全面和客观的判断。因此，艺术类高校思政课教学必须正视社交媒体算法推荐机制带来的问题，努力打破信息茧房和回音室效应。

3. 娱乐化和消遣化

新媒体的发展使思政课教学环境变得复杂[①]，信息的呈现方式发生了显著的变化，更加倾向于娱乐化和消遣化。这一转变，无疑为学生们带来了更多的娱乐选择，却也带来了潜在的问题。学生们在享受这些轻松、有趣的内容时，往往容易沉迷其中，以至忽视了对于思政课教学内容的学习。

有许多思政课教师尝试以短视频平台延伸课堂教学，试图通过轻松幽默的方式吸引学生的关注。这种方法确实在一定程度上吸引了学生的注意力。但是，由于过度追求娱乐化和趣味性，这些短视频往往在教育深度和严肃性上大打折扣。学生们在欢笑中可能并未真正明白思政课教学的内容，更无法深入理解其背后的深层含义。因此，在新媒体环境下延伸思政课，既要提高思政课的吸引力和传播效果，也要确保教学的深度和严

---

① 姬立玲. 新媒体环境下高校思政课教学方法创新探究[J]. 思想教育研究，2016(10)：82-85.

肃性。

（二）新媒体对艺术类高校思政课教学的冲击

新媒体的开放性、互动性和即时性等特点，导致学生在接收信息时更倾向于碎片化和娱乐化。新媒体为艺术类高校大学生思想政治课教学提供了一个全新的平台，它不仅使思政课教学在内涵、空间、信息和模式上呈现新的特点，而且给传统思政课教学带来挑战。①

1. 艺术类高校思政课教学效果下降

新媒体环境下，学生获取信息的渠道更加多元，对传统课堂教学的依赖度降低。传统的思政课教学往往以灌输式、单向度讲授为主，难以适应学生碎片化、娱乐化的信息接收习惯，容易导致教学效果下降。

新媒体环境下，学生的日常生活充斥着碎片化信息和娱乐化内容，这给思政课教学带来了挑战。碎片化信息很难让学生集中注意力，深入理解思政课教学的内容。传统的灌输式讲授方式，往往要求学生被动接收大量信息，这与学生碎片化的信息接收习惯相悖。此外，娱乐化内容容易吸引学生，使他们忽视了对严肃枯燥的思政课教学内容的学习。

传统的思政课教学以单向度讲授为主，学生缺乏参与感和互动性。这种教学方式与学生在新媒体环境下习惯的互动和交流方式不符。随着人工智能技术的发展，一些传统的教学工具得到升级，如智能化的 App、个性化的学习平台等，这些工具提供了可视化、动态化的学习环境，进一步拓展了教学工具的功能。② 然而，传统的单向度讲授难以满足学生的需求。

2. 艺术类高校思政课信息接受度降低

新媒体环境下，一些学生可能对思政课的内容产生抵触或质疑，导致接受度降低。首先，一些同学可能受到网络极端思想的影响，对传统价值

---

① 刘振海，魏永军，祖强，等. 新媒体时代高校思政教育的高质量发展路径研究：基于社会认知理论的视角［J］. 江苏高教，2023（10）：104-108.
② 颜佳华，李睿昊. 人工智能驱动的高校思政课教学模式创新论纲［J］. 湘潭大学学报（哲学社会科学版），2022，46（3）：118-124.

观产生怀疑，对思政课教学的内容产生抵触或反感。尤其是一些内容在媒体之间扩散并产生共振后[1]，更会对学生产生不良影响。其次，传统的思政课教学的内容往往与学生的生活实际脱节，难以引起学生的共鸣。当前，大学生们更关注与他们的生活密切相关的问题，如就业前景和收入水平等。这是因为大学生们通常会面临毕业后就业的压力，他们希望能够找到一份稳定的工作并达到一定的收入水平。传统的思政课教学内容难以满足学生的这些需求，导致他们接受度降低。学生获取信息的途径变得越来越多样，这也对思政课的教学效果产生了不利影响。学生可以通过各种渠道获取信息，而这些渠道中往往夹杂着一些错误或带有偏见的观点。这给思政课的教学带来了全新的挑战，教师需要协助学生提升信息素养，学会辨别真伪信息，抵制错误思想的影响。

3. 艺术类高校思政课批判性思维弱化

在新媒体环境下，信息茧房和回音室效应使艺术类高校大学生接触不同观点和进行批判性思考的机会减少。这导致学生的批判性思维能力减弱，容易被错误信息或极端思想所误导。信息茧房效应让大学生只接触自己感兴趣或认同的信息，这限制了他们的思想交流和碰撞，导致他们思维固化，难以形成全面的、客观的认识。回音室效应使大学生只听到自己想听到的声音，导致他们只能接触到强化自己原有观点的信息。这使得他们的偏见和成见不断强化，难以形成独立的判断。信息茧房和回音室效应对思政课也产生了负面影响，阻碍了学生对思政课内容的全面理解和客观评价。

（三）艺术类高校思政课教学需解决的关键问题

在新媒体环境下，艺术类高校思政课教学应主动反思新媒体环境对大学生思想、行为引导方面的缺失，更应看到新媒体的发展与运用也将为思想政治教育方法创新带来新的契机和希望。[2] 因此，最重要的是找准思政课

---

[1] 李青青. 新媒体时代媒介议程设置理论嬗变与发展［J］. 中国出版，2021（16）：28-31.
[2] 张雯婷. 新媒体时代大学生思想政治教育方法的创新策略探析［J］. 学习与实践，2010（10）：73-76.

教学需要解决的关键问题。

1. 如何提升艺术类高校大学生的新媒体素养

新媒体时代，艺术类高校大学生需要学会从海量信息中筛选出有价值的内容。这项能力将直接影响他们能否正确理解和使用这些信息。拥有较高水平的新媒体素养意味着能够有效识别信息的真实性，避免受到虚假信息的误导，还意味着能够辨别信息中的偏见和主观臆断，保持客观和理性的思考。提升新媒体素养有助于大学生更好地利用信息，并将其转化为知识和能力，为未来的学习和工作奠定坚实基础。因此，艺术类高校的思政课教学应当将提升大学生的新媒体素养作为重要任务之一，帮助他们适应新的媒体环境，提高他们信息素养和综合能力。增强学生对新媒体的理解和运用能力，是提高他们综合素质和未来发展潜力的关键所在。

2. 如何培养艺术类高校大学生的批判性思维

新媒体时代，信息和观点的多样性要求思政课教学更加重视批判性思维的培养。在信息爆炸的新媒体环境中，批判性思维对于大学生至关重要，能够帮助他们不盲从、不迷信，敢于质疑权威。拥有批判性思维的学生能够独立分析问题，不轻易接受表面上的结论，能够通过深入分析和推理评估信息的真实性和可靠性。这种思维方式有助于他们避免被误导和被欺骗，使他们在面对复杂问题时更加从容和自信。批判性思维还能帮助学生形成独立思考的能力，培养他们的创新精神和创造力，这对于学生未来的学习和职业发展至关重要。因此，艺术类高校的思政课教学应注重培养学生的批判性思维，使他们在新媒体环境中能够保持清醒的头脑，做出明智的选择。通过这样的教学方式，学生不仅能更好地适应快速变化的社会环境，还能为未来发展打下坚实的基础。

3. 如何塑造艺术类高校大学生的社会责任感

新媒体时代，大学生的一举一动都会对社会发展和进步产生重要影响。艺术类高校的思政课教师有责任引导学生树立正确的社会责任观，使他们深刻认识到自己作为社会成员应尽的责任和义务。具有强烈社会责任感的大学生能够清晰地认识到自己的行为对社会产生的影响，从而积极履行自己的社会义务和责任，还会关注社会中存在的各种问题，特别是关注弱势群体的需求，并自发地为社会的进步和发展贡献自己的力量。这种精神有助于艺术类高校大学生成为负责任、有担当的公民，还能推动整个社会朝着更加和谐、繁荣的方向发展。与此同时，强化艺术类高校大学生的社会责任感也有助于他们在新媒体环境中保持正确的价值取向和行为准则，自觉抵制网络暴力和谣言等不良信息，主动传播正能量，为营造一个健康、文明的网络环境贡献自己的力量。因此，思政课教学应当着重培养和增强学生的社会责任意识，强化他们的公民意识和社会参与意识，让他们在面对新媒体环境中的各种挑战时保持清醒头脑，成为有担当、有作为的新时代青年。

二、基于议程设置创新艺术类高校思政课教学的可行性

应对当前思政课教学的困境，平台建设是应用于高校思想政治教育精准化发展的重要载体。[1] 运用好网络新媒体平台，发挥好网络议程设置的内容供给、价值引领和交互影响作用，统筹网上网下思想政治教育平台，才能把这个最大变量转换为育人的最大增量。[2] 艺术类高校如何有效地利用新媒体平台，创新思政课的教学方式和内容，议程设置理论可以发挥主动引导功能和释疑解惑的作用[3]，这是解决这一问题的重要手段。作为传播学领域的重要理论，议程设置理论认为媒体可以通过控制公众对于重要议题的注意力，影响公众的舆论和行为。这一理论与艺术教育有诸多契合之处，

---

[1] 唐平秋，刘婷婷.人工智能赋能高校思想政治教育精准化发展的思考［J］.学校党建与思想教育，2024（5）：78-81.
[2] 曹杰.新时代大学生网络思想政治教育议程设置创新研究［J］.思想理论教育导刊，2020（6）：151-154.
[3] 禹规娥.议程设置：新媒体环境下大学生思想政治教育有效性探析［J］.广西师范大学学报（哲学社会科学版），2011，47（5）：135-138.

在艺术类高校思政课教学中具有可行性。

（一）艺术类高校思政课议程设置原理

议程设置理论，作为传播学领域的重要理论之一，由美国学者沃尔特·李普曼和伯纳德·科恩提出。这一理论的核心观点在于，媒体并非单纯的信息传递者，更是社会议题的设置者，能够通过精心选择、强调和编排新闻内容，影响受众对社会议题的认知和关注程度。简而言之，媒体通过议程设置，不仅塑造了公众对世界的看法，更在一定程度上决定了公众思考的内容和方向。新媒体时代，网络媒体与网民之间仍然具有议程设置的效果，网络媒体之间也具有议程设置的效果。[1]议程设置理论为艺术类高校思政课教学提供了一种全新的思路和方法。思政课程教学选择和强调对学生具有重要意义的社会议题，不仅可以帮助学生深入了解议题的背景、意义和影响，而且可以有效提升他们的社会意识和关注度。为了进一步深化教学效果，艺术类高校的思政课教师可采用议程设置理论框架，引导学生批判性地分析和解读社会议题。通过这种方式，思政课能够培养大学生的批判性思维，增强他们的独立判断能力，使他们避免受到媒体和意识形态的操纵和误导，确保他们能够在多元复杂的社会环境中，积极参与社会生活，为社会的进步和发展做出积极贡献。

（二）议程设置理论与艺术教育的契合点

艺术教育强调情感表达和创造性思维，议程设置理论的应用可以与艺术教育的这些特点相结合。通过艺术作品的创作和欣赏，学生可以更深刻地理解和体验社会议题，从而在情感上产生共鸣，促进价值观的形成。艺术教育强调情感表达和创造性思维，这与议程设置理论的应用具有天然的契合点。

1. 艺术的情感共鸣：激发学生社会参与的催化剂

艺术，作为一种独特的情感表达方式，能够激发学生对社会议题的情

---

[1] 蒋忠波，邓若伊. 网络议程设置的实证研究：以提升网络舆论引导力为视阈[J]. 新闻与传播研究，2011，18（3）：100-105，113.

感共鸣，进而催化他们的社会参与意识。议程设置理论指出，媒体通过情感引导公众关注特定议题。同样，艺术教育通过其丰富的情感表达，能够触动学生的内心，使他们更深入地理解社会议题，产生参与其中的冲动。艺术作品的情感表达力犹如一把钥匙，开启学生心灵深处的情感之门。AIGC（生成式人工智能）为学生的创作方式提供了新途径，通过人工智能的生成方式，学生能够突破传统媒介的限制，使用新媒体进行艺术创作。① 音乐的旋律、绘画的色彩、舞蹈的动作，都能触动学生的情感，让学生在欣赏过程中产生强烈的共鸣。这种共鸣不仅加深了学生对社会议题的理解，更激发了他们参与社会变革和公共事务的热情。在思政课教学中，可以充分利用艺术作品的情感共鸣效应，将其作为引导学生关注社会、政治议题的重要工具。这样，艺术教育不仅能够培养学生的审美能力，更能够激发他们的社会责任感和使命感。

2. 创造性思维的培养：艺术教育与议程设置理论的交叉点

艺术教育与议程设置理论在创造性思维的培养方面找到了共同的交叉点。议程设置理论强调对议题进行多维度、多角度解读，而艺术教育则鼓励学生自由探索和创新表达，这种自由与创新的精神正是培养创造性思维的关键。艺术课教学不仅让学生学会了欣赏美，还让学生学会了创造美的技能。他们通过绘画、雕塑、音乐等艺术形式表达自己对世界的认知和情感，不仅凸显了他们独特的审美观，也激发了他们的创新思维。这种创新思维能力有助于学生对议题进行个性化的解读和深入分析，从而培养出批判性思维和独立思考的能力。高校艺术类思政课教学可以借鉴艺术教育的方法，激励学生以艺术的形式表达对社会议题的见解。这种方式不仅能够让学生对议题有更深刻的理解，也锻炼了他们批判性和创造性思考的能力。

3. 价值观的塑造与艺术传播：构建积极的社会意识形态

艺术教育教学在价值观的塑造与传播方面发挥着举足轻重的作用，与

---

① 张牧，顾群业，田金良. AIGC 为新媒体艺术教育带来的机遇与挑战［J］. 青年记者，2024（3）：109-112.

议程设置理论中强调的媒体价值观引导功能相得益彰。艺术作品作为人类文明的结晶，蕴含着丰富的社会价值和道德观念，这些观念通过艺术作品的传播和欣赏，能够潜移默化地影响学生的价值观。

艺术教育的深远意义在于，它不仅让学生接触和了解了各种艺术形式，更在他们欣赏和创作的过程中，引导他们体验和领会了深层的社会价值和道德理念。学生通过艺术作品的感染力，体会到真善美的力量，建立起积极的人生观和价值观。艺术创作本身也成为学生表达这些价值观和追求更高层次艺术境界及社会理想的平台。在思政课教学中，教师可以巧妙地利用艺术教育的这一特点，将其作为传递正面社会价值观念和塑造学生积极思想的有效手段。教师可以通过组织各种艺术活动，让学生在参与的过程中接受价值观的熏陶，从而树立起正确的世界观、人生观和价值观。

三、基于议程设置理论创新艺术高校思政课教学对策

在新媒体时代，艺术类高校思政课应基于议程设置理论，充分利用新媒体技术的优势，鼓励学生积极参与，构建一个互动性强、参与度高的教学环境。

（一）议题引导：社会意识与批判性思维的同步提升

艺术类高校思政课教学创新策略首先体现在议题引导上。议程设置理论中议题的显著性转移与思政课教学中的案例教学法具有高度耦合性。[1] 随着元宇宙、区块链、云计算、大数据等新兴媒介技术的变革，以新媒体、移动互联网为主要载体的融媒体正以几何级的方式产生着海量的互联网信息，给高校思政课教学提供了丰富的教学内容来源。[2] 教师应依据议程设置理论，利用丰富的网络资源和社交媒体平台，精心挑选与学生生活紧

---

[1] 崔小波. 议程设置理论视域下思政课案例教学的创新路径[J]. 传播与版权，2024（5）：103-106.

[2] 杜昀. 融媒视阈下高校思政教育工作融合创新研究[J]. 传媒，2022（3）：80-82.

密相关且具有社会意义的议题。通过新媒体平台，教师可以实时更新议题内容，利用互动讨论、案例分析等形式，引导学生主动探索和思考，从而提升其社会意识和批判性思维。

在实施议题引导策略时，教师需关注学生的兴趣点和认知水平，可以结合当前的社会热点，选择能够激发学生思考、有高度的议题，注重对学生的价值引领。[①]例如，针对环保议题，教师可以展示艺术作品中的环保元素，分析其背后的社会意义，引导学生从艺术的角度理解环保的重要性。同时，教师应引导学生通过微博、微信等网络平台参与相关议题的讨论，如在社交媒体上发起话题，收集不同观点，促进学生的社会参与意识。此外，教师还可以设计相关的课堂活动，如模拟环境会议，让学生扮演不同角色，从多角度审视和讨论环保议题，这样的活动不仅能够加深学生对议题的理解，还能够锻炼他们的沟通协调能力和团队合作精神。

（二）艺术诠释：深化议题理解与价值观塑造

艺术作品诠释作为艺术类高校思政课的一种教学策略，对于深化学生对议题的理解以及塑造其价值观具有不可替代的作用。议程设置理论认为，媒体对议题的框架和解读会对公众的认知和态度有显著影响。艺术类高校思政课教师可以借鉴这一理论，通过艺术作品的诠释和解读来呈现社会议题，引导学生深入理解社会议题，培养他们的批判性思维和独立判断能力。

好的艺术诠释应选择与教学议题紧密相关的艺术作品，体现学生的主体地位，积极引导学生融入课程教学活动。艺术类高校教师在教学过程中要以生动、鲜活的形式为学生展现艺术作品，让学生对艺术作品产生情感共鸣，同时利用新媒体打通线上和线下教育活动，使学生在课程学习中自主提高核心素养和道德情操。[②]在艺术作品的赏析过程中，教师应注重引导

---

① 孙建东.高职院校网络思想政治教育议程设置实践研究［J］.新闻研究导刊，2023，14（18）：188-191.
② 刘煜.全媒体时代艺术欣赏课与思政融合路径［J］.中国报业，2023（16）：82-83.

学生形成正确的价值观。例如，在探讨文化传承议题时，教师可以引导学生欣赏传统艺术作品，让他们感受传统文化的魅力，同时鼓励他们思考如何在现代社会中传承和发展传统文化。

（三）媒体素养：提升信息辨识与独立思考能力

在新媒体环境下，人们正在失去支配自身能力的自由，正在失去形成和表达自我意志的可能，认清新媒介，穿透后现代的迷雾，才能把握文明进步的方向。[1]艺术类高校思政课教师可以利用议程设置理论，培养学生的媒体素养，帮助他们批判性地接收和分析信息，避免被不实信息或市场导向的审美所误导。

在实施媒体素养策略时，艺术类高校教师在教学过程中需要向学生清晰地阐释媒体的运作机制，包括议程设置的过程，以及媒体如何通过选择、强调和编排新闻内容来影响公众对议题的认识，引导学生认识媒体议程的存在。同时，艺术类高校的思政课教师要善于通过课堂互动设计，让学生分析如何识别虚假、低俗的艺术作品信息，进一步锻炼学生的批判性思维，让学生形成独立的艺术审美观，不盲目追随媒体和市场的审美趋势。通过培养学生的媒体素养，思政课教师可以帮助他们成为具有批判性思维、独立判断能力和社会责任感的公民，为他们在新媒体时代健康发展保驾护航。

（四）社会实践：激发社会参与意识与艺术实践能力

社会实践策略是艺术类高校思政课的另一教学创新策略。艺术类高校思政课教师可以利用对议题的关注可以影响公众的行动意愿这一原理，拓展高校思政课教学的视域和手段，微课、融媒体以及各种局域网都可以成为思政课教学阵地，并可增加思政课教学的趣味性。[2]艺术类高校思政课教

---

[1] 金妹.信息时代的新媒体艺术及其教育［J］.现代传播（中国传媒大学学报），2010（8）：97-99，109.

[2] 崔人元.新媒体环境下高校思想政治教学创新路径［J］.山西财经大学学报，2021，43（S2）：123-126.

师通过课堂活动、社会实践和艺术创作等方式，鼓励学生参与社会实践和艺术实践，可以提升他们的社会责任感和艺术实践能力。

艺术类高校思政课教师还可以发挥学生的专业特长和优势，利用新媒体平台，为学生的社会实践和艺术实践提供展示和交流的平台，增强他们的社会影响力。比如，通过社团活动、办报办刊、艺术节、演讲辩论、书法摄影、主题活动、纪念活动等方式，以生动、形象的形式展示思想政治教育的内容，让学生在艺术创作中提高自身的思想政治觉悟和思想道德水平。[1] 大学生可以通过这些活动将课堂所学知识应用到实践中，解决实际问题，从而提升自己的社会责任感和实践能力。思政课教师也可以鼓励学生以社会议题为主题，进行艺术作品的创作，让学生更深入地理解社会问题，表达自己的见解和情感。

结　论

在新媒体的浪潮中，艺术类高校的思政课教学正面临前所未有的挑战和机遇。议程设置理论为思政课教学开辟了新的视角，提供了创新的方法论。研究深入分析了新媒体环境下思政课教学遭遇的新挑战，并分析了议程设置理论在艺术类高校思政课教学中的应用潜力。在此基础上，提出了包括议题引导、艺术诠释、媒体素养提升和社会实践参与在内的四项教学创新策略。这些策略的目的在于利用新媒体的互动特性，激励学生主动探索和表达自己的观点，以此提高思政课的吸引力和教学成效。议程设置理论在艺术类高校思政课教学中的应用不仅具有理论基础，而且在实际操作中也具有较高的可行性。通过议程设置教学创新策略的实施，可以有效提升思政课的教学质量和效果，培养学生的社会责任感、批判性思维和创新能力，为培养德才兼备的艺术人才奠定坚实基础。

---

[1] 吴晓春.艺术院校思想政治理论课教学创新研究：基于艺术的意识形态属性［J］.思想教育研究，2016（5）：92-95.

高校双语播音主持人才培养中的跨文化传播教学策略探析

张彤彤

【摘要】 双语播音主持人才培养在全球化背景下越发重要，而跨文化传播能力的提升是关键所在。本研究旨在探析双语播音主持人才培养中应用的跨文化传播教学策略。研究发现，将跨文化理论与实践相结合，采用情景模拟、角色扮演和批判性思维训练等方法，能有效提高学生的跨文化交际能力和双语播报技能。此外，本研究强调了外语能力的提升与母语文化的深入理解同等重要，促使教育者和学者重视文化差异对双语教学的影响。研究建议，未来的教学策略应更加注重培养学生的文化敏感性和多元文化视野，以适应全球化带来的挑战。综上所述，跨文化传播教学策略是双语播音主持人才培养中不可忽视的一环，对推动全球交流与理解具有重要意义。

【关键词】 双语播音；文化传播；策略

引言

在全球化浪潮的推动下，跨文化传播的重要性日益凸显，特别是在信息时代背景下，越来越多的双语播音主持人成为文化交流的重要桥梁。双语播音主持人不仅需要具备强大的双语言沟通能力，更需要深刻理解和尊重不同文化，以实现有效的跨文化传播。因此，高校作为培养未来双语播音主持人才的重要基地，其教学策略的制定应充分考虑跨文化传播的要求。本文旨在探析现代高等教育中双语播音主持人才培养的实践与挑战，特别是在跨文化传播培训方面。通过分析双语播音主持人才培养过程中存在的问题，结合跨文化传播理论，提出高效的教学策略，旨在为双语播音主持人的跨文化传播能力培养提供理论支持和实践指导，以期为促进国际文化交流与理解做出贡献。

一、双语播音主持人的基本素质与技能

在全球化的今天，双语播音主持人成为连接不同文化、传播信息的重要桥梁。不仅仅是语言能力的双重要求，他们还需要具备媒介素养、跨文化敏感度以及公众演讲与沟通技巧[①]。这些综合素质的提升，可以使播音主持人在工作中更加游刃有余，有效地传递信息，促进文化交流。

（一）双语表达能力

中文和英文的双重语言能力，是对双语播音主持人最基础的要求。这不仅包括流利的语言表达能力，还涉及深刻的语言理解能力。一个优秀的双语播音主持人，应该能够准确无误地把握信息的细微差别，并用另一种语言准确地表达出来，保证信息传递的准确性和有效性。在这个过程中，丰富的词汇量、良好的语法知识、准确的发音和地道的表达都是不可或缺的。

以中央广播电视总台双语主持人鲁健为例，他在主持过程中能够自如地切换中文和英文，不仅发音准确，而且表达地道。鲁健的成功，得益于他扎实的双语基础，包括丰富的词汇量、良好的语法知识以及准确的发音。高校在培养双语播音主持人才时，应注重学生的双语能力培养，通过

---

① 刘伊娜.跨文化视角下跨境电商英语人才培养策略［J］.新课程研究，2023（18）：66-68.

语言实践、口语训练等方式，提高学生的双语表达能力。

（二）媒介素养与跨文化敏感度

在全球化的背景下，信息的传播不再局限于一个文化圈内，双语播音主持人往往需要处理和传递来自不同文化背景的信息。因此，他们需要有较强的媒介素养，能够熟练运用不同的信息传播工具和平台。同时，他们还需要具备跨文化敏感度，能够敏锐地捕捉到不同文化间的差异，避免文化误解和冲突，确保信息在不同文化背景下的正确理解和接收。

以凤凰卫视的双语主持人吴小莉为例，她在采访国际政要时，能够敏锐地捕捉到不同文化间的差异，以开放和包容的心态进行交流，避免了文化误解和冲突。高校应在教学过程中引入跨文化交流理论，通过案例分析、角色扮演等方式，帮助学生提高媒介素养和跨文化敏感度。

（三）公众演讲与沟通技巧

公众演讲与沟通技巧同样是双语播音主持人不可或缺的能力。在面对镜头或麦克风时，播音主持人不仅要有良好的语言表达能力，还要有吸引听众或观众的能力。这就要求他们掌握有效的演讲技巧，如声音的控制、肢体语言的运用、情感的表达等，以及如何与受众建立起良好的互动和沟通。只有这样，才能增强信息传播的效果，使其深入人心。

以湖南卫视的主持人何炅为例，他在主持过程中就善于以声音的控制、肢体语言的运用以及情感的表达与观众建立良好的互动和沟通。高校应开设公众演讲与沟通技巧课程，通过模拟主持、演讲比赛等方式，提高学生的公众演讲能力与沟通技巧。

双语播音主持人的工作不仅仅是简单地传递信息的工作，更是一项涉及多方面技能和素质的综合性工作。他们需要具备双重语言能力，同时还需要拥有媒介素养、跨文化敏感度以及公众演讲与沟通技巧，这样才能在全球化的舞台上发挥更大的作用，成为不同文化间沟通的桥梁。

二、跨文化传播的理论基础

跨文化传播作为一门研究不同文化间交流与理解方式的学科，已经成为当今全球化背景下不可或缺的一部分。其理论基础广泛而深刻，涉及文化差异与理解、跨文化适应乃至语言与文化之间的复杂互动。这些理论不仅为我们理解和桥接不同文化间的鸿沟提供了工具，也促进了国际的交流和合作。

（一）文化差异与理解

文化差异在跨文化传播中占据核心位置。不同地域的人们在价值观、行为习惯、交流方式及思维模式上存在着巨大的差异。这些差异像一面面无形的墙，阻隔了不同文化背景人群之间的自然沟通。认识并了解这些文化差异，是实现有效跨文化传播的首要步骤。只有我们意识到并且尊重这些差异时，才能找到适合的交流方式，使沟通更加顺畅，减少误解和冲突[1]。

以《高端访问》节目为例，主持人水均益在采访外国政要时，经常需要面对不同的文化背景和思维方式。他通过深入了解采访对象的文化背景，采用适当的交流方式，确保了采访的顺利进行。高校在教学过程中，可以引入文化差异的案例，帮助学生理解和尊重不同文化。

（二）跨文化适应

如今，跨文化适应成为人们关注的焦点。在面对异文化环境时，如何调整自我，更好地融入新环境，是跨文化传播中的一大挑战。适应过程涉及个体的认知、情感和行为层面，不仅要求个体理解并接受新文化的特点，更要求其学会如何在不同文化间找到自己的定位。有效的跨文化适应不仅能提高个人的跨文化交流能力，还能促进内心的成长和变化。

---

[1] 杨威.跨文化视角下的烹饪英语翻译探索：评《烹饪英语》[J].食品安全质量检测学报，2023，14（7）：323.

以北京外国语大学的学生国际交流项目为例，该项目让学生有机会到海外合作学校学习，置身于异国他乡的语言和文化环境。通过亲身体验，学生不仅提高了语言实践能力，还学会了如何在不同文化间找到自己的定位，实现了跨文化适应。高校应鼓励学生参与国际交流项目，通过实践提高跨文化适应能力。

（三）语言与文化的互动

语言与文化之间的互动是跨文化传播中不可忽视的一环。语言不仅仅是沟通的工具，更是承载文化、传递文化价值观的媒介。每一种语言都蕴含着特定文化的世界观和生活方式，通过语言学习，不仅可以掌握交流的技能，还能深入理解另一种文化的精神内核。同样，不同文化背景下的个体在使用语言时，也会不自觉地将自己的文化特点和思维方式带入交流，使得跨文化交流成为一种双向的文化探索和共享过程。

跨文化传播的理论基础扎实而全面，涵盖了从理解文化差异，到适应新文化，再到通过语言深入交流的各个方面。这些理论为我们提供了理解和处理跨文化交流中可能遇到的挑战和困惑的框架和工具，帮助我们在全球化的大背景下，更好地沟通、合作，共同促进不同文化之间的理解与融合。

三、高校英语口语传播教学策略的开发与实施

（一）整合跨文化传播理论与实践

在当今全球化的背景下，高校英语口语传播教学策略的开发与实施面临着前所未有的挑战和机遇。面对这一情况，整合跨文化传播理论与实践成为一项迫切的任务。教育者们正寻求创新的方法，以确保学生们不仅能掌握流利的英语口语技巧，更能在多元文化的交流中游刃有余。

跨文化理论的核心在于理解和尊重不同文化之间的差异，强调以开放

和包容的心态去接纳不同的文化观念[1]。在英语口语传播教学中，这意味着教学内容不应局限于某一个国家的文化，而应该包括各种文化背景。例如，通过引入来自不同英语国家（如美国、英国、加拿大、澳大利亚等）以及非英语国家的英语使用者的真实语言材料，学生们不仅能学到地道的英语表达，还能了解到多样的文化差异和交流策略。

具体而言，实践活动可以设计为模拟真实跨文化交流的情景。比如，可以组织国际视频会议，让学生与来自不同文化背景的人进行英语对话，或者通过角色扮演游戏让学生体验在不同文化背景下的语言交流。这样的活动不仅可以增强学生的英语口语能力，同时也促进了他们的跨文化交流能力。

另外，教学过程中引入跨文化交流理论，如霍尔的高低语境文化理论、霍夫斯泰德的文化维度理论等，可以帮助学生更深入地理解语言背后的文化因素如何影响沟通[2]。例如，通过分析不同国家的问候习惯、礼貌用语等，学生可以学习到在特定文化背景下应如何恰当地使用语言。在讨论"如何在不同国家表达感谢"的主题时，学生需要考虑到不同文化表达感谢的方式可能有所不同。英国可能更偏好于用直接的"Thank you"表达，而在中国，"谢谢"通常配合适当的身体语言和语气使用。

通过将跨文化传播理论与实践紧密结合，在教学设计中注重文化多样性的体现，以及模拟真实交流情境的活动，可以有效提升高校学生的英语口语能力和跨文化交流能力。这种教学策略的实施，不仅为学生的个人发展奠定了坚实的基础，也为他们将来在全球化的世界中成功交流和合作提供了重要保障。

（二）语言教学与文化内涵的融合

在高校英语口语传播教学中，语言学习与文化内涵的融合不仅是必要的，更是提升学习效率和深度的关键途径。语言不仅仅是交流的工具，它

---

[1] 朱叶，周依依. 文化视角下的雅思口语考试与我国英语语言教学［J］. 山东商业职业技术学院学报，2021，21（3）：53-56.
[2] 贾永青. 跨文化视角下商务英语口语教学改革与探讨［J］. 科教导刊（下旬），2020（9）：40-41.

还承载着深厚的文化信息和背景。将语言教学与文化教育紧密结合，可以帮助学生更好地理解和掌握语言，深化对目标文化的了解和认识。

随着科技的进步，多媒体和网络资源成为语言和文化学习的重要辅助工具。举个具体的例子，教师可以利用视频分享平台找到大量的英语母语国家的原生视频，包括但不限于日常生活、节日庆祝、历史纪录片等。这些视频不仅为学生提供了真实的语言环境，更直观地展示了英语国家的文化习俗和社会现状，有助于学生在掌握语言技能的同时，增进对英语文化的理解和尊重。

另外，利用网络资源，教师可以引导学生参与到真实的语言环境中。例如，通过社交媒体连接英语学习社区，或是参与国际线上交流项目。这样的互动不仅可以提高学生的语言使用能力，还能让他们在跨文化交流中学习到如何尊重和理解不同的文化背景。

将语言教学与文化内涵的融合实施到高校英语口语传播教学中，是一种高效且富有成效的方法。通过利用多媒体和网络资源，教师可以提供更丰富、更真实的学习材料，让学生在学习语言的同时，更加深刻地理解和欣赏英语文化，从而培养其跨文化交流能力和国际视野。

（三）国际交流与合作项目

在当今全球化日益加深的背景下，高校英语口语传播教学战略的开发与实施显得尤为重要。其中，国际交流与合作项目是提高学生英语口语能力的一个关键途径。通过参与学生交换计划、国际会议与研讨会，以及双语播音项目等实际操作，学生不仅能够在真实语境中锻炼和提高自己的英语口语能力，还能拓宽国际视野，增进对不同文化的理解和尊重。

学生交换计划是国际交流的重要组成部分。通过这个项目，学生有机会到海外合作学校学习一段时间。例如，北京大学与哈佛大学之间的交换生项目，让双方学生有机会置身于对方的语言和文化环境，通过与本地学生日常交流、课堂学习以及参与当地的社会活动，学生可以有效提升语言实践能力和跨文化沟通技巧。

参与国际会议与研讨会也是提高学生英语口语传播能力的有效手段。在这类活动中，学生能够听取世界各地专家学者的精彩演讲，增加学术知识，也可以积极参与问答环节，与参会者进行面对面的交流。例如，在国际英语教育研讨会上，学生可以就英语教学的最新趋势进行深入探讨，亦可通过海报展示等形式展示自己的研究成果，从而锻炼英语表达能力和学术交流能力。

此外，双语播音项目是培养高效口语传播能力的另一个创新途径。学生在此项目中担任双语节目的主持人或记者，需要对国际新闻进行搜集、整理和播报。这不仅需要他们具备流利的英语口语表达能力，还要求他们能够准确理解并传达新闻内容的核心和细节。通过这种实践活动，学生可以在实际操作中提升语言能力，同时增强对国际事件的敏感性和理解力。

参与学生交换计划、国际会议与研讨会以及双语播音项目等国际交流与合作项目，不仅能有效地提升学生的英语口语能力，还可以增进他们对全球多元文化的理解，为他们将来在国际舞台发挥作用打下坚实的基础。

（四）教学方法的创新

在如今这个全球化、信息化的时代背景下，高校英语口语的传播教学尤显重要。传统的教学模式已难以适应新时代学生的学习需求，因此，教学方法的创新变得尤为关键。整体浸入式教学法、项目式学习以及反转课堂成为高校英语口语传播教学的新型策略[1]。

整体浸入式教学法致力于为学生创造一个几乎全英语的学习环境，从而激发学生使用英语的兴趣和自信心。例如，在这种教学模式下，教师可以组织一次模拟的英国文化节活动，让学生在准备过程中广泛使用英语，如搜索信息、讨论策划、执行活动等。学生不仅能够在实践中提高英语口语能力，还能深入了解和体验英国文化，这样的教学活动强化了学习的情境意识和文化融合。

---

[1] 刘梦莹.跨文化交际视角下外教英语口语课堂教学策略研究［D］.西安：西安外国语大学，2018.

项目式学习则强调以学生为中心，通过完成具体的、有意义的项目达成学习目标。比如，在一个关于环境保护的项目中，学生需要用英语收集全球各地的环保信息，设计并实施一场旨在提升环保意识的英语演讲会。这种方式让学生在英语学习的过程中增强了解决实际问题的能力，同时也让学生意识到学习英语并非为了考试，而是为了在真实的语境中使用它。

反转课堂的策略则完全颠覆了传统的课堂教学模式。在这种模式下，学生需要在课前通过观看视频、阅读资料等方式自学新知识，课堂时间则用于讨论、解决问题，开展深入的学习活动。例如，教师可以让学生在家观看一段TED英语演讲，并记录下自己的看法或疑问。课上，学生围绕这个视频的主题展开讨论，教师引导学生用英语进行辩论、表达自己的观点。这种方法让学生在课前就开始了英语学习的过程，课堂上则更多地通过实际应用来提高英语能力。

结　语

在当下全球化的背景下，双语播音主持人才的培养不仅要注重语言技能的磨炼和传媒知识的学习，更应强调跨文化传播能力的培养。高校作为人才培养的重要基地，应采取多元化的教育策略，如增强实际跨文化交流的机会、引入国际化的教学资源和课程、注重学生批判性思维的培养等，以适应全球化进程中对双语播音主持人才跨文化传播能力日益增长的需求。通过这样的教学模式创新，可以有效拓宽学生的国际视野，提升学生的跨文化交流能力，为国际舞台上的沟通搭建更坚实的桥梁。

虚拟仿真实验在播音主持专业实践教学中的应用设计

——以"展览解说实训"课程为例

杨 帆 李 婉

【摘要】 实践性是播音与主持艺术专业教学的显著特点，实践教学是播音与主持艺术专业课程教学的重要组成部分。将虚拟仿真实验平台应用于播音与主持艺术专业课程教学，让学生通过虚拟仿真实验平台在接近实际的实验场景中实践训练，不仅丰富了实践教学手段，也进一步激发了学生的学习兴趣，提高了学习效率。本文结合学情，以播音与主持艺术专业方向课程"展览解说实训"为案例，通过分析课程内容，寻找课程与虚拟仿真实验的结合点并对课程中的虚拟仿真实训实验进行设计，为实践类课程虚拟仿真教学的开展提供借鉴。

【关键词】 虚拟仿真；播音主持；实践教学；展览解说

习近平总书记在主持中共中央政治局第五次集体学习时强调，"建设教育强国，龙头是高等教育"[①]。应用型高校作为我国高等教育的重要组成部分，其发展对应用型人才培养和促进我国高等教育事业的发展具有强烈的现实意义。课程是高校教学中的关键要素之一，课程设计对于彰显教育

---

① 新华社.习近平主持中央政治局第五次集体学习并发表重要讲话［EB/OL］.（2023-05-29）［2024-04-11］. https://www.gov.cn/yaowen/liebiao/202305/content_6883632.htm.

理念、实现人才培养目标的价值不言而喻。因此，在应用型高校的建设与发展过程中课程建设不可忽视。实践教学是应用型课程教学的重要环节，随着教学技术的不断发展，实践教学的手段也逐渐丰富，虚拟仿真实验技术成为继多媒体、网络技术之后的又一项应用型实践教学手段[1]。虚拟仿真实验教学是依托虚拟现实、多媒体、人机交互、数据库、网络通信等技术，构建高度仿真的虚拟实验环境和实验对象，学生在虚拟环境中开展实验，达到教学大纲要求的教学目的的教学活动[2]。虚拟仿真技术能够将实践教学过程中所需要的真实场景通过技术手段等比例地还原到虚拟世界之中，并按照课程教学的要求，对虚拟场景建档归类，从而使学生和教师能够在虚拟仿真场景中开展实践教学。"展览解说实训"课程是播音与主持艺术本科专业礼仪主持方向学生的专业核心课程，该课程具有显著的实践性与应用性。将虚拟仿真实验应用于"展览解说实训"课程实践教学环节，能够为该课程的创新实践提供可靠方案与新的思路。

一、虚拟仿真实验应用于播音主持实践教学的意义

虚拟仿真实验作为一种新的教学手段，可以提供更安全、灵活和可重复的教学体验，具有极大的优势[3]。尤其虚拟仿真实验以虚拟现实技术呈现现实的实验场景，因此具有虚拟环境和现实场景的双重属性。虚拟性是指实验以非真实的环境展开，具有安全、可控的特点；现实性是指实验环境高度仿真，具有高度模拟真实环境的特点。因此，将虚拟现实技术引入播音主持专业的实践教学环节，以虚拟现实场景开展实验教学和实践训练，具有强烈的现实意义。

---

[1] 高志强，王晓敏，闫晋文，等.5G技术对新工科背景下虚拟仿真教学的影响分析[J].科技与创新，2022（23）：86-89.

[2] 熊宏齐.虚拟仿真实验教学助推理论教学与实验教学的融合改革与创新[J].实验技术与管理，2020，37（5）：2.

[3] 苏立宁，王艳兵，魏会平.医学细胞生物学虚拟仿真实验教学的效果评价研究[J].中国病原生物学杂志，2024，19（1）：120-123.

首先，学生能够在课堂中感受到逼真的主持场景。将课程中的理论内容直接应用到虚拟仿真系统下的仿真实验，能够将理论知识直接转化为实践应用，避免过去模拟训练中"盲人摸象"的问题，可以大幅提升学习效率。在传统的"展览解说实训"课程教学中，理论部分的单调性是教师教学的痛点之一，教师只能借助图片、视频等方式开展教学，如同隔靴搔痒；在操作技巧的细节讲解中，单一借助图片和视频对实践操作细节的提示更是苍白无力。在实践教学中，或者在教室开展模拟训练，或者进入真实场景做解说训练。前者缺乏现场感受对学生创作灵感的激发；后者虽然给学生实践学习带来了现实场景，但刚刚掌握基础理论的学生直面具有不定性的现实场景，不仅不符合学习规律，而且会产生新的问题。虚拟仿真实验以虚拟方式营造出近于现实的实践场景，既能给学生带来逼真的实训体验，也能够使教师依据教学计划预设实验项目，使实践教学更加符合学习规律。

其次，虚拟仿真实验作为一项全新的教学手段，为实践教学设计提供新的思路，在提高教学内容实用性的同时也创新了课程形式。按照现有的教学计划，"展览解说实训"课程教学分为两个主要环节：第一环节为理论教学，以理论归纳的方式讲授展览解说的规律和技巧；第二环节为实践训练，即在相应的场景下训练学生的解说实践能力和技巧操作能力。就目前而言，教师的教学手段相对单一：理论环节中以灌输式的讲授为主，学生接受知识相对被动；实践环节中，多以模拟训练为主，缺乏真实感。将虚拟仿真实验引入课程教学，在理论环节，教师能够结合具体实验案例讲解，将抽象的理论知识形象化，便于学生理解所学内容。在实践教学中，教师可依据教学计划设定虚拟仿真实验项目，在虚拟仿真系统中直接示范，或直接指出学生在实验中的问题与不足，进一步提升教师教学的实用性与科学性。

最后，教师以行业标准评估实验，解决了课堂教学与社会需求对专业评价标准不一致的问题。播音与主持艺术专业的实践性体现在必须确保课程与行业岗位需求足够契合，在此基础上再来确立课程标准，应涉及知识目标、能力目标、素质目标、价值与情感目标[①]。虚拟仿真实验环境不同于一般的社会实践。现实社会实践带有实验过程的随机性和不确定性，而虚拟仿真实验具有确定性和可控性。授课教师能够对实验过程和实验细节加以设计和人为干预。在实验设计中，将课程内容与社会行业对人才评价标准紧密结合，对实践训练的实验环境、实验过程做有针对性的设计，可以帮助学生了解行业标准、掌握实践技能，在提升学生专业自信的同时有效加强社会需求和行业评价标准与课堂教学之间的联系。

二、"展览解说实训"课程虚拟仿真实验设计

虚拟仿真实验应用于播音主持类专业课的教学之中，不仅为实践教学提供了新的途径，同时也给教学设计提供了新的思路。将虚拟仿真实验应用于"展览解说实训"课程的教学中，既需要硬件的支持，同时也需要结合课程内容科学设计实验。具体而言，包括实验平台搭建、实验场景设计、实验过程设计、实训实验操作和实验效果评估五个环节。

（一）实验平台搭建

搭建实验平台是将虚拟仿真技术应用于"展览解说实训"课程教学的第一步。在平台搭建中，要关注实验平台的易用性、经济性和安全性。对"展览解说实训"课程而言，学生需要在虚拟仿真系统中开展展览解说实验，实验平台需要提供各类解说场景，为学生的解说实验提供不同的场景需求。硬件方面，通过使用虚拟演播室蓝箱实现解说者实时抠像，并虚拟叠加解说场景；使用VR眼镜使解说者沉浸在虚拟打造的解说场景之中；通过视频监视系统显示由虚拟仿真系统传输出的实时画面并采集录制，以供实验者回看和教师点评。软件方面，通过演播软件虚拟搭建解说场景，

---

① 陈鑫.校企合作下高职播音主持专业教学创新研究［J］.山西经济管理干部学院学报，2022，30（1）：93-96.

在软件中实现蓝箱中的人物抠像，叠加人物与虚拟场景；通过 VR 视频展示软件将虚拟场景传送于解说者所佩戴的 VR 眼镜之中，以获得沉浸式的解说体验。

（二）实验场景设计

依照教学计划设计实验场景对虚拟仿真实验应用于课程教学具有关键意义。因此，展览解说虚拟仿真实验场景在设计中要注重场景与教学内容的关联性。场景设计前要按照教学计划对课程中所涉及的展览解说的场景进行归类，并依照教学内容和教学中的重点对同一场景做不同情境的设计。根据前期计划和设计到实际景点拍摄，拍摄后剪辑场景视频素材，并将剪辑好的场景视频素材归类上传至虚拟演播系统之中，以便能够根据实验需要调取相应的实验场景。

（三）实验过程设计

展览解说虚拟仿真实验在设计中要关注实验的知识性、技能性和启发性。知识性是指在实验中能够有效连接实践项目和理论知识，使学生在实践训练中加深对展览解说规律的理解，并在实践中实现理论理解的升华；技能性是指在展览解说实验设计中要明确实验目的，每个实验都要能锻炼学生的相关技能，还要将展览解说实验的评估与行业标准相结合，锻炼学生的实践操作能力；实验设计要有启发性，要让学生在虚拟仿真展览解说实验中掌握举一反三的能力，为未来步入社会实践打下基础。

（四）实训实验操作

在实验前，教师要向学生介绍实验内容、实验目的以及实验操作要点和注意事项等内容，学生要根据展览解说实验项目预先设计好解说形式、解说方案和解说词等内容。在实验过程中，学生依据 VR 眼镜中展示的解说场景结合自己的设计开展沉浸式解说，教师可通过画面监视系实时关注学生的实验过程并给予指导。

（五）实验效果评估

教师针对学生在虚拟仿真实验中的解说实践表现展开综合评估。结合行业评价标准，对比学生的表现与实验目的和实验设计，提出学生在实验平台实践训练中存在的问题与不足，并帮助学生找到解决对策，进一步提升学生的实践操作能力。

三、"展览解说实训"课程虚拟仿真实验的教学效果分析

将虚拟仿真实验融入"展览解说实训"课程教学，通过虚拟仿真实验，学生在虚拟仿真的展览场景中开展实操训练，模拟真实的展览解说过程，能够产生良好的学习效果。

（一）丰富教学手段，提高学习效率

在"展览解说实训"课程实践教学中，学生作为解说主体，需要通过不断感受解说场景，加深对解说场景的理解，并激发解说主体的创作愿望，从而完成解说。目前，学生的学习场景主要是实训教室，课程中的实践教学也多是学生在头脑中想象模拟场景解说，学习场景单一枯燥。虚拟仿真实验作为一种新颖的教学手段融入课程实践教学，可以为学生解说创作训练时提供有效的外部刺激，增强学生的外部感受，提升学习效率。针对学生学习效率情况，在课后对授课班级开展问卷调查。在完成问卷的29名学生中，25名学生表示与传统模拟实践相比更愿意在虚拟仿真实验中开展实训学习，27名学生明确表示虚拟仿真实验能够有效提升自己的学习效率。虽然样本数量有限，但是也在一定程度上反映了虚拟仿真实验作为一种全新的实践教学手段对促进学生实践学习的价值与意义。

（二）拓展实训模式，提升实践技能

"展览解说实训"课程以培养学生的展览解说技能为教学目标，与市场人才需求紧密结合，实践教学在教学设计中占有较大比重。将虚拟仿真

实验融入课程实践教学，在丰富实践模式的同时也有效实现了从传统模拟实训到校外实训项目实训的过渡，更有效地提升了学生的实践技能，保证了实践教学的科学性。通过比较本届接受虚拟仿真实验教学的学生与往届传统实践授课学生的表现，发现学生进入相同的校外实训项目后，参加过虚拟仿真实验的学生对实习环境的适应时间明显缩短，并且能够更快地适应实习角色，掌握解说要领。

（三）连接社会需求，提升教学实效

针对"展览解说实训"课程中的虚拟仿真实验，实验设计时应以学生能力发展为中心，以社会需求为导向。通过将实验项目和实验设计对标职业评价体系，以当下社会对展览解说的行业标准作为课程虚拟仿真实验评估的标准，可以打通课堂教学与社会需求间的壁垒，进一步提升课程内容的学科性、实用性和时效性。在设计虚拟仿真实验时，有意加入了校外实训项目中学生真实实习时的业务要求和职业标准。针对这一举措，对校外实训项目中的两位主要负责人进行访谈，得知学生能够在虚拟仿真实验中初步了解社会行业标准，有效地连接了课本内容和社会需求，在提升课程教学的效率之外，也为学生真正走向社会打下了能力基础。

四、关于虚拟仿真实验应用于播音主持实践教学的讨论

在播音主持专业实训类课程中搭建虚拟仿真实验平台，能够破除课程教学过程中因场景、场地等因素产生的瓶颈，并有效地开拓实践教学空间，进一步提升课堂的教学质量及学生的学习效率，更好地为社会输送高质量的播音主持专业人才。但是，在实际教学中融入虚拟仿真实验还应关注以下问题。

虚拟仿真实验作为播音主持专业教学中一种全新的实践教学方式，不是课程教学的全部，不应因虚拟仿真实验而弱化或放弃课程中的理论教学。在课程设计中，虚拟仿真实验可以配合理论讲解，使理论教学部分可

视化、形象化，也可作为实践教学的组成部分。

在播音主持专业教学中，虚拟仿真实验可以作为校内课堂实践教学的方案，但不能取代真实的社会实践项目教学。在播音主持实践教学中，应当关注实践教学设计的层次性与递进性，应当由基础课堂模拟实践逐步递进至社会项目实践。虚拟仿真实验提供的实践训练可以作为连接校内实践与社会实践的过渡桥梁，帮助学生在提升业务技能的同时更快地适应社会行业发展。

虚拟仿真实验项目设计时，应在以播音主持专业教学需要为基础的同时关注行业标准和社会需求。虚拟仿真实验设计要遵循课程设计和教学计划，实验项目、实验目的以及实验的具体设计要以课程目的和教学要点为依据，有计划、分步骤地锻炼学生实践能力。在具体设计中应当以社会需求为导向，以行业标准为实验评估的依据与标准，提升虚拟仿真实验实践教学的时效性。

结　语

随着我国教育数字化转型以及新文科建设步伐不断向前迈进，科技助力教育事业的价值更加凸显。将虚拟仿真技术应用于播音主持专业实践教学之中，能够帮助学生更好地理解掌握播音主持专业的理论内容与实践技巧，实现由课堂教学向社会实践的良性过渡，为新时代背景下培养适应市场需求和时代发展的播音主持专业人才打下良好基础。

建设数字新闻学"反思性实践教学体系"

王贺新

【摘要】 本文梳理"实践教学"的历史发现,对新闻传播教育来讲,"实践教学"的"实践"既包含本体论意义上的新闻实务、中国特色社会主义建设实践经验,又包含认识论意义上的教学方法,具有创新创业和德育的功能。从实践、知识、教育的辩证关系出发,将面向媒介革命理论与实践的整体性变迁统一于知识与知识类型,新闻学知识、课程论、教学论、学习论都从功能主义转向建构主义,实践教学成为一个个体知识生成与反思性实践能力增长的过程。从教学体系建设方面讲,数字新闻学教学条件、教学共同体、以数字新闻生产为核心的教学内容、以反思性为核心的教学设计等多个方面都要调整,教学改革是一个兼顾创新与坚守的制度实践过程。

【关键词】 教育改革;新闻教育;实践教学;数字新闻学;反思性实践教学体系

从网络众声喧哗到学术论辩风生,新闻教育都是备受关注的公共话题。作为一个学科交叉地带,新闻教育正在经历媒介革命的洗礼。

一、新闻教育的双重结构变迁

改革开放以来,在"科学技术是第一生产力"的论断下,"科教兴国"

确立为国家发展战略，党的二十大报告最新表述为"教育、科技、人才是全面建设社会主义现代化国家的基础性、战略性支撑"[1]。从互联网教育[2]到数字教育[3]，教育本体、教育功能、课程体系、教学方法、师生关系和教育制度都面临重新审视和变迁，中国教育的价值定位也从社会工具价值向人本价值回归[4]，高等教育尤其要在教育理念、教育领导体制、教学模式等方面重点改革[5]。

从新闻的方面看，"媒介融合"作为一种媒介实践，以媒介的物质性力量自下而上重塑传播与社会关系，不仅生成了新新闻生态[6]，更对学科和学术研究的变迁起着根本性的作用[7]，新闻传播学科面临"整体转型"[8]与再"专业化"[9]，数字新闻学崛起[10]，催逼新闻传播教育做出结构性调整。中国新闻传播教育的人才培养目标转变为"职业面向"和"社会面向"相结合的双重面向[11]，"学科交叉融合成为当前新闻传播教育改革的首要突破口"，"以评价体系改革为抓手优化师资队伍结构"，"以课程体系重构为核心回

---

[1] 习近平.高举中国特色社会主义伟大旗帜 为全面建设社会主义现代化国家而团结奋斗[N].人民日报，2022-10-26（1）.
[2] 袁振国.互联网对教育的颠覆性挑战[J].上海教育，2015（25）：68-70.
[3] 袁振国.教育数字化转型：转什么，怎么转[J].华东师范大学学报（教育科学版），2023，41（3）：1-11.
[4] 查吉德.改革开放40年教育发展战略变迁[J].河北师范大学学报（教育科学版），2018，20（3）：13-18.
[5] 刘道玉.教育改革论说集[M].上海：上海三联书店，2024：6-9.
[6] 张志安，汤敏.新新闻生态系统：中国新闻业的新行动者与结构重塑[J].新闻与写作，2018（3）：56-65.
[7] 黄旦.新闻传播学科化历程：媒介史角度[J].新闻与传播研究，2018（10）：71.
[8] 黄旦.整体转型：关于当前中国新闻传播学科建设的一点想法[J].新闻大学，2014（6）：1-8.
[9] 黄旦.新闻传播学科化历程：媒介史角度[J].新闻与传播研究，2018（10）：60-81.
林晖，罗婷婷."拆墙"与"建墙"：中国新闻学教育的再"专业化"[J].新闻大学，2022（1）：34-44.
[10] 常江，黄文森，杨惠涵，等.数字新闻学的崛起：2021年全球新闻学研究综述[J].新闻界，2022（1）：27-28.
[11] 王一鸣.新闻传播教育改革的焦点问题和时代走向：基于全国新闻传播学院院长研修班的调查[J].新闻大学，2023（10）：112.

归人才培养使命"。[1]

新闻教育在媒介革命的洗礼下正在经历新闻与教育领域的双重结构变迁，不仅要重构新闻学学科意义上的"教什么、学什么"，还要反思教育学意义上的"怎么教、怎么学"的问题，最终实现"培养什么人"的教学目标。有学者把新闻传播教育表述为"新闻传播教育是服务于人的全面发展和社会进步的社会交往实践"[2]，强调以人为中心的"主体性教育"，把教育放在一种主体关系中来思考，突出"教育交往"，偏向于形式教育。而在笔者看来，新闻传播教育要避免形式教育与实质教育、能力与知识的二元对立[3]。"教育是知识筛选、传播、分配、积累和发展的重要途径"，知识是达成各种教育目标（如能力、态度、情感、人格等的发展）的重要内容与载体[4]。也就是说，知识既是手段，也是目的，在互联网成为重要知识中介和存储空间的当下，"教育改革不应当弱化知识与教育的关系，而是应重新思考知识与教育的关系"[5]。尤其是对时常遭遇"新闻无学论"质疑的新闻学而言，更要重视学科知识的积累和知识对培养人才的中介作用。本文认为，"新闻教育是以新闻学专业知识传播为基础，服务于人的全面发展和社会进步的教育交往实践"，由此出发，从知识社会学/传播学视角切入，来思考数字新闻学实践教学体系建设的问题。

二、实践教学的历史建构、历史变迁、观念反思与教学改革

人类实践以知识为基础，"实践呼唤着知识，知识呼唤着教育，教育通过对知识的筛选、传播、分配、积累和发展为实践服务，推动实践的发展，并由此使实践产生更多、更高、更复杂的知识需求。这就是实践、知

---

[1] 王一鸣.新闻传播教育改革的焦点问题和时代走向：基于全国新闻传播学院院长研修班的调查[J].新闻大学，2023（10）：115-117.
[2] 张昆.新闻传播教育导论[M].北京：社会科学文献出版社，2021：10.
[3] 汪小红.形式教育与实质教育关系再论[J].教学与管理，2015（3）：5-6.
[4] 石中英.知识转型与教育改革[M].2版.北京：教育科学出版社，2020：1.
[5] 石中英.知识转型与教育改革[M].2版.北京：教育科学出版社，2020：9.

识和教育之间的辩证法"①。"不同的知识观也非常明显地产生着不同的教育观、课程观、教学观、学习观等等。"②在新闻教育双重结构变迁的当下，更需要在实践、知识、教育的辩证关系中思考实践教学的改革问题。

（一）实践教学的历史建构

中国教育界使用"实践教学"概念和研究实践教学的历史都不长。③"实践教学"源于马克思主义"教育与生产劳动相结合"原则，起始于新中国成立后，继承和发扬解放区政府开展教育工作经验和传统，以及通过组织翻译苏联教材、各专业教学计划和苏联专家指导开展教育实验，学习苏联社会主义教育事业建设的先进经验——注重劳动教育，强调一般劳动能力培养，注重生产实习。④这个阶段还没有"实践教学"的提法。

20世纪80年代，经历了过度强调劳动实践，轻视知识教育，甚至用劳动或者劳动教育替代知识教育的问题，知识教育的地位逐渐恢复，但又出现了偏重理论知识学习，缺少社会和生活经验，实验课质量、实习没有保障，大学毕业生知识结构不完整，实际工作适应能力较差，政治上较幼稚的问题。社会用人单位对高校教学改革呼声较高，这才有了"实践教学体系""实践性教学环节"进而简化为"实践教学"的提法。⑤

此后，市场经济改革、人才需求变化和教育体制改革交光互影，实践教学从生产实习扩展到实验教学、毕业设计、毕业论文、社会实践等活动，并进而系统化为"实践教学体系"，达到相辅相成的功效；在教育教学管理层面，实践教学从作为理论教学的补充，提升到了独立课程的地

---

① 石中英. 知识转型与教育改革[M]. 2版. 北京：教育科学出版社，2020：6.
② 石中英. 知识转型与教育改革[M]. 2版. 北京：教育科学出版社，2020：6-7.
③ 李伟，陆国祥. 中国大陆高等学校"实践教学"之回顾（1978—2008）[J]. 教育资料集刊第四十八辑——2010各国高等教育，2011：21.
④ 李伟，陆国祥. 中国大陆高等学校"实践教学"之回顾（1978—2008）[J]. 教育资料集刊第四十八辑——2010各国高等教育，2011：24-25.
⑤ 高等农林本科教育实践教学体系改革的研究与实践课题组. 实践教学体系的内涵与外延[J]. 辽宁高等教育研究，1998（4）：49-52.

位；对实践教学的功能认识，也从验证理论或者原理知识，转变为训练动手技能，发现并重点强调它培养创新精神和实践能力的创新创业功能。[1]

近年来，教育政策层面，2015年教育部等三部委发布《关于引导部分地方普通本科高校向应用型转变的指导意见》《国家中长期教育改革和发展规划纲要（2010—2020年）》《中国教育现代化2035》，都对实践教学提出要求，强化实践教学环节和作用。学科建设层面，新文科建设"鼓励支持高校开设跨学科跨专业新兴交叉课程、实践教学课程，培养学生的跨领域知识融通能力和实践能力"的同时，更重要的是"紧紧抓住课程这一最基础最关键的要素，持续推动教育教学内容更新，将中国特色社会主义建设的最新理论成果和实践经验引入课堂、写入教材，转化为优质教学资源"[2]。对实践教学的不断强调，是新时代条件下对马克思主义"教育与生产劳动相结合"原则的再阐释，实践教学内涵也从教学方式、独立课程、创新创业功能上升到了基于中国特色社会主义建设实践经验来建构中国自主知识体系的价值。

（二）实践教学在新闻传播教育中的历史变迁

新闻教育是美国人的发明，开始即明确以培养职业技能为取向，美国大学发展新闻教育的过程和应用领域获得合法化的过程平行。[3]中国人从来就是希望建立有道德、有政治担当的新闻媒介，以促进国家现代化，这种追求赋予美式新闻教育在中国的合法性，在内有酝酿五四运动和新文化运动的大背景，在外合美国"进步运动"社会改革精神，加之沃尔特·威廉斯（Walter Williams，1864—1935）等人的推动，密苏里新闻教育模式在

---

[1] 李伟，陆国祥.中国大陆高等学校"实践教学"之回顾（1978—2008）[J].教育资料集刊第四十八辑——2010各国高等教育，2011：40.
[2] 中华人民共和国教育部.新文科建设工作会在山东大学召开[EB/OL].（2020-11-03）[2024-05-25].http://www.moe.gov.cn/jyb_xwfb/gzdt_gzdt/s5987/202011/t20201103_498067.html.
[3] 李金铨.传播纵横：历史脉络与全球视野[M].北京：社会科学文献出版社，2019：341-342.

中国移植并影响深远。[①]1930—1940年，以燕京大学、复旦大学、中央政治学校新闻教育为代表的中国大学新闻教育都在模仿西方，尤其是密苏里新闻教育办学模式，在课程设置上都非常注重实习、实践。[②]

在有关新闻教育的教学目标和课程体系或教学内容的历史叙事中，革命叙事把20世纪20年代到90年代的政治文化和政策变化叙述为：20年代初到40年代初以培养应用型人才为目标，以新闻专业知识和技能的教育训练为重点；新中国成立后，培养目标表述的政治色彩逐渐加重，课程体系方面最重要的变化是把理论放在首要地位，理论与政策课程、文史知识课程的分量逐渐加重；"1963年下半年起，师生下乡下厂，教学和读书氛围逐渐中断"，直至原有培养目标和课程体系被否定，强调学员要成为"普通劳动者"，以社会为课堂，"结合实践进行教学"，没有教学秩序的稳定性和系统性；随着改革开放和社会主义市场经济的建立，开办新闻专业的大学增多，新闻教育培养目标拓宽，课程体系也在充实和更新。[③]

在改革开放到20世纪90年代末的新闻传播教育史专业叙事中，教学理念由传统的报学向大众传播学过渡，教学内容的更新分为三个时期：1982—1988年，以报纸为中心，以文学语言为基础，以实务操作能力为重点；1988—1991年，以多学科为基础，以报纸为主、广播电视为辅，以实务操作能力为重点；90年代以后，新闻教育淡化专业、拓宽基础、提高素质、加强理论，教学内容更新为以人文学科为基础，以大众传播为中心，以各专业为主要方向，新闻教育模式也出现了媒体机构与高校联合办学的新突破。[④]实践性、应用性是新闻传播专业的特质，无论是新闻传播教育史的革命叙事还是专业叙事，实务、实践教学都是一以贯之的重要组成

[①] 李金铨.传播纵横：历史脉络与全球视野［M］.北京：社会科学文献出版社，2019：359-366.

[②] 王继先.民国时期的大学新闻教育办学模式比较研究：以1930—1940年代燕京、复旦、政校新闻系为例［J］.南京师大学报（社会科学版），2018（1）：156-157.

[③] 丁淦林.大学新闻教育的培养目标与课程体系应该怎样确定［M］//中国新闻教育学会.中国新闻教育论文集.北京：高等教育出版社，2001：198-201.

[④] 黄旦.90年代以来大陆新闻教育之新趋势：原杭州大学新闻年教育个案分析［M］//中国新闻教育学会.中国新闻教育论文集.北京：高等教育出版社，2001：138-142.

部分。

21世纪以来,在以媒介革命驱动的新闻传播教育变迁中,传统媒体时代形成的新闻传播教育体系正在解构,人才培养体系在坚守与创新中重构,"以培养适应社会发展的'全人'为目的,统合理论概念、哲思批判与技术技能的实践教育观念,具体而言是实现学界与业界、技术技能与理论学术、专业实践与社会实践、传媒素养与人格塑造的融合与平衡"的大实践观成为新的方向。[①]

(三)新闻传播教育实践教学的观念反思与教学改革

"实践教学"源于马克思主义"教育与生产劳动相结合"原则。马克思认为,人的生活世界是统一的,人的实践活动也是统一的。生产劳动构成马克思实践概念中的基础性层面,它同时蕴含着本体论和认识论两个不同的维度:当人们从人与自然界关系的角度,即人改造、控制自然的角度去考察问题时,生产劳动就成了"认识解释框架内的实践概念";当人们从人与人之间的生产关系乃至整个社会关系的角度,即改造社会生活和政治制度的角度去考察问题时,生产劳动又成了"本体论解释框架内的实践概念"[②]。

历史地看,实践教学是在理论与实践二分的观念前提下展开的,新闻传播教育中的"实践"既是本体论意义上的新闻实务、具有构建中国特色自主知识体系价值的中国特色社会主义建设经验,也是认识论意义上的教学方法,具有创新创业、以德育人的功能。

面对数字化浪潮的冲击,创新涌现,知识不断生成并快速更新,进入后现代的不确定性状态,个体知识挑战客观知识,教育观念也随之变化。无论是教育政策层面的"知行合一""理论实践深度融合",还是新闻传播教育研究中的"大实践观",都是媒介革命带来的整体性变迁,是马克思

---

① 张昆.新闻传播教育导论[M].北京:社会科学文献出版社,2021:153.
② 俞吾金.如何理解马克思的实践概念:兼答杨学功先生[J].哲学研究,2002(11):17.

意义上的融认识论与本体论于一体的实践观的回归。就是在这个意义上，教育实践与行业实际的分离这个新闻传播教育一直面临的最普遍的问题，有了"基于相互需要的知识融合"①的现实基础和可能。

新闻学知识"由功能主义向建构主义转化"②，实践在认识论意义上也抛弃"抽象性"，走向知识社会学。③教育观念在知识观念变化的基础上，从"技术理性"转向反思性实践。"技术理性把科学和技术置于重要位置，把科学理论作为专业知识的源泉，把专业实践视为一种应用科学和技术解决问题的过程。"教学是一种有效传递客观知识的技术性工作，而反思性实践认为技术理性的模式无法适用于专业实践的复杂要求，强调知识的情境性，教师是兼具知识、技能和品性，强调反思和批判能力的多重角色承担者。④教学理论、课程理论、学习理论也遵循建构主义的方法论，被认为是一个生成性的过程⑤，通过教学过程来实现个人知识生成。

已经有教师在数据新闻课程中，以"教室为新闻室"，尝试一种反思性参与引领的数据新闻教学法。⑥在这里，我们要以反思为方法，把实践作为本体论和认识论的统一体，在客观知识、个体知识分类的基础上，基于建构主义的学习观、教学观、课程观来改革数字新闻实践教学，最终指向个体知识的生成和人的全面发展。

三、建设数字新闻学的反思性实践教学体系

课程体系是由诸多课程相互联系构成的有机整体，涉及教学团队、课

---

① 曹林，毛清亮.新闻学界业界应有基于相互需要的知识融合：访河北大学新闻传播学院院长韩立新[J].青年记者，2020（31）：23-26.
② 黄旦.由功能主义向建构主义转化[J].新闻大学，2008（2）：46-48.
③ 俞吾金.对马克思实践观的当代反思：从抽象认识论到生存论本体论[J].哲学动态，2003（6）：4.
④ 周钧.技术理性与反思性实践：美国两种教师教育观之比较[J].教师教育研究，2005（6）：78-80.
⑤ 崔允漷.教学理论、课程理论与学习理论的历史演进及其相互关系[J].现代教育论丛，1997（4）：16-20.
⑥ 金庚星，尤莼洁.在教室做数据新闻：一种反思性参与引领的教学设计[J].青年记者，2024（3）：102-108.

程内容、教学方法、教材编撰、教学管理等各个方面。现有研究多强调实践教学对人才培养的作用而缺乏对具体实现路径的系统分析，强调多维度、多层次构建实践教学体系而缺乏对影响因素权重的研究，强调从学科特征出发改革实践教学模式而缺乏对各学科教学内容的比较和分类研究。①

新闻传播院系的实践教育体系主要包括专业实践课、专业实习、毕业论文（设计）以及社会实践②，涵盖了"实践"本体论与认识论的两个维度，服务于专业知识生成、职业认同与创新创业、以德育人。

就实践教学体系建设而言，"实践教学效果如何，深受实践教学保障条件的影响。要想确保实践教学品质，必须在指导教师、组织管理方式、经费投入、设备条件、实习实验基地等方面提供必要的保障"③。数字新闻学实践教学，首先是教育数字化和数字新闻学意义上的教学条件和教学环境的变革，必须要有新闻传播的数字基础设施来保障数字新闻传播的体验过程，然后才能是经验的反思与知识生成。

实践教学主体方面，新闻业界与学界要协作成为教学共同体，这个共同体既是数字环境下知识生产与共享意义上的共同体，也是教学条件、师资队伍方面的相互补充与协作。

反思性更多是要体现在教学设计上。从反思的功能来看，反思有助于提高学生对既往或当前的理解力和胜任力的认识，亦有助于增强如何将新知识、技能与经验整合的意识。④ 而从具体学习过程来看，"反思是与结构化的既往知识、经验和感受建立联系的过程"⑤。反思产生于疑惑和问题，是一种有目的、主动的思考。反思把人们从理性主义的氛围中解放出

---

① 郑琼，杨晓丽，王世进，等.我国高等教育实践教学研究热点与进展分析［J］.高教学刊，2024（5）：16.
② 张昆.新闻传播教育导论［M］.北京：社会科学文献出版社，2021：144.
③ 李伟，陆国祥.中国大陆高等学校"实践教学"之回顾（1978—2008）［J］.教育资料集刊第四十八辑——2010各国高等教育，2011：40.
④ 格兰特.反思性实践能力培养：给医学生、医生和教师的指南［M］.北京：人民卫生出版社，2023：12.
⑤ 格兰特.反思性实践能力培养：给医学生、医生和教师的指南［M］.北京：人民卫生出版社，2023：20.

来，转而开始用诠释学的理念进行思考。[①] 以笔者的具体教学经验为例，在河北青年报视频新闻部的"嵌入式"实践教学中，采用线上协作的方式，建立了包含新闻传播学类大一学生、指导教师和媒体编辑的近450人的钉钉群，再由学生选择报名"（人物）微纪录片""热点报道""新闻人博主"三类体裁新闻产品的实训小组分别建立钉钉群，由河北青年报视频新闻部提供新闻素材，学生针对不同体裁进行新闻价值判断、事实核查和画面选择，同类题材、同类体裁的作品经过比较择优使用，最后按新闻发表流程进行审校和发布。在这个过程中，学生可以用对视频新闻生产过程的体验和职业角色、规范的思辨来生成专业知识和职业认同。在与乐亭县融媒体中心合作的"沉浸式"实践教学中，由当地县委宣传部县直部门、融媒体中心、学校三方组成的15个专题项目团队协作生产，通过参观研学，体验认知孕育李大钊接受与传播马克思主义的历史与文化逻辑，后经专业审核把关，评选优秀作品，并颁发证书来树立专业典范。把学习贯彻党的二十大精神与暑期实践研学相结合，也把立德树人与融创传播的业务训练相结合，把学生的亲身体验通过融媒体报道转化为一种专业表达，理解历史与现实，融通传统与现代，训练专业与技艺，形成良好的育人效果，也服务了地方宣传，取得良好的社会效益。

数字新闻学的反思性实践教学体系是一个数字技术基础设施支撑条件下的，教学设计导引下，反思性嵌入教学实践的师生协作的知识实践与知识生成过程。

四、结论与讨论

教学改革是一个多重制度主义下的实践过程，需要协调政府、高校、企事业单位、教师、学生的具体利益，不同层次的高校存在着差异和不确

[①] 周钧.技术理性与反思性实践：美国两种教师教育观之比较［J］.教师教育研究，2005，17（6）：6.

定性。对数字新闻学实践教学体系的建构来讲，要强调教学条件、教学环境的改变。同时，本文主要在实践观念、新闻传播教育本体、知识观念、课程与教学观念、学习观念反思的基础上讨论反思性实践教学体系的建构，教学实践层面更多是一种尝试，也必然要随着数字技术创新涌现和数字新闻学知识更新来做动态的创新与媒体服务于人类交流与公共价值的角色坚守。

文旅融合背景下口语传播人才培养的研究

高 毅 王超宇

【摘要】随着文化旅游产业的快速发展，口语传播人才在促进文化传承和旅游体验中扮演着日益重要的角色，要求从业人员不仅要有深厚的文化底蕴，还需具备优秀的口语传播能力。口语传播人才在推广地方文化、提升旅游服务质量以及增强游客体验等方面发挥着关键作用。文旅融合背景下，口语传播人才的培养需要国家、社会、学校、企业和传播主体的协同努力。

【关键词】文旅融合；口语传播；人才培养

文旅融合传播的渠道随着传播方式的多元化、传播主体的全民化、传播行为的互动化和传播内容的多样化被极大地拓展。文旅融合的背景下，传播主体通过音视频传播、图文传播、口语传播等方式使新业态、新路线及新产品迅速获得流量，进而成为爆款，扩大城市曝光量，催生新的文化消费增长点，将厚重的历史文化资源优势转化为社会效益、经济效益。其中，口语传播成本较低，在实时互动、情感深度表达和适应性方面具有天然优势。因此，文旅融合背景下口语传播人才培养的研究是值得探讨的。

一、文旅融合背景下文化和旅游的协同发展

文旅融合不是简单的"拉郎配"，而是在理念、职能、资源、产业、

技术领域的深层次融合[1]。文化旅游，泛指一种以了解感受不同地区国家传统文化，怀念文化名人、找寻文化建筑，参与体验当地文化活动为目的的旅游活动，本质是通过旅游这一形式，实现感知和了解人类文化的目的。

（一）泛文化旅游

"泛文化"是在当代社会文化多元共生的大背景下提出的全新概念，它以某一文化焦点或流量源为轴心，以大众可接受的文化阈值为限度对文化进行横向开发，从而凝聚优质的注意力，实现社会效益与经济效益上的双丰收[2]。相当长一段时期，我们对旅游的认知是名山名水、文物古迹和历史名人等，现在发现当地的风俗人情和特色文化才是吸引游客最关键的因素。淄博没有青岛的宜人海景，也没有济南的历史古迹，但凭借着大众喜闻乐见的烧烤火爆"出圈"，让文化更接地气，更合百姓尤其是年轻人的胃口，从而推动文化产业繁荣发展，这其实就是一种新型的文化旅游活动。因此，文化不仅仅是各地的历史文化，而是涵盖了建筑、美食、服饰、景观、工艺等的泛文化。2024年开年，哈尔滨成为文旅热度最高的一座城市，这里独特的冰雕文化和饮食文化吸引了众多南方"小土豆"前去旅游观光。其实淄博"出圈"不是因为烧烤，哈尔滨也不是因为冰雪，而是城市的温暖生活。东北的冻梨、哈尔滨的洗浴，都跟人间真情和特色文化密切相关。无论是淄博烧烤、贵州"村超"，还是泉州簪花都传递出一种善意、平等和温暖，让游客对这个地方心向往之。

（二）无旅不文、无文不旅

旅游和文化相辅相成，形成无旅不文、无文不旅的和谐局面。一方面，用优秀传统文化提高普通旅游的意义，升华旅游的幸福感和获得感；另一方面，通过旅游这一载体，创新文化消费市场，拉动当地经济发展的

---

[1] 范周.文旅融合的理论与实践[J].人民论坛·学术前沿，2019（11）：43-49.
[2] 清水瓜瓜.中延读文化系列【一】泛文化：从傲娇高冷走向普罗大众，文化让你的灵魂丰盈有趣[EB/OL].（2017-06-29）[2024-10-17].https://mp.weixin.qq.com/s/UDYi6K9n3KinkCEOtVJQkw.

同时促进当地优秀文化更好地传承和传播,深化传统文化的影响力,实现文化和旅游的协同发展。

文旅融合从宏观的视角将文化和旅游有机地融合在一起,以旅游彰显文化,以文化带动旅游市场,两者相得益彰,共同发展。各地文旅局负责人纷纷在视频平台拍摄视频,亲自为当地文旅事业代言,以网友喜闻乐见的方式和大家打成一片,这既是创新工作方式和深入民众的一种体现,也是积极适应文旅融合背景下社交媒体时代到来的新尝试。他们有的鲜衣怒马,驰骋飞扬;有的粉墨登场,戏韵悠长;有的妙语连珠,口若悬河;有的用不同的方式"喊话"游客,推广宣传。其中,抖音博主"房琪kiki"用清晰大气的画面、丰富多彩的内容、生动形象的口语表达收获了千万粉丝的关注,成为文旅类头部博主。作为中国传媒大学毕业的高才生,她的旅游文案和口语表达值得借鉴,为研究文旅融合背景下口语传播人才的培养提供了新的思路。

二、文旅融合背景下口语传播的新要求

口语传播,也叫有声语言传播,是人类传播史中最漫长的传播形态,也是人类最基本、最灵活、最常用的传播形态,它呈现出丰富多彩的传播样式,无论是日常生活中面对面的交流互动,还是辩论、谈判、演讲、吟诵、播音主持、解说等诸多形态都是口语传播[1]。随着时代的发展,无论是文字传播、印刷传播、电子传播还是网络传播,都无法代替口语传播,口语传播依旧是最为直接、应用最为广泛的传播方式。网络时代的快速发展,打破了口语传播的时空限制,为口语传播活动的进行提供了更多的可能性。文化和旅游的深度融合,则要求口语传播更加有互动性和生动性,注重文化内涵的准确和深入传达。

---

[1] 李亚铭,王群.口语传播学:一个亟待建构的新学科[J].编辑之友,2014(7):65-69.

（一）加强即时互动

原始的口语传播活动要求传播者和接受者在同一时间和同一地点，是一种即时的面对面交流的互动。网络时代的到来打破了这种时空限制，传播者和受众即使不在同一时间和地点，也同样可以交流互动，尤其是文旅融合背景下，各类口语传播者，如主持人、主播、记者、导游、讲解员等，纷纷采取短视频讲解和直播推广的形式，宣传推荐文化旅游，扩大了受众人群。

抖音博主"普陀山小帅"本名代帅，曾是普陀山景区一名默默无闻的专职导游。在文旅融合背景下，他除了完成自己线下的本职导游工作，还在网络上开通了"云导游"服务，借助新媒体平台用自己丰富的历史文化知识和风趣幽默的口语表达，宣传推广普陀山文化旅游，在直播间和视频评论区与全国各地的游客即时互动，为大家答疑解惑，专门录制视频告诉大家"春节来普陀山自驾旅游如何减少排队和拥堵"。及时的互动和真诚的表达方式给大家留下深刻印象，也收获了大众的喜爱和关注。综上，文旅主播加强即时互动有助于提升讲解质量和用户参与度，增强观众的忠诚度和满意度，同时也有助于文旅进一步融合发展。

（二）提高个性表达

文旅融合背景下，游客对于旅游体验的需求日益多元化和多样化，他们不仅希望了解旅游景点的基本信息，还希望获得与众不同的旅游体验。口语传播者的个性化表达能够为游客提供独特的视角和感受，满足他们的个性化需求。

在众多的文旅传播者中，拥有个性化的口语表达更容易建立自己的个人品牌形象，通过个性化的语言表达和口语传播将旅游景点与特色文化有机融合在一起，可以给游客留下深刻的印象，提高自己的影响力和竞争力，促进当地文旅市场的繁荣发展。抖音账号"'奇异文旅'北京景区游玩"讲解师何军柯，从"正月剪头死舅舅"的说法展开，追溯历史并阐释这一荒谬的说法，语言表达寓教于乐，生动有趣；春节期间，河南开封万岁山大宋武侠城景区，61岁的赵梅因扮演"王干娘"在景区给大家现场说媒而迅速走红网络，她的语言表达幽默风趣，普通话夹杂着河南话，张口闭口叫人"宝贝儿"，并且金句频出，如"最远的他是你最近的爱""帅帅帅，真像个蟋蟀"等凸显着强烈的个人色彩，成功使开封万岁山大宋武侠城迅速"出圈"。文旅融合背景下，口语传播不是一味地讲解，而是要做到个性化地表达，传播者要将自己的认知、经验和情感融入讲解，使文化元素更加生动形象，使文化景区更加有趣，从而推动文化和旅游的深度融合。

（三）增强文化储备

文旅融合背景下，旅游市场不断发展，旅客对于旅游服务的需求也在不断升级。文旅融合发展能够带动文化和旅游产业转型升级，催生新兴产业，激发企业发展活力，满足人们多样化、个性化、高品质的文化消费需求[①]。他们不再满足于简单地参观游览和打卡拍照，而是希望深入了解当地的文化特色、历史风俗。导游这类口语传播者是连接游客与当地文化的重要纽带，需要具备丰富的文化知识，提供专业的讲解服务，才能满足旅客对文旅行业日益增长的新需求。

2024年7月25日，东方甄选发布公告称"董宇辉决定离任本公司雇员"，一时间主播董宇辉又被推上了热搜。回顾董宇辉在文旅推荐直播中的表现，确实可圈可点，他将文化元素融入旅游服务，推动文化和旅游的深度融合，为游客提供了更加丰富多样的旅游体验。提到山西，大家了解最多的就是面食文化和醋文化，而在山西专场旅游直播中，董宇辉以"地上文物看山西"开篇，以历史朝代为线，重点介绍了大家比较陌生的山西木构建筑文化，之后又为大家介绍了山西籍文人雅士。从白衣少年"诗佛"王维到"天才少年"王勃再到"河东柳氏"柳宗元，董宇辉侃侃而

---

① 范周. 文旅融合的理论与实践[J]. 人民论坛·学术前沿，2019（11）：43-49.

谈、妙语连珠，将文化遗产丰富、文物古迹众多的山西清晰地展现在观众面前。他的口语表达生动具体、亲切自然，带动山西文化再次实现破圈传播，让山西之美通过直播间，走进更多人的心中。在西安专场直播中，董宇辉来到曾经上学工作的地方，由衷地把盛世长安推荐给大家，从"回眸一笑百媚生，六宫粉黛无颜色，春寒赐浴华清池"的临潼华清池，到"秦王扫六合，虎视何雄哉"的秦始皇陵兵马俑，再到纵跨一千多年、全国收藏名碑和墓志最多的西安碑林博物馆，董宇辉的讲解深入浅出、干货满满，不仅带动了西安文旅市场和本地特色商品的消费热度，更重要的是为西安文化内核的突破和变现带来全新的思路。

综上所述，口语传播者是文旅融合中的重要角色，要增强知识文化储备，提高文化素养，进行多学科、交叉学科知识的学习和积累，传播内容不应再局限于传统的旅游信息，而应该涉及本土历史、文化、风俗、建筑、饮食、工艺等多个方面的内容。

三、文旅融合背景下口语传播人才培养的路径

行业人才培养的重点方向应契合并服务于行业价值创造的核心需求[①]。文旅融合背景下，口语传播人才通过有声语言表达、口头讲解的方式，对旅游景区、文化活动进行宣传推广，在促进文化传承和旅游体验中扮演着日益重要的角色。优秀的口语传播人才要具备更加全面的知识和技能，包括语言表达能力、文化素养、旅游知识等，还要具备更强的创新意识和跨界融合能力，以适应不断变化的市场需求和行业发展趋势，同时还需要国家、社会、学校、企业的大力支持。

（一）政府把关，文旅支持

2024石家庄草莓音乐节，在石家庄市裕华区建设南大街与南二环东

---

① 白长虹.文旅融合背景下的行业人才培养：实践需求与理论议题［J］.人民论坛·学术前沿，2019（11）：36-42.

路交叉口西南侧草坪举行，促进了石家庄的文化与潮流发展。自 2023 年 7 月石家庄市举办了"Rock Home Town"——中国"摇滚之城"音乐演出季活动，石家庄在市政府的支持下全面打造中国"摇滚之城"。2024 年上半年，石家庄市共举办了百余场音乐演出活动，吸引了来自全国各地的摇滚乐迷。2024 石家庄摇滚音乐演出季"山水之间"演出活动可见表 1。

表 1　2024 石家庄摇滚音乐演出季"山水之间"演出活动一览表（6—8 月）

地点	演出日期	演出时间	演出乐队
井陉县金蔓街商文旅步行街	2024 年 8 月 11 日	20:00—21:00	糖果乐团
	2024 年 8 月 10 日		0311 乐队
元氏县玩湃户外体育公园	2024 年 8 月 4 日	20:00—21:00	码头薯条乐队
	2024 年 8 月 3 日		闪光点乐队
石家庄石钢工业遗址公园	2024 年 8 月 3 日	18:30—21:30	旧皮革乐队等
石家庄市行唐县城市客厅	2024 年 7 月 21 日	20:00—21:00	糖果乐团
裕彤国际体育中心（中甲联赛）	2024 年 7 月 21 日	中场休息时间	Funky 乐队
石家庄市行唐县城市客厅	2024 年 7 月 20 日	20:00—21:00	码头薯条乐队
石家庄石钢工业遗址公园	2024 年 7 月 20 日	18:30—21:30	猎户乐队等
石家庄裕华区	2024 年 7 月 14 日	13:00—20:40	痛仰等
	2024 年 7 月 13 日		动力火车等
正定新区砂之船奥莱	2024 年 7 月 12 日	19:00—20:30	Yes Awake
长安区石美集城市微度假中心	2024 年 7 月 12 日		超量乐队
井陉矿区人民广场	2024 年 7 月 6 日	20:00—21:00	囍樂先生乐队（保定）
	2024 年 7 月 5 日		Funky 乐队

（数据来源："石家庄文旅之声"微信公众号。）

文旅融合背景下，政府在地方旅游业的发展中发挥着主导作用。一方面，政府部门应当制定本土文化旅游发展规划，对文化市场进行监督和管理，对旅游宣传推广的形式内容以及传播主体进行严格把关，防止出现不良言论和低俗内容，同时，不可虚假宣传，要实事求是，做到宣传与实际相一致。另一方面，在这个"酒香也怕巷子深"的文旅市场环境下，文旅部门要通过财政拨款、政策支持、人才引进等措施广纳优秀的口语传播人才，提高当地文旅活动的社会影响力，推动当地文旅行业的发展。广东江门鹤山市文旅局通过新媒体平台邀请董宇辉体验鹤山咏春魅力、感受开平碉楼历史积淀；荆州文旅局欢迎董宇辉在最美的三月来到青砖黛瓦、古道悠长，拥有五千年建城史湖北荆州；辽宁锦州北镇市文旅局喊话董宇辉"镇山福地，来辽过年"；武当山的"张三丰"道长对董宇辉发出江湖之约……由此可见董宇辉在文旅宣推方面的影响力，也从侧面反映出优秀的口语传播人才对文旅发展的重要作用。所以，政府作为培养口语传播人才的奠基石，更应该具备前沿的眼光，拒绝盲目和故步自封，相信宣传对于文旅的力量，在做好"把关人"的基础上，制定相应政策，引进和培养更多的口语传播人才。

（二）学科融合，创新思维

口语传播人才的养成并非一蹴而就，当下炙手可热的文旅推广主播董宇辉，也是在不断学习、经年积累之后才能在直播时做到说话入心、口吐莲花。他出生在农村，从英语教师跨界直播带货，凭借深厚的知识储备、生动形象的口语表达迅速成为文旅领域优秀的口语传播人才。从董宇辉的直播中我们可以感受到什么是学富五车和出口成章，虽是英语专业毕业，但一直在不断地跨学科学习和积累。董宇辉在直播时描述内蒙古：碧蓝的天空，一望无际的草地，天空无云，草地上，风吹过，草浪翻滚、牛羊点缀、信马由缰；清晨的阳光给草地洒上一层淡淡的金色，原本碧绿的草场变得鹅黄绿，手巧的 eeji（蒙古语：妈妈）挤了一大盆鲜奶端着走向帐房，阳光洒在黝黑的脸上，但是她的笑容无比的纯洁……这段即兴口语表达中，董宇辉将影视美学、地理学、社会学、文学以及心理学等知识融为一体，为观众在脑海中描绘出一幅美丽的画面，既丰富了口语传播的内容和形式，又加深了受众对内蒙古的印象。

因此，文旅融合背景下，口语传播人才的培养要鼓励其涉猎多学科领域，如历史学、地理学、文学、传播学、社会学、心理学、语言学、科学、艺术学、营销学等，促进跨学科融合的学习和研究，培养创新思维，增强综合素质和应用能力。

（三）校企合作，强化实训

高校是培养口语传播人才的摇篮，尤其是对传媒类的院校来说，更是肩负着培养优秀口语传播人才的重任。当下的播音与主持艺术专业教育只针对广播电视媒体的相对需求，而忽视了市场经济的绝对需求[1]。文旅融合背景下，高校应当及时调整和更新口语传播人才培养方案，明确口语传播人才培养的目标，让方案更加具体化、实际化。

中国传媒大学口语传播系创始人丁龙江在访谈中提到：中国传媒大学播音主持艺术学院，为大一学生开设口语表达基础课，加强学生对语言的认知；在大三阶段，设立了口语传播实务课，针对广播电视和新媒体的需要，培养学生的口语传播应用能力。还有一门口语传播课，主要研究媒体发展的新趋势[2]。浙江传媒学院因坐落于直播电商之都，故开设了培养新型主流媒体口语传播人才的口语传播与数字媒体教学部。而像河北传媒学院、山西传媒学院、南京传媒学院和四川传媒学院这类地方传媒高校也都开设了相应的口语传播课程。但从中不难发现，各大传媒院校培养口语传播人才的主要目的还是为广播电视和网络直播电商服务，培养模式相对单一，培养方法依然是课堂教授的传统样态，有些教授口语传播的教师甚至没有任何行业经验，只会纸上谈兵和理论输出，岂不误人子弟？

---

[1] 李亚铭.口语传播视域下的播音主持专业教育模式改革［J］.现代传播（中国传媒大学学报），2013，35（10）：154-155.

[2] 徐学明，赵歆喆，周雅芝.我们要培养怎样的新媒体口语传播人才：对朱永祥与丁龙江的访谈录［J］.传媒评论，2023（10）：50-53.

文旅融合背景下，高校要联合相关企业，强强合作。高校培养口语传播人才不能只是停留在课本理论的学习上，更要因材施教，丰富教学内容和形式。一方面，要让学生"走出教室"，通过场景模拟、案例分析、角色扮演、即兴口语等多种方式，让学生在实际操作中学习和提高口语表达能力。这些活动有助于锻炼学生快速思考和反应能力，提高口语表达的流畅性和说服力。另一方面，要让学生"走进企业"，通过实习实践、实训练习、定向培养等形式加强校企合作，鼓励学生走进博物馆、园博园、风景区、文旅小镇、特色街区、旅游胜地等进行实操性的学习和实践。河北传媒学院新闻传播学院与中青旅控股股份有限公司紧密合作，2023年为第十届中国（合肥）国际园林博览会提供优秀的园林讲解人才，既减轻了学生的就业压力，又为企业培养了实践经验丰富的口语传播专业人才，满足了文旅融合背景下的行业需求。

（四）打破壁垒，知行合一

口语传播人才的培养离不开政府、社会、学校和企业的重要支持，但"打铁必须自身硬"，对人才本身而言更是要精益求精，打破自身壁垒，做到知行合一。

知识壁垒、信息壁垒以及认知差距是客观存在的。要想成为一个像董宇辉、房琪一样优秀的口语传播人才，我们需要认清自己，明确自己在知识、文化、传播等方面的不足，然后打破自己固有的认知，站在更高的维度看待问题，最后解决问题。提到洛阳，大家能想到的是十三朝古都、龙门石窟、白马寺、牡丹之城、丽景门，但又有谁知道居天下中心的洛阳是华夏文明的起点，丝路茶道与隋唐大运河在这里交汇，除了"洛阳"，"西亳""东都""西京""神都""成周"等都是对洛阳的称呼。所以，在文旅融合背景下，新时代的口语传播人才要不断学习和积累，打破知识壁垒，加强学科互补[①]，提高自己的文化素养。

---

① 王梅兰.打破知识壁垒加强学科互联：跨学科美育实践的探索研究［J］.青海教育，2023（3）：54，56.

明代思想家王阳明提出的"知行合一",对于文旅融合背景下培养优秀的口语传播人才具有重要的指导意义。"知行合一"真正体现了一种力行实践的精神[①],播音主持专业的学生、口语传播专业的学生以及汉语言文学专业甚至旅游管理专业的学生,都应该做到在学习理论知识的同时积极参与学校和社会的实践活动。例如,主持人大赛、推普活动、诵读比赛、讲解大赛、演讲与辩论、脱口秀比赛、社区活动等,将理论知识应用到实践行动中。同时,应在实践中不断地反思和提高专业技能,以适应新的行业发展要求。

因此,文旅融合背景下口语传播人才要做到"打破壁垒,知行合一",切身体验当地文化,了解当地文化,传达出最为真切的感受,只有这样,游客才能买账,才能促使文旅行业真正发展。

结　语

文旅融合大背景下,文化和旅游相辅相成,二者相互配合,才能真正助力当地经济的发展。同时,经济的发展,又反过来推动本地文化和旅游向高质量方向发展,形成良性循环的新质生产力。口语传播人才是文旅产业发展的战略支撑和第一资源,这对口语传播人才的培养提出了新的更高的标准和要求,需要国家政府部门、社会各界、学校、企业和个人协力合作,培养新时代优秀的口语传播人才,助力文旅深度融合,助推符合新发展理念的新质生产力快速发展,从而促进第三产业实现高质量跨越式发展,推动国家经济腾飞!

---

① 吴光.王阳明"知行合一"论的内涵及其现实意义[J].贵州大学学报(社会科学版),2015,33(1):29-32.

"播音主持创作基础"理论课堂教学互动策略研究

王小翠

【摘要】 本文聚焦"播音主持创作基础"课程,基于课程定位与目标分析当前该课程理论课堂教学互动现状,分别从建立互动机制、多元双重互动、融合数字技术、深化情感交流等四个方面提出教学互动策略,旨在激发学生对播音主持理论课堂的热情,提高他们的课堂参与度和实践能力,从而培养出更符合行业需要的高素质播音主持人才。

【关键词】 理论课堂;教学互动;播音主持创作

一、"播音主持创作基础"课程定位与目标

(一)课程定位

"播音主持创作基础"课程是播音与主持艺术专业的专业核心课,其定位在于让学生掌握有声语言表达基础理论和创作技能,是一门理论与实践并重的课程。本课程分别从创作主体、创作过程、接受主体、艺术效果这四个维度展开,包括正确的创作道路、播音语言特点、创作准备、播音感受、情景再现、内在语、对象感、停连、重音、语气、节奏、话语样式和体式、话筒前镜头前状态、播音主持表达基本规律等14个章节。本课程的学习效果,关乎学生对各类文稿、各类节目的语言驾驭和表

达能力，关乎学生在播音主持领域的专业能力和表现，对其职业发展具有重要意义。

（二）课程目标

"播音主持创作基础"课程素养目标是引导学生树立正确的艺术观、创作观，让学生明确党和人民的喉舌、文化传承者的身份认同，用家国情怀、青年人的使命和担当进行有声语言创作；知识目标是让学生掌握有声语言创作的基本概念、创作过程和语言表达技巧等基本创作规律、创作方法；技能目标是使学生获得能够激发和调动内在情感，并能够准确地用外在声音表达内心情感，达到思想感情与语言技巧的统一，语体风格与声音形式统一的能力。总体而言，该课程的目标是在学生掌握了普通话和科学发声等创作基本功后，引导学生树立正确的创作观，熟练掌握将文字语言转换成有声语言的基本理论、技能，为后续播读各类文稿、主持各类节目筑牢创作基础。

二、"播音主持创作基础"理论课堂教学互动现状分析

（一）当前理论课堂教学互动的主要方法

1. 实时问答

实时问答是理论课堂较普遍的互动形式，具体提问方式有闭合式问题和开放式问题两种。大多数播音与主持艺术专业学生在学习"播音主持创作基础"课程之前，经历过艺考培训学习，拥有一定的播音主持创作基础知识积累。因此，教师在讲授新知识点时，常常会问："之前是否听说过某个词（专业术语）？""具体是怎样理解的？""应用中遇到了哪些问题？"这些提问内容不仅用于课前互动，也是理论讲授层层深入的常规提问逻辑。当然，也会有学生主动提问，教师给出相应回复的现象，然而当前实时问答互动教师提问、学生回答的情境居多。

2. 小组讨论

播音主持创作是一项复杂且多维度的过程，"播音主持创作基础"课程也同样内容抽象、技巧复杂。有声语言表达技巧运用的前提是深入理解稿件，学生在掌握基本创作规律之下还需要具有批判思维，学会独立思考，使其艺术创作富有个性色彩。在教学重点、难点部分，教师通过提供必要的背景资料，明确讨论主题并确保其具有挑战性和启发性，根据学生的特点进行分组，鼓励小组成员相互启发，积极分享见解。讨论结束后，每小组选派代表发言，教师进行点评反馈，以此促进学生拓宽思路、相互交流学习，更加深入地理解课程内容。

3. 实践演练

播音与主持艺术专业是一个注重实践的专业。"播音主持创作基础"14个章节都建立在学生深入理解稿件的前提之下。除了重音、停连、语气、节奏拥有较明显的声音形式，其他知识点都比较抽象，尤其内部情感蓄积与调取部分需借助大量的随堂实践，要通过创作结果来检测学生是否理解、掌握相关知识。往往在讲解完某一知识点后，附有相应的现场练习，学生实践演练结束后，教师给予评价、指导、范读，在反复交流实践中提升学生对理论知识的理解力、感悟力。

（二）当前理论课堂教学互动存在的问题

1. 互动形式陈旧，课堂氛围沉闷

播音与主持艺术专业的学生思维活跃、富有朝气，他们期待丰富多彩的学习形式。而当前"播音主持创作基础"理论教学互动形式较陈旧且相对单调，集中在实时互动问答、实践演练、小组讨论几种传统形式。互动形式缺少创新性和多样性会使学生对课堂感到"习以为常"，难以保持持久的兴趣和注意力，使课堂进入"重复"状态，课堂氛围也会因此沉闷、机械，缺乏生机。

2. 被动参与互动，学习体验受限

传统教学的侧重点在于教师的讲授（板书+PPT），传统的教学模式使得学生被动地接受课堂内容[①]。传统的教学互动，往往是教师提问，学生回答，或者教师要求学生进行某种学习活动，学生按要求完成，学生处于被动参与状态。而学生不仅是信息的接收者，还是学习的参与者和构建者，被动参与互动，会使学生缺乏主动思考和探索的机会，无法获得丰富、多元的学习体验。长期被动参与互动，学习体验受限，不仅会削弱学生主动学习的热情和自我提升的自信心，也会影响学生批判性思维的发展。

3. 技术融合不足，个性互动受阻

"播音主持创作基础"课程在艺术创作的共性基础上提倡创作主体的个性化发展，教师在有限的教学时间内开展充分互动，顾及学生的个性互动诉求有一定难度。人工智能时代给教学互动带来新机遇，然而由于技术融合不足，教学互动的充分性和个性化均受到阻碍。课堂互动长期缺乏针对性，将无法满足学生的个性化需求，易使学生知识体系僵化，个性发展受阻。

4. 反馈机制不全，学习效果模糊

"回答得很好！不错！"是教师在与学生互动后做出的正向回答，这一做法对学生起到了较好的鼓励作用。但如果鼓励、表扬仅仅落在口头上，学生也会习以为常。课堂互动中缺乏有效反馈或反馈过于滞后，会导致学生无法了解自己的学习状况，不清楚在哪些方面取得了进步，哪些方面还需加强，也就无法及时调整学习策略。这种模糊性不仅影响了学生的学习动力，也增加了教师的指导难度。

三、"播音主持创作基础"理论课堂教学互动策略构建

（一）建立互动机制，驱动高效互动

互动机制是互动活动有序、高效进行的基础。完善的互动机制有利于

[①] 郑金洲.互动教学[M].福建：福建教育出版社，2007：12.

教师知道何时何地以何种方式开展互动，也有利于学生清楚开展互动的目的、形式以及自己的参与方式，从而避免出现混乱或无效互动。"播音主持创作基础"课程的互动机制主要从互动目标、形式、规则、流程以及分组等方面着手。

首先，结合课程特点和目标设计互动目标、形式。"播音主持创作基础"课程理论知识少且抽象，为了拓宽知识点，化抽象为具体，课程常采用"翻转课堂""听力小测""看文画画""借景抒情""听众心声""职场竞技""一气呵成"等互动形式开展教学。其次，明确互动规则、流程助力互动有序开展。互动规则含有明确的加分、减分细则，其中，加分项目多于减分项目有助于提升互动参与度。互动式为了助力教学，互动流程要尽量简单明了。在互动流程设计中，要有互动反馈。结合"播音主持创作基础"课程理论与实践同等重要的特点，除口头评价反馈，教师示范反馈、学生示范反馈也是本课程互动反馈的特色。同时，反馈以加分形式呈现，以此激发学生的互动热情，并为平时随堂表现成绩提供参考依据。最后，提前分组提升互动效率。通常学生参与课堂互动会以个人或小组的形式进行，为了使互动高效展开，在学期初，教师需根据学生的学习情况对学生进行分组。以一个班30名学生为例，可以分成5大组、10小组，其中大组每组6人，每个大组拆分成两小组，每组3人，并以组为单位制定流动性座位表以兼顾学生的多元需求。

（二）多元双重互动，丰富学习体验

教学论的角度认为，互动是行为主体借助于一定的手段，与他人（环境）和自己相互作用、影响的过程[1]。传统教学中，学生充当了教师传授知识的容器，处于被动的学习状态[2]，学习体验较单一。双重互动并举的教学方式将两种互动相结合，不仅丰富了互动层次，还为学生提供了双重学

---

[1] 李敏，杨宇轩，施式亮，等.安全法学课程教学存在的问题及改进探索[J].科技视界，2021（6）：190-191.
[2] 陈红媛.论网络技术在高职院校政治课教学中的运用[D].长沙：湖南师范大学，2005.

习视角。以教学前、中、后三个阶段为切入点设计多元双重互动，既提高了互动参与度，丰富了学习体验，又更有效地促进了知识的吸收内化和应用，还锻炼了沟通能力、协作能力和解决问题的能力。

1. 课后思考与翻转课堂相结合

通常课后作业是针对本堂课的思考、练习以及提前预习，但提前预习的内容比较宽泛，缺少针对性的思考。教师在第一堂课结束后，可以结合下堂课的学习内容提前布置思考内容，让学生带着思考后的结果开展翻转课堂。于学生而言，翻转课堂化被动为主动，其学习热情被激发，主动探索知识的能力也得以提升。将课后思考与翻转课堂相结合，既拉长了互动的时间周期，也提升了翻转课堂的学习效果。

"播音主持创作基础"课程理论知识点通常围绕某个知识点的定义、重要性、原则、种类、处理方法以及注意事项这六个方面开展。教师布置的课后思考作业可以沿用以上几个角度让学生进行思考，并以小组为单位为每一位同学分配主讲的内容。学生在提前预习新内容的同时，会着重思考分配到的内容，并准备相应课件。每节课随机抽取两组进行讲解，每组讲解10—15分钟。其中一组着重讲解，另一组对上组的讲解进行补充、反驳、实践等。待这两组分享完毕，教师征询其他同学的建议之后做出评价和总结。如此一来，30分钟的课堂中至少会有12名学生参与课堂互动，这既打破了教师一言堂的现象，也提升了学生的参与度、知识理解力，还在实践中夯实了学生的语言表达能力。

2. 学生回答与人工智能相结合

无论互动形式如何创新，教师提问、学生回答依然是课堂互动的重要手段，教师可以根据学生现场参与回答的人数、结果、状态等调整教学节奏、方法。而当学生的回答与教师预期的答案匹配度较低时，教学互动便会陷入僵持状态。另外，尽管播音主持创作有一定规律可循，但由于其艺术属性和有声语言表达的个性因素，具体知识点在实际运用中比较灵活。学生回答与人工智能相结合，不仅使互动多元化，还为师生互动提供了第三视角，也有助于学生辩证思维的养成。

"播音主持创作基础"课程涉及内在情感和外在声音，前者需要对文稿有较高的理解力、感受力，后者需要借助于具体的声音形式。比如，文稿的主题、播讲的目的、语句的内在含义等通常是仁者见仁智者见智，再加上有声语言创作是一项综合创作，停连、重音位置的确定时常会出现"没有固定答案"灵活处理的现象。以重音位置的确定为例，教师启发学生先进行思考并确定重音位置，随后借助 ChatGPT 生成重音分析结果。由于准确性仍是当下生成式人工智能的一个挑战，一些非重音可能会被界定为重音，教师顺势带领学生一起用所学知识现场对 ChatGPT 生成的答案进行"作业批改"。当学生对重音位置产生分歧，让人工智能确定重音位置并阐述原因。将学生的回答与人工智能的回答进行对比，既拓宽了学习视角，有助于深度思考和辩证思考能力的养成，也有助于丰富学习体验，提升学生的人工智能素养。

3. 小组讨论与小组赛事相结合

小组讨论是助力课堂互动变活跃的有效教学方式，它鼓励学生积极参与、交流思想、共同解决问题。但是长期开展小组讨论也会使学生习以为常，感觉像是在完成"任务"，使课堂互动再次陷入被动状态甚至会出现小组讨论变成小组闲聊的问题。小组竞赛是将小组讨论的成果进行展示和竞争，通过比赛的形式激发学生的学习热情和团队合作精神。将小组讨论与小组赛事结合，可以让学生在互动中深化理解，在竞赛中提升解决问题的能力。

小组讨论与小组赛事相结合的教学互动常用于课程"难点"部分，目的是在挑战中增强理论知识的深刻性。"播音主持创作基础"课程的难点集中在创作情感不充沛、外在声音达不到预期效果两方面。通过小组讨论可以加强学生对文稿主题、播讲目的、内在情感等的理解力，小组讨论的成果可以通过小组竞赛以观点阐述或者现场诵读的形式展示，其他非对决小组和教师投票选出优秀组。小组竞赛，尤其是小组以组合形式进行诵读竞赛时，会有不同的创作技巧、诵读风格的碰撞，有利于为学生提供丰富的参考样本。小组与小组比赛结束后，还可以让前两名再次对决。小组竞赛除了采取单组对单组的形式，还可以采取单组对多组的形式展开"擂台赛"。小组讨论与小组赛事结合，既丰富了学生的学习体验，也提升了教学互动活跃度的进阶性。

4. 角色扮演与游戏竞赛相结合

基于OBE教学理念在教学活动中采取角色扮演这一互动形式，可以引导学生从行业对播音员主持人人才要求的角度评价其对创作理念和创作技能的掌握情况。模拟播音员主持人面试现场设置多种角色，以课程知识点为人才选拔的重要标准，以播音员主持人综合素养为基本要求进行人才评选。角色扮演模拟真实场景的同时设置游戏环节和竞赛机制，让学生在轻松愉快的氛围中主动将理论知识融入实际应用，从而增强学习的竞争性与趣味性。

现场模拟通常每组随机抽取一人，共设置6种角色，分别是"业界知名专家""一线播音员主持人""HR""未来搭档""听众或观众""记分员"（具体分组和角色设计，可以根据班级人员情况灵活调整）。每5名面试者为一组进行面试，每组面试结束后，由评委和教师现场打分并点评。在模拟面试中，其他暂时不参加面试的学生扮演"伯乐"的角色提前投出心目中的"千里马"，如果投票对象与面试获胜者为同一个人，"伯乐"与"千里马"均获得相应的分值。小组讨论与小组赛事相结合侧重培养的是团队协作意识，角色扮演与游戏竞赛跳出小组局限，进行跨组互动，在深化知识的同时易激发学生的情感共鸣，进而活跃课堂氛围，助力课程互动进入高潮。

（三）融合数字技术，量化互动成效

在日益数字化的教育环境中，融合数字技术的量化互动成效不仅有助于提升教学效率，还有助于促进个性化教学，并推进教学评估精准化。通

过在线教学平台和智能教学工具，教师能高效地进行教学准备和课堂互动，学生则能随时随地学习，提升学习效率和灵活性。同时，借助数字技术收集，分析学生的学习数据，自动评估学习成效，为教师开展针对性教学提供了精准的数据支持。因此，融合智能技术在教学互动中的应用，对于量化互动成效、提升教学质量、优化学习体验具有不可忽视的重要性。

本门课程分别借助钉钉、Word Wall、Adobe Audition、慕课等技术手段于课前、课中、课后开展互动，并对互动情况予以更精准的评估。课前，在班级钉钉群里设置"留言板"实现知识的有效衔接。留言板分为"旧识""新知"两个版块，学生将自己对旧知识点的心得体会和新知识点的困惑之处写在留言板上，班级其他同学可以即时在线进行回复，教师可以在课堂上系统地做出回复。课中，教师通过 Word Wall 软件设置多种形式的互动题目，如选择题、填空题、简答题等，学生可以在手机上完成这些题目并提交答案。这种方式有效减少了学生因为害羞、紧张等不参与互动的现象。在学生发表观点、随堂实践环节，教师运用 Adobe Audition 软件进行录音，课下整理后统一共享到班级群里，一方面建立了学习音频档案，便于学生课下复盘，另一方面为梳理学生的互动频率、热情和效果提供了音频数据。课后，将中国传媒大学在慕课平台共享的"播音主持创作基础"课程作为线上学习资源，学生通过线上学习夯实了理论知识，同时通过慕课作答课后习题了解了自己的学习情况，教师则通过数据了解了全班的学习时长、答题正确率等，便于今后开展针对性教学和个性化互动。

（四）深化情感交流，提升互动黏性

情感，是连接师生心灵的桥梁。在教学过程中，情感交流不是具体的互动方法，而是一以贯之的互动元素。当教师以平等、真诚的心态对待学生，理解他们的需求和困惑时，学生往往能够感受到教师的关爱，会更加愿意持续参与教学互动。情感交流在营造和谐、融洽的课堂氛围的同时，还可以提升互动黏性，促进互动可持续开展。

情感是有声语言的灵魂，没有情感的播音主持创作犹如无源之水。为了激发学生的创作热情、真情，教师结合课程设计了"为爱发声""用心创作""以情诵读"等口号，用以激发学生的播讲愿望和真情实感。在案例教学法中，结合14个章节的内容，设置了28篇经典篇目，包含英雄人物、时代楷模、专业榜样等思政元素，激发学生的爱国情怀和职业责任感。在互动情境中，与学生共同面对问题、共同进步。教师还要观察学生在课堂互动中的参与热情和效果，关注学生的情感变化，及时给予关心和支持。课下，教师对学生在学习和生活中遇到的困难和问题，应积极倾听、耐心解答，并给予适当的帮助和鼓励。教师既要做课堂的组织者，也要成为学生成长的知心人。情感交流，是提升课堂温度的内核。无论互动形式如何创新，爱学生、助学生始终是教师开展课堂互动的底色。

结　语

本文分析了"播音主持创作基础"课程的定位、目标和常用的互动方法，发现当前课堂中存在一些问题，如互动形式单一、学生被动参与互动、技术融合不足、反馈机制不全等。针对这些问题，笔者提出了一系列互动教学策略和方法，如建立互动机制、多元双重互动、融合数字技术、深化情感互动等，旨在增强课堂的互动效果，提高学生的学习效果和实践能力。通过实施这些互动教学策略，学生的学习兴趣和积极性有了一定提升，课堂参与度也有所增强。然而，教学互动过程中仍存在一些挑战和不足。比如，如何更好地平衡共性互动与个性互动的关系，如何更有效地利用数字技术来增强课堂互动等。这些问题需要不断探索和实践。在未来的教学中，教师仍旧需要不断探索和实践新的教学手段和策略，以更好地适应时代的发展和学生的需求。相信通过这些努力，可以为学生提供更加优质、高效、有趣的播音主持理论课堂体验，进而筑牢他们的播音主持创作基础。

人工智能时代新闻学教育面临的机遇和挑战

米贯一 刘红丽

【摘要】 生成式人工智能的发展，给新闻学教育带来无限可能。各大高校要积极应对人工智能发展的热潮，利用人工智能技术协助新闻学教育进行自我革命。人工智能技术为教师教学和学生学习提供了辅助功能，但同时人工智能的发展也给新闻学教育带来一些挑战。在风险与机遇并存的环境下，高校作为人才培养的重要阵地，需要重新思考未来新闻学教育将向什么方向发展。本文通过分析人工智能给新闻学教育带来的机遇和挑战，探索人工智能赋能新闻学教育的可能性。

【关键词】 人工智能；新闻专业；新闻学教育

一、人工智能赋能新闻学教育现状

（一）人工智能激发新闻学教育自我革命

人工智能技术的发展，已经影响到越来越多的领域，给各行各业带来了无限的可能性，比如，人工智能+农业、人工智能+交通、人工智能+制造业等。新闻学教育事业作为国家教育发展的重要事业，也受到了人工智能的影响。人工智能与新闻学教育的结合，为新闻学教育事业带来机会和挑战。高校作为培养人才的重要机构，正在积极应对人工智能带来的热潮，不少高校借助人工智能技术实现了云技术与教育教学的结合，打造了线上"学习+资源+测试+评判"数字新闻自主实践教学的新形式。[①] 新闻学教育与人工智能技术的联系越来越紧密，不断推动新闻学教育进行自我革命。

2019年1月25日，习近平总书记在中共中央政治局第十二次集体学习时指出，"要探索将人工智能运用在新闻采集、生产、分发、接收、反馈中，全面提高舆论引导能力"。可见，人工智能与新闻行业的结合发展是国家重要的战略。与此同时，人工智能也同样影响了新闻学专业的发展。人工智能是指通过计算程序和系统来呈现人类智能的技术，可以在短时间内完成复杂的任务，实现大规模的数据处理。将人工智能融入新闻学教育，可以协助老师实现智能化的新闻教学，给学生提供个性化的学习辅导。新闻学教育要积极面对人工智能带来的影响，将如何调整新闻教学方式、创新新闻专业人才培养模式作为新闻学教育改革的重要研究课题。

（二）人工智能变革新闻学教育专业形态

2024年1月26日，教育部科学技术与信息化司司长周大旺，在教育部新闻发布会上表示，要实施高等学校生成式人工智能创新应用项目，推动生成式人工智能在相关专业领域的应用。人工智能技术推动了新闻学专业形态变革，许多高校为了应对人工智能对新闻学教育的影响，对课程体系做出了拓展和深化。在固有课程的基础上，加入人工智能概论、数据新闻、VR/AR新闻等课程，目的是让学生在掌握基本的新闻知识的基础上，不断提高专业能力和水平，灵活地适应时代的发展和变化。

除此之外，随着人工智能影响的扩大，各大学校开始重视新闻教学实践的改革。传统的新闻教学实践，是让学生在现实的生活中采集、制作新闻，但由于时间和空间的限制，许多学生接触到的新闻类型还不够全面，对一些新闻的具体流程无法实地、深入地学习和实践，如灾难新闻、财经新闻、体育新闻等。如今，国内多所学校借助人工智能技术建立了新闻模

---

① 陈晓兵.人工智能+传媒教育跨界融合生态重构［J］.中国出版，2021（6）：36-38.

拟实验室，如北京师范大学新闻传播学院与微软、封面新闻、Enigma 合作共建了我国首个 AI+ 媒体实验室，为教师教学和学生实践提供辅助平台。此外，由于新闻学的专业特点和行业需求，新闻学教学要尽可能遵循产学研相结合的思路，紧密结合当下的媒介发展和业界现状培养新闻人才。[①] 在人工智能时代，许多学校积极与企业开展合作，通过产学研融合的方式锻炼了学生的新闻实践能力，为学生积累实际工作经验提供了机会。

二、人工智能给新闻学教育带来的机遇

（一）助推新闻就业转型

1. 就业岗位增加，就业压力减轻

人工智能的崛起正在深刻重塑劳动力市场格局，其从自动化到智能化的广泛应用引发了劳动力市场的不断适应和调整，催生出了新的职业领域和合作机会。[②] 传统的新闻就业岗位主要是记者、编辑、出版人等，随着人工智能与新闻行业的结合越来越紧密，新的就业岗位不断出现，如新闻数据分析师、人工智能新闻编辑、智能媒体运营等。从猎聘网发布的《2023 届高校毕业生就业数据报告》来看，AI 大模型应届生职位同比增长超过 170%，同比增长率位居第一。且在应届生招聘年薪方面，智能制造、AIGC、AI 大模型位居前三，分别为 33.02 万元、30.36 万元、27.99 万元。从数据可以看出，人工智能的出现带来了新的岗位，极大地缓解了学生的就业压力，为人们提供了更多的就业机会。

对不同技能领域来说，人工智能在特定的低技能职业领域的应用可能导致部分职位的需求下降；然而，在某些技术性、分析性要求高的工作

---

① 赵佳音，刘少文，陈杨，等. 产学研导向下新闻学人才培养模式中的教学方法和实验室改革研究 [J]. 山西青年，2021（22）：39-40.
② 杜雨，夏雅倩. 生成式人工智能如何影响劳动力市场？——基于中外文献的对比分析 [J]. 上海商学院学报，2024，25（2）：48-63.

中，则可能增加对专业人士的需求。[①]人工智能助推了新闻职业的转型，从另一方面也说明了，新闻行业对专业人员的要求也逐渐变得越来越高。生成式人工智能可以代替人工去写新闻和校对稿件，并且相对于人类，出错率较低，效率较高。人工智能可能会深层次改变劳动力市场的就业结构，使劳动者技能和知识的更新变得越来越重要。[②]所以，新闻专业的学生要想为自己赢得就业空间，必须要坚持终身学习的理念，与时俱进，学习自己专业技能的同时也要学会使用人工智能技术，这样才能更好地应对劳动市场的灵活变化。

2. 促进新闻专业跨学科融合

人工智能技术使知识工作者的许多工作被替代变得更加容易想象，劳动力市场正在加速向以技术为中心的职业转变，但它同时也更需要跨学科能力。[③]新闻专业创立之初的目的是培养能够服务社会的实务型人才，要能够采集和编写新闻。但在人工智能时代，为了适应新技术的发展，新闻学的教育目标转变为培养具备综合知识和能力的复合型人才。跨学科教育是培养复合型新闻传播人才的主要途径。[④]新闻学不仅涉及哲学、心理学、历史学等文科性学科，也开始与信息技术、数据分析等理科性学科相结合。

作家蔡磊垒说过："一个三维空间，可以展开无限大的二维平面。一个人想要有竞争优势，就要尽可能比别人拥有更多技能维度。"人工智能时代，新闻专业应该培养具有全方面实战能力的新闻人才，将新闻学与人工智能相关的学科深度融合。许多学校开始有意识地引导新闻专业跨学科

---

① AUTOR D H. Why are there still so many jobs? The history and future of workplace automation [J]. Journal of economic perspectives, 2015, 29（3）: 3-30.
② 郑世林, 姚守宇, 王春峰. ChatGPT新一代人工智能技术发展的经济和社会影响 [J]. 产业经济评论, 2023（3）: 5-21.
③ DIANOVA V G, SCHULTZ M D. Discussing ChatGPT's implications for industry and higher education: the case for transdisciplinarity and digital humanities [J]. Industry and higher education, 2023, 37（5）: 593-600.
④ 裴世兰, 李城. 跨学科视角下新闻传播人才的培养 [C] // 中国科技新闻学会. 中国科技新闻学会第九次学术年会论文集. 合肥: 中国科学技术大学, 2007: 5.

融合，除了增设有关人工智能的课程，还采取了实际的措施来促进新闻专业的跨学科融合。比如，学校实施跨学科招生、跨学科选修、双学位学习等，学生不仅能够学习与新闻专业相关的课程，还能够根据自己的兴趣和需求，选修心理学、哲学、经济学等其他专业的课程。此外，高校鼓励老师跨学科合作，通过互相学习，提高自身的综合素质和专业水平，从而为学生提供更高质量的教育。新闻专业的跨学科融合，帮助学生更加灵活地适应新闻业的就业转型。

（二）加强新闻实践能力

1. 建设新闻模拟实验室，积累新闻报道经验

传统的模拟新闻报道的方式主要是在实际的场景中进行，通过对现实场景的模拟，帮助学生熟悉新闻专业的知识和技能，但这种方式可能会受到时间和空间的限制。采用人工智能技术模拟新闻报道，是指利用计算机模拟生成仿真的新闻报道场景，让学生在模拟的新闻环境中学习新闻采集、生产、分发。人工智能技术的运用，突破了时间和空间的限制，能够模拟学生在现实生活中难以实践的新闻，如政治新闻、财经新闻、体育新闻等。通过模拟这些新闻报道，学生可以更加准确地了解新闻报道的过程。另外，人工智能通过仿真的技术，为学生创建新闻场景，使学生能够沉浸式地学习和体验。在这样的过程中，学生的学习更大程度上是以第一人称的主体形式来进行的。[1] 学生能够在实践操作中极大地提高自身的积极性，从而更好地把握新闻知识和技能。

近年来，各大高校与企业的合作不断增多，主要是在模拟新闻实验室的基础上，开展与人工智能相关的新闻研究项目，让学生参与项目研究。此外，各地政府鼓励高校和业界加强合作，并制订相关的计划或者提供资助。例如，河北省制定《关于加快工业企业技术创新发展的若干措施》、山东省制定《山东省标志性产业链产学研协同创新行动工作方案》等。这

---

[1] 喻国明. 喻国明：数字化带来教育的四大转变［J］. 父母必读，2023（S2）：58-61.

些政策支持各地技术企业与高校展开合作，推进了产学研一体化发展。这种产学研一体化的方式，不仅增强了学生的新闻实践能力，也助推了新闻行业的建设和发展。

2. 利用人工智能辅助新闻制作，提高新闻作品品质

早在 2015 年，媒体就开始使用机器人写稿，腾讯财经频道首次使用新闻写作机器人 Dreamwriter 发布了一篇财经报道。人工智能可以在短时间内收集和整理大量相关数据，它能有针对性地筛选出与新闻主题相关的内容，及时为人们提供所需的信息。另外，人工智能可以根据使用者的要求自动生成稿件，或者对已经完成的新闻稿件进行修改和优化。相比人类，人工智能的效率更高、出错率更低。比如，财经新闻报道往往需要专业、准确、全面的金融数据作为支撑，会花费大量的人力和时间成本。而人工智能技术可以提升财经新闻制作过程中的数据处理效率，减轻采集和编写方面的压力。2012 年推出的《每日经济新闻》，利用人工智能技术进行数据获取和分析，其新闻内容的自动化生成实现了 7×24 小时无间断直播全球财经资讯的想法，极大地优化了传统财经新闻的报道。除了财经新闻报道，人工智能技术在体育新闻报道中的使用也越来越多。2016 年今日头条运用机器人记者 AI 小记者 Xiaomingbot 进行数据的采集和分析，在几秒之内就能够生成有关里约奥运会的新闻报道。

（三）革新信息获取方式和教学模式

1. 打破信息壁垒，推动资源平衡

在大数据环境中，社会是一个庞大且复杂的信息集合，基于各种各样的社会实践活动，人们的细微互动均以数据的方式被记录和保存。这些信息数据不仅可以用于分析和识别个体行为之间存在的关联，还可以进一步用于对未来行为的预测和分析。[1]对新闻专业的学生来说，传统的信息获取

---

[1] 岳宝彩.人工智能技术在新闻传播中的融合应用、影响及应对策略：以 ChatGPT 为例[J].北京印刷学院学报，2023，31（4）：13-17.

方式通常是现场调查、面对面采访、集体讨论等,人工智能的出现拓展了我们获取信息的方式。人们除了通过现场调查获取信息,还可以运用人工智能提前获取相关的新闻素材和信息,或者通过对相关数据的分析预测未来趋势,进而更好地完成新闻的生产制作。同时,人工智能技术可通过大数据分析和优化算法,缓解教育资源分配不平等的问题,促进教育公平的提升。[1]人工智能的服务是面向所有群体的,包括一些有生理障碍和因为生病而无法上学的学生,以及处在教育资源缺乏的农村地区的学生,人工智能的出现为这些学生提供了学习机会,帮助他们调解在教育教学中可能遇到的不平等和困难的因素。

2. 革新学习模式,提供个性化教学

每个学生都是独特的人,教师很难在有限的时间内清楚了解每一位学生的学习特点、学习能力、学习方式。人工智能技术的出现,辅助教师理解学生的独特性,教师能够根据学生的具体情况,有针对性地提供个性化的教学方案和课程。伦敦大学学院教授罗斯·卢金说:"人工智能对教育的真正力量在于,我们可以用它来处理关于学习者、教师、教学和学习互动的大量数据。最终,人工智能可以帮助教师更准确、更有效地理解他们的学生。"另外,人工智能技术能够帮助教师进行一些日常的教学管理,如考勤、作业收集和发布通知等,减少了处理琐碎任务的时间,为教师留出时间专注于教学内容和学生互动。一些学校开始使用教育机器人辅助教学,提供课堂外的辅导和支持,学生可以24小时向人工智能提问和学习。同时,人工智能可以帮助教师建立多元的评价体系,它可以迅速地根据学生的特点给予具有针对性的反馈和评价。学生可以根据人工智能给予的反馈和评价,及时优化和调整学习方式,使学习更加高效。

---

[1] 涂德玉.人工智能背景下教育面对的挑战、机遇与未来走向:以ChatGPT为例[J].职业技术,2024,23(3):36-41.

三、人工智能给新闻学教育带来的风险

（一）人工智能产生信息偏见和信息失实

1. 信息来源不明确，信息真实性不稳定

人工智能的生产过程往往依赖大量的数据来源。当前，人工智能大模型的数据量呈现爆炸式增长。[①]2018 年推出的 GPT-1 的参数量为 1.17 亿，而 2023 年推出的 GPT-4 的参数量已达 1.8 万亿。在大量的数据中，有些数据的来源渠道不明确，信息的真实性难以判断。一方面，人工智能会根据不实数据轻松地生成虚假新闻，这些虚假新闻可能会被恶意传播，不仅会误导公众，还会威胁社会稳定。另一方面，人工智能在处理数据时，可能会出现改动信息和歪曲事实的现象，算法可能会把虚假信息错判为真实信息，人们接收到虚假的信息后，可能会无法对新闻的真实性进行判断。

2. 大模型数据来源缺乏客观性，容易产生信息偏见

人工智能是由复杂的算法和模型组成的，这些算法和模型是用计算机技术训练和优化的。人工智能进行算法训练的过程，其实是帮助机器学习如何处理数据的过程，在这个过程中需要为机器提供大量数据。但是，在对人工智能进行训练的过程中，有些数据信息存在偏见、误解或者故意误导的问题，机器并不会对信息进行客观的判断和筛选，反而会学习并且内化。因此，在人工智能生成新闻信息时，可能会潜在地将这些偏见和误解传播出去，影响社会的公正和稳定。另外，人工智能是根据用户的需求来提供信息，通常会对用户进行数据分析，为用户推荐符合其兴趣的新闻信息。久而久之，人们接收到的信息类型变得越来越单一，会导致信息茧房

---

① 朱玥，覃尧，董岚，等.人工智能在移动通信网络中的应用：基于机器学习理论的信道估计与信号检测算法［J］.信息通信技术，2019，13（1）：19-25.

问题越来越严重，甚至失去辨别真相的能力。

（二）过度依赖人工智能的风险

1. 人文情感能力退化

情感因素一直是中国新闻业"建设性"的组成部分。有些新闻作品是需要表明立场和情感的，比如，重大庆典与表彰活动的积极属性情感和突发灾难事件的悲剧属性情感。[1] 人工智能生成的内容是在大数据和自然语言处理技术的基础上完成的，其对人类的情感解读大多是机械化的，很大程度上消解了情感本身的意义。新闻传播不仅仅是传递信息，还是人类价值观和情感关怀的传递。此外，人工智能对于情感的解读并不完全准确，可能会影响人们对情感价值的判断。如果学生仅仅执着于掌握人工智能技术，而不对人类情感进行深刻理解，那么在面对社会复杂问题时，首先想到的就会是运用人工智能技术分析数据，而不是以人文主义的角度去思考判断，这将会导致学生的新闻情感逐渐被消解。

2. 缺乏深度思考和批判性思维

人工智能技术使得大量信息广泛传播，当各种信息涌向学生时，学生可能会出现信息过载的现象。如果学生长期依赖人工智能而不去独立思考，那么就很容易陷入被动接受的困境，从而逐渐失去甄别信息的能力。另外，在智能时代背景下，如果学生过度依赖人工智能技术，会慢慢失去主动性和创新性，这与人工智能创新新闻学教育改革的初衷显然相悖。比如，在ChatGPT发布后不久，一项针对高校学生的调查显示，有89%的学生借助ChatGPT做作业；48%的学生承认在家考试时使用ChatGPT；53%的学生曾使用ChatGPT来写论文。这引起了关于生成式人工智能带来依赖性问题的思考。尽管人工智能可以帮助我们收集和分析数据，但它不能完全代替人类，新闻信息还需要人类去判断。

---

[1] 蔡雯，汪惠怡. 新闻传播中的情感：辨析与思考 [J]. 青年记者，2023（12）：9-12.

（三）人工智能隐私泄露和侵权问题

1. 学生缺乏隐私保护意识和侵权意识

人工智能是通过大量的数据学习和训练的，但对于这些数据的采集，目前还没有一个规范的标准，很多数据关乎学生的个人隐私和安全，如社交关系、个人通信、财产状况等。再加上人工智能技术的应用，会让信息传播的速度更快、范围更广，一旦学生的隐私泄露，很容易被利用，或者引发一系列犯罪行为。例如，人工智能技术 ChatGPT 可以通过用户输入的信息，进行用户画像，为其提供具有针对性的信息，但建立用户画像的过程，也可能会出现侵犯个人隐私的漏洞。另外，在人工智能收集的数据中，有很多内容涉及著作权和专利权等问题。如果学生缺乏对知识产权的保护意识，那么在使用人工智能生成新闻作品时，很可能会产生侵权行为。

2. 相关法律法规仍待完善

2023 年 4 月 28 日，习近平总书记在主持召开中共中央政治局会议时指出："要重视通用人工智能发展，营造创新生态，重视防范风险。"到 2023 年，GPT-4 技术所需的训练数量已达到 100 万千兆字节。越来越多的高校运用人工智能进行教学改革，越来越多的大学生使用人工智能进行辅助学习，这说明原有的人工智能法律法规亟须重塑和完善。2024 年全国网络安全标准化技术委员会发布的《生成式人工智能服务安全基本要求》，对服务的使用者和提供者的伦理道德、生成信息的准确性、个人信息保护等方面，提出细致具体的要求，为未来人工智能良性发展打下基础。2023 年 9 月 7 日，《生成式人工智能在教育和研究中的应用指南》发布，这是全球首个关于生成式人工智能应用于教育的指导文件，为高校应用人工智能技术进行教学改革提供引导。但还有很多人工智能的问题尚未明确，需法律规范规定，如机器生成的新闻是否属于知识产权保护的范畴，如何区分界定人的新闻报道行为和机器的新闻报道行为，人工智能是否能够保证新闻报道的客观性和真实性等。

四、人工智能赋能新闻学教育的可能性分析

（一）人机合作式学习

1. 以人为本，促进师生、生生之间情感交流

人工智能的快速发展，使人机合作成为可能。人机合作是指，将人类智能和机器智能结合，发挥各自优势，协作共赢。[①] 运用到教育中来，就是将教师、机器、学生连接起来，一起参与到教育学习的过程中。中国工程院院士郑庆华强调，未来的教育将会形成"师机生"三元教学新形态，教师、机器、学生将共同促进智能化教育的发展。虽然人工智能技术对教育教学起到了很大的帮助作用，但人工智能无法完全取代人类，人在教育中依然占主导地位。比如，教师能够与学生进行面对面的交流，并且在创设良好的课堂氛围方面发挥着重要的作用。同时，教师能够更好地关注到学生的现实情况，及时给予学生关爱，这是人工智能现在还没有办法达到的。值得注意的是，学生之间的沟通交流也起到了至关重要的作用。学生在互相学习、互相帮助的过程中，能够建立深厚的友谊，获得群体归属感。

2. 技术与道德并进，实现人机互补

以人工智能技术进行新闻学教育改革，不仅仅是工具上的革新，也是对新闻伦理教育内容的发展。技术与道德并进，首先，要让学生了解人工智能的相关知识，如设置与人工智能的技术逻辑、人工智能的发展历史等相关的课程。其次，要培养学生运用人工智能报道新闻的技能，如数据分析能力、信息判断能力、人机协同能力等。最关键的是，我们要认识到，

---

① 王诗盼.人机协同视角下社交媒体谣言可视化分析与验证机制研究[D].武汉：华中科技大学，2022.

即使人工智能能够帮助学生掌握知识，但在人类的情感、道德、价值判断等方面，依然需要教师去引导和关注。因此，教师要引导学生正确把握人机关系，建立正确的"人机合作"伦理观，让学生在新闻实践中掌握价值理性和工具理性。教师可以通过体验式教学培养学生的新闻伦理道德，通过带领学生参观文化纪念馆、实地组织学生新闻模拟、举办新闻伦理相关的辩论赛等活动，让学生将正确的道德观内化于心、外化于行。

（二）树立学生风险意识

1. 让学生了解人工智能潜在的陷阱和风险

根据中国青年报·中青校媒回收的 7055 份关于人工智能工具使用的调查问卷可以看出，超过八成的受访大学生都使用过人工智能。调查结果显示，84.88% 的受访者曾使用过人工智能工具，其中 16.3% 的受访者经常使用人工智能工具。这说明人工智能对大学生的渗透率非常高，如果大学生不能认识到人工智能的风险，将会给教育事业带来非常大的影响。中国科学院院士、清华大学交叉信息研究院院长姚期智说过，"由于 AI 算法具有不确定、不可解释等先天性特征，人工智能应用带来诸多伦理安全风险"。人工智能带来的陷阱和风险，需要学生有足够的意识去识别和避免，高校要注意培养他们的辨别力和职业道德素养。另外，随着人工智能对大学生的渗透率越来越高，有些学生可能会过度依赖技术，不再独立思考和判断。培养创新思维是时代对大学生提出的基本要求，也是大学生必备的素质。[①] 因此，对于人工智能的使用，不能仅满足于技术知识的获取，还要教会学生独立思考的能力和创新的能力。

2. 培养学生职业道德和社会责任感

数字时代，教育的基本属性始终不变。在智能媒体时代，人类具有无穷的感知力，有着智能媒体没有的思考能力，品性才是我们打赢人工智能

---

① 郑志华. 论大学课堂的创新思维培养［C］// 外语教育与翻译发展创新研究（10）. 成都：西南民族大学外国语言文学学院，2020：3.

战的关键。我们需要坚守立德树人根本任务，培养具备社会责任感和职业道德的新闻人，教育学生真实、客观、公正地报道新闻，怀抱善良之心，给人温暖关怀。

（三）培养学生创新思维

1. 引导学生独立思考，鼓励学生构建自己的新闻知识体系

人工智能技术虽然能够对各种问题进行理解和回答，但人工智能生成的信息并非都是正确、客观的，虚假的信息或者带有误导性的信息，很容易被广泛快速地传播。如果过度依赖人工智能而不构建自己的新闻知识体系，那我们将难以分辨哪些是真实的信息，哪些是虚假的信息。新闻理论知识和新闻实践是在不断拓展的，学生需要不断更新和构建自己的知识体系，在已有知识的基础上提高对信息的分辨能力。教师要鼓励学生构建自己的新闻知识体系，引导学生关注人工智能技术在新闻传播领域的最新动态，不断为学生的知识体系注入新的活力。学校也要多开设实践项目，让学生在实际工作中应用所学的知识，并在实践中不断反思、优化自己的新闻知识体系。

2. 开设人文、社会科学等课程，培养学生创新思维能力

中国工程院院士郑庆华说："我们要让青年人在应用人工智能的过程中认识到科技创造的价值，激发他们的内生学习动力，要更好地培养学生的创新意识，强化专业学科交叉融合，以问题为导向，创新理论和方法，破解工程技术的难题，而不是停留在简单地获取知识、解决作业这些问题上。"目前，很多学校通过设置跨学科课程，让学生学习不同领域知识，如设置有关人文学科、社会学科等课程，来激发学生的多元思维。除此之外，学校可以实施跨学科选修、双学位学习，让学生根据自己的兴趣和需求选择其他专业课程，通过学习不同种类专业的知识，为创新积累各方面的经验。另外，学校可以鼓励学生多参加跨学科的项目和活动，为学生互相学习和合作提供机会，在互相学习的过程中激发学生的创新灵感。教师是学生创新思维能力培养的引领者，学校可以建立跨学科教师团体，让教师通过互相学习提高自己的综合素质和专业水平，为学生提供高质量的教学，进一步培养学生的创新思维。

下编

社交媒体与女性主义运动的相互赋能
——以小红书"脱美役"与"服美役"的考察为中心

商建辉 徐雅涵

【摘要】 近年来,以小红书为代表的社交媒体成为女性群体话语表达与争取权利的赛博空间。2023年在网络中兴起的"服美役"与"脱美役"之争,沦为互联网对"女性主义"的又一"谈资"。本文从分析导致女性"服美役"的社会原因着手,观察此次"脱美役"热潮中女性用户的话语、行为,以此分析社交媒体与女性主义运动的双向关系,以及女性主义群体是如何借助互联网进行反规训的、重塑自我主体意识的"脱美役"行为,更好地向社会传递女性声音,社交媒体又如何在女性主义运动下丰富自身属性等问题。

【关键词】 女性主义;容貌焦虑;身材焦虑;社交媒体;女性主义运动

一、"服美役"与"脱美役"

"服美役"与"脱美役"两个概念近年在各大社交媒体流行起来,对于两者的定义,我国尚未有明确的概念。随着两个概念的出现,网络上掀起了讨伐"服美役"女性及行为的激进行动。"什么行为是服美役"此类问题,女性群体内部还在争执,本文不去讨论争执双方的对错,而是回归到问题的本质:"服美役"背后呈现的社会现象,以及女性如何摆脱"美役",找到自我。

(一)"服美役":社会微观权利对女性的规训

笔者根据网络中女性主义者以及媒体对"脱美役"的定义归纳认为,其化用"服役"一词,是因为女性为满足社会对"美"的要求,在变美上会投入较大的成本,如金钱、时间,甚至以牺牲健康为代价,渴求达到社会标准。

福柯在《规训与惩罚》一书中,提到现代社会是一所"监狱",不同于以往监狱里以残忍的酷刑作为惩罚手段,现代社会中使用"温和"、隐秘,但又有强大效果的权力对人们进行改造,以此达到社会统一化、标准化的目的。在他看来,规训制度已从监狱拓展到了社会的各个角落,每个人都将丧失个性,在规训制度下塑造出来的个体,不过是各种权力"生产"的驯服的身体[1]。在现代社会中,这种权力规训身体的表现多体现于男权凝视与消费主义合谋对女性审美观念的塑造。下面,笔者将探讨这两种微观权利对女性"美"的定义和规训。

首先,社会对于女性"美"的定义与标准是深耕于社会性质——由父权主导的社会基础上的。父权社会中,男性力量得到强调,而女性的美貌与身材是她们标榜自身权利的象征。西蒙娜·波伏瓦在《第二性》中指出,女性是被建构的社会性别,女人不是天生的,而是后天形成的[2]。从古至今,作为"第二性"的女性始终处于被动的、客体的位置,接受着男性的凝视与评判,男性审美一直规范女性身体,并影响女性审美意识的塑造,这种来自他者的凝视最终也会转变成女性自我的凝视。无论是旧中国崇尚的"三寸金莲"之美,还是现代社会"高跟鞋""漫画腰"等审美要求,都无一不是在以牺牲自我健康为代价,迎合父权社会男性将女性身体和外貌作为赏玩品评商品的需求,女性在此过程中没有选择的自由。社交

---

[1] 福柯.规训与惩罚[M].刘北成,杨远婴,译.北京:生活·读书·新知三联书店,2012.
[2] 波伏瓦.第二性[M].郑克鲁,译.上海:上海译文出版社,2011.

媒体的出现给予了女性走出权力规训"监狱"的机会与发声权，越来越多的女性在社交媒体上呈现多样的女性形象。但这种男权文化始终没有随着新媒体的出现而消失，反而在视觉化时代，男性群体有了更隐秘的手段与机会去审视女性身体与容貌。女性身体成为用户视觉消费的重要源泉，男性用户通过一系列的点赞、关注、刷礼物等行为，隐藏自己对女性身体与容貌直接评价的意图，潜移默化地表达喜好，将"美"作为女性社会价值的评价标准。女性在向社会标准靠近的过程中，逐渐失去了独立自主、完整与个性的主体，陷入容貌焦虑与身材焦虑的怪圈。

其次，消费社会将身体作为符号进行消费是女性受到规训的另一原因。波德里亚在《消费社会》中写道：在消费的全套装备中，有一种比其他一切都更美丽、更珍贵、更光彩夺目的物品，它比负载了全部内涵的汽车还要负载更沉重的内涵，这便是身体[①]。在现代消费社会中，女性强大的购买力吸引了资本的关注，资本或商家会创造出原本不存在的物品，刺激女性产生虚假的需求。在这一过程中，以女性身体为对象的消费领域更加火热。女性身体成为符号，资本或商家借助大众传媒的力量来营造消费氛围，并通过投放广告影响大众文化和女性受众的思维方式。

实际上，"脱美役"这个词是女性主义群体的一种期望，希望女性在变美的过程中，能够摆脱男性规定的枷锁，寻找一种怡然自得的、无拘无束的真正的"美"。

（二）"脱美役"：抵抗社会规训的"女性主义运动"

"脱美役"一词传达了女性在这场无休止的、由男性制定美的规则的游戏中自我意识的觉醒。伴随着话语的传播，许多女性剪掉作为女性特征的长发，以此向社会宣告自己拥有选择美与不美的权利。我国这场浩浩荡荡的"脱美役"女性主义运动，与第二次女性主义浪潮有相似之处。1968年，美国大西洋城举行"美国小姐"选美比赛，200多名女性将写有

---

① 波德里亚.消费社会[M].刘成富，全志钢，译.南京：南京大学出版社，2000.

自己名字的裙子、内衣等扔进垃圾桶，认为"女人应该克服自己的女性气质""像男人一样活"，"反对按照男性的要求打扮自己"。无论是我国"脱美役"运动还是第二次女性主义浪潮，都可以看出女性意识到社会微观权利对自己身体的压制并勇敢反抗的精神。

"脱美役"并不是让女性真的"脱"掉美丽的外壳，不是要求女性必须丢掉女性气质，而是脱掉"女性社会形象"，追求不美的合理性与正当性。福柯曾说道："哪里有权力，哪里就有反抗，因此抵抗从来就不是外在于权力的。"诚然，在没有不美自由的环境里，女性这场"脱美役"运动只是女性抵抗权力马拉松中的一小段经历，但"脱美役"运动中的女性用她们的行动来放大社会中女性的声音，以求唤醒更多女性的主体意识。

二、女性主义运动中主体行为分析

"脱美役"热潮在社交媒体发起，小红书作为主要的女性主义运动空间，具有代表性与典型性。千瓜数据显示，小红书平台相关话题"脱美役"近90天话题浏览量增长54030.85%。这场"脱美役"运动的主体大多是用户个人以及"大V"意见领袖，在这场"脱美役"运动中女性行为更加温和，下面将从个人以及意见领袖的行为展开分析。

（一）个人：自主行动反抗社会统一审美

在这场运动中，大多女性选择剪寸头来反抗社会统一的审美。长发一直以来都被视为"美"的标志，甚至古代男子普遍留长发，这在当时的社会情境下是合乎礼仪和社会规范的。直到清末辛亥革命后民国政府颁布了"剪辫令"，由此男性摆脱了长发。然而长发并未在女性身上得到改变，"长发及腰"与"黑长直"等形容词都是社会对女性的刻板印象，"长发是女性魅力的象征"的思想也被长期灌输给女性。女性长发成为社会共识，短发女性被称作"假小子"。面对社会的双重标准，具有反叛精神的女性率先站了出来，通过剪掉长发的行动抵抗单一标准的美。女性用户将自己剪短头发的照片发布在平台上，用醒目的标题吸引女性用户，如"左滑看我脱美役""成为自然女""左滑帮我脱美役""脱掉束身衣"等。此外，女性还自发创造标签，如"与素颜和解""自然女""脱束身衣"等，自主抵抗社会审美与消费主义文化助推的"美役"话语，构建新女性话语体系。

《纽约时报》在 2023 年 10 月 9 日刊登的《剃平头的勇气：中国女性拒绝"服美役"》文章中，采访了我国小红书平台博主"朱传奇 legend"。这篇报道源于朱传奇在小红书发布了一篇《左滑帮我剃寸头！从 model 成为自然女好舒服！》的帖子。帖子中她剪了寸头，素面朝天却自信快乐。截至笔者研究该话题的时间（2023 年 12 月 7 日），该帖子共获得 1138 个点赞、70 个收藏以及 89 条评论。评论区的评论大多是来自女性用户的赞美："太棒了""特别美""姐姐太酷了"等。朱传奇也在评论区与用户互动，并表示自己剪寸头是"想要摆脱某话语体系内的凝视和向下的自由，从自己做起对抗结构性不平等的大环境，不需要美丑的评判"。

与朱传奇一样的女性用户有很多，她们都在用自己的行动和话语展示现代女性的魅力。

（二）意见领袖：组织冲破性别"役牢"行动

拉扎斯菲尔德在《人民的选择》中提出了"意见领袖"这一概念。他认为，"意见领袖"是指活跃在人际交往中经常为他人提供信息、观点或建议，并对他人施加个人影响的人物。在社交媒体时代，意见领袖的定义发生了改变，越来越多的"草根"成为互联网中的意见领袖。在此次"脱美役"运动中，由意见领袖领导的行动更进一步地扩大了"脱美役"口号的传播，最具有代表性的是名为"山点水"的女性摄影师。在与后浪研究所的访谈中，她提到，"当今社会环境下的女性，从出生起就被灌输你需要美的思想，而男性不用依靠外貌就能拥有更多的资源，这一点不公平"。为了表达自己的态度和观点，她在小红书上发起了"美役出逃计划"，招募了 100 名普通女性，不进行任何的引导，拍摄她们最真实一面。在拍摄过程中她与这 100 名普通女性互相分享自己对美的思考，并在小红书上以图文形式最终呈现。"山点水"不仅是一位女性摄影师，更是一位女性主义者，除了分享自然状态的女性照片，她更多使用文字表达自己的思想，利用自己的影响力和平台的机制，增加女性议题的可见度，提高社会的"不美"接受度。

"山点水"此类具有强大影响力和传播力的博主是这场"脱美役"运动进一步扩大传播力与影响力的关键。她们通过女性议题，呼吁女性性别意识的觉醒，促进女性容貌、身材观念的解放，因此在小红书平台上逐渐形成了以女性主义账号为中心的社交圈，发起了一场冲破性别导致的"役牢"行动。

三、社交媒体与女性主义运动的双向关系——以小红书为例

"服美役"与"脱美役"运动是社交媒体环境下的产物。自社交媒体出现以来，网络上就出现了在社交媒体中呼吁女性权益的活动，2017 年由社交媒体助推开展的全球性"ME TOO"运动成为社交媒体时代第四波女性主义运动的标志。社交媒体打破了空间的阻隔，国外女性主义文化传播至国内，打通了中国长期以来并未浮现的女性主义逻辑与观点，我国女性主义文化"生根发芽"。社交媒体成为女性主义运动的沟通和组织渠道，运动空间的媒介化也带来女性主义运动推进和参与的媒介化。因此，正是社交媒介的发展与普及，才能促使该运动的生成与传播。值得一提的是，社交媒体也受到我国多种多样的女性主义运动的影响，不断补充自己的可供性。

截至 2021 年初，全球网络社群媒体用户已突破 42 亿。其中，微信、微博、抖音、小红书是中国用户量最多、用户活跃度最高的社群平台。相

比于两微一抖，小红书更偏向女性用户。千瓜数据（小红书营销数据服务专家）推出的《2022年千瓜活跃用户画像趋势报告（小红书平台）》数据显示，小红书超2亿月活跃用户中男女比例已升至3:7，女性成为最活跃的参与主体，小红书平台成为女性话语表达和女性行动的重要媒体平台。因此本文以小红书平台为例，试分析社交媒体与女性主义运动之间的关系。

（一）社交媒体赋权女性主义运动

笔者认为，社交媒体对此次运动的影响源于社交媒体的特性。新媒体技术之下的社交媒体赋能女性话语表达和传播、联结女性群体、打破女性媒介形象刻板印象，为女性主义提供了全新路径，也为女性主义运动提供了运动场景的赛博化转变。

1.自由表达空间给予女性话语权

小红书平台为女性表达构建了更自由的媒介平台，小红书的广告标语从"国外的好东西"发展到今天的"标记我的生活"，内容不再局限于购物分享，开始以"贩卖生活"为主。在小红书平台上，女性用户可以通过发布笔记参与社区内容的建设，也可以通过点赞、评论、转发等方式实现社群的互动。庞大的女性用户基数以及女性向社区内容，为女性营造了更加自由的表达空间，每一个女性都可以参与内容的生产，在媒介空间中进行自我呈现的狂欢。"生活分享"是女性群体内容生产的主要话题，当代女性群体在生活分享中表达自己对生活的态度——"我的生活我定义"，并在这个分享的过程中，向其他女性传递自己的价值观念。而观看此类"生活分享"话题的用户群体也大多为女性，她们通过点赞、收藏、评论来表达自己的认可，博主与粉丝之间产生情感共振。

这样一个女性友好、包容的媒介空间，使女性群体转变了以往在男性主导的传统媒介空间中"沉默"的媒介表达态度，降低了女性媒介表达的成本，刺激女性表达的欲望。"发声"通常被看成一种使性别问题被看见、被凸显的女性主义话语行动，社交媒体更是放大了女性发声的音量，女性主义运动可以借助文字、图片、视频等形式扩散开，女性自我意志解放的思想与呼吁得以传播。

2. 以女性为中心的媒介空间包容多样女性形象

大众媒介是制造女性"容貌焦虑""身材焦虑"的诱因之一，媒介通过铺天盖地的信息与广告塑造了一个完美的女性媒介形象。但随着女性群体意识的觉醒，以女性用户为中心的小红书平台，呈现出多元化的女性形象。女性媒介形象不再是由社会微观权利制造出的单一形象，而是将"女性气质"与"男性气质"融合，抵抗社会对女性的刻板印象。例如，留着短发的中性气质女生，拥有肌肉线条、黑色皮肤的运动女生，以及没有经过粉饰大方展现笑容的自信女生等。更多普通女性形象在平台中得到展现，这也在一定程度上提高了社会公众对女性群体整体的认知。更值得注意的是，平台女性形象也不再围绕容貌与身材，而是倾向女性发展内在的特质，如学识、谈吐、涵养等。

戈夫曼在《日常生活中的自我呈现》一书中提出了"拟剧理论"，认为人具有"前台"与"后台"两种角色[1]。长期以来，女性受到社会规训，为了满足社会期待在前台"表演"。如今在小红书平台，女性群体不再需要前台"表演"，而是将"后台"真实的自我向"前台"展现。在自我呈现的过程中，女性形象不再"标签化"，女性彼此间友好的关系也鼓舞着更多女性敢于媒介表达、积极展示自我、重构社会女性形象与角色。

3. 媒介技术增强群体身份认同

小红书平台不仅给予了女性群体"发声"的权利，还通过媒介技术与功能将具有共同价值观的女性主义者连接起来，组建女性主义网络社群。小红书平台中的技术特征使其在情感联系和群体构建中起到中介作用。首先，算法推荐技术基于用户群体的特征以及阅读偏好，为用户提供个性化的信息服务，推送与女性主义相关的内容以及用户可能感兴趣的博主，使

---

[1] 戈夫曼.日常生活中的自我呈现[M].冯钢，译.北京：北京大学出版社，2016.

女性用户找到具有共同旨趣的用户。其次，平台中的话题标签（#）采用超链接的方式，允许女性用户通过"点击"相关话题标签，观看该话题标签内所有的内容，在评论区以及关注列表中找到群体成员，并通过点赞、评论话题内容以及在评论区与持有相似意见的他人互动，来增强群体的共同情感，确定身份认同。

柯林斯提出，在群体互动中会出现新的"神圣符号"，即代表该群体的符号[①]。符号可以是任何形态，这种"神圣符号"能够作为具有情感连接的焦点，完成群体聚集。由于平台技术特征和运营逻辑，相关话题具有鲜明的群体区隔性，女性主义群体会运用一些无法从字面意思看出内涵的词汇，作为识别群体身份的标志，从而区分女性主义群体与其他群体。在这些话题标签内，女性主义群体拥有共同的立场，发出统一的声音，在一致的对外行动中增加群体凝聚力，产生强烈的群体认同感。

（二）"脱美役"与"服美役"运动对社交媒体作用的补充与丰富

社交媒体于女性主义运动的影响固然显著，但不能忽略女性主义运动对社交媒体的反作用力。

社交媒体时代的女性主义运动多以媒介生成为主要形式。由于社交媒体自由表达的特性，使得女性用户将其看作日常生活展开与分享的空间。女性用户可自产媒介内容，拥有共同情感的用户可以在其评论区发表自己的经历和体会，她们的互动行为共同营造了一个女性互帮互助的空间。在"服美役"与"脱美役"运动中，互联网用户对"服美役"的概念争论不休。在此过程中，社交媒体的功能得到了补充与丰富，具备了探讨公共议题的社会属性。

在这次女性主义运动中，微博则具备了探讨公共议题的社会属性，而这种属性的体现并非新媒体技术赋予的，而是由社交媒体使用者的使用产生的。女性个体用户、女性主义者意见领袖、普通用户共同参与该话题的

---

① 柯林斯.互动仪式链[M].林聚任，王鹏，宋丽君，译.北京：商务印书馆，2009.

讨论，使得微博成为话题讨论的广场。在这一多元观点交汇融合的广场中，女性用户个体叙事以及女性群体情感联结，公开表达意见同社会权利规训作斗争，在这一过程中，观看该"狂欢"的普通用户改变了对女性主义的认知，为长期被污名的女性主义群体正名。

结　语

"可以美，但也可以不美"是"脱美役"运动中的宗旨，强调女性拥有选择"美与不美"的权利，增加女性对"不美"的接受度。笔者认为，"服美役"和"脱美役"都是为新时代女性提供的一个思考框架，让女性在开放自由的媒介空间中寻找更多的可能性，完成多样化的自我呈现和自我的实现，最终获得不经他人审视的自由。此次女性主义运动是一个契机，让更多的"她们"意识到审美是被构建出来的，让更多的女性重视自我主体意识的回归。

笔者在论述社交媒体与女性主义运动的关系时发现，社交媒体低门槛的媒介环境赋予了女性媒介表达的权利与勇气，多元的媒介表达方式、女性话题标签设置以及互动功能，实现了塑造女性健康、正确的审美观念的目标。同时，社交媒体也在此次运动的争论中显现出探讨公共议题的属性，唤醒与启蒙中国女性，改变普通用户对女性主义的认知与态度。在社交媒体繁多的时代下，社交媒体的技术可供性赋权女性主义更多"可见性"，因此，未来需要越来越多与小红书一样的向女性社交媒体，促进女性主义以及运动更加进步与和平。最后，伴随着社会与技术的发展，女性主义运动将如何展开？以何种形式展开？会受到怎样的挑战？社交媒体的发展又会怎样影响女性主义？这也是我们需要探讨的问题。

信息接收者对"已读回执"功能的反利用

——基于行动者网络理论

穆洁 赵微

【摘要】"已读回执"功能一直以来都饱受争议,大家通常会认为,"已读回执"功能会对信息接收方产生束缚。但在行动者网络理论的研究视角下,"已读回执"功能也是实现人的主体性的一种工具。信息接收者在受到来自"已读回执"功能的动态监视并被动地产生自我时间损耗的同时,能够对"已读回执"功能进行反利用,展现人的主体性光辉,实现网络社会关系网的平衡。

【关键词】"已读回执"功能;信息接收者;反利用

目前,有不少社交平台都选择上线了"已读回执"功能。然而并不是所有平台都适合上线此功能,需要考虑平台发展方向、平台调性、用户需求等各个方面。用户对于"已读回执"功能的评价也是褒贬不一,存在争议。通常认为,"已读回执"能够反馈给信息发送者信息被接收的情况,表面上看这会把信息接收者的接收行为透明化,其行为也会受到"已读回执"功能无形的束缚,受益的将会是信息发送者。然而,"已读回执"功能究竟对信息接收者会产生哪些影响?仅仅只是被束缚吗?行动者网络理论为我们提供了一个新视角。在该理论视域下,技术与技术使用者是在

"相互形塑"[1]。"已读回执"功能下的信息接收者作为核心行动者与信息发送者、平台等其他行动者连接成"网络",达成了以自己为核心的利益联盟。"已读回执"功能在给信息接收者带来束缚的同时,作为核心行动者的信息接收者也能对"已读回执"功能进行反利用,体现出"人"的主体性地位和作用。

行动者网络理论,也被称为异质建构论,最早是由法国社会学巴黎学派提出的一种社会学分析方法[2]。该理论认为,科学技术实践是由多种异质成分彼此联系、相互建构而形成的网络动态过程[3]。基本的方法论是,从各种异质的行动者中选择一个,通过追随行动者的方式,向公众展示以此行动者为中心的网络建构过程。本文尝试在该理论的视域下,使用参与式观察法,以抖音、钉钉等新媒体平台上的信息接收方——核心行动者为中心展开分析和探讨,剖析其在"已读回执"功能下的行为模式及其对社会网络的影响。

一、"已读回执"功能对信息接收者的行动束缚

"已读回执"功能是互联网时代的产物,主要应用于社交媒体当中,指的是在媒介技术的加持下,信息接收者收到信息后,将已读情况反馈给信息发送者。"已读回执"功能最初应用于电子邮件,便于发送者确认邮件是否被接收者查收、信息是否传递成功[4]。随着社交媒体的广泛应用、用户思维的不断加强,作为优化用户体验、提升现代感的"已读回执"功能,不再仅仅拘泥于电子邮件领域,也被各类社交媒体纳入麾下。然而,

---

① 戴宇辰."旧相识"和"新重逢":行动者网络理论与媒介(化)研究的未来——一个理论史视角[J].国际新闻界,2019,41(4):68-88.
② 郭俊立.巴黎学派的行动者网络理论及其哲学意蕴评析[J].自然辩证法研究,2007(2):104-108.
③ 肖鳕桐,方洁.内容与技术如何协作?——行动者网络理论视角下的新闻生产创新研究[J].国际新闻界,2020,42(11):99-118.
④ 王丽娜.接受与拒绝:"已读回执"功能在社交媒体中的双面性[J].新闻知识,2021(8):37-42.

"已读回执"功能并没有被用户全盘接受，而是存在诸多质疑，饱受争议。

究其原因，是"已读回执"功能涉及核心行动者——信息发送方和信息接收方两方的利益。从平台角度讲，是否上线"已读回执"功能，主要依据平台本身的发展方向和市场需求。通过权衡信息接收方和发送方的利益权重，更加看重信息发送方利益的平台倾向于上线"已读回执"功能，反之则倾向于不上线。钉钉是一款面向企业和组织的智能办公平台，适用人群多为职场人群。相对于作为接收者的员工，平台更加看重作为发送方的领导层，公告性信息是否得到查收、多久得到查收，将直接影响工作运营与效率。因此，钉钉平台会选择上线"已读回执"功能，并被用户广泛接受。

从用户方面看，用户对于"已读回执"功能的需求会随着平台使用特点变化。"已读回执"功能上线微博平台后饱受争议最终下线，而抖音平台的"已读回执"功能却被广泛接受，钉钉平台的"已读回执"功能同样被大众认可。"已读回执"功能将信息接收情况反馈给信息发送方，实质上是信息发送方对信息接收方行为选择的一种动态监控，信息接收方会感受到无形的压力和束缚，在考虑是否接收信息时会更加慎重。因此，表面上看"已读回执"功能更偏向信息发送方的权益，会对信息接收方产生束缚。

二、信息接收者对"已读回执"功能的反利用

面对上述"已读回执"功能带来的"禁锢"，作为核心行动者的信息接收者可以反客为主，对"已读回执"功能进行反利用，展现"人"的主体性意识。

"转义者"是行动者网络理论的核心概念之一，它与"行动者"的概念一样，贯穿在整个行动者网络理论中，目的是实现对行动者能动性的更深刻说明。任何行动者都是转义者，行动者和转义者的区别在于，行动者

强调自身在网络上的节点意义,而转义者更突出地强调行动者能动的"转译"(translation)作用①。转译是行动者之间产生互动的主要方式,指行动者不断努力把其他行动者的问题和兴趣用自己的语言转换出来,所有行动者都处在这种转换和被转换之中。只有通过转译,行动者才能被组合在一起,建立起行动者网络②。在"已读回执"功能下,作为核心行动者的信息接收方,当然也是"转义者",其在网络中的转译逻辑能够帮助我们更好地剖析、理解其主导性路径。

(一)"已读回执"功能下的自我呈现与形象塑造

利益赋予指的是对利益关系的处理,是核心行动者稳定利益联盟即其他行动者的手段③。信息接收者通过给予信息发送者反馈、在平台进行消费等行为,满足信息发送者的社交需求,为平台提供流量,从而达到稳定网络的目的。与此同时,信息接收者在此过程中,借助"已读回执"功能完成了自我呈现与形象塑造。

戈夫曼提出的"自我呈现"指的是人们通过印象管理,在日常生活中向人们表演和展示自我形象④。人们会在不同的情境下选择不同的印象管理艺术,塑造不同的自我形象。在自我呈现中,我们通过操纵印象管理艺术,也就是对前台和后台的操纵,来进行自我呈现在不同情境下的调整。虽然社交媒体平台中的"给予"强化和"流露"弱化增加了自我呈现的难度⑤,但"自我呈现"理论在社交媒体中仍然适用,人们利用技术可供性对自我形象进行展示和塑造。用户能够在"已读回执"功能的加持下,形成自我呈现的新路径。"已读回执"功能使得信息接收情况实现了动态实时

---

① 吴莹,卢雨霞,陈家建,等.跟随行动者重组社会:读拉图尔的《重组社会:行动者网络理论》[J].社会学研究,2008(2):218-234.
② 郭俊立.巴黎学派的行动者网络理论及其哲学意蕴评析[J].自然辩证法研究,2007(2):104-108.
③ 姚智宇,陆高峰.行动者网络理论下社交媒体机器人的互联网行动探析[J].新闻论坛,2023,37(5):18-21.
④ 童慧.微信的自我呈现与人际传播[J].重庆社会科学,2014(1):102-110.
⑤ 董晨宇,丁依然.当戈夫曼遇到互联网:社交媒体中的自我呈现与表演[J].新闻与写作,2018(1):56-62.

监测，接收方能够通过对信息及时回复或"秒回"来构建更加立体、亲切的自我形象。反之也可以，通过已读不回和回复消息时间差来打造特殊的自我形象或实现目的性的交流。例如，抖音平台中的店铺或商家账号在回复私信时可以通过"秒回"建立良好的沟通关系和信任关系，增加用户黏性。私人买卖也可以通过回复时间差，表达买卖意向和态度，从而采取不同的销售策略。

（二）"已读回执"功能下的社交方式抉择

布鲁默的符号互动论认为，人类是有意识和反应能力的行动者，"自我标识"是一种解释的沟通过程，个人根据对他人行动的解释采取行动，人类行动根据解释和意义演进[①]。"已读"或"未读"不仅是一种技术痕迹，同时也蕴含着使用者的情感意义，对社交关系的发展走向发挥着决定性的作用。

"已读回执"功能作为一种意义交流的方式为用户社交提供了新的意义传达方式。随着"人"的主体意识加强，与技术共存的过程同时也是一场主导权的争夺。"已读回执"功能的反利用则是人对技术主导的生动体现。用户可以通过对"已读回执"功能的反利用表达对不同情境下不同对象的情感和态度，完成理想的社交行为。抖音平台的用户面对陌生人发来的私信，可以通过"已读不回"或"长期未读"的符号编码表达自己拒绝交友的意愿。对方也可以通过符号解码接收到交友反馈。同时，也可以通过已读"秒回"频次传递出自己对聊天对象的好感，以便社交关系进一步发展。将"已读回执"功能当作符号意义的传递方式，可以更好地完成自己的社交意愿，实现对"已读回执"功能的主导作用。

（三）"已读回执"功能下的强弱关系区分

英国人类学家罗宾·邓巴曾提出著名的"150定律"，又称"邓巴数

---

① 黄晓京.符号互动理论：库利、米德、布鲁默[J].国外社会科学，1984（12）：56-59.

字"[1]，即人类稳定的社交网络模型应不超过150人。然而，层出不穷的新媒体技术和便捷的社交媒介将个人的社交网络进行了最大限度的扩张，远远超过了150人。在超繁重的社交关系压迫下，人们将个人的社会关系加以区分——交往频繁、感情深厚的"强关系"和交往稀少、点头之交的"弱关系"[2]。面对"强关系"，我们需要付出更多的时间和精力，进行持续的、频繁并积极的互动来维护深厚的关系。而"弱关系"则并不需要浪费太多的时间和精力。在抖音或钉钉平台上，用户可以利用"已读回执"功能，针对不同的对象有选择地进行回复，或决定不同对象的聊天起始时间，从而完成对个人时间的利用和管理。

面对"强关系"对象时，一方面，用户可进行"已读不回""意念回复"，从而节省自我时间，或维护其他社交关系。另一方面，用户也可以对"强关系"用户进行选择性回复。而面对"弱关系"对象时，用户往往会进行延迟回复，从而完成时间合理运用和社交关系网的维护。用户的选择性"已读回执"，实现了在技术时代人对主体性的争夺，反映了接收方对"已读回执"功能的主导作用。

三、"已读回执"功能与人的主体性

随着技术的发展变迁，媒介为用户提供了"连接"一切的便利，带来了"自由"。但与此同时，媒介技术也建构了"一种隐性的权力机构，逐渐取代了人的思考能力甚至行动能力"[3]。特别是伴随着人工智能以及生成式人工智能的迅猛发展，机器更多地以交流者的身份参与到信息传播和社

---

[1] 克里斯塔基斯，富勒.大连接[M].简学，译.北京：中国人民大学出版社，2013：269.
[2] 章宏，赵天娜.强弱关系视角下浏览健身帖对健身态度的影响研究[J].未来传播，2023，30(4)：91-100.
[3] 郭小安，赵海明.媒介的演替与人的"主体性"递归：基特勒的媒介本体论思想及审思[J].国际新闻界，2021，43(6)：38-54.

会交往过程中，使原本的工具理性受到了巨大冲击[1]，技术主义和媒介化取径下出现的技术、媒介异化与人的主体性挑战、技术理性与人的主体性平衡等问题备受关注，颇多论争。

根据行动者网络理论，"转译"过程通常被分为问题呈现—利益赋予—征召—动员四个基本环节[2]。对于"已读回执"功能下的信息接收者，这四个阶段可以解释为：一是问题呈现阶段，信息接收者如何在"已读回执"功能下平衡社交关系；二是利益赋予阶段，信息接收者根据实际情况平衡其他行动者的社交需求；三是征召阶段，即信息接收者与其他行动者形成稳定关系的过程；四是动员阶段，信息接收者动员其他行动者加入联盟。在"已读回执"功能下，作为核心行动者，信息接收者以符号征召和符号动员的方式，平衡利益联盟，同时通过区分强弱关系平衡其与各行动者之间的关系。由此可见，"转译"过程是信息接收者发挥能动性的重要表现，体现了信息接收者的主体性光辉。

人作为核心行动者维护社会网络平衡的过程，很大程度上就是发挥人的主体性的过程。行动者网络理论所假设的网络形成并不容易，会遇到各种障碍与阻拦。当行动者进入一个新的网络时，他的利益和权利会受到核心行动者的影响。而建立一个稳定的行动者网络总会受到质疑、引发争议，因此需要不断地变化以保持稳定[3]。作为核心行动者的信息接收者，在"已读回执"功能的束缚下同样能够发挥主体性，联合其他行动者维护自身利益与目标。正如刘伟斌所说，第二媒介时代主体具备虚拟性，主体可以摆脱现代工具理性的操控，回归本真自我，从被媒介技术规训的主体转变为异质性的反抗主体[4]。同理，信息接收者能够反利用"已读回执"功

---

[1] 杨东伟.主体迁移与关系重塑：人机关系的结构性变革［J］.青年记者，2023（24）：49-51.
[2] 肖鳕桐，方洁.内容与技术如何协作？——行动者网络理论视角下的新闻生产创新研究［J］.国际新闻界，2020，42（11）：99-118.
[3] 赵高辉.传统媒介组织"强制性通过点"地位的消解与重构：行动者网络理论视域下的媒介融合发展探析［J］.现代传播（中国传媒大学学报），2019，41（5）：57-63.
[4] 刘伟斌.媒介变迁重塑人的主体性［N］.中国社会科学报，2020-08-11.

能，根据不同的社交情境与利益需求，对时间和符号进行操纵，将技术巧妙地化为己用，在这场权利争夺中占据优势。

结　语

"已读回执"功能下，信息接收方在主导与被束缚中摇摆，但行动者网络理论为我们提供了一种新的理论视野。它告诉我们，在当下社会深度媒介化的今天，用户主体性思维崛起，人们更加向往自由，人的观念和行为受制于技术逻辑、媒介逻辑的同时，具有"驯化"媒介技术的主观能动性，可以对媒介技术进行反控制、反利用。因此，我们应该学会与技术共存，用辩证的眼光看待媒介技术与人的关系，坚持人的主体性地位，拒绝人的主体媒介化和异化，避免为技术所裹挟、沦为技术的奴隶，成为单向度的人。

身份的隐匿与重构：社交平台中 momo 群体的自我呈现

朱席席　牛子清

【摘要】 momo 群体是指使用统一的头像和昵称，广泛活跃在社交平台中的一类群体。不同于以往网络中个性化的自我呈现，momo 群体辗转于数字痕迹的隐匿与重构之中，并在自我呈现与自我消除行为下，显化出独特的生成与扩散路径。对于此现象，本文采用问卷调查与半结构化访谈结合的方式，寻找精准受众群体进行信息挖掘。将目光聚焦在 momo 成员的使用现状，以期获得此类群体在社交平台中自我呈现的动向与期待，探寻特征与成因，并从当前 momo 群体传播态势出发，对社交平台现实传播生态进行审思。

【关键词】 momo 群体；社交平台；自我呈现；自我消除

中国互联网络信息中心（CNNIC）发布的第 53 次《中国互联网络发展状况统计报告》显示，截至 2023 年 12 月，我国网民规模为 10.67 亿[①]。在此背景下，庞大的网民规模逐渐分化出不同的群体，趣缘成为新的纽带连接。多元化的趣缘群体有着各异的繁杂归类，是具有同一性的个体的整合，如近期在社交平台中广泛活跃的 momo 群体，同一头像与昵称为群体

---

① 金歆. 第 53 次《中国互联网络发展状况统计报告》发布 互联网激发经济社会向"新"力（大数据观察）[EB/OL].（2024-03-25）[2024-05-01]. https://www.cac.gov.cn/2024-03/25/c_1713038218396702.htm.

认同的符码，设置之后便获得了进入该群体的入场券。momo 群体以低准入性（设置相同的头像与昵称即可）、高流动性在网络空间迅速扩延、找寻同类，此前豆瓣 momo 小组已达数千人。而这类群体不仅存在于某个社交平台之中，还呈现出跨平台的大型交互，豆瓣、小红书、抖音等平台都可以看到他们的身影。

从微信的原创 IP 表情包到个体同一指向的自我呈现，参与符码共建、仪式互动，产生情感共鸣的个体，自组织形成互联网络中刷屏式参与互动的独特景况。由此可见，momo 群体也给我们提供了一个巨大体量的审思，为什么用户纷纷选择 momo 进行自我呈现，并形成一种热度不减的传播生态？momo 群体是想自我消除、消解个体差异，还是一种以全新身份建构数字空间中的自我？可以预见的是，momo 群体趋同的选择已然参与生成了当下的网络思潮，对其进行审慎探照成为必然之举。

一、理论框架：自我呈现与自我消除的纠葛

社会学家戈夫曼在其代表作《日常生活中的自我呈现》中提出，"自我呈现"又称自我表现、印象管理，是个体在日常生活中进行印象管理和信息控制的过程。戈夫曼更多地强调社会化自我，即出于对社会中事物及自身处境的考量，自我便拥有了主动性，会进行印象管理，完成自我形象的塑造。

牛津大学研究者伯尼·霍根称，互联网中的自我呈现已经从一种舞台表演变成了一种"自我"的展览会[①]。朋友圈、个人主页的整饰无疑成为"展览会"的要物，自我在网络空间中被建构与重塑。另有学者称，日常生活中的自我呈现必须放置在具体边界中进行考量，即人们在不同的情境下会采取不同的印象管理策略。将此视角投射于社交媒体之中，就不再是

---

① 董晨宇，丁依然. 当戈夫曼遇到互联网：社交媒体中的自我呈现与表演［J］. 新闻与写作，2018（1）：56-62.

单一趋同的指向，会因在不同平台之间跳转而更具变动，如用户在微信、微博的自我呈现有所偏差。同样，用户如果将具体边界模糊定义，进行跨平台的同一性印象管理，届时便不会存在"微博蹦迪，朋友圈装死"的说法。随着呈现出来的"自我"与真实的"自我"越走越远，自我呈现逐渐被异化，甚至出现了"不使用"与"反呈现"的隐蔽趋势[1]。

此外，近年来有学者开始关注反向的自我呈现，并将其看作"自我消除"行为。自我消除，即用户在社交媒体上对已经发送的内容进行删除，或降低其可见性的行为[2]。2016年，国外学者Dienlin与Metzger最早在新闻传播领域使用self-withdrawal以研究SNS的扩展隐私演算模型。在我国最早可见于2020年，董晨宇等学者认为自我消除亦是一种普遍但被忽略的自我呈现，本身也是社交媒体中的一种身份表演策略。学者李彪认为，自我消除作为信息分享与隐私保护之间的协商成为最常见的主动隐私保护策略[3]。这为本文提供了相应的思路，在互联网络中抹除数字痕迹是一种自我呈现，同样是一种自我消除的策略，而momo群体在社交平台中的路径，是其中的纠葛，也是一种交互融合的现实范例。

二、研究方法及调查结果

2024年3月，笔者就momo群体的使用状况进行了数据搜集。我们采取线上发放问卷与半结构化访谈结合的调查方式，通过豆瓣、小红书等社交媒体平台一共发放并收集问卷244份，剔除不符合本次研究的受访者后，共获得有效问卷240份。调查内容包括了解并使用、了解但更换/未使用的原因，加入该群体的原因，最经常在哪个社交平台使用等6个问

---

[1] 单琪，王亚莘. 从策展到隐蔽："云端交往"中的自我呈现[J]. 东南传播，2022（4）：101-105.

[2] 董晨宇，段采薏. 反向自我呈现：分手者在社交媒体中的自我消除行为研究[J]. 新闻记者，2020（5）：14-24.

[3] 李彪. 双重规训与有限权利：互联网平台治理视域下的社交自我消除行为研究[J]. 西北师大学报（社会科学版），2022，59（5）：65-71.

题。经统计，在调研的用户中，女性占96.7%，18—25岁用户占79.2%。加入momo群体的原因综合排序前五名为：匿名性、娱乐、社交属性、模糊性别、跟风。最经常使用momo身份的平台依次为豆瓣、小红书、微信、抖音。通常momo的身份用作保护个人隐私、参与评论转发等互动讨论、秘密树洞、匿名怼人得到快感等。对于"使用momo头像昵称后产生的影响"的问题，设置为矩阵单选题，并设置五个选项：影响您"关注内容"发生变化、影响您"发帖内容"发生变化、影响您"评论互动"发生变化、影响您"参与趣缘群体"发生变化、影响您"个人主页自我呈现"发生变化（具体统计见图1）。

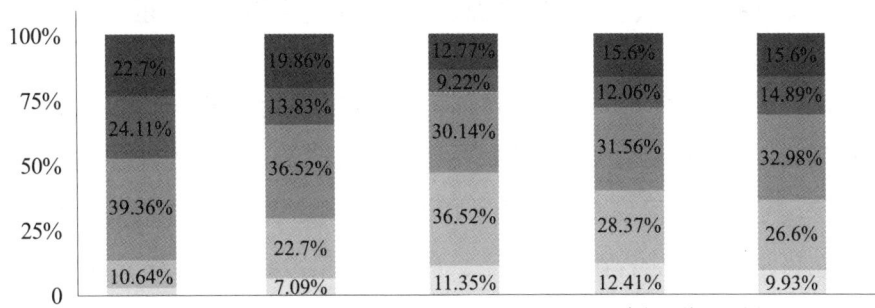

选项	非常不同意	不同意	一般	同意	非常同意
影响您"关注内容"发生变化	10.64%	39.36%	24.11%	22.7%	
影响您"发帖内容"发生变化	7.09%	22.7%	36.52%	13.83%	19.86%
影响您"评论互动"发生变化	11.35%	36.52%	30.14%	9.22%	12.77%
影响您"参与趣缘群体"发生变化	12.41%	28.37%	31.56%	12.06%	15.6%
影响您"个人主页自我呈现"发生变化	9.93%	26.6%	32.98%	14.89%	15.6%

图1 使用momo头像昵称后产生的影响

除了结构式问题，笔者还设置了两个开放式问题：您了解并使用过神秘组织momo吗，了解但更换/未使用的原因是？您对现在的momo群体的态度是什么，理由是？对于第一个问题，了解并使用中、了解并使用过、了解但未使用的比例分别为65%、16.3%和18.8%。使用过但更换的原因可以归结为两点，缺乏个性和外部限制（豆瓣部分小组禁止momo身份进入，如租房生活小组）；未使用的原因归结为缺乏个性、没有必要（认为自己不需要隐藏身份、不主动回帖）。

第二个问题对momo群体的态度，62.6%呈支持态度，中立态度为27.9%，0.8%为抵制态度，8.8%表示无感。在表示支持的用户言论中，成因归结为保护隐私、匿名性防止"人肉"、集体归属感、趣味性、原型角色具有吸引力等。081 表示，模糊个人特质防止"人肉"，有利于发表女性主义言论。137 称，不会因为过往发言被忽视或抵制所有观点。中立态度的言论则多为双向考量，理解其保护隐私的做法，但部分匿名性的言论令人担忧。015 表示，匿名虽然能让自己有安全感，但也增加了发生言语攻击等负面事件的可能性。189 称，平台隐私保护不到位，为了自我保护才改的。而在选择抵制的 2 人中，仅有 1 人阐述理由，"感觉就是一群无脑上网冲浪的人"。

三、现实探照：行为溯源、归因探寻与群体表征

momo 群体为使用 momo 头像与昵称的群体，尚无统一称谓，网络中常称其为"momo 大军""mo 家军"等，本文以 momo 群体概之。momo 的初登场是在微信原创表情包系列 IP 中，原型是名为"么么龙 MOMO"的粉色恐龙，简介为：在读女博士，常常被家里人催婚。momo 最初并未成为席卷各平台的符码，它后来者居上的态势与官方主动设置相关。笔者查询到，无论是微信里的小程序还是外部 App，只要用户选择通过微信账号授权登录，除了自己原本的账号和头像，还可以另外新建账户头像和昵称，momo 便是系统提供的随机选项之一。此外，在豆瓣如果把昵称改为"管理员"，会被系统默认为冒充管理员，有违反社区规则的潜在风险，届时系统会把昵称自动改为"江湖骗子"。豆瓣官方还会把已经注销账号的用户统一命名为黑白头像的"已注销"，当时许多用户有意尝试，加入其中。随着社区管理的不断更进，"江湖骗子""已注销"等昵称现在在豆瓣已是"查无此人"，momo 顺势成为新的选择。一方面，是官方赋予其主动设置的便利，另一方面，是可替代的自我呈现方式的取缔消失，momo 群体便在其中应运而生，并显化出独特的群体表征。

弱把关的准入机制、自发式解答与感染式参与。momo 群体的产生

注定只能存在于接受用户名重复的平台。面对群体外不明其含义的他者，momo 群体会积极主动地阐释其意涵，叙说其来源，抑或是其对于保护隐私的优势、设置匿名性的便捷。在没有准入规则限定时，参与与否成为"局外人"瞬时的抉择。而在加入后，与外界频繁的解释与对话持续"感染"扩散，又会触发新一轮的疑问—阐释—考虑加入，即自我表露、人际吸引、从众行为的路径，助推 momo 头像与昵称的使用对外扩延传播。长此以往，哪怕是微弱的加入率，也足以在网络空间中形成庞杂的体量。

自我消除、匿名参与网络互动的考量。自我消除面临的隐私保护困境首先源于虚拟空间内数据痕迹的永久保留风险。混迹于 momo 群体之中，与真实空间切割可以有效避免在公共空间留痕，以更主动可控的方式保护隐私。在不接受用户名重复的平台中，昵称便是用户的 ID 和接入平台、展示自我的窗口。在可接受用户名重复的平台中，除了昵称，用户个人主页也会显示其账号 ID。但账号 ID 可随时注销，并以不易记忆的多位数字呈现，与用户个人的关联度并不高。统一头像昵称的使用让用户摆脱平台规则限制，个体特性泯然于 momo 群体之中。

自我呈现下 momo 的"meme"转向。在调查结果中足以窥见，个性化已成为用户选择头像、昵称时的重要考量。随着 momo 群体的扩大，完全一致的头像和昵称不能全然满足用户匿名性和个性化的平衡，便出现了许多围绕 momo 原头像展开的二次创作，如给 momo 戴上毕业帽、墨镜，手拿汉堡、画笔等。这种做法在选择性自我披露的同时，也降低了数字痕迹的可见性。这时，momo 便成为彰显群体认同和个体差异的双重社交产物，成为具有模仿性、娱乐性、高传播性的"meme"，进行自我呈现与自我消除的融合。

着情感底色的符码联结。不同于"江湖骗子""已注销"等网络群体，momo 群体有明显的性别偏向，成员多以女性为主。前文提到，momo 的原型为常被家人催婚的女博士粉色恐龙，其设定更易引起女性用户的共鸣。132 表示，知道 momo 原型后会有代入感，会更想要持续使用下去。

momo 的原型介绍或许道明了部分女性的困苦，她们以此为情感基底，试图通过自我呈现树立隐式表达自我的旗帜。

四、身份的隐匿与重构

至此，momo 群体在社交平台中的属性稍现端倪。个体利用平台可重名机制作为自我呈现策略，抵抗隐私外泄，进行自我调适。即使处于"全景监狱"之中，也能灵活掌握触手可及的"主动权"，维系数字空间中的自我消除。一时之间，momo 似乎呈现出双重面相，他们藏匿于人群，又处处留痕。momo 成为用户对媒介环境的反抗式话语，他们更换统一头像与昵称，躲避隐私泄露、强联系社交，更自由地表达观点。消除数字痕迹与刻板印象，或许可以建立一个真正公正、理性对话的言论空间。

同时，不能以完全正向的视角观看这场群体行动。一方面，momo 的身份的确可以带给用户匿名的安全感，使其得以在虚拟社区更加平等地对话，群体认同的归属感得以提供情感和价值意义。另一方面，趋同的表征下各抒己见，也增加了平台的管理难度，恶性评论事件易引发次生舆情，社区可能成为引发骂战的温床，致使 momo 中既有"一 mo 有难，万 mo 来助"的群体认同，也有"一 mo 做事万 mo 当"的无奈。作为能动者的个体在平台规则中游弋，身份的隐匿与重构在此完成交互，触发后的连锁反应形塑成全新的社会化思潮。

结　语

就现实层面而言，首先，本研究为了解 momo 用户提供了接入的窗口，可以从加入原因、使用平台、行为影响、态度等问题发现用户使用意图。其次，本文可为"自我呈现""自我消除"等理论对于互联网群体身份的构成提供不同视角和一定的数据支持。就实践而言,本研究选择多个社交平台发放问卷、招募访谈对象,经过了多重筛查,足以保证研究在定向群体中开展。但本文仍存在一定局限性。在调查样本中,女性数量居多,缺乏一定数量的男性问卷,观点可能不足以代表所有社交平台用户群体。问卷调查设置相关问题较少,有必要加入 momo 原型、个性化 momo 的相关问题。

在此背景下,个体接受 momo 及其意涵并将其内化再次呈现后,意味着个体不仅接受了 momo 的身份赋予,也接受了对该符码指代物的认同。从自我呈现到自我消除,从"已注销"到 momo,尽管群体是流动的,但是用户选择性参与社交平台互动时的隐忧是始终存在的,这样的一种部落化的反抗不容忽视。情感连接超越群体符号的排外性,吸引用户参与其中,利用统一符码自我呈现,共同与外界博弈。对于如此体量大、隐蔽性强的对象群体,应时刻警惕隐匿在其中的舆情,更应正视群体自我呈现的本质,把握纾解问题症结的主动权。或许,有一天 momo 也会和"江湖骗子""已注销"一样成为"时代的眼泪",但在此之前,后续研究或可以从不同视角与不同理论探照此类自组织圈层化群体的自我呈现,以观察群体在互联网发展中的分化与共振。

建设性新闻视域下环境新闻报道框架分析
——基于中国新闻奖中的环境新闻报道

陈淑娟　侯嘉诚

【摘要】 党的十八大以来，生态文明建设的地位不断凸显，环境议题成为社会各界关注的焦点，也成为媒体新闻报道的重要议题。分析环境新闻的报道框架，有助于了解媒体如何影响公众对于环境的认知，引导社会舆论。本文选取的研究样本源于具有权威性、广泛性和时代性的中国新闻奖获奖作品中的环境新闻。本文通过梳理2016年至2023年获奖的48篇环境新闻报道，对环境新闻的报道框架进行研究。分析报道框架为现实环境报道带来的启示，可以更好地为现实环境新闻报道做出指引。

【关键词】 环境新闻；建设性新闻；报道框架

一、研究背景

环境问题是世界各国普遍关心的问题，也是国际传媒的一个重要话题。随着全球变暖、气候变化、自然资源短缺等环境问题不断加剧，了解和关注环境问题成为当今社会的一项重要任务[1]。

在过去很长一段时间里，西方媒体对环境问题的报道一直都是负面的、冲突的、揭露的。在我国实施环保政策的大背景下，环境问题和环境

---

[1] 陈丽娟，祁丽萍. 国家形象建构视域下气候传播的困境与对策[J]. 青年记者，2019（6）：37-38.

保护的倡导工作日益引起人们的重视，环境新闻也得到了快速的发展，并逐渐成为一个热点话题[①]。

媒体在社会中扮演着重要的角色，不仅是信息的传播者，也是舆论的引导者。传媒是社会舆论的风向标，它应该成为环保新闻的主体，为环保事业摇旗呐喊。环境，作为一个社会发展的重要考量，也是传媒必须继续关心的问题。要构建适应新时期环保和社会发展需要的报道架构，聚焦环保和社会治理这一时代主题，做好现象性监督，掌握"批评性"和"建设性"之间的平衡点。环境传媒要在实际生活中，充分发挥公众对环境的导向作用，促使公众树立正确的环保理念，激发全民环保意识，增强战胜环境污染、建设生态文明的决心[②]。

了解环境新闻报道框架可以帮助媒体更好地传达这些问题的重要性和紧迫性，引起公众的关注和行动。环境新闻报道框架可以帮助媒体提炼和组织信息，使报道更易于理解和消化，提高报道的可信度和信息价值，也可以促进社会对环境问题的认识和重视，推动政府、企业和个人采取行动应对环境挑战。

二、文献综述和问题研究

（一）环境新闻报道研究

樊筠怡、田力以我国现阶段环境新闻报道状况作为现实研究背景，以中国新闻奖环境类报道基本样态作为切入点收集并整理可视化数据，从环境新闻学术研究及实践报道层面分析其传播困境并找寻可提升策略[③]。李静

---

① 徐明华，李丹妮，王中字."有别的他者"：西方视野下的东方国家环境形象建构差异——基于 Google News 中印雾霾议题呈现的比较视野［J］.新闻与传播研究，2020，27（3）：68-85，127.

② 王妍.中国新闻奖获奖作品中环境新闻报道的框架研究（1991—2020）［D］.重庆：西南政法大学，2022.

③ 樊筠怡，田力.我国环境新闻报道样态及传播困境分析：基于 2018—2020 年中国新闻奖获奖作品的研究［J］.青年记者，2022（8）：50-52.

在硕士论文中分析了《中国环境报》的报道议题、报道立场和报道体裁，认为《中国环境报》的环境新闻具有合理、多元等特色[1]。杜谨好以《贵州日报》为例，探析贵州生态环境的变化，文章运用甘姆森框架理论对《贵州日报》2007年至2017年的环境新闻报道进行分析，认为《贵州日报》虽然将环境问题放置在政治、经济、文化等大背景中去考量，但依然存在群体失语、深度不足、风险议题缺失等问题[2]。

（二）建设性新闻

建设性新闻是当下思考和调整新闻界与社会各界关系的新范式，是着眼于解决社会问题而进行的新闻报道和新媒体时代立足于公共生活的一种新闻实践或新闻理念[3]。建设性新闻学是用积极心理学理论来打破或校正长期以来被视为新闻报道惯例的"反常/冲突放大"框架，以社会成员参与其中的方式表达新闻话语如何改变以及改变的作用[4]。

（三）建设性新闻视域下的环境新闻报道研究

重庆工商大学的任俊燕以《中国环境报》中的"双碳"议题设置为研究对象，从建设性新闻的角度，为该报的"双碳"议题设置提出了改进措施。按建设性框架对中国新闻奖中的环境新闻进行分类，分类是开展科学研究的第一步，本研究旨在为环境新闻的进一步研究做开拓性工作[5]。方亭和蒋娜娜提出了建设性理论与环境新闻在政策动态支持、报道取向一致之上实现对接，两者交融的实践路径体现在三个层面：公众主动进行议程建构、短视频参与多元协同、面向未来的前瞻思维融入[6]。

---

[1] 李静.《中国环境报》环境新闻报道研究[D].长沙：湖南大学，2013.
[2] 杜谨好.贵州党报环境新闻框架研究[D].贵阳：贵州民族大学，2019.
[3] 唐绪军，殷乐.西方媒体"好新闻"的实践、理论及借鉴[J].对外传播，2015（11）：26-27.
[4] 邵鹏，谢怡然.建设性新闻视角下中国垃圾分类报道实践考察：以澎湃新闻相关报道为例[J].新闻大学，2020（6）：23-35，122-123.
[5] 任俊燕.《中国环境报》"双碳"议题设置研究[D].重庆：重庆工商大学，2023.
[6] 方亭，蒋娜娜.建设性视角下环境新闻生产实践研究[J].青年记者，2023（24）：86-88.

本文即提出问题：建设性新闻视域下的环境新闻报道框架是怎样的？给我们带来了哪些启示？

三、研究设计

（一）样本来源

中国新闻奖是经中国共产党中央委员会宣传部批准常设的全国优秀新闻作品最高奖，由中华全国新闻工作者协会主办，每年评选一次。经过多年的评选实践，中华全国新闻工作者协会在不断征求意见、总结经验的基础上，形成了行业内比较权威、规范的中国新闻奖评选办法，得到新闻界的广泛认同。本研究梳理了2016年至2023年获得中国新闻奖的新闻作品，从获奖作品中筛选出环境新闻报道48篇作为分析对象，以建设性新闻为视角，对其进行幻想类型分析。

（二）类目建构

1. 四类建设性新闻分支的指标建立

在四类建设性新闻分支的指标问题上，本研究依据刘婵君和沈玥晨对该指标罗列的判断标准进行操作，将建设性新闻类型分为解决方案类型、提出预期类型、期待和平类型和恢复性叙事类型。

一是解决方案类型。它是指对存在的环境问题进行讨论，提出解决该环境问题的行动、计划、设想等。其判断的关键词有行动、措施、科普、建议、经验等方法类词汇。

二是提出预期类型。它是指面向未来环境保护的提问，为成就未来而关注当下、追问过去的框架类型。此类环境新闻聚焦于未来，追问下次如何做得更好，或者询问未来环境变化的可能，指出潜在的风险、关注环境事件的进展。其判断的关键词有未来、保护进展、下一步、趋势等积极预期性词汇。

三是期待和平类型。它是指以和平发展、多元包容的视角报道冲突及应对方式,实现冲突降级或去极化的框架类型。此类新闻以和平、真相、民众和解决等积极取向,审视环境问题形成的原因、寻求冲突的处理方案。其判断框架的关键词有理解、透明、呼吁、探究等和平导向类词汇。

四是恢复性叙事类型。它是指呈现环境恢复的进展及未来计划,传递积极情绪,构建同理心,点燃希望的框架类型。其判断框架的关键词有恢复、保护等积极的修复类词语。

2. 幻想主题建构

根据吴玫在《符号的现实:符号融合理论对中国对外传播研究的借鉴作用》中提出的"幻想主题分析法",这是一种主要基于质化方法的方法。通过对语义修辞的分析,找出符号现实中的类别、形式、语义结构等,其中最重要的概念同要素包括幻想主题、幻想类型、语义视野。

幻想主题包括四个类别:场景主题、角色主题、行动主题和合理化机制。场景主题是指戏剧故事发生的地点或者场景;角色主题是对人物角色的描述;行动主题也被称为情节主线,指的是人物所参与的行动;合理化机制是对语义戏剧的解释,它可以让戏剧情节和人物行动变得合理化,使被构建出来的语义真实可信[①]。

四、幻想类型分析

在建设性新闻指标对新闻报道分类的基础上,加入幻想主题分析可以更进一步展现新闻报道的框架结构。本文根据建设性新闻四种分类建构出四种幻想类型,并以中国新闻奖中的环境新闻报道进行幻想类型分析,见表1—表4。当环境报道中相似的故事情节或角色行动被不断地"复颂",幻想主题就可能演化成为具有固定形式的幻想类型。通过对幻想类的归纳

---

① 吴玫,朱文博.符号策略与对外传播:一个基于主题分析法的案例[J].对外传播,2017(6):34-36.

与总结，可以发掘报道者的思考框架，更好地写出有温度、有思想、有品质的环境新闻[①]。

表1 幻想类型：解决方案类型——提出解决环境问题的行动或措施

场景	角色	行动	合理化机制
天津滨海爆炸	专家、企业、专业人士	对氰化钠清理回收	解决环境问题举措
雾霾严重	国内外学者	提供建议策略	
湖北强降雨	政府官员、军人	对牛山湖实施隔堤爆破	
新疆生态环境脆弱	企业、工人	保持公路生态环境	
农村清洁问题难	政府、村民	分析寻找解决路径	
西湖柳树被换	政府、居民	柳树复种	

表2 幻想类型：提出预期类型——关注环境保护的进展与潜在风险

场景	角色	行动	合理化机制
环境执法弱	政府官员	增强管理、创新做法	环境保护期待
工业废料改良盐碱地	实验室	研发改良盐碱地技术	
问责风暴	政府官员、企业、专业人员、群众	积极开展生态治理工作	
越冬候鸟增多	政府、专家、摄影人员	为越冬白鹤"建食堂"	
粉红椋鸟繁育	政府、建设者	国道建设停工	
生态省份建设	政府	重视省份生态建设	
创建"两山银行"	政府	两山双向转化	
野生动物增多	专家	形成野生动物迁徙通道	
东平湖综合环境治理	政府、企业、村民	"禁砂"、退砂还湖	
全球最大碳市场开市	政府、专家	注册登记系统设在湖北	
江西晴热少雨、旱情严重	政府、专家	奋力抗旱、保护生态	

---

① 徐明华，李丹妮，王中字."有别的他者"：西方视野下的东方国家环境形象建构差异——基于Google News中印雾霾议题呈现的比较视野[J].新闻与传播研究，2020，27（3）：68-85，127.

表3 幻想类型：期待和平类型——聚焦环境问题的成因及处理方案

场景	角色	行动	合理化机制
城区设立大气监测点	政府官员、专家	监测点周边道路长期限行	环境保护问题成因
去过多地监测站对车年检	监测站、设备制造厂	检测数据造假	
垃圾异地处理	企业	上海垃圾倒进太湖	
围海造地	政府官员	退围还海	
经济发展	政府、专家	消耗资源换取经济发展	
螃蟹养在太湖	政府、渔民	太湖围网清拆	
河流污染问题弄虚作假	政府官员	深刻反思整改	
长江禁渔	政府、渔民	仍有非法捕捞野生江鲜者	
东北黑土保护调查	村民、官员	黑土盗卖产业屡禁不止	
清洁取暖问题	村民、官员	禁止烧柴、封堵炉灶	
防沙屏障几近失守	政府、工人、专家	持续遭遇大面积砍伐	
梁子湖鱼类过多、水草锐减	专家、渔民	实施生态调控型捕捞	

表4 幻想类型：恢复性叙事类型——报道环境恢复及未来计划

场景	角色	行动	合理化机制
青海湖良好的生态环境	湟鱼	洄游	环境保护成效
沙漠环境改善	专业人士	改造沙漠	
草原行政公益诉讼案	专家、林业人员	环境保护、草原植被恢复	
沙丘治理	政府官员、专家、林业工人	用樟子松固定住流动沙丘的地方	

续表

场景	角色	行动	合理化机制
环境公益诉讼	法官	实行环境受损赔偿制度	环境保护成效
台特玛湖特大桥建设	工人	无施工垃圾	
沧州千年大运河	政府	运河两岸不做商业开发	
黄河流域生态保护治理	政府、专家	黄河生态保护和生态治理	
保护洞庭湖	政府、专家	砍掉欧美黑杨	
贺兰山保卫战	政府、专家	矿山企业关停退出	
丽水实施 GEP 核算	专家、村民	实施生态产品价值实现机制	
退耕还林	政府	生态环境保护工程	
海南长臂猿数量增长	专家	对长臂猿进行保护	
长江十年禁渔	政府、渔民	转产转业	
家乡生态变美、珍稀鸟类增多	村民	职业"鸟导"	
跨海建大桥	专家	注重环境保护	
设立国家公园	政府、专家	创新管理模式	
黄河泥沙过多	专家、村民	调水调沙	
长江生态保护	专家、渔民	十年禁渔	

五、研究发现

对中国新闻奖环境新闻报道进行建设性类型分析以及幻想类型分析。相关报道通过报道环境产生的生态问题,提出后续解决环境问题的方法和措施,生成幻想类型一"解决方案类型",重点提出解决环境问题的行动或措施。类型一在48篇报道中共有6篇,占比13%。由此可见,对于环境问题如何解决的报道比较少。例如,第三十届中国新闻奖获奖作品《农村清洁取暖之痛：层层任务重，"宜"字难落实》契合了"打好污染防治攻坚战""清洁村庄"等时代主题，同时提出了问题的解决办法。

幻想类型二"提出预期类型"，着重关注环境保护的进展与潜在风险。类型二在48篇报道中共有11篇，占比23%，由此可以看出对于环境保护问题的进展占比较高。例如，《资溪"两山银行"：存储"绿水青山" 收益"金山银山"》这篇文章就是在报道环境保护问题的延续性进展，文章最后又用事实证明保护环境从长远意义上更有益于经济发展，保护与发展的话语在报道中不断交织呈现。

幻想类型三"期待和平类型"，聚焦于环境问题的成因及处理方案。由和平框架分析结果可知，报道中较为注重说明事件发生的原因或解决办法，这说明环境新闻的解释性较强。正如路鹏程等在对环境记者角色认知的实证研究中指出的：中国环境新闻记者职业角色认知程度最高的是解释者。类型三在48篇报道中共有12篇，占比25%。报道中不仅强调政府在环境事件中的作用以及政府需要承担环境治理的主要责任，更多的是强调公众以及企业对于环境的责任与义务。以《新华日报》的《"螃蟹养到太湖里，没想到代价这么大！"——太湖围网清拆的调查与思考》为例，报道从多维度、多主体强调渔民的责任、人与自然的失衡。

幻想类型四"恢复性叙事类型"，主要是报道环境恢复及未来计划，最明显的特征就是强调环境保护的成效。类型四在48篇报道中共有19篇，占比39%，是四个框架类型中占比最高的，也说明了我国对于环境保护有很多值得借鉴且有良好成果的地方。框架类型从正面指出环境保护的必要性和急迫性，从反面强调人类给环境带来污染的非理性与不可逆性，结合过去不合时宜的发展方式的弊端，指出我们应该推行怎样的绿色发展方式。

六、结论与讨论

获得中国新闻奖的环境新闻，在报道上通常有自己深入的研究和独到的观点，通常报道的是具有社会关注度的环境问题。这些问题可能涉及大规模的生态破坏、环境污染、气候变化等，对公众、社会和自然都产生了重大影响，也会揭示一些重要政策的实施效果、某个地区环境治理的成功案例等，这些新闻案例都能引起广泛的关注和讨论。本文分析了获奖环境新闻的报道框架，总结报道框架为现实环境报道带来的启示，指出获奖的环境新闻框架的独特之处。

（一）紧随国家政策，体现生态理念

我国历来坚持党与人民相结合，媒体作为党和人民的"喉舌"，其自身的政治性质决定了它要实现正确的舆论引导。大部分获奖的环境新闻，是对于国家环境政策、生态建设事件和成果的报道，其信源往往也来自官方渠道，具有较强的权威性。新闻报道多采用官方渠道，强调均衡报道，这是党与人民的有机结合。在环境新闻的发展历程中，正面宣传在叙述方式、人物形象、内容上都有了全方位的提升。例如，环境新闻报道框架中的恢复性叙事类型，在这个报道框架下，报道内容批评破坏环境的发展方式，倡导绿色可持续的发展方式，其遵循的是国家环境政策[1]。

党的二十大报告提出促进人与自然和谐共生之后，环境新闻报道数量呈明显上升趋势，环境新闻报道地区也多集中于长江中下游及西北这些易受环境破坏的地区。新闻报道主要以环保宣传为主，环保人物事迹和生态经济发展为辅，幻想类型三的期待和平类型和幻想类型四的恢复性叙事类型都占很大比重，由此可以看出报道选题多以环境保护和环境保护成效为主[2]，紧随国家生态政策。一方面，新闻的生产是在国家的政策方针下进行的，新闻体制的建立要符合国家的要求，我国的政治环境为媒介环境的营造奠定了基础，在宏观层面决定了新闻的报道基调和报道风格。另一方面，新闻报道的内容紧紧围绕国家的政策方针以及国家领导人的活动展

---

[1] 孔寅. 框架理论视角下《人民日报》环境新闻研究（2012—2022）[D]. 南京：南京林业大学，2023.

[2] 王妍. 中国新闻奖获奖作品中环境新闻报道的框架研究（1991—2020）[D]. 重庆：西南政法大学，2022.

开，这与新闻价值的重要性和时新性相契合。国家的政策方针以及工作开展进程对相关新闻报道和媒体报道框架的形成有着重要的影响。

（二）过于宣传结果，缺少环保过程

在分析的48篇环境新闻报道中，有19篇报道环境保护的成效，11篇报道环境保护的进展，而聚焦环境保护过程，在解释为什么环保、如何去环保的这类框架只有6篇环境新闻符合，获奖的环境新闻缺少此类报道。比如，《治污必须要治官》就重点报道了汕头市对河流污染问题弄虚作假的严重问题，作品播出后获得较好的评价。同时，报道在微信、微博分发后也获得大量点赞。汕头市对污染治理弄虚作假的严重错误进行深刻反思，吸取教训，进行全市总动员，采取实际措施对环境污染问题展开全面整改，污染严重的河流水质逐步好转。媒体作为信息生产者有责任和义务将环境信息及时传递给受众，增进受众对于生态环境保护的理解和支持，在第一时间参与并了解环境治理监督过程，最大限度发挥其传播效益及舆论引导作用。在解决环境问题的时候，往往报道其取得的成效会更加容易，而报道如何解决环境问题、解决环境问题的过程方法是十分烦琐的，需要长期追踪报道、采访专家、实地调研等，这也正是获奖环境新闻缺少此类报道的原因，需要结合实际情况进行改进。

（三）持续追踪报道，关注社会影响

我国的环境问题关系到人民群众的切身利益，任何环境问题都能够引发人民的广泛关注。在"注意力经济时代"，新闻媒体既要兼顾新闻报道的原则，又要选择受众感兴趣的内容进行报道，在坚持新闻报道原则的基础上，适应市场化的竞争。环境问题往往是长期的、复杂的，需要持续对其进行追踪报道。中国新闻奖中的环境新闻注重持续性追踪报道，特别是一些重大环境事件和政策进展的追踪报道。纪录片《江豚归来》通过讲述长江生态保护中，人类与长江江豚从对立到共生、从争斗到保护的故事，深入践行习近平生态文明思想及"共抓大保护、不搞大开发"重要指示精

神，生动宣传了党中央、国务院"为全局计、为子孙谋"做出的长江"十年禁渔"重大战略部署及取得的阶段性成效，时间长达数年之久。获奖的环境新闻报道不仅关注问题本身，也关注其对社会的影响和变革。报道中强调个人、企业和政府的责任与行动，鼓励公众参与环境保护行动。《7棵柳树缘何牵动杭州：一座城市的民意对话》是聚焦"七棵柳"事件推出的新闻专题，作品主题鲜明，从群众质疑、部门解释到回应补种，从"柳暗花明"的怅惘到"兼听则明"的欣然，反映了杭州人对西湖的深厚感情和保护意识，体现了杭州政府对"问计于民"的尊重和"知错即改"的勇气。获奖的环境新闻采取了不同的报道方式，包括新闻报道、专题报道、纪录片等，不同形式的报道吸引不同受众，提高了环境问题的曝光度和影响力，也鼓励了公众参与和互动，让公众能够更好地参与环境议题的讨论和决策过程。

（四）科学专业报道，呈现多方观点

环境新闻报道框架通常会依赖科学数据和专业知识对环境问题进行分析和解释。这些报道会引用研究结果，统计数据和科学观点，以支持其报道内容。这种基于科学数据的报道框架有助于提高报道的可信度和客观性。以《六盘山与秦岭之间形成动物迁徙通道 秦岭53种珍稀动物来六盘山安家落户》为例，记者在固原市驻站8年，六盘山不断出现的野生动物受到记者的关注与追踪。2021年11月，六盘山野生动物资源调查报告发布，引发了作者的深度思考，六盘山种类繁多的野生动物究竟来自何方？经过采访课题组专家，得出了秦岭与六盘山之间形成野生动物迁徙通道的结论，记者围绕生态文明建设取得的积极成效这一主题进行了进一步细致采访。许多科学数据都源于专家，这更加增强了新闻报道的真实性和准确性。在上文的话语分析中，基本上每篇环境新闻报道的角色都大于或等于2，这使得环境新闻会尝试呈现多个利益相关者的观点。这些利益相关者有专家、政府、村民等。通过呈现多方观点，报道可以更全面地揭示环境问题的复杂性，并促进公众对于不同观点的理解与思考。

多维发声与角色坚守

——央视新闻对涿州暴雨事件的报道策略探析

石宏杰　任子赫

【摘要】 面对社会复杂环境下的危机事件，主流媒体需要把握好自己的角色，及时传播信息，引导舆论。本文通过分析 2023 年 8 月央视新闻对涿州暴雨事件的报道策略，发现央视新闻通过多媒体平台报道此事件，多维发声多点发力，充分把握话语权，并在报道中呈现出全方位、真实正面、诉诸感性的特点。报道过程中央视新闻还坚守着瞭望哨、稳定器和引导舆论的社会角色，在此次危机面前展现了强大社会合力。同时央视新闻需要谨防新闻内容同质化，避免信息缺位，努力发挥党媒联动优势，提升内容分发质量，打造立体传播格局。

【关键词】 央视新闻；危机报道；新媒体平台；主流媒体

2023 年 7 月，受台风"杜苏芮"残余环流北上影响，江淮、黄淮、华北等地迎来强降雨天气，其中华北部分地区累积雨量大，局地降雨具有一定极端性。2023 年 7 月 29 日起，中国河北涿州地区遭遇持续强降雨，7 月 31 日，涿州市气象台发布暴雨红色预警，预计未来 24 小时内，涿州市全部乡镇降雨量将达到 200 毫米以上[1]。中国天气网卫星云图显示，受上游

---

[1] 涿州预警发布 . 涿州市气象台更新暴雨红色预警［Ⅰ级/特别严重］［EB/OL］.（2023-07-31）［2024-05-20］. https://mbd.baidu.com/newspage/data/videolanding?nid=sv_12305150080186353233&sourceFrom=share.

洪水过境影响，河北境内的北拒马河、小清河、白沟河等多条河流流量增大，涿州市河道行洪和城市内涝风险加剧，防汛形势十分严峻。面对暴雨灾情，央视新闻迅速展开行动，以互联网平台为依托，通过电视端和移动通信端多媒体平台联动，派遣一线记者团深入受灾现场，线上线下合作发力，充分发挥了主流媒体的信息传播、社会协调、舆论引导等职能，对涿州暴雨事件进行了全面报道。

一、报道方式、视角与技巧下的多维度发声

（一）全方位的报道方式设置公众议程

在涿州暴雨事件报道中，央视新闻设置报道议程，通过央视网、微博央视新闻官方账号、抖音央视新闻官方账号、微信央视新闻公众号、央视新闻百家号等平台，报道涿州防汛、救援情况以及灾情信息，影响着公众对事件的关注与认知。

央视新闻把大量版面留给涿州灾情的相关报道，以图文和音视频的方式动态发布新闻报道和消息，全方位地向政府、社会、公众发布危机事件的信息。2023年7月29日起，涿州防汛形势严峻，央视新闻迅速开展了相关报道，通过派遣一线记者团、航拍、慢直播等方式，调动多媒体平台，积极引导社会关注。在微博央视新闻官方账号上，央视新闻发布了"河北涿州救援""航拍暴雨后的涿州"等系列话题，带动社会广泛参与讨论和关注。在此期间，央视新闻通过无人机航拍，实时对涿州受灾地区的救援情况展开报道，在微博平台、微信平台、抖音平台开设央视新闻"正直播"，以直播方式展示涿州的受灾情况，通过记者现场采访调查、摄像记者团体跟拍武警官兵进入受灾区域的救援行动，时刻保持着受灾地区与社会的联系[1]。2023年8月6日，借助卫星雷达数据和信令大数据，央视

---

[1] 欧阳丽，王玥．央视新闻抖音号短视频互动传播特色探析[J]．传媒，2024（2）：65-66，68．

网发布消息《大数据绘出救援"加速度"：24小时，1.7万人来到涿州》，在卫星图中叠加每个区县的人口分布数据后，发现桃园街道、双塔街道、清凉寺街道等地，人口聚集、受灾严重。这座常住人口60万的小城，受灾人数超过13万人，通过大数据技术实时绘制数据图片，使涿州暴雨灾情清晰地呈现在社会公众面前。

（二）真实、正面的报道视角构建特定框架

"直播态"是此次危机事件中央视新闻的主要报道方式之一。通过现场直播，央视新闻以第一人称、第三人称视角展现了涿州灾情的各方面内容，通过跟拍、采访营造真实感，为公众构建了"在身边""就现在"的认知框架。在涿州灾情严重的第一时间，央视新闻随即派遣一线记者团深入受灾现场，跟随武警部队进入灾区腹地，在涿州境内进行社会调查采访，并通过抖音、微博、微信等媒体平台发布消息，开展新闻发布会报道暴雨灾情的最新情况，并且采用"正直播"的方式，以直播形式动态地呈现新闻现场，保证信息传播的真实性。

灾情发生后，央视网在保证新闻真实客观的同时，以正面视角报道灾区情况，树立了央视新闻良好媒体形象，牵手公众构建"众志成城""不惧困难"的社会共识。在这期间，央视网积极转发多家权威媒体消息，如新华社在2023年8月3日发布《全力救灾、妥善安置——直击华北暴雨灾害救援》；8月6日，央视网与《新闻联播》同天发布消息《落实落细各项举措，全力应对汛情》。"全力救灾""落实落细"都是央视新闻作为主流媒体从正面视角进行新闻报道的体现。央视新闻通过一系列积极正面的报道向社会公众传达了生命至上、团结奉献的新闻内容，弘扬了社会主义核心价值观，发挥了央视新闻作为主流媒体向社会积极传递正能量的作用[1]。

---

[1] 曹艺. 新媒体语境下主流媒体新闻报道叙事创新：以央视新闻为例[J]. 声屏世界，2023（24）：33-35.

（三）诉诸感性的报道技巧引发符号互动

央视新闻中的报道、图像、视频等符号引发公众情感互动和解读，激发了公众共情、敬佩等心理，进而促进社会成员之间的互动和支持[1]。2023年8月2日，央视新闻在微博、抖音等媒体平台发布消息《涿州多名受困婴儿被救出》，并附带话题"涿州被救婴儿在救援人员怀里吃手手"，力图与社会公众产生共情，通过被救婴儿被抱在救援人员怀里的画面，体现灾情无情人有情，展现救援人员奋力营救的场景；8月11日，央视新闻发布微博视频并附带话题"武警战士清淤消杀后汗如雨下"，视频展示了武警战士身着密不透风的防毒衣执行清淤消杀任务后，一位战士身上的衣服已经被汗水浸透的画面，展现了武警官兵在灾情面前不遗余力为人民服务的高尚形象，凝聚社会共识[2]。

央视新闻在涿州暴雨系列报道上以质朴的语言刻画了一批典型的人物形象。8月11日下午，央视新闻在微信公众号融合图片、视频、音频形式发布人物报道《总有人为你，这样拼尽全力→》，通过30个场景，如照顾滞留乘客的落坡岭居民、安抚旅客情绪的列车员、开铲车冲过洪峰救人的工人、顶着急流搭建救援通道的民警、在断崖旁用身体围成护栏的消防员、举着应急手电完成手术的急诊室医生、抱着受困儿童蹚过积水的孩子等，记录了灾难面前平凡人的勇敢和善良。当晚8点，央视新闻特别推出直播访谈《爱，在落坡岭》，邀请此次暴雨洪灾救援的亲历者、见证者做客直播间，讲述"脱险"背后的温暖，致敬风雨中的守护。在这些报道中，央视新闻放大了对生命的珍视与人性的光辉，晓之以理且动之以情，情理兼具，用爱联结公众的内心，并在短时间内达成社会共识，形成应对危机的强大合力[3]。

---

[1] 陶丹，田松.新闻的情感叙事：以央视新闻抖音账号中"长沙自建房倒塌事件"短视频为例[J].声屏世界，2023（21）：17-19.
[2] 王凌波.从新闻标题看"央视新闻"在不同社交媒体平台的自我呈现[J].新闻研究导刊，2024，15（3）：81-84.
[3] 张相涛.舆情视域下突发公共卫生事件电视报道中新闻场景与受众情感的内在关系研究：以央视《战疫情特别报道》为例[J].新闻传播，2023（20）：24-29.

二、瞭望哨、稳定器和引导舆论的社会角色坚守

央视新闻作为主流媒体，有高度的权威性、强大的公信力和广泛的影响范围。在涿州暴雨事件报道中，央视新闻发挥着传播信息、安抚劝慰、引导舆论的功能。

（一）传播信息的社会瞭望哨

2023年8月1日，央视新闻在微博平台官方账号上发布了"航拍涿州白河沟现状"话题，在涿州防汛形势严峻时立刻做出反应并保持关注；8月5日，央视新闻在微博平台发起直播"河北涿州灾后重建情况"，通过航拍、记者采访、跟随记录等方式向社会直播受灾地区后续重建情况，满足公众持续的信息需求；8月6日，央视网利用高分三号卫星获取的雷达数据，提取地面水域动态信息，在《大数据绘出救援"加速度"：24小时，1.7万人来到涿州》报道中，展示了涿州地区被水淹没面积不断扩大的危急情况，同时在《朝闻天下》栏目及时报道，通过大数据技术实时绘制数据图片，将涿州暴雨灾情清晰呈现给社会公众。

央视新闻在报道涿州暴雨事件时，力求信息传播的时效性和真实公开性，同时也贴近于危机事件发生的社会现实。自涿州防汛形势紧张，央视新闻在第一时间开展报道，对救援人员、当地居民等进行采访，积极提供和转发汛情救援热线，宣传普及暴雨灾难预防的知识，坚守着传播信息的瞭望哨角色，以服务社会公众为重点，保障政府部门和工作人员的工作进行，有助于控制危机事件引发的不良影响。

（二）安抚与协调的社会稳定器

2023年8月2日，央视新闻在微博、抖音、央视新闻百家号上转发了涿州汛情救援热线，广大群众均可拨打热线电话寻求救援或者提供帮助，力求更多受灾群众能尽早脱离危险，缓解了涿州暴雨危机带来的社会恐

慌；8月4日，央视新闻在微博、微信公众号转发了《涿州市防汛抗旱指挥部关于接受社会捐赠的公告》，积极发动社会募捐，助力涿州防汛救灾，动员广大群众献出爱心，引发社会共情，危难面前众志成城共克难关；8月6日，央视网发布消息《风雨同舟，人民至上》，内容提到，"广大党员干部和群众团结一心，迎难而上，全力做好抢险救援应急处置，采取多种措施尽快恢复正常生产生活秩序"，抚慰着广大群众对灾区的担忧情绪，报道中提到各地区和有关部门务必要以"时时放心不下"的责任感、"越是艰险越向前"的精气神打赢防汛的硬仗。央视新闻的上述举措和"人民至上、生命至上"的价值准则，体现了安抚与协调的社会角色坚守。

（三）引导舆论的社会话筒

2023年8月2日，在涿州防汛形势严峻之际，央视新闻直击受灾现场，在微博、抖音等平台积极发布消息和转发视频，其中《涿州一饭店免费提供救援人员饭菜》《涿州洪水救援人员相互竖起大拇指》等内容，展现出灾难面前众志成城、大爱无疆的社会风貌；8月6日，央视网转载了新华社的人物通讯《在涿州，我三次登上冲锋舟》，新华社记者以第一人称视角记录下了自己进入救援一线进行采访和拍摄的艰苦过程，为媒体树立了尽职尽责的良好形象；8月7日，央视网《时政微观察》栏目发布新闻时评《众志成城　守望相助》，其中的三个副标题分别为"把保障人民生命财产安全放到第一位"、"让人民群众感到有依靠"和"汇聚强大的人民力量"，充分体现了央视新闻秉持人民至上的新闻服务本位。在后续的灾区重建情况上，央视网在8月11日、12日、14日先后发布《落实落细防汛抗洪救灾措施，加快恢复正常生产生活秩序》《抢修受损基础设施，恢复生产生活秩序》《多地群众生产生活秩序加快恢复，多项重点工程已复工》等消息，描绘出包括涿州在内，受灾过后政府部门快速反应，群众积极响应号召，合力行动，共渡难关的景象。央视新闻从社会视角、个人视角、政府视角发布了一系列报道，用群众的行动衬托政府形象，用主流的声音占据暴雨事件的舆论高地，党政民媒彼此紧密相连，形成强大合力，展现了央视新闻主动构建强力舆论场的责任担当[1]。

三、内容同质化、信息缺位问题的反思

央视新闻扮演着协调社会问题、发掘事件真相、弘扬社会主流核心价值观等角色，媒体融合发展的背景下，报道内容同质化、创新性缺乏仍然是信息传播过程中值得关注的问题[2]。

2023年8月2日10：17，央视新闻在微信公众号发布《河北涿州防汛形势严峻，最新消息→》，内容包括山西、河南等地救援队增援涿州；暴雨致多地被淹，消防紧急救援；京广铁路跨永定河5号铁路桥区段临时封线等消息。在"暴雨致多地被淹，消防紧急救援"的部分，报道了消防转移被困孕妇、群众被困积水路段和公羊救援队直升机紧急救援等内容。8月2日11：20，河北日报在微信公众号上发布《涿州防汛形势严峻，最新消息→》，其中关于救援队增援涿州、消防紧急救援等内容，均来自上述央视新闻发布的消息内容。8月3日10：43，央视新闻在微信公众号上发布消息《涿州汛情为何如此严重？救援有何难点？》，介绍了涿州最大安置点的基本情况、救援难点、供电恢复、洪水来源、蓄滞洪区启用效果、蓄滞洪区何时退水等问题。8月3日14：09，人民网在微信公众号发布消息《涿州汛情为何如此严重？救援有何难点？》，完整引用了央视新闻从安置点基本情况到蓄滞洪区何时退水的内容。面对灾难类事件报道，各类媒体平台内容报道的同质化体现了媒体市场竞争的紧迫。新闻业发展迅速，央视新闻作为主流媒体，其报道的内容也为其他媒体提供了新闻素材，加剧了信息来源的同质化。

在涿州暴雨事件中，央视新闻对关键信息报道的充分程度值得思考。新媒体时代，信息缺位容易产生负面反响，影响媒体公信力。

---

[1] 王姗姗.央视新闻：在短视频红海中开拓蓝海[J].传媒，2024（8）：23-25.
[2] 唐玉.信息时代传统主流媒体的缺位探究[J].传播力研究，2018，2(6)：36-37.

8月2日8:41，北京日报发布了《深夜，涿州连上6个热搜！防汛形势严峻，多方紧急驰援》的消息，内容包括各地救援队增援、多家出版社仓库被淹、全市受灾情况的数据统计，涵盖了当日10:17央视新闻《河北涿州防汛形势严峻，最新消息→》的救援队驰援、防洪进入紧急状态部分内容，并且在消息中采用图、文、视频、数据统计的形式，囊括了近三天涿州暴雨事件的宏微观情况，信息传达更加全面。消息发布当天，央视新闻在微博转发了涿州汛情救援热线，8月4日在微博转发了涿州接受资金物资捐赠方式。8月3日，企业自媒体"令火青年实验室"在公众号发布了"华北地区暴雨求助信息上报"的小程序截图、北京暴雨紧急信息互助入口，在微博发布话题"京津冀暴雨互助"并附带二维码，转发应急局灾害救援平台小程序、救援队洪水救助电话、抢险救援队伍信息登记表以及涿州市救援热线，信息覆盖更加广泛，囊括范围更加全面。8月4日，凤凰新闻公众号发表了《涿州的水从哪来的？地图上能找到答案》，通过引用卫星地图京津冀降水实况统计图、"凤凰在现场"涿州救援报道视频等方式，从历史的角度生动地介绍了涿州暴雨的发生背景、产生原因、治洪重点和形势预测，完整跟踪了涿州暴雨过程，破除了一些关于暴雨灾害起源的谣言，这些内容在央视新闻的互联网平台上并未出现。相较上述信息内容，央视新闻的报道和转发内容相对单薄，可能造成信息缺位，引发各种猜测。面对灾难，公众对信息的需求更加强烈，权威媒体信息工作的全面到位是必要之举[①]。

结　语

　　当前，社会风险不断增加，社会公众对未知信息的需求也随着技术的发展与变革持续增长。作为主流媒体，央视新闻在危机事件报道上需要不

---

① 韩壮.关键时刻主流媒体如何避免"失声缺位"：以河池市广播电视台疫情报道为例[J].新闻潮，2020（4）：21-23，38.

断经受人民群众的考核和社会变迁的考验。在危机事件中，央视新闻除了传播信息的本职功能，还要坚守引导社会舆论、协调社会信息、形成社会合力等重要角色。在此过程中，央视新闻需要不断审阅和反思，在大数据技术扶持下，加强融媒体产品创新和党媒平台多方联动，形成强大的新闻传播效力，铸就央视新闻在国内国际的持久权威。

4R 危机管理理论视角下移动游戏产业突发事件应急管理策略

武卫卫　王　玥

【摘要】 凭借便捷性特质，移动游戏行业在移动互联网和智能手机普及的浪潮中成为备受瞩目的新兴力量。然而，随着市场规模的扩大，移动游戏企业在危机管理方面的问题也逐渐凸显。《原神》作为现象级移动游戏，一直因公关问题饱受诟病。本文将在 4R 危机管理理论指导下，以《原神》为例深入剖析移动游戏行业的特性，并探讨适用于该行业的危机管理策略，旨在为移动游戏企业提供有针对性的参考与支持，帮助其更好地应对潜在危机，促进行业的健康发展。

【关键词】 移动游戏；4R 危机管理理论；危机公关

　　随着智能手机的广泛应用，需要长时间投入的传统客户端游戏和大型单机游戏已不再是主流选择，适应现代人快节奏生活的碎片化娱乐方式正在迅速崛起。移动游戏以其简便易操作、随时随地可玩的特点，已成为各大游戏厂商竞相追逐的焦点。根据 QuestMobile《2023 手机游戏行业洞察报告》数据：从活跃用户规模上看，移动游戏行业用户规模维持在 6 亿左右，游戏市场进入存量竞争阶段。[①] 然而，移动游戏企业在危机管理方面的表现却不尽如人意。即便是行业内的领军企业，如上海米哈游网络科技股

---

① 数据来源：QuestMobile，2023 手机游戏行业洞察报告。

份有限公司，也在这方面存在不足之处。根据工业和信息化部于2024年1月30日发布的《关于2023年第四季度电信服务质量的通告》（简称通告），米哈游等四家企业投诉处理及时率未达到相关要求。其中，米哈游因其主要游戏产品《原神》，投诉处理及时率仅为39.3%，成为这四家公司中表现最差的一家。这一数据反映出当前移动游戏头部企业在危机管理方面仍存在亟待改进之处。基于此，4R危机管理理论能够为其提供有效指导。

4R动态危机管理理论是一种系统化的危机应对框架，由罗伯特·希斯在其著作《危机管理》中提出。该理论将整个危机管理的过程视为一个紧密相连的有机体，分为缩减力（Reduction）、预备力（Readiness）、响应力（Response）和恢复力（Recovery）四个核心环节。[1]针对危机在不同阶段（发生前、发生中和发生后）的特定特点，对应了相应的管控策略。本文采用案例分析法，以4R动态危机管理理论为视角，以期为移动游戏行业的危机事件管理提供相对支持。

一、移动游戏行业危机管理研究概况

早期移动游戏受限于技术与环境发展艰难，但随着智能手机与移动互联网的崛起，移动游戏行业蓬勃发展。智能手机的高性能、高清屏与稳定网络为移动游戏创新提供了广阔空间。进入21世纪10年代，我国移动游戏行业迎来黄金期，佳作如《节奏大师》《王者荣耀》等涌现，创新内容与商业模式大获成功。同时，社交媒体兴起加强了移动游戏的社交属性，增强了游戏趣味与行业发展空间。目前，我国移动游戏行业尚处于发展的初级阶段，其历史脉络仅可追溯至近十年，展现出了年轻且充满活力的行业特征。出于其广阔前景，国内学者和业界专家对移动游戏行业的危机管

---

[1] HEATH R L. Crisis management for managers and executives: business crises: the definitive handbook to reduction, readiness, response and recovery [J]. (No Title), 1998.

理进行了相关研究，而移动游戏危机管理的研究经验，实际上是借鉴并发展自其他游戏领域的危机管理实践。2005年，陈国华在《从网游公关危机看网络游戏玩家客服增值服务》中提出，需要建立玩家在网游内部的信用机制才能减少网游危机发生。[1]自此之后，国内关于游戏危机管理的研究便显得相对稀缺。直到2018年，杨植雅等学者[2]填补了移动游戏行业危机管理研究的空白，同时我国移动游戏公司也进行了一些积极探索。一些领先的企业已经建立了专业的危机管理团队，并与第三方机构合作，共同制定和执行危机管理计划，以积极应对公众关注的问题，如游戏中的暴力、成瘾等负面影响。

相较于国内对移动游戏行业的研究，国外展现出了更为全面和成熟的态势。国外移动游戏企业通常非常注重品牌形象和公关管理。他们通过积极参与社会公益活动、与用户建立良好互动等方式，提升品牌知名度和美誉度。在危机发生时，这些企业能够迅速做出反应，通过有效的公关手段减轻危机对企业的影响。例如，Jiatong Yu回顾了前人以任天堂游戏公司为实例的研究成果，对游戏公司的营销策略进行分析和研究，并从三个基本点——3C（客户、竞争对手和公司）、STP（细分、定向和定位）和4P（产品、价格、地点和促销）入手，解释了任天堂的营销策略，进而分析了任天堂的营销策略以及产品和客户的准确定位。[3]

二、移动游戏行业危机事件的特征及应对困境

当前，移动游戏行业危机管理的普遍状况呈现出一种复杂且多变的态势。随着市场竞争加剧和政策环境的不稳定性增加，移动游戏企业普遍

---

[1] 陈国华.从网游公关危机看网络游戏玩家客服增值服务[J].信息产业报道，2005（5）：23-24.
[2] 杨植雅.现象级手游的危机公关表现与问题反思：以《王者荣耀》为例[J].现代商业，2018（6）：142-143.
[3] YU J T. Research on marketing strategy of the game company：take Nintendo as an example [J].Advances in economics，management and political sciences，2023（3）：736-740.

面临着多方面的风险和挑战。在现象级移动游戏《原神》的危机公关实践中，这一点得到了充分体现。

其一，高度关注性。在移动游戏行业，由于其庞大的用户基数和媒体的广泛覆盖，危机事件一经发生便会迅速成为公众和媒体关注的焦点。以《原神》"苹果税"事件为例，随着苹果公司 App Store 调整税率和价格，《原神》在部分低价区的价格"被涨价"。这一事件引起了玩家的不满和疑惑，对米哈游的公关能力构成了考验。由于初期未能及时和有效地解释原因，这一事件在玩家社区中持续发酵，对游戏的口碑和形象造成了一定影响，触发了玩家集体的不满情绪，相关讨论在社交媒体上迅速蔓延，形成了热点话题。

其二，快速传播性。在数字化时代背景下，信息的传播速度极为迅猛。《原神》在推出初期就面临了抄袭任天堂《塞尔达传说：旷野之息》的争议。有用户指出，《原神》在风格设计上与《塞尔达传说：旷野之息》存在相似之处，因此被部分玩家贴上了"山寨之作"的标签。由于米哈游对此并未正面回应，争议持续发酵，该问题通过玩家社区、论坛和社交媒体等渠道的传播，在短时间内引起了广泛关注。快速传播性加剧了危机事件的严重性。

其三，玩家反应强烈。玩家对于游戏内容具有极高的敏感度，尤其是当游戏角色的实际表现与宣传资料或玩家预期不符时。在游戏中，人气极高的角色钟离低于玩家预期，引发了玩家的强烈不满和抗议。网络上的负面舆论持续发酵，引发了玩家群体的极大不满和抗议行为，这反映了玩家对于游戏内容的高标准和严要求。

其四，舆论导向关键。危机公关中，舆论的导向对事件的发展具有决定性影响。工业和信息化部发布的通告显示，米哈游在《原神》的用户服务方面存在严重问题，投诉处理及时率远低于行业平均水平。这一事件进一步加剧了玩家对米哈游的不满，也让玩家对游戏的后续服务改进充满了期待和担忧。虽然米哈游随后做出了回应，承诺加强客服团队建设、优化投诉处理流程等，但这一事件所产生的舆论导向仍对米哈游的公关形象造成了不小的打击。

在危机应对方面，虽然多数企业已经建立了基本的危机应对机制，但在预警机制的完善、信息沟通的及时性和透明度，以及危机应对策略的灵活性和创新性等方面，仍存在较大的提升空间。

三、移动游戏行业危机管理策略探讨：4R 模型应用分析

"减少危机情景的攻击力和影响力，使组织做好处理危急情况的准备，尽力应对已发生的危机以及从中恢复"[1] 是危机公关的核心概念。从危机传播管理的角度看，移动游戏行业的危机舆情形成与演变遵循着一定的内在规律，而 4R 危机管理理论则能够为移动游戏行业提供有效的分阶段舆情危机应对策略。

1. 夯实基础：危机缩减力构建舆情应对保障体系

不难看出，移动游戏行业所面临的舆情危机，多与消费者问题紧密相关，这大多是消费者的权益受到侵犯所致。因此，政府亟须出台相关法律法规，以切实保障消费者的权益。例如，针对《原神》游戏所面临的"苹果税"争议事件，米哈游公司应迅速采取行动，与游戏玩家群体进行有效沟通。公司需详细阐释苹果公司 App Store 税率政策调整的内在逻辑及其对游戏价格的潜在影响，消除玩家的疑虑并降低不满情绪。为了进一步缓解玩家的不满，公司可向玩家提供额外的游戏奖励或福利，以示补偿。此外，米哈游公司应加强对市场动态的监控能力，建立预警机制，以便在类似危机发生前能够制定并实施预防性策略。这将有助于降低危机事件对公司品牌声誉及玩家信任度的负面影响，确保公司在激烈的游戏市场中保持竞争力和良好的企业形象。

---

[1] 丁科文，贾玮. 生成式人工智能（AIGC）赋能应急管理模型的构建：以 4R 危机管理理论为视域［J］. 中国应急管理，2024（7）：74-78.

在制定相关法律法规时，首先要深入剖析移动游戏行业的现状，识别并弥补现存的法律问题和漏洞。在明确问题的基础上，应设定明确的立法目标，如规范移动游戏市场秩序、加强消费者权益保护等。而相关立法机构或政府部门应负责起草法律法规草案。在起草过程中，广泛征求各方意见，包括移动游戏企业、行业协会、专家学者以及消费者代表等，以确保草案的公正性和合理性。草案完成后，应组织专家进行细致评审，对草案中的法律条款进行逐条分析，并提出修改建议。根据专家的评审结果，还应对草案进行必要的修改和完善。

2. 预警先行：危机预备力完善舆情监测预警机制

移动游戏企业应构建一套完善的风险识别体系，设立专门的风险管理部门或团队，负责全面梳理和识别各类风险。在技术风险方面，团队可以定期评估游戏开发过程中的技术难题、系统漏洞以及数据安全等问题，确保游戏在技术上的稳定性和安全性。

不仅如此，风险管理部门可以密切关注市场动态、竞争对手动态、政策法规变化等因素，及时发现可能对运营产生影响的风险因素。[①] 例如，对于抄袭争议，米哈游应迅速捕捉风险因素并及时做出正面回应，明确区分《原神》的创新要素和致敬经典游戏的部分。公司可以举办公开的沟通会或直播，展示游戏开发的历程和原创性，以正视听。同时，加强与媒体和意见领袖的合作，通过多渠道传播正面信息，控制舆论走向。风险管理部门还要立即评估这一变化对企业运营的影响，调整自身的市场策略，以避免市场份额被侵蚀。

此外，在风险识别体系中，用户数据安全风险也是需要关注的重要方面。风险管理部门可以制定严格的数据保护政策，加强用户数据的加密和存储安全，防范数据泄露和滥用等风险。

3. 快速响应：危机响应力构筑舆情信息处置防线

危机响应力在移动游戏企业遭遇危机后的恢复过程中发挥着关键作

---

① 张玉强.网络舆情危机引导策略研究［J］.理论导刊，2012（1）：23-25，28.

用。危机事件发生后，企业需要迅速成立危机管理团队，对危机进行全面评估，以便制订针对性的恢复计划。之后，移动游戏企业需要与内部员工和外部利益相关者保持及时、透明的沟通，确保信息准确传递，减少误解和恐慌。同时，要合理调配资源，保障关键业务和职能的连续性，并建立应急储备机制以应对可能出现的资源短缺。然而，危机后的恢复并非终点，总结与反思同样重要。通过回顾危机处理过程，企业能够识别存在的问题和不足，积累宝贵的经验和教训。这些经验和教训有助于企业完善危机管理机制，提升未来的危机应对能力。总结与反思还能帮助企业发现潜在的风险和隐患，从而提前制定预防措施，避免类似危机的再次发生。[1]

在《原神》游戏钟离角色引发的争议事件中，米哈游公司面对玩家对钟离角色的不满情绪，应迅速采取行动，系统搜集分析玩家的反馈信息。基于这些数据，公司需对钟离角色的各方面属性进行细致的调整，以期达到玩家的期望并提升游戏的整体质量。在此基础上，公司需迅速制定并实施应对策略，以解决玩家的合理诉求，同时保持游戏设计的平衡性和公平性。

4. 修复善后：危机恢复力优化舆情应对修复体系

在危机过后，优化舆情应对的善后修复体系是恢复企业声誉和形象的关键一环。企业需要对危机期间的舆情进行深度分析，找出应对中的不足和漏洞，为修复工作提供明确的方向。针对暴露出的问题，企业需制定切实可行的修复措施，包括加强与媒体和公众的沟通合作，及时发布准确信息、澄清误解，以及完善内部舆情监测机制、提高应对能力等。例如，面对工业和信息化部提出的服务质量批评，米哈游公司需采取一系列严谨的改进措施，以确保其服务水平与公众期望相符。公司应开展全面的服务质量自查，识别现有服务体系中的不足之处，并据此制定具体的改进方案。这包括但不限于加强客服团队的专业培训、优化投诉处理流程，以及提高

---

[1] 朱敏，张蔚林.基于4R模型的高校网络舆情应对机制研究[J].武汉理工大学学报（社会科学版），2023，36（6）：18-24.

对用户反馈的响应速度和处理效率,并且以透明化的方式向玩家及公众展示其持续改进的决心和实际成效。这不仅有助于重建玩家和公众的信心,也是企业负责任的表现。同时,情感修复同样重要。企业需要以真诚的态度和积极的行动重建与公众的信任关系,通过履行社会责任、参与公益活动等方式,展现企业的担当和良好形象。

然而,舆情应对的善后修复工作并非一劳永逸,而是一个持续优化的过程。企业需要不断总结经验教训,根据舆情发展的新趋势和新特点,及时调整和完善修复体系,确保在面对未来挑战时能够更加从容。

结 语

在这个信息碎片化的时代,移动游戏行业既迎来了前所未有的发展机遇,也面临着诸多挑战。随着科技的进步和用户需求的变化,移动游戏市场持续扩大,但同时也伴随着市场竞争的加剧和舆论环境的复杂化。因此,深度研究移动游戏的危机管理显得尤为重要。这要求我们在日常运营中提前预判潜在风险,建立有效的危机预警和应对机制,以便在危机发生时能够迅速、准确地做出反应,最大限度地减少损失。

同时,企业也需积极与各大平台的意见领袖形成良性互动。在碎片化的信息传播环境中,意见领袖的声音往往能够产生广泛而深远的影响。通过与他们的合作,企业不仅能够更好地了解市场动态和用户需求,更可以在危机发生时,利用他们的渠道对舆论进行引导,降低舆论强度,维护企业的形象和声誉。这种良性互动不仅有助于提升企业的市场竞争力,也是应对行业危机、实现长期发展的关键所在。

算法推荐视域下短视频推送服务的局限与优化路径

刘 静 赵 薇

【摘要】在移动互联网的时代背景下，短视频行业的发展充满生机与活力。随着短视频平台商业化程度的进一步加深，算法推荐机制凭借其在供需两端的高效连接以及服务适配的独特优势，成为短视频行业在维持基本竞争格局的基础上，适应新发展特点与规律的重要突破口。一方面，算法推荐机制为短视频用户群体带来了以便捷性为特征的优势；另一方面，也不可避免地形成对媒介生态的塑造与垄断，并由此引发信息茧房、算法偏见等一系列社会问题。因此，研究算法推荐机制的运作机理与如何建立多维治理体系对算法推荐机制进行有效优化，是推动短视频行业走向高质量发展的必经之路。

【关键词】短视频；算法推荐；局限；优化路径

一、算法概念及其推荐机制的基本模式

（一）概念解读

在计算机专家看来，算法是"一种有限、确定、有效并适合用计算机程序来实现的解决问题的方法，是计算机科学的基础"[①]。通俗来说，现

[①] 彭兰.生存、认知、关系：算法将如何改变我们［J］.新闻界，2021（3）：45-53.

如今的算法可以看作用计算机程序实现的、基于数据分析、面向特定目标的一套指令或方案。算法的本质属性是用系统的方法描述解决问题的策略机制，其内部具有一套较为完整且逻辑严密的命令执行体系。借助于算法在特定规格内输入的数据，我们便能够在有限时间内获得高效率的指令输出。算法作为一种居间性媒介技术，不仅能够架构用户与内容间的连接与适配，更使得服务性平台对用户基本情况有了大体的了解，扩大了场景传播的应用范围。根据学者对 2023 年短视频行业的研究，短视频市场规模达到 3000 亿，用户规模占整体网民的 94.8%，人均单日使用时长近 3 个小时，且在内容产品消费方面，超过 60% 的流量关键源于算法推荐机制[1]。算法推荐凭借其强大的平台与用户体量优势在短视频领域占据一席之地，其影响力在未来将会进一步扩大。

（二）基本模式

1. 基于用户信息的协同过滤

基于用户信息的协同过滤是短视频平台整个算法推荐系统中最简单、最基础的一种，也是视频推广过程中最广泛、最普遍的应用。用户在注册短视频账号时，会自觉录入性别、年龄、职业、地址、兴趣偏好等基本信息，平台对用户信息的收集与利用存在身份认证与隐私保护的合理性解释。经过对用户预先的资料收集与后续的浏览行为的追踪，平台完成对用户基本情况的拟真度描摹，并在信息分发的过程中利用算法完成高相似度的内容推荐。同时，短视频平台中的基本信息还包括可能认识的人、关注的人、粉丝、通讯录等与之相关的社交信息，与用户关联度较强的人的上网行为与动态会经过平台系统推荐至用户视频流的前置部分。而与此相关的熟人点赞与评论的频率与强度是决定该视频能否进入算法"流量池"并获得加权推荐环节的重要指标。

---

[1] 刘志婷. 解密算法：它如何将短视频推上热门[J]. 上海广播电视研究，2021（2）：36-40.

2. 基于"去中心化"的精准分发

短视频平台最为明显的特点便是内容生产与传播的"去中心化"。用户摆脱以往身份属性的限制，在互联网传播场域中享有自由而平等的权利，独立地进行信息交换并作用于虚拟世界的社会结构变革。个人视角构成了用户信息接收新的维度，流量的倾斜不再集中于少数关键用户群体。在"去中心化"的内容生产模式下，即便是没有发布过作品或者没有粉丝存量的账号，其发布的短视频也会被分配到几十至上百的基础流量。在内容处理阶段，算法通过排序、分类、关联和过滤四级程序完成其作为信息分发中介行动者的价值逻辑，将新发布的短视频优先推荐给关注的人与附近的人，并基于内容识别打上特定领域的价值标签，将其分发至不同属性的用户，以满足其兴趣需求，从而实现网络传播链条的纵横交叉与内容价值因素的精准抵达。

3. 基于"流量池"的叠加推荐与热度加权

根据短视频平台算法推荐机制的运作流程，用户的短视频一经发布，系统便会对视频内容进行解构，从中提取出涵盖系统预先设置的推荐模板的关键信息，将短视频推荐给系统分类默认的感兴趣的微量用户群体。这部分用户群体产生的播放数据、点赞与评论数量将会直接影响该视频能否进入"流量池"，进而生发出几何倍数级的浏览量。因此，在内容助推阶段，叠加效应表现明显。叠加推荐指的是对视频内容的完播率、点赞量、评论量、转发量等元素综合权重后进行评估，当呈现出的数据达到符合规定的量级时，平台就会充分运用大数据算法与人工运营相结合的手段赋予该视频流量反馈，视频质量的好坏在这一过程中得以显现，并随之产生热度加权与流量沉淀两种不同的结果[①]。值得注意的是，这类算法推荐更多是基于用户的实际行为分析，缺少对视频内容的严格评判，是"流量池"思维作用下的产物。"流量池"思维更加强调短视频传播效果的评价，并着

---

① 桑斯坦.信息乌托邦[M].毕竞悦，译.北京：法律出版社，2008.

眼于用一批活跃的老用户带动行为痕迹较少的新用户。因此，在算法黑箱的人为操纵下，算法推荐的漏洞会使一些劣质短视频获得较高的权重评分从而被反复推荐，容易形成网络空间的不良反应。

二、算法推荐视域下短视频平台推送服务的局限

（一）平台：技术规制弊端，价值偏差显现

算法推荐机制已经广泛、严密地渗透进人们的日常交往与社会关系，其通过对数据基础资源的占有与调配，演化为自身的社会建构权力，干预乃至控制整个社会成员的行为。在用户的普遍认知与价值接受过程中，算法推荐机制貌似拥有更高级形式的智慧，合理性想象赋予算法推荐机制真理性、客观性以及准确性的光环。但被技术遮蔽而缺乏实践检验的逻辑推理蕴含着大量人们无法察觉与反抗的"伪公平"现象。数据对社会公共生活的塑造是显著的，但并非所有人都能够机会均等地成为掌握并操纵数据的主体，算法推荐机制实质上是资本利用技术权力以工具理性支配价值理性、以数据化外衣实现行为规制与生命控制的技术手段。算法规制的建构本身赋予算法设计者与管理者更加先进的统治方式，其凭借在特定领域的应用范围内所具有的自主性经验，超越了传统媒体和专业媒体机构的把关人地位，执行平台管理者的意志，却又不可避免地带有无差别复制原始世界结构性偏见的弊端。虽然无限度接近算法原始形态的技术管理者逐渐意识到算法存在的不稳定性，但人类系统尚未具备自发应对算法偏差后果的机制与能力，这也使得具有价值偏见的算法决策者试图利用技术缺陷来掩盖他们为商业所控的真实意图，并在个体缺乏有效沟通的信息间隙将算法营造出的大众意识转化为个体对社会的认知。这种由技术操纵产生的内生性结构的价值偏差在节点用户的传播过程中造成偏见的无止境循环，而这恰恰是对用户合法权益的持续性侵犯。

（二）创作者：内容流通垄断，情感体验失衡

技术的决策将人类社会的一切存在物都纳入机器的计算行为，并进行具备强大应用价值的量化。流量作为衡量短视频平台整体运营状况的核心要素与重要指标，也是创作者进行内容生产时必须要考虑的指向性因素。短视频平台的商业化促使大量优质的内容创作者选择入驻，并适应平台的自有规则进行内容的生产与传播。这一举动使得流量本身作为通用资本在创作者与用户的交互过程中转化为平台用以把控视频传播范围的权力与扩张的筹码，产生了微体量粉丝用户群体的情感失衡问题。

本研究在不同年龄阶段与职业特征的群体中共发放 300 份调查问卷，通过对问卷的收集与整理，剔除答题时长小于 70 秒的问卷，最终得到 166 份有效问卷。

如图 1、图 2 所示，无论是间接性分享日常的普通用户，还是拥有粉丝基础的内容创作者，皆受困于作品的数据指标，并存在普遍性的寻求数据指标提升手段的情况。在短视频行业已成体系的生产规范的作用下，因找不到合理的身份定位区间与将内容推送至取向用户的端口，新加入的零散的优质内容创作者的流量便会被算法操控所侵蚀。短视频创作者在与用户互动之前需先经过与算法技术的博弈，通过自我调适来弥合其在初始阶段对算法推荐的认知与实际推荐效果之间的差距，从而适应算法在赋予分发主体技术红利的同时，带给其思维模式调整的挑战。然而，根据受访者真实的用户体验，这部分短视频创作者用心制作的内容能否引起受众反响，在多大程度上引发受众反馈，具有十分明显的偶然性特征。现实的群体结构投身到数字化的虚拟空间形成了清晰的社交关系，人群的分化特征更为突出，不同群体用户的诉求也更为明显。算法推荐机制标准的预设只能提供参考，无法为创作者提供后续传播效果的准确研判，更无法展现视频传播轨迹的全部图景。因此，这部分创作者得到的受众反馈较为狭窄，内容的调整难以得到目标受众的充分检验，并且无法感知整体用户的评价，其经过不断试错的考验后逐渐面临情感失衡的风险。

否：22.29%

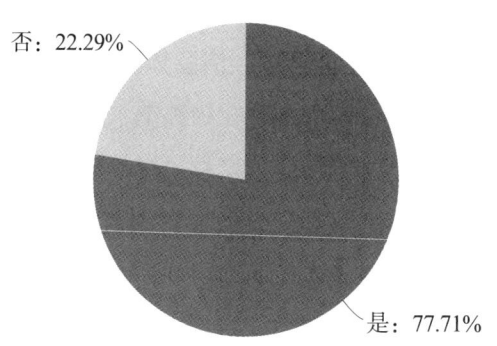

是：77.71%

图1　因创作内容数据不佳而苦恼的人群占比

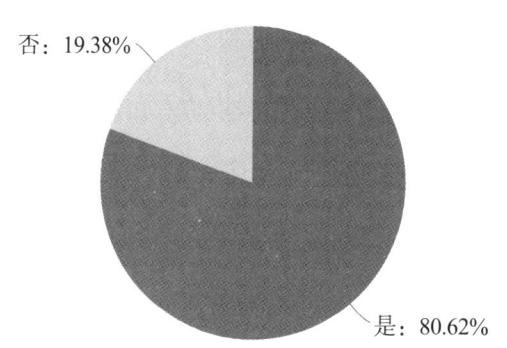

否：19.38%

是：80.62%

图2　寻求数据指标升高手段的人群占比

（三）用户：观察视野弱化，信息茧房包裹

桑斯坦认为，整个社会良性平稳地运行有赖于一种社会黏性，而这种社会黏性主要由共同经验得出[①]。在效率与功能至上的现代化语境之下，高饱和度的媒介环境塑造了用户的行为取向与价值认知，算法推荐作为一种增效手段作用于用户无意识间的观念接收。在动态维度中，用户逐渐演变成资本所期望的占有他人意志的统治关系催生下的共同体。

如图3—图5所示，多数用户对算法推荐机制的弊端存在明显的感知，短视频平台似乎也默认这一平台商业资本增值的手段。但经过对受访者特征的进一步分析，发现拥有硕士及以上学历的人群对信息茧房的自我遏制程度较高，并且自愿寻求应对手段。而45岁以上的受访者绝大多数则不易发觉这一现象，并出于娱乐的目的将自身置身于"事件"之中，以便提升网络空间的参与感。

---

① 马克思, 恩格斯. 德意志意识形态[M]. 中共中央马克思恩格斯列宁斯大林著作编译局, 译. 北京：人民出版社, 1961.

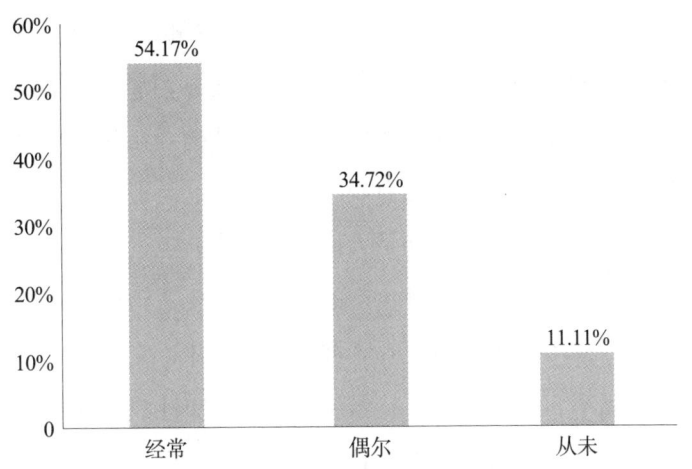

图 3 短视频平台算法推荐机制过度推送热门内容的认同程度

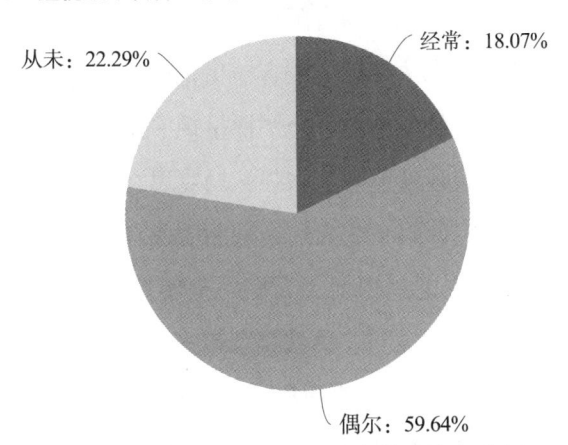

图 4 通过浏览行为积极规避信息茧房的人群占比

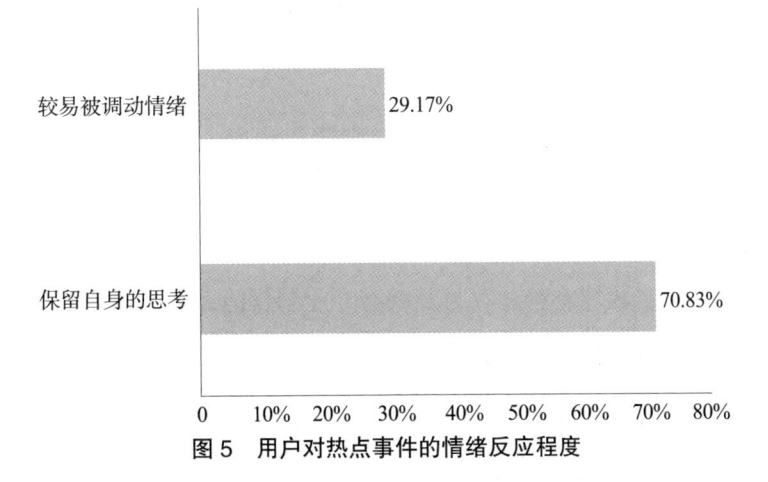

图 5 用户对热点事件的情绪反应程度

用户在短视频平台上的大多数媒介消费行为都保留着对内容的怀疑态度，但不同用户间算法知识效能感的差异较为明显，那些频繁通过社交媒体获取信息且对环境感知度较高的用户，更可能选择接收与其原本认知相符并在信息增量过程中强化其固有观念的内容，这是造成"信息茧房"最直接与最根本的原因。算法起初是人们创造的媒介工具用以在特定的能力范围内自动化地提供个性化内容生产的产物，而要达到这一目的就需要算法建立模型进行样本采集与学习并掌握其内在规律，完成用户画像描摹的深度学习。大量事实证明，这一技术所取得的证实性成果远远超出人们可接受范围内的预期。从目前的情况看，算法在进行机器学习的过程中只能做到表达训练模型或决策原理的有限程度，在实际的运行过程中将产生算法设计者或管理者自身无法控制的内容输出，犹如病毒入侵人体细胞般潜入内容分发的编织网，使原本的社会黏性呈现一种"沙土化"状态，信息茧房对社会认知的分裂程度进一步增强。马克思在《德意志意识形态》中指出"合法的地位不应该由于个人的道德品质或者甚至由于他们的政治观点和宗教观点而有所变更，相反，人们一旦使报刊的存在取决于它的思想，报刊无疑处于非法地位"[1]。算法推荐带来的这种信息接收的异化，使人们主张用自认为客观且具有浓烈道德色彩的认知来建构世界的全息图景。殊不知，算法技术正在将人们带入表面看似充盈，实则充满欺骗的逼仄空间，用技术手段为用户制造逢迎其狭隘认知的价值幻象，并伴随阶级差异与认知水平的不同进一步增强。

（四）法律：行业监管漏洞，侵权现象频发

从对受访者 A（短视频平台影视类专业内容制作者）、受访者 B（一线城市某企业直播平台中控）、受访者 C（哔哩哔哩某游戏主播）的深度访谈得知，大多数拥有粉丝存量基础与专业制作能力的内容创作者均在不同程度上经历过侵权事件，其维权的手段伴随其在短视频平台影响力的扩

---

[1] 胡神松，熊健桥. 算法推送视角下短视频平台的版权侵权责任研究[J]. 合肥工业大学学报（社会科学版），2023，37（5）：51-59.

大而逐渐专业化。随后对受访者 D（某高校硕士研究生）与受访者 E（某企业退休人员）进行深度访谈得知，大多数拥有高学历的用户面对侵权事件时会选择维权，但途径多限于平台投诉，并得到了不同程度的反馈，如图 6 所示。而年龄较高者接触侵权事件较少，并时常受到无意识间侵权。

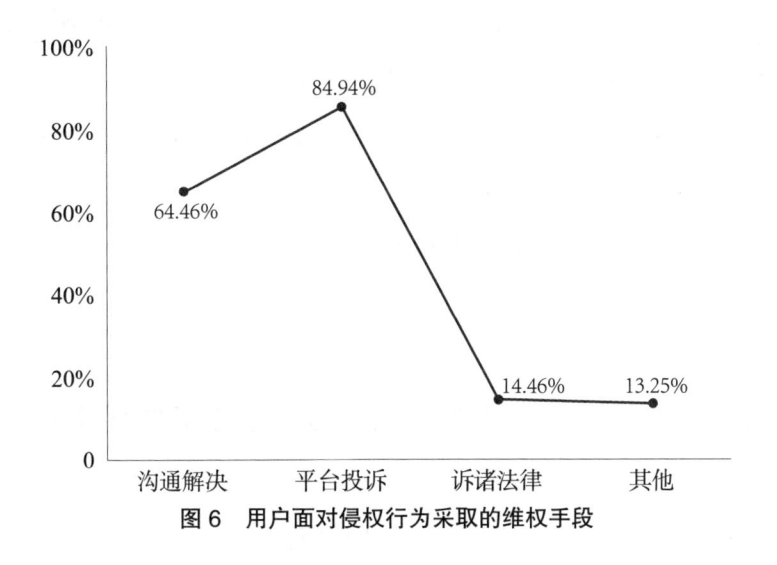

图 6　用户面对侵权行为采取的维权手段

就目前的情况看，拥有专业水平并遵循标准业务流程的人工编辑在信息分发过程中的中介作用已被严重弱化，算法推荐技术在网络空间的全面部署为用户打造了值得信赖的新型网络生态，使得信息内容在传播广度、传播认同度、传播参与度等方面均实现了前所未有的发展。然而，短视频平台在利用用户权益获取最大限度的流量并实现商业变现的同时，却未能做到与用户共担风险。一方面，短视频平台与创作者之间签订了合法有效的合同，在此基础上进行交易，双方为了提高效率与降低成本，均同意引入算法推荐机制来帮助或代替自己做出判断与决策，这就在一定程度上提高了短视频创作者的侵权风险。一旦侵权事件发生，短视频平台会依据用户协议与格式条款的相关内容将主要责任转嫁至创作者，变相迫使创作者根据事先约定承担全部法律责任。另一方面，短视频平台相较于版权人具有较强的危险控制能力，版权人要在传播平台上取得完整证据链相当困难。面对"散点化"的侵权责任人，只有极少数的版权人能够承受巨大的维权成本。即使有足够的能力克服这一障碍，法律上对于平台责任的认定也存在证实社会行为因果关系的复杂性，短视频平台利用主观上的"知晓侵权事实前"或者"概括性知悉"等抗辩理由依然可以逃脱法律责任[①]。面对这一现实情况，2021年我国先后通过了《中华人民共和国数据安全法》与《中华人民共和国个人信息保护法》，表明我国高度重视数据安全与个人信息保护的问题，并及时做出立法调整。因此，平台规则的制定应重视法律与行业标准的共同作用，当面临算法技术挑战与立法决策范围内失效的情况，要通过法律与标准的一体化建设来呼吁平台利用预防用户侵权的成本较低与识别侵权的能力较强的优势，主动为算法侵权的治理提供正当与可行的方案。

三、算法推荐视域下短视频平台推送服务的优化路径

（一）平台：技术回归理性，重构价值基准

在未来的产业发展中，各短视频平台应将战略重点放在算法推荐技术的综合治理上，确保切实解决长时期存在的问题与隐患。在技术与人类问题研究方面，西方学者伊恩·哈奇比（Ian Hutchby）提出一种折中主义视角，即行动的可能性是从技术中逐渐浮现出来的[②]。通俗地说，就是技术本身功能属性突出，无法直接创造结果，而需要依托于人的意识。人作为技术的创造者与使用者，其行为在一定程度上受制于技术条件。算法推荐机制存在程式化的缺陷，在信息触达过程中形成了效率与柔性的二律背反，导致对用户偏好的研判发生偏移。当用户产生偶然的浏览行为或话题讨论时，算法并不具备识别意识，它会果断地对这一行为进行简单定义与标签分类，并作用于此后的内容推送，用户意愿逐渐面临被算法无形间扭曲的

---

① 陆贵曦.智媒时代算法新闻推荐机制的发展困境及路径探析：以聚合类新闻客户端今日头条为例［J］.新闻研究导刊，2022，13（10）：4-6.

② GATES B. Content is king［J］. Retrieved october，1996（29）：2017.

风险。因此，应摒弃算法在深度学习与分析的过程中对用户主体价值的捆绑。2020年12月印发的《法治社会建设实施纲要（2020—2025年）》强调：完善网络法律制度。制定完善对网络直播、自媒体、知识社区问答等新媒体业态和算法推荐、深度伪造等新技术应用的规范管理办法。中国网络视听节目服务协会作为短视频行业协会，应严格执行国家对短视频行业出台的治理规范，对平台算法设计存有的潜在缺陷进行审查，或在算法运作的过程中不定期进行检查与纠错，预防并减少算法推荐机制可能带来的伦理问题。算法推荐机制所运用的数据模型思维的简单搭建与商业资本的高度内嵌使得技术中立成为一种乌托邦式的幻想，其将用户的信息获取与情感态度以及元数据融合在一起的过程，实际上高估了机器对人的感情的数据量化能力，情绪理性与信息公平成为不确定的变量，严重背离算法设计的初衷。因此，人为干预在算法治理过程中始终发挥着重要作用。不论算法所呈现的最终结果体现出何种价值意涵，但始终和定义与部署算法的人、机构以及算法嵌入的社会权力关系紧密联系在一起，建立对人类负责、正义的算法机制也必须从设计者与管理者处入手。只有充分发挥算法推荐机制在实际应用过程中的功能主义所衍生出工具理性与道德层面的终极价值，才能够真正做到算法造福人类。

（二）创作者：规范指标考量，提供生存场域

比尔·盖茨在1996年1月发表的 *Content is King* 的文章里写道："互联网最令人兴奋的事情之一是，任何人只要有一台个人电脑和一个调制解调器，就可以发布他们创作的任何内容，要想让互联网蓬勃发展，必须让内容提供者从自己的作品中获得报酬。"这段描述直接有力地表明了创作者经济的重要作用，尤其表现在短视频的"全民化"助推创造力的价值变现，越来越多的普通用户选择发挥自身在特定领域的内容想象与制作的优势，从事兼职创作者或全职创作者，并将其作为一项长久的事业规划。巨量算数数据显示，2023年抖音创作者渗透率达到74%，即每10位抖音活跃用户中，有7位以上发布过作品。由此可见，抖音平台

潜藏着巨大体量的积极创作者。抖音等短视频平台不乏优质的内容创作者，但好的内容怎样精准地抵达用户是创作者最为担心的事情。因此，抖音等短视频平台应将流量分配的维度进行细分与优化，增加收藏、搜索、频道等项目的权重指数，重视用户互动深度的指标数据，让好的内容更容易被看见。同时，短视频平台应提供以"创作者服务"为核心的机构式管理平台，针对账号数据、经营变现、任务处理等难题提供完善的解决方案。此外，针对短视频内容侵权导致的"劣币驱逐良币"现象应明令禁止。短视频创作者对平台的信赖程度以及内容生产的积极性不仅受到算法推荐效率的影响，更在于平台能否提供稳定的创作环境。不难看出，我国对算法权力的规制仍存在漏洞，法律对技术升级产生的影响还缺乏足够的应对能力，且大多数时候处于被动的防御状态。因此，短视频平台对原创作品的保护不仅限于对侵权用户的惩处，还应注重平台内部的治理。在短视频平台的产业化运作过程中，遵循项目优化的功能诉求是合理且正当的，但创作者对景观社会的思考以及对普通大众的价值引领才是确立行业秩序的根本所在，这一点值得短视频平台认真思考。

（三）用户：接收逆向信息，摒弃参与至上

网络用户是社会成员，也是普通个体，其在与社会交互及信息处理的过程中，作为一个有限的生命体，对世界样貌的把握缺乏整体性认识，信息的筛选、过滤与规避行为都会在不自觉中产生并影响其具体行动策略。因此，用户在依据现有经验对多样化信息做出采纳或拒绝的判断时，减轻自身的认知负荷无可厚非。值得注意的是，这种由个体认知引导的信息选择与规避行为实则是算法主导的结果。技术营造的正式信息交流语境使得数字化、智能化的被动接收不断削弱用户的主观努力，用户在信息投喂的舒适圈内产生严重的依赖心理。由此可见，出于自我保护的目的，增加逆向的信息接收对规范持续发酵的算法推荐行为极其必要。首先，用户需要做到观念上的更替，即思维培养。在技术便捷性的支持下，用户的思想意

志逐渐臣服于当下的媒介生态环境,在"破茧"的过程中又不断地被外部环境所说服,提高对信息的辨别能力成为当下研究用户信息接收观念的重要课题。用户的媒介素养不能单纯理解为由同质化的"信息茧房"转向异质化的"信息破茧",而应该注重认知上的算法知识认知度和算法知识效能感。前者指的是个体对具体算法运作的知识认知以及个体对作为整体的算法知识的掌控感,也是衡量个体掌握算法相关知识的多寡程度以及面对智能媒体做出反馈的前提。后者则是衡量个体对驾驭算法知识的信息的掌控程度,是较前者更高层次的主观意识和态度取向。用户在日常浏览行为中对算法知识认知度与算法知识效能感的培养对信息的流动及关联用户的价值塑造将发挥重大作用。其次,用户需要做到行为上的更迭,即风险防范。用户每一次点赞、评论、转发不仅会透过屏幕刺激其他用户的视觉神经并固化其原有认知,同时也会被算法纳入流量导向运算范畴,扩大相应的影响范围。"为评论点赞"所带来的虚荣心理使得一部分用户摒弃自身的价值观,而发表一些容易煽动情绪的评论,旨在引发其他用户潜意识里的情感共鸣,凭借他人的点赞认同反应完成现实中低层次身份在网络空间中的跃升。作为网络空间内信息传播主体的用户应意识到其所担负的社会责任,充分发挥自组织净化功能,最大限度地消除这一行为出现的可能性。此外,这种执行用户保护的行为不只限于个体的行为自律,还需算法运行平台的重视与努力。平台应大力引进推荐系统逆向学习技术,通过更新当前模型的参数,实现几乎无损地从模型中消除目标数据,做到另一重意义上对用户不当上网行为的系统化"屏蔽"。可见,唯有保持用户的信息增量与构建社会期待的共同体认知之间的平衡,才能避免自身的主体性身份被算法所牵制。

(四)法律:重视用户诉求,坚守"他律"底线

算法推荐机制因其技术特性,本身即潜藏着与用户建立情感关系的可能性,但其内生的逻辑关联性导致基于事实的判断存在道德起源与意义不

清晰的问题，往往会对用户个人权利造成冲突与冒犯。事实上，用户与技术之间的交互是动态反馈的循环，而非人对技术静态、工具性的使用，也并非技术对人物化、自主性的操控。因此，建立算法推荐效果分析的非线性反馈机制对于用户需求的肯定与权利的保护至关重要。首先，用户偏好建模是提升算法推荐质量的关键因素，但抖音等短视频平台对用户显式反馈信号的过度关注使其忽视了数据稀疏的问题。通过引入用户曝光未点击这类隐式反馈信号，能够增加算法推荐模型的学习数据，提高数据资源的整体利用率。同时，利用对比注意力机制对隐式反馈进行融合建模，去除隐式反馈折射出的偏好噪声，能够最大限度地满足用户内容偏好的多样化需求，在对比学习与检测中对用户个性化表征进行算法推荐的动态调整。其次，对个体用户偏好的精准描摹有助于实现总体满意度最大化的群组推荐。抖音等短视频平台的算法推荐机制将用户的浏览行为与消费偏好作为定义其身份属性的根本遵循，但在实际应用场景中，用户对系统完全依靠过去行为进行推荐表现出较低的意愿度，算法推荐机制并未达到预期效果。传统的群组推荐系统主要包括群组数据采集、群组数据预处理、群组推荐生成以及群组推荐效果评价这四个层级，但最终生成的推荐结果无法满足用户复杂多变的真实心理需求[1]。因此，在群组内部针对不同用户角色进行权重分配，并辅以不同的内容评价方法，建立可用于实时调整的反馈模型，是使算法推荐机制在群组推荐中发挥作用的重要手段。最后，就流量变现效应来说，商业目标用户的精准定位最关键的就在于转化目标的持续性反馈。商家在短视频平台进行信息流广告投放后，平台用户的任意行为，如下载、付费、购买等，均可被算法记录，并且此类转化行为越多，算法推荐定位的目标用户越精准。相比于由算法自主性测量并评估广告触及率的机器思维判定，这种加注于用户心理与刺激潜在需求的自组织筛选

---

[1] 李贵，王雪，韩子扬，等.基于反馈机制的群组推荐算法研究［C］// 中国计算机用户协会网络应用分会.中国计算机用户协会网络应用分会2017年第二十一届网络新技术与应用年会论文集.沈阳：沈阳建筑大学信息与控制工程学院，2017：5.

行为更适合对算法推荐的商业化应用进行合理的人性化规训。

当前短视频平台迅速占领受众注意力市场，并呈现规模化发展的产业趋势。算法推荐机制已成为短视频平台最主要的内容分发方式并进一步重构整个传媒生态的思维方式、生产方式与消费方式。值得注意的是，算法推荐机制有其自在的运作机理，相应地带来不可避免地由技术操控的价值、情感与认知局限。因此，短视频平台应正视这些问题，将技术与人本相结合、经济效益与社会效益相结合，营造良性的价值传播空间。

人工智能技术赋能新闻采写的现状、困境及突破路径

米贯一　李世苗

【摘要】人工智能技术正逐步为新闻采写领域带来巨大变革，目前人工智能在采写领域的应用主要集中在确定采写方向、丰富采写素材以及加速采写过程等方面。人工智能技术的迅猛发展，使数据泄露、算法偏见以及大模型幻觉等问题逐渐显露。因此，我们要在马克思主义新闻观的指导下，建立以人民为中心的价值循环、良性的人机合作关系，并寻找新闻业人工智能基础设施建设的路径。

【关键词】新闻采写；人工智能技术；新闻真实性；马克思主义新闻观

党的十八大以来，我国的网络与信息化领域取得了显著发展，尤其在人工智能技术方面取得了突出成果。人工智能技术的快速发展为传统产业的升级提供了持续助力，在从基础研究到应用落地的各个环节中发挥了关键推动作用。[1] 2023年4月28日，习近平总书记在主持召开中共中央政治局会议时指出："要重视通用人工智能发展，营造创新生态，重视防范风险。"[2] 这一重要指示为当前人工智能技术的发展提供了指导方针。大数据、

---

① 中国经济新闻网. 迎来应用元年 AI 在多个行业大显身手［EB/OL］.（2023-07-23）［2024-08-16］. https://www.cet.com.cn/itpd/sdyd/10083501.shtml.

② 中国政府网. 国家互联网信息办公室有关负责人就《生成式人工智能服务管理暂行办法》答记者问［EB/OL］.（2023-07-15）［2024-06-28］. https://www.gov.cn/zhengce/202307/content_6892001.htm.

传感器、生成式人工智能等技术已经深入社会的方方面面，改变了人们的生活和工作方式。

人工智能技术也在新闻传播领域发挥着作用，尤其是在新闻采写领域，迅速普及应用。纵观媒介发展史，新技术的影响是不可阻挡的，新闻业应当积极拥抱、善加利用新技术。人工智能技术不仅提高了新闻生产的效率，还为新闻内容的创作和分发提供了全新的手段。然而，人工智能技术在新闻采写中的应用也带来了不容忽视的挑战。在新闻采写领域，人工智能技术的应用可能会造成生产虚假信息、同质化信息以及助长流量至上的价值观等隐忧。学者孙曌闻研究表明，早在19世纪中叶电报技术融入新闻业时期，马克思、恩格斯就已通过电讯实践，对技术在新闻业的应用提出了批判性思考。[1]此外，列宁党报思想中的批判性思想也为当下新闻业发展提供了指导方向。[2]

对技术的应用必须辩证看待，要以履行新闻媒体的社会责任为前提，不能盲目追求效率而忽视内容的真实性和公正性。立足于马克思主义新闻观，新闻媒体应在新的技术环境下与时俱进，将人工智能技术转化为推动新闻业高质量发展的新质生产力。人工智能技术为媒体的新闻采写活动提供了更丰富的信息资源，提高了新闻采写的效率，帮助新闻媒体更科学、更有效地服务公众，为公众提供了真实、客观、有深度的新闻内容，使新闻业朝着更加健康、可持续的方向发展。

一、人工智能赋能新闻采写的应用现状

1. 确定采写方向：对社会热点的预测

新闻采写工作包括前期准备、热点挖掘和数据信息采集三个阶段。[3]其

---

[1] 孙曌闻. 顷刻传遍世界的神话：马克思恩格斯的电讯批判与新闻创新实践［J］. 国际新闻界, 2023, 45（10）: 69-90.

[2] 王玉凤, 李兴博, 邓绍根. 深化创新：2023年中国的马克思主义新闻观研究［J］. 国际新闻界, 2024, 46（1）: 69-85.

[3] 彭秀兰, 肖一敏, 易静. 基于大数据技术的新闻采写与编辑研究［J］. 中国报业, 2024（5）: 46-47.

中，前期准备工作需要对社会事件有一定的洞察，以此来预测受众的信息需求，找到社会热点进行报道。在传统媒体时期，新闻来源是记者采访他人、记者在现场目睹、查阅资料或他人来信，选择哪些事件进行报道依赖于新闻工作人员的新闻敏感性。在智能化背景下，大数据技术通过抓取数据信息，对社会事件的发展情况进行综合分析和整体把控，基于分析处理的结果，科学预测事件热点和群众信息需求所在，为新闻工作者选择新闻选题提供借鉴。近年来，采写机器人逐渐被应用于新闻采集领域。2019年，新华智云推出了8款专为新闻采集和资源整合设计的机器人。目前，浙江、山东等地已经开始将这些机器人推广，用于辅助新闻记者进行采编工作。[1]

在热点挖掘阶段，相比于新闻工作者资料调查、线下走访等传统方式，大数据技术在获取、分析、预测数据信息方面具有更全面、更科学的优势，以对海量数据的深入分析为基础，呈现事件发生发展的内在原因，预测事件的发展趋势和发展结果。借助人工智能技术，将数据分析结果和实地调研相结合，新闻工作者可以对事件的本质和核心问题有更精准的把控。例如，深圳市智搜信息技术有限公司推出的Giiso写作机器人，不仅在新闻写作方面提供了帮助，还进一步提升了人机协作的效率。它在热点挖掘中也发挥了关键作用，能够快速发现并实时更新热点。同时，借助其自然语言处理算法，Giiso可以生成多篇参考底稿。此外，在特定主题下，它通过识别关键词、句子、段落和整篇文章的内容，为记者提供了丰富的相关素材。[2]

在最后数据信息采集阶段，人工智能技术一方面可以直接抓取网络中既有的信息，另一方面可以帮助新闻工作者厘清数据采集和实地调研的工作重点。总结来说，在确定采写方向阶段，采用大数据技术可以完成两方面的工作：利用大数据交互完成热点捕捉；深入分析和挖掘数据之间的内

---

[1] 赵蓓，张洪忠.2019年人工智能技术在中国传媒业的应用与思考［J］.新闻与写作，2019（12）：23-29.

[2] 彭秀兰，肖一敏，易静.基于大数据技术的新闻采写与编辑研究［J］.中国报业，2024（5）：46-47.

在联系，为后续的工作提供宝贵的方向和启示。

2. 丰富采写素材：对数据的采集

除了确定新闻采写方向，传感器、智能拍摄等人工智能技术也为后续获取新闻素材拓展了来源。传感器技术通过记录和采集那些原本被忽视的信息，使得任何人或物体都能够成为信息源。这种技术不仅带来了海量的信息来源，显著节省了搜索信息的人力、物力和财力，还大大增强了信息的真实性和完整性。如今，许多备受关注的图像新闻素材都来源于监控摄像，监控摄像头中的传感器能够全面捕捉事件的全过程，并以真实、客观的方式记录现场情况。

此外，智能拍摄技术极大地便利了新闻摄像工作。以人工智能图像识别处理技术为核心的智能拍摄设备，除了能够自动对焦，还可以模拟专业摄影师的推、拉、摇、移等复杂拍摄技巧和手法。[①] 例如，2024年中关村论坛年会上首次使用了科旭威尔的智能拍摄技术，摄像人员能够统一控制多个机位，不再依赖传统的"一人一机"的操作方式。同时，拍摄过程中可实时进行在线视频包装，添加字幕和画中画等多种展示模式。在人工智能技术应用之前，传统摄像记者需要耗费较多时间和精力，甚至需要冒着生命危险进行拍摄，获取关键性的图像信息。如今，智能拍摄设备能够拍摄到一些人工难以或无法获取的图像素材，极大地丰富了新闻图片的内容。例如，中央广播电视总台等新闻媒体在城市的重要景点和地标安装了配备人工智能芯片的摄像头，实现了对这些场景24小时不间断的影像记录，减少了获取新闻摄影图像的时间和精力消耗。

3. 加速采写过程：对采写效率的提高

在新媒体时代，对新闻时效性的要求已经从传统的及时性向实时性转变。人工智能技术在新闻采写方面的应用显著提高了新闻采写的效率，缩短了新闻生产的时间。早在2015年5月，美联社就尝试利用人工智能技

---

① 晏辉.论人工智能技术对新媒体新闻采写的影响［J］.中国宽带，2023，19（5）：132-134.

术撰写财报新闻。使用技术每季度能生产近 4000 篇财报新闻，速度是新闻工作者的 10 倍。以 ChatGPT 为代表的生成式人工智能的出现，进一步拉大了人工智能与新闻工作者在生产速度上的差距。从 2022 年底到 2023 年初，OpenAI 推出的 ChatGPT-3.5 和 ChatGPT-4 引起了广泛关注。这些生成式人工智能工具的出现，大大加快了新闻写作的文本生成速度。人工智能技术一方面能够独立、迅速地生成新闻，另一方面也能为新闻工作者的采访和写作工作提供辅助。记者在新闻采写过程中通常需要搜集大量背景信息，撰写采访策划和提纲。借助生成式人工智能，记者只需输入相关指令，就能迅速获取事件的详细信息，并生成采访提纲。这不仅为新闻采访提供了有力的参考，还能自动生成有针对性的采访问题，从而加快新闻写作的进程。这些技术的应用使得新闻生产过程更加高效，能够更好地满足新闻报道对实时性的需求。

二、人工智能技术介入新闻采写带来的隐忧

1. 影响主流价值的塑造

目前，人工智能在新闻的各项环节中都发挥着重要作用，但是作为新闻从业者，仍需在人工智能潜在影响新闻评价标准方面保持高度警惕。以流量数据作为新闻质量的评估依据，容易导致工具理性取代价值理性，进而使新闻媒体偏离主流价值导向，甚至引发新闻伦理的背离和变质。凝聚和引导主流舆论、弘扬社会主义核心价值观是马克思主义新闻观的基本要求，也是当代中国新闻业的基本职责。因此，人工智能技术的应用必须能够对新闻业履行其社会职能有所助益，而不能成为前进路上的阻碍。人工智能技术的运用在某种程度上可能会反映出算法设计者、内容标注者以及技术使用者的主观价值取向。① 通过影响新闻内容的推送机制，人工智能

---

① 胡钰，杨鹏成. 人工智能提升新闻媒体舆论引导力浅议 [J]. 新闻战线，2024（11）：43-46.

会干预记者和编辑在新闻采访、写作过程中的独立评价标准。此外，人工智能写作通过网络抓取数据信息，而网络中的信息本身就包含着各种隐性和显性的偏见，大型语言模型在学习和训练过程中容易吸收并延续这些偏见，最终加剧社会的不公平现象。

更为严重的是，人工智能写作可能生成大量同质化、无实质价值，甚至深度伪造的内容，这些内容不仅会占据公众的注意力，还可能引发"劣币驱逐良币"的现象，挤占优质内容的生存空间。同时，隐含价值倾向的信息、同质化内容会加深用户的固有意见，容易造成舆论极化，不利于主流价值观的塑造和引导。最后，大数据技术、传感器技术等人工智能技术的不合理使用也存在隐患，如用户个人数据的泄露，侵犯了用户的隐私权。因此，在人工智能时代，新闻媒体尤其要注意主流舆论的引导，在价值观的传播中守住社会责任的底线，为人民提供真实、有价值的信息服务。

2. 大数据幻觉挑战新闻真实性

随着生成式人工智能技术的迅速发展，依赖大模型的应用暴露出一种被称为"大模型幻觉"的现象，这给新闻真实性带来了潜在的风险和隐忧。实事求是是马克思主义新闻观的精髓和灵魂，是新闻工作者在实践中必须秉持的核心原则。坚持真实性和客观性原则，不仅是对新闻职业道德的基本要求，更是维护新闻公信力和社会信任的重要手段。在人工智能时代的新闻实践中，新闻生产者要认清新闻失真失实的危害，尊重事实真相，坚持实事求是的报道方针，有效避免信息误导公众，确保新闻报道的公正性和可信度。因此，新闻真实是人工智能技术应用于新闻采写领域的前提和基础。

大模型幻觉是指大模型生成的内容与现实世界的事实或用户输入不一致的现象，主要分为两类：忠实性幻觉和事实性幻觉。忠实性幻觉是指生成内容与用户指令或输入提供的上下文的背离，以及生成内容内部的自一致性，这一现象影响了用户使用人工智能的效率。事实性幻觉是指生成的内容与可验证的现实世界事实不符，即捏造事实，[①] 影响了新闻真实性。例如，当模型被问及"谁是第一个登上月球的人"时，它可能会错误地回答为查尔斯·林德伯格，而正确答案应为尼尔·阿姆斯特朗。网络存在虚假信息，人工智能在获取和学习了这些信息之后，可能会出现误导性的输出。更严峻的是，生成式人工智能输出的误导性信息往往表面上逻辑自洽，能够自圆其说，增加了使用者对虚假信息的辨别难度。在自媒体时代，"公民新闻""公民记者"现象已经普遍存在，普通用户通过社交媒体分享信息的行为进一步模糊了传统新闻与自媒体内容之间的界限。在这种背景下，普通用户要想意识到大模型幻觉的存在，并进一步规避其导致的假新闻尤为困难。因此，对新闻媒体来说，在利用人工智能技术时，必须高度重视并警惕大模型幻觉的潜在危害，以确保新闻报道的真实性和权威性不受损害。这不仅是维护新闻媒体声誉和可信度的关键，也是保障公众知情权和社会稳定的重要举措。

三、坚持马克思主义新闻观对新闻采写实践的指导

1. 防止技术滥用，建立以人民为中心的价值遵循

在我国，新闻从业者服务的对象是人民，这就要求新闻采写工作尊重人民群众的隐私权等基本权利，并且要关注人民需求，起到党和人民的耳目喉舌的作用。近年来，智媒技术在新闻传播领域快速发展，为抓取网络上的用户信息数据提供便利，但相关制度却未能及时跟进，导致用户数据滥用和隐私泄露等问题频发。为了治理用户隐私泄露的乱象，政府需完善相关法律法规，规范智媒技术的使用条例，将借助智媒技术生成的新闻作品纳入法律框架，保障相关主体的合法权益。一方面，需要明确数据侵权行为的主体责任，确保相关惩处措施得以落实。另一方面，要继续加强数

---

① 黄磊，余伟江，马伟涛，等. 大模型的幻觉：原则、分类、挑战与开放问题综述 [D]. 哈尔滨：哈尔滨工业大学，2023.

据监管，保护公民隐私，确保用户数据不被侵犯。2021年11月，《中华人民共和国个人信息保护法》正式施行，解决了过去个人信息层面法律体系不完善的问题，为保护用户隐私划定了明确的界线。① 比如，其规定，自然人死亡的，其近亲属为了自身的合法、正当利益，可以对死者的相关个人信息行使查阅、复制、更正、删除等权利。这样的法律规定为在灾难新闻报道中保护当事人及其隐私提供了法律保障。

除了不侵犯人民群众的基本权利，关注社会的真实需求和人民的利益也是社会主义新闻事业应该履行的社会责任。人类用户的网络活动自然生成的数据，是各类商业、政治行为决策的关键依据，也是新闻采写所需的关键信息。然而，通过人工智能技术收集而来的数据，存在着价值偏离、大数据幻觉等隐忧。因此，在智能化时代，新闻从业者仍然应该坚持深入社会实际，将现实情况与人工智能提供的信息互相印证、补充，了解人民需求，为人民发声。

2. 发挥人的主体性，建立良性的人机合作关系

从媒介技术的发展历程看，技术的突破和运用是社会发展的必然现象，但如何使用技术取决于人类本身。新闻从业者是将技术运用到新闻采写过程的实际操作者。面对新技术和新社会环境带来的挑战，新闻从业者必须不断提升自身的综合素养。首先，新闻从业者必须始终坚持马克思主义新闻观，深入学习党的基本理论，保持正确的政治方向，在新闻实践中积极宣传正能量，引导群众树立正确的世界观、人生观、价值观。其次，新闻工作者需要建立法治思维，增强责任意识，学习并遵守平台规范及相关法律法规，提升自身的法治素养。最后，新闻工作者还要明确新闻业的社会责任，坚守道德底线，遵循新闻职业道德，积累专业知识，严格遵守采访规范，并提高写作能力。

此外，随着智能媒体技术的进步，新闻从业者的角色也在发生转变，

---

① 黄志鸿，田子卉，黎璇璇，等.个人信息权视角下的《个人信息保护法》解读与实施[J].法制博览，2022（19）：11-13.

从单纯的新闻报道者转型为适应新技术发展的"超级记者","人机协作"成为新闻业的未来趋势。在2021年全国两会期间,人民日报推出了集新闻信息采集、制作和发布于一体的"智能创作机器人",一名记者就能完成新闻素材的传输与剪辑,加快了新闻生产的速度。[1]尽管技术带来了诸多便利,使效率得到提升,但新闻采写过程中仍然需要发挥人的主体性。记者的洞察力、判断力和创造力是机器无法替代的。建立良性的人机合作关系,充分发挥人工智能的技术优势,同时确保人的主体性和创造力,是新闻工作发展的重要方向。只有在这种协作模式下,才能更好地推动新闻业的发展和创新。

3. 训练主流应用,建设新闻业人工智能基础设施

人工智能技术赋能新闻采写的关键在于研发出符合主流价值的新闻媒体智能应用。[2]2024年4月,第三届全球媒体创新论坛在北京召开,会议提出,要坚守严肃负责的立场,发出公正客观的声音,促进人工智能产出更加积极健康、真实多样的优质内容。[3]在把人工智能技术应用于新闻采写的过程中,需要兼顾新闻媒体的基本规律和人工智能的底层规则,利用人工智能技术实现新闻媒体行业的高质量发展。在数据获取层面,人工智能技术的应用要处理好对海量数据的需求和保护人民隐私之间的界限;在算法层面,要平衡好人工智能技术实时获取、迅速生成的能力和遏制隐含价值倾向以及信息深度伪造之间的矛盾。主流媒体作为各类新闻媒体的牵头者,应着力训练和迭代符合主流价值的人工智能应用,建立新闻媒体专业语料库,推进新闻业人工智能基础设施建设,给新闻采写工作提供工具。上海广播电视台正在探索构建传媒垂类模型,利用台内丰富的语料资源完善模型,使用AI技术赋能媒体内容生产。同时,人工智能的基础设施建

---

[1] 汪成龙.智媒技术介入下新闻采写的变化[J].新闻前哨,2023(12):13-15.
[2] 胡钰,杨鹏成.人工智能提升新闻媒体舆论引导力浅议[J].新闻战线,2024(11):43-46.
[3] 央视新闻.智能向善 责任共担!第三届全球媒体创新论坛在京举行[EB/OL].(2024-04-30)[2024-08-14].https://baijiahao.baidu.com/s?id=1797712697554452733&wfr=spider&for=pc.

设，还能够促进新闻业的数据整合和共享，最大化地释放数据要素的新闻生产价值，这一举措为顺应媒体融合发展的趋势，构建新时代传播体系提供了条件。

结　语

人工智能是发展新质生产力的重要引擎。[①] 当前，以人工智能技术为代表的媒介技术正在颠覆性地改变当代新闻传播的生态环境，人工智能在新闻采写中的运用成为不可阻挡的趋势。在这一社会历史条件下，新闻从业者的主动性将得到极大的激发和释放。换言之，"人类不应再满足于做一个受众、用户，而应成为'开发者'"。因此，积极主动拥抱新技术，建设适应主流价值观的新媒介环境，践行马克思主义新闻观，对于履行媒体的社会责任尤为重要。

本文探讨了人工智能技术在新闻采写领域的应用及其带来的挑战，并提出了应对策略。人工智能技术的引入为新闻采写带来了前所未有的机遇，但同时也伴随着真实性、价值引导等挑战。在新的历史背景下，以马克思主义新闻观为核心指导，探讨新闻采写过程中面临的现实挑战及其实践路径，有助于解决新闻采写领域中的问题和乱象。坚持马克思主义新闻观对新时代中国特色社会主义新闻事业的指导，为新闻事业的有序、健康、持续发展提供坚实的理论支持和思想引导。

---

① 朱宏任. "人工智能+"推进新质生产力发展：从2024《政府工作报告》看人工智能新机遇［J］. 中外企业文化，2024（4）：20-21.

维贝克"道德物化"视域下社交聊天机器人的技术伦理探析

杨东伶　申欣如

【摘要】 维贝克"道德物化"思想是技术伦理学的新思潮，它对于解决人类与社交聊天机器人在情感互动中产生的技术风险和伦理问题具有一定的启发性。本文试图发掘维贝克"道德物化"思想用于解决人机情感互动中的道德与伦理问题的适用性，并在该思想视野之下提出了"物律"辅助形成道德规范、技术责任内嵌技术研发过程、加强用户风险意识三个伦理规约的探索方向。

【关键词】 道德物化；社交聊天机器人；技术伦理

随着人工智能技术的深入发展，人机对话的拟人性越来越强。国内学者张洪忠等人把社交机器人分为两类，第一类是聊天机器人，这类机器人可以模拟人类之间的对话；第二类是垃圾机器人，它可以让内容尽可能多地抵达社交媒体用户。从传播学的角度看，社交机器人是在社交网络中扮演人的身份，拥有不同程度人格属性，且与人进行互动的虚拟AI形象[①]。基于以上相关的阐释，本文所关注的社交聊天机器人是以人工智能技术为基础，以情感关系为导向，模仿人类的思维和认知功能，与人进行语言对

---

① 张洪忠，段泽宁，韩秀.异类还是共生：社交媒体中的社交机器人研究路径探讨[J]. 新闻界，2019（2）：10-17.

话的虚拟 AI 形象。

如今，以微软小冰、Replika 为代表的社交聊天机器人正在现实生活中扮演着人类的倾诉对象、朋友甚至是恋人的角色。人机之间的交往已经影响了人类社会的交往形态，建立一套适用于人机交往的道德规范和伦理准则迫在眉睫。

一、维贝克"道德物化"思想分析社交聊天机器人技术伦理的适用性

当社交聊天机器人在日常生活中被广泛应用，随之而来的是新的技术伦理问题。维贝克的技术哲学思想，以"道德物化"思想为核心、技术调节理论为基础，一定程度上弥补了技术哲学第一次转向和第二次转向的不足，实现了工具理性和价值理性的统一，把"物"纳入了道德实践主体的考量范围，打破了传统伦理学中人与物主客二元对立的视角，为当下社交聊天机器人的技术伦理问题研究带来新的启发。

（一）理论阐释

1. 维贝克"道德物化"思想

阿赫特豪斯在 20 世纪 90 年代提出了"道德物化"一词，将人和物都看作影响道德实践的主体及相关因素，一起考察，并着重论述了技术对道德决策的认知作用[1]。随后，荷兰技术哲学家维贝克在借鉴了伊德的后现象学技术哲学的分析进路、拉图尔的行动者网络理论和福柯的自我主体构建理论基础上提出了非人本主义的技术伦理学思想。"道德物化"思想是维贝克技术哲学思想的核心。维贝克的"道德物化"思想指出技术人工物影响了人的行为和决策，因此，要将道德规范内嵌在技术人工物的设计上，以此来影响和引导人类形成道德规范。

---

[1] 谭阳伊. 维贝克技术哲学思想研究［D］. 湘潭：湖南科技大学，2021.

2. 技术调节理论

技术调节理论是维贝克技术哲学思想的理论基础和前提，也是理解维贝克技术哲学思想的出发点。维贝克认为，技术在人与世界当中发挥着积极的调节作用，它不但参与塑造着人们的行为方式，而且还调节着人们对于外部世界的感知[①]。从感知和实践两个维度出发，维贝克总结了技术调节人与世界关系的方式。技术影响人的道德行为和道德决策体现为两层含义，第一层含义是，技术创造出的道德情境，引发了新的社会伦理问题；第二层含义是，技术影响了人们的道德行为。

（二）维贝克"道德物化"思想的适用性分析

1. 维贝克"道德物化"思想产生于人机共生的环境

维贝克的"道德物化"思想产生于21世纪信息技术、生物技术等新兴技术的飞速发展之下，人机之间的界限被打破。例如，以人工智能技术为基础的社交聊天机器人，可以扮演人类的角色，并拥有人格化的属性，与人类进行情感交互。这种深度的人机交互也正在形塑和建构人机共生的社会。计算机参与人类的决策和实践活动，人机耦合使得技术对人的塑造和影响更加显性化，这也导致了新的技术伦理问题。这要求技术哲学重新修正既有的伦理概念和框架，建立新的技术伦理学理论。

2. 维贝克"道德物化"的实践性拓展伦理规范路径

维贝克的"道德物化"思想并不是空有理论。鲜明的实践性是维贝克"道德物化"思想的重要特征。维贝克将其强调物质性的技术调解理论和内在主义的非人本主义的技术伦理学理论转化到设计实践中[②]。他提出了设计者的道德想象、扩展建构性技术评估和情境模拟法三种路径来确保技术道德化的实现。当前的技术伦理规约多为后思式，即伦理问题发生后进行反思和解决，一般从政府、平台和公众等各类主体出发，应对已经发生的

---

① 贾璐萌.维贝克"道德物化"思想探析[D].沈阳：东北大学，2014.
② 史晨.技术哲学的第三次转向：维贝克道德物化思想的三重特征[J].科学技术哲学研究，2020，37（5）：67-73.

危害，具有一定的滞后性。将伦理规约前置到技术的开发与设计环节，对可能出现的技术伦理问题进行预估，是一种前思式的技术伦理学路径，为今天的人机交往与传播的道德规范和伦理准则建设提供了路径指导。

3. 维贝克"道德物化"开启了人与技术关系的认识转向

彭兰认为，"让机器成为独立的交流他者，赋予其像人一样的他者地位与权利，应是人机交流的基本伦理"[①]。人、技术、世界三者之间的关系是技术哲学学派的重要议题。20世纪20年代到80年代，经典技术哲学占据主流地位。其代表人物海德格尔、芒德等人把技术看作抽象的和悲观的。海德格尔的"座驾论"更是认为人类会被技术所奴役和异化。随后，技术哲学经历了经验转向和伦理转向，开始重视技术的现实作用和伦理批判。但这两次均没有跳出人本主义的视角和主客二元对立立场，把人看作中心和主体地位，忽视了人与技术之间的相互影响关系。维贝克开启了第三次转向，他认为"人与世界之间的关系不应该被视作存在于先在的主客体之间，而应该将这种相互关系看作世界的客体性与经验者的主体性得以构建的场所。""世界与主体的'是其所是'正是来源于人与现实之间的互动，人所感知到的世界，即被技术解释的现实世界。"[②] 微软小冰、Replika和Mitsuku等社交聊天机器人的出现，弥补甚至替代了现实的人际交往。深度的人机交互越来越有可能出现机器类人化和人类机器化。维贝克提出的人与技术相互联系并相互构建的观点弥合了主客体的割裂，开启了人与技术相互联系和建构的认识转向。

二、社交聊天机器人的伦理风险分析

"如果技术哲学流派对人与技术的分析，依然从人本主义的角度进行，

[①] 彭兰. 智能传播中的伦理关切[J]. 中国编辑，2023（11）：22-29.
[②] VERBEEK P P. What things do: philosophical reflections on technology, agency, and design[M]. State College: Penn State University Press, 2005.

那么审视技术伦理问题，则会过度偏向于人的自然属性，将技术视为人的附庸，从而忽视了技术物的意向性和自由性。"对于人类与社交聊天机器人情感交互中的伦理风险分析，也应将机器人放置在与人类同样的主体地位上，进而探讨人机之间的伦理准则。

（一）造成人类交往行为的机器化

维贝克的"道德物化"思想指出了人与技术之间相互联系与构建的关系。从这个观点出发，审视人类与社交聊天机器人之间的情感互动。有学者猜想，人机社会关系发展方向不一定是机器越来越"类人"，也有可能是人们开始适应弱人工智能的表达逻辑，人的感性冲动型特质被机器理性算法型特质所影响，即人类机器。[1] 社交聊天机器人依据算法和语言模型对人类问题进行回复，是一种模板化和程序化的互动机制。这是一种人工情感，它无法模拟人类多样和丰富的情感表达。长期处于人机社交传播的环境中，人类的思维习惯和表达习惯很有可能会越来越机器化。

（二）准社会交往对人类情感的反噬

心理学家霍顿和沃尔于1956年在《精神病学》杂志上提出了准社会交往理论。该理论认为，在媒介消费过程中，受众会对媒介人物产生一种情感上的依赖，并自然而然地将大众传媒中的人物当作日常生活中的真实人物去做出相应反应，并在此基础上发展出一种想象的人际关系。有学者认为，如今社交机器人已经进入人们的日常生活，将准社会交往的研究对象延展至社交聊天机器人，有着现实意义。学者韩秀和张洪忠等人提出，用户与社交机器人的准社会交往程度越高越会对社交机器人产生媒介依赖，而这种媒介依赖会加深用户的孤独感[2]。也就是说，人类为了缓解孤独感和宣泄情绪而与机器人进行情感对话。聊天机器人的情感劳动一定程度上满足了人类在现实世界的情感需求，结果反而加深了人类在现实社会的

---

[1] 赵悦.保罗·维贝克道德物化思想研究［D］.太原：太原科技大学，2022.
[2] 韩秀，张洪忠，何康，等.媒介依赖的遮掩效应：用户与社交机器人的准社会交往程度越高越感到孤独吗？［J］.国际新闻界，2021，43（9）：25-48.

孤独感。

（三）情感依赖使人类丧失主体性

虽然机器人的情感是由数据、代码生成的虚拟情感，但在人机的情感交流中，人类用户所产生的是一种真实的情感。《新周刊》报道了全球首个和 Ai 结婚的女性，她的结婚对象是一家全息技术公司研发的 Ai 恋人，名叫 Ailex。情感依赖和同理心是人类的本能，当人类对社交聊天机器人产生自身理性无法控制的依赖时，人的决策和实践甚至会听从机器人的指示。雪莉·特克尔在《群体性孤独》一书中说到，"当你和机器'生物'分享'情感'的时候，你已经习惯于把'情感'缩减到机器可以制造的范围内。当我们已经学会对机器人'倾诉'时，也许我们已经降低了对所有关系的期待，包括和人的关系。在这个过程中，我们背叛了我们自己"[1]。更有哲学学者认为，人类本身有理解和认知世界的责任，而被机器人激起的情感会蒙蔽人的双眼，致使削弱人类这一薄弱责任。人的主体性贵在人类拥有自我意识，当机器人可以操控人的情感并影响人的决策的时候，人类的主体性也面临着丧失的风险。

三、维贝克"道德物化"视域下社交聊天机器人的伦理规范思考

传播过程中新技术的使用所带来的技术伦理问题，一直是新闻传播伦理与法规建设课题的聚焦点。不同于以往人类社会内部的传播伦理与道德问题，人机传播是人类与非生命体之间的交流和对话。伦理学和技术哲学的理论发展和创新，为社交聊天机器人与人类进行情感交互过程中的道德规范和伦理准则建设提供了理论借鉴和指导。用维贝克"道德物化"思想纾解人机交往和传播中的伦理问题，可以从以下三点进行。

---

[1] 特克尔. 群体性孤独 [M]. 周逵, 刘菁荆, 译. 杭州：浙江人民出版社, 2014: 136.

(一)用"物律"辅助形成道德规范

学界对于人工智能的技术伦理治理研究已经形成了大量的研究成果。但这些研究普遍遵循"外在主义"的技术伦理研究范式，即对技术后果进行伦理批判和反思，较少关注技术使用过程中的伦理设计属性及其道德意蕴[1]。维贝克主张让技术负载道德设计以引导和调节人的行为。比如，聊天机器人通过深度学习与人类在交流对话中形成的语料库，从语料库中选择合适的回复，完成聊天任务。人类话语本质中所具有的偏见也会被机器人模仿。根据维贝克的理论设想，可以把暗含话语偏见和语言暴力的词句编写进程序，让人工智能识别到这些后做出警示，同时把这些内容排除在机器学习的数据库之外。技术道德化可以预见性地规避技术可能出现的传播伦理问题和社会影响。因此，相比于人类的"自律"和法律法规的"他律"，"物律"是条值得深入探究的路径。

(二)把技术责任内嵌于技术研发全过程

维贝克的"道德物化"思想虽然强调要实现技术道德化，但他认为技术本身并不是具有自由意志的道德行动体，也无法承担道德责任。在技术调节的情境中，他主张人与技术物拥有混合意向性，所以，人与技术物要共同承担道德责任。但目前，我国社交聊天机器人并不具备法律人格。可以说，技术物的设计者和开发者的责任意识及道德水平至关重要。社交聊天机器人开发者和设计者的责任及道德规范意识的培养，除了可以通过责任意识教育这种理论途径落实，也需要一套具体的流程在实践中落实责任。近些年来，一些欧美国家提出了"负责任创新式"的技术伦理准则，该模式要求成立内部伦理审查委员会，并设置首席伦理官，强调技术创新和责任相融合。在技术研发过程中，可以以预测、反思、协商、反馈等框架建立技术道德评估体系，让利益相关的多元主体，如公众、政

---

[1] 郑久良.技术设计伦理：作为算法新闻伦理审视的一种新视角[J].青年记者，2023(20)：105-107.

府、平台等参与到技术伦理的道德反思中，将评估的结果反馈给技术开发者。

（三）加强用户的技术风险意识和使用素养

维贝克的技术调节论将技术的使用情境和设计情境统一起来。他认为写入技术物的伦理道德规范也不一定按照预定的方式发挥作用。在实际的使用情境中，无法预知的人-技互动、使用者的使用与诠释始终存在。[①] 在未来，人工智能将会融入我们生活的方方面面，学会如何与人工智能进行交互，认识到人工智能存在的技术和伦理风险，是人类必须具备的技能和素养。基于此，培养用户的技术风险意识和提升用户使用人工智能的素养离不开社会上大量的宣传教育。从政府层面来说，政府要普及与人工智能伦理准则相关的法律知识。从技术开发者和平台来说，平台有告知用户相关法律条款的义务。比如，社交聊天机器人这类与用户进行深度交互的人工智能，能够收集到用户更多的信息，但发生不规范行为时，责任归属需要明确到是技术的开发者还是用户。从用户层面来说，用户在使用时要认真阅读相关的法律和隐私条款，要能够区分虚拟和现实，与此同时，还要把握好与机器交往的分寸，适度、适量地与机器交流，避免对机器产生情感依赖，陷入机器制造的"信息茧房"之中而不能自拔[②]。

结　语

技术的发展会使聊天机器人更加贴近真人的属性，其中潜藏着的技术和伦理风险也会越来越难以识别。人机新交往亟须建立一套新的道德伦理规范。目前，国内对于社交聊天机器人的伦理规范研究尚在初步探索阶段。本文通过分析发现，维贝克"道德物化"思想对于解决社交聊天机器

---

① 贾璐萌.维贝克"道德物化"思想探析[D].沈阳：东北大学，2014.
② 董浩.生成式人工智能时代人机对话的传播伦理风险及其应对[J].阅江学刊，2024，16（1）：104-114，174.

人的伦理风险具有一定的适用性。在其视域之下，社交聊天机器人以及人工智能所带来的伦理问题，可以从"物律"辅助人类形成道德规范、强调技术研发过程中技术人员和工程师的责任，以及加强用户的技术风险意识和使用素养三个方面进行探索性的尝试。

目前，本文对人工智能技术的了解和对维贝克"道德物化"思想资料的收集尚不充足，对于化解社交聊天机器人的技术和伦理风险只是初步提出了一些宏观的思考方向。未来需要在充分了解人工智能技术和国际上的相关技术伦理规范的基础上，结合维贝克"道德物化"思想提出更为具体和有针对性的解决对策。

媒体融合背景下记者数字素养提升研究

王贺新　王怡文

【摘要】数字技术引发了新闻业内容生产、传播渠道以及思维变革方面的融合，也使得我国媒体融合战略向更深层次发展。在此环境下，我国记者面临着专业技能不足、"把关人"角色受到挑战、职业道德失范、创新能力面临挑战等问题。记者作为媒体竞争的关键因素，其自身的数字素养水平直接影响着传播活动的质量。因此，传统媒体要想更好地适应数字技术的发展、提升自身的竞争力，提高记者的数字素养成为一个值得探讨的话题。本文基于记者的现状，结合数字素养的维度进行分析，提出在媒体融合背景下提高新闻记者的数字素养应该从四个方面着手：数字专业知识与技能，数字信息评估、挖掘与管理，数字社会责任，数字实践与创新。

【关键词】媒体融合；记者；数字素养

当前，数字技术的革新正推动着人类社会的发展进程，各国政府都对数字化改革表示高度的关注。在我国，党的二十大报告中强调加快建设网络强国、数字中国，其中指出要"加快发展数字经济，促进数字经济和实体经济深度融合，打造具有国际竞争力的数字产业集群"[1]。数字技术迭代

---

[1] 新华社.习近平：高举中国特色社会主义伟大旗帜 为全面建设社会主义现代化国家而团结奋斗——在中国共产党第二十次全国代表大会上的报告［EB/OL］.（2022-10-25）［2024-06-12］. https://www.gov.cn/xinwen/2022/10/25/content_5721685.htm.

升级，影响着社会各领域的发展进程，媒体融合同样需要数字技术支撑。2020年，中共中央办公厅、国务院办公厅印发了《关于加快推进媒体深度融合发展的意见》，指出"要以先进技术引领驱动融合发展，用好5G、大数据、云计算、物联网、区块链、人工智能等信息技术革命成果"[1]。2024年，党的二十届三中全会最新提出深化文化体制机制改革，加快适应信息技术迅猛发展新形势，培育形成规模宏大的优秀文化人才队伍。要"把互联网思维和信息技术应用系统贯穿到宣传思想文化工作中，实现全面彻底的数字化赋能、信息化转型"[2]。那么，在数字技术驱动的媒体融合进程中，媒体行业究竟发生了哪些变化，记者现状如何，怎样提高记者数字素养就成为一个问题。

一、媒体融合背景下媒体的数字化转型

媒体融合（Media Convergence）一词源于20世纪70年代中叶计算机和网络的发展，伊契尔·索勒·普尔（Ithiel DeSola Pool）将"Convergence"进行了推广与普及，并将媒体融合定义为各种媒体呈现出多功能一体化的发展趋势。媒介作为一种物质性力量，媒介实践对传播与社会关系的重塑，生成了新新闻生态[3]。"媒体融合"作为中国政策话语，由主张技术创新到强调制度创新转向，"核心目标是使官方意识形态在新的媒体格局中拥有主流地位，发挥引领作用"[4]。媒介实践与媒体融合政策的交光互影推动着媒体融合的进程，媒体行业从生产、传播实践到思维观念都在发生着

---

[1] 新华社. 中共中央办公厅 国务院办公厅印发《关于加快推进媒体深度融合发展的意见》[EB/OL].（2020-09-26）[2024-06-12]. https://www.gov.cn/zhengce/2020/09/26/content_5547310.htm.

[2] 人民网. 深化文化体制机制改革（学习贯彻党的二十届三中全会精神）[EB/OL].（2024-08-07）[2024-08-16]. http://politics.people.com.cn/n1/2024/0807/c1001-40293863.html.

[3] 张志安, 汤敏. 新新闻生态系统：中国新闻业的新行动者与结构重塑[J]. 新闻与写作, 2018（3）: 56.

[4] 陈昌凤, 杨依军. 意识形态安全与党管媒体原则：中国媒体融合政策之形成与体系建构[J]. 现代传播（中国传媒大学学报）, 2015, 37（11）: 26-33.

变化。

（一）新闻内容生产数字化

随着媒体融合上升为国家战略，我国媒体与数字技术的融合进入了提速提质的阶段，首先体现在新闻内容生产上。新闻内容生产数字化突出表现为采编的数字化。基于 5G 和人工智能等技术对传统的新闻采编流程进行再造与优化，新闻云采编系统产生[①]。记者在新闻采访时往往会遇到受访者无法直接接受采访的问题，而利用新闻云采编系统，可以让记者与受访者"面对面"实时交流，打破时空限制；同时，新闻云采编系统实现了采访与编辑的一体化流程，记者在系统中完成工作内容，然后一键传给编辑，这使得新闻生产效率得到极大的提高。新闻内容生产的数字化还体现在新闻形态上。数字技术的普及与应用，催生了数据新闻、H5 等多样化的新闻形态，受众需求越来越多样化。

（二）媒体传播渠道革新

互联网尤其是社交媒体的发展，一定程度上消解了传统媒体对传播渠道的垄断，形成了专业媒体、机构媒体、自媒体以及平台媒体共同构成的新新闻生态系统[②]。微博、微信、抖音等平台媒体已经成为一种基础设施融入各类媒体的传播渠道，承担着信息整合、分发的功能；专业媒体以及机构媒体在平台媒体中设立账号，从而拓展自身的传播渠道并形成具有一定规模的传播矩阵；而自媒体虽然并非严格意义上的媒体，但也在平台媒体中进行着信息传播，扮演着意见领袖的媒体功能。

（三）媒体业务扩张，突破思维限制

媒体融合背景下，媒体的业务不应只有传递新闻，还应向外拓展。媒体业务的边界问题一直备受热议，有些人认为，媒体拓宽边界是不务正业

---

① 黄楚新，文传君.新闻云采编的特征、优势及发展态势［J］.青年记者，2020（21）：9.
② 张志安，汤敏.新新闻生态系统：中国新闻业的新行动者与结构重塑［J］.新闻与写作，2018（3）：61-64.

的行为，但是，拓宽业务边界是媒体积极应对媒体深度融合的表现。黄楚新等学者认为，因现实环境的变化而做出符合环境变化的边界扩张对传统媒体来说是有益的[①]。因此，在数字化时代，媒体业务应进行适度扩张，突破思维观念的限制。《关于加快推进媒体深度融合发展的意见》明确指出，"要发挥市场机制作用，增强主流媒体的市场竞争意识和能力，探索建立'新闻+政务服务商务'的运营模式"[②]。比如，宁波日报报业集团的甬派客户端就形成了"新闻+服务+福利"的模式，形成一条独具特色的媒体数字化生存之道。

二、媒体融合背景下记者的现状

数字技术正在推动我国媒体融合迈向更深层次，新闻行业的变化也给我国新闻记者的职业角色、专业技能等方面带来了挑战。

（一）记者专业技能不足

数字技术影响着我国新闻业的转型，也重新融入了记者的新闻常规。在传统媒体时代，采写编评是新闻记者的核心技能，针对不同的媒介类型，可以分为文字记者、出镜记者等。但媒体融合时代对记者的专业技能提出了更高的要求，记者需要掌握新的新闻生产技术，也需要了解社交媒体平台等传播终端的使用方法等。以记者 Vlog 为例，外出的记者采取拍摄 Vlog 的形式对现场进行报道，其拍摄的设备不是传统的摄像设备而是简单方便的单反相机，在视听形态上变得更加贴合网络社交媒体的接受取向，上传到媒体平台中要实时关注视频数据和网友评论[③]。由此可见，为适

---

① 黄楚新，文传君. 从数字化转型到数字化生存：媒体的变革与发展［J］. 新闻与写作，2020（12）：23.
② 新华社. 中共中央办公厅 国务院办公厅印发《关于加快推进媒体深度融合发展的意见》［EB/OL］.（2020-09-26）［2024-06-12］. https://www.gov.cn/zhengce/2020/09/26/content_5547310.htm.
③ 梁君健，黄一洋，阳旭东. 数字新闻生产创新：一项关于记者 Vlog 的新闻社会学研究［J］. 新闻界，2022（2）：7-9.

应社交化的趋势，记者要成为复合型人才，不仅要掌握采写编评，还要能拍、能剪辑、能讲、懂受众。

（二）记者"把关人"角色受到挑战

社交媒体的出现与发展，让专业记者以外的更多主体参与到信息生产、传播过程中，人们被赋予了更大的话语权，"人人都可以是记者"。美国学者泽利泽曾称，英美等国出现了大量关于记者的丑闻，使得记者出现了信任危机，在一定程度上促进了公民新闻和自媒体的发展[1]。徐笛教授也将数字时代的记者进行了分层框架界定，即专业记者、业余记者以及信息传播者[2]。多种记者形态的出现使得"把关人"呈现出多元化态势。与此同时，随着数字技术的发展，人工智能介入把关，扮演越来越重要的角色，传统记者"把关人"权利被稀释。使用新技术能够提高新闻生产效率，但也会面临用户数据泄露问题、算法黑箱、专业记者把关功能弱化等不利影响。

（三）记者职业道德失范

首先，新闻媒体发挥着党的耳目喉舌的舆论导向作用，同时，也是满足社会大众信息需求的信息服务平台。然而，在社交媒体时代，网络化、非线性的传播机制，打乱了传统媒体的时间节奏和固有的内容生产传播的流程和机制[3]，因此，出现了记者为追求新闻时效性缩短新闻采集时间，从而造成虚假新闻的问题。其次，许多记者受到"一切皆可量化"的新媒体技术逻辑的影响，一味迎合受众，没有把握好新闻内容的流量与质量之间的关系，出现泛娱乐化的问题。另外，重要的新闻事件和人物能够使新闻得到良好的传播效果，但是，也有记者为满足受众的好奇心，不断将私人领域公开，侵犯他人隐私权，造成失范的问题。

---

[1] 常江，田浩．芭比·泽利泽：新闻学应当是一个解释性的学科——新闻研究的文化路径[J]．新闻界，2019（6）：7．

[2] 徐笛．数字时代，谁是记者：一种分层理解的框架[J]．新闻界，2021（6）：13-20．

[3] 夏德元，付铎．重塑新闻专业性：新媒介语境下媒体报道失范现象的再思考[J]．新闻爱好者，2022（12）：19-22．

（四）记者的创新能力面临挑战

从技术层面来看，随着技术的迅猛发展，特别是互联网、人工智能、大数据等技术的应用普及，新闻的传播渠道、内容样式发生了变化，使得新闻价值标准、传播规则在不断改变，这就要求记者不能固守成规，要运用多样化的媒介工具，实现新闻内容的多样化与个性化。从受众层面来看，数字技术的发展让公众接收到了丰富的信息资源，使其审美获得提升，社会的进步也让公民的兴趣爱好更加广泛、素质不断提升。再加上获取信息的渠道更加方便且多元，公众可以基于自身的审美及爱好进行信息的自主选择，长此以往，对信息内容的需求就变得越来越高。尤其是作为互联网"原住民"的年青一代，他们对于新闻产品的需求不同于以往，更加偏向个性化、情感化的新闻内容。但由于商业模式的溃败，一些媒体将记者的稿件阅读量、转发量作为个人绩效考核标准，由此，有许多记者变成"标题党"，用娱乐性极强的新闻内容吸引受众，从而获取流量。但是，浅层化、同质化、碎片化的新闻内容会使受众审美疲劳，从而更加倾向质量高、有创意的新闻产品。

三、记者数字素养的提升维度

"媒体竞争关键是人才竞争，媒体优势核心是人才优势。"[①] 新闻行业的人才培养和队伍建设是推进我国媒体融合发展最基础也最重要的保障。再加上，如今的新闻业呈现出以数字技术驱动为核心的生产逻辑，媒体行业从生产、传播实践到思维观念都发生着变化，新闻记者的职业角色、职业道德等也因数字技术受到了巨大的冲击。因此，传统媒体要想更好地适应互联网和数字技术的快速发展、提升自身的竞争力，提升记者的数字素养是必不可少的。

---

① 人民日报社评论部.论学习贯彻习近平总书记新闻舆论工作座谈会重要讲话精神［M］.北京：人民出版社，2016.

进入21世纪，数字技术、互联网发展迅速，数字化深入人们的生活。为适应数字时代、互联网时代的到来，有学者提出了数字素养这一概念。数字素养（digital literacy）可以说是为适应数字技术而产生的需要掌握的能力素养。1997年，保罗·吉尔斯特（Paul Gilster）对其进行定义，认为数字素养是获取、理解并使用互联网中的信息的综合能力[1]。艾伦·马丁（Allan Martin）等认为，数字素养是在数字环境中，能正确使用数字设备识别、获取、评估和创新信息以参与经济社会生活的能力[2]。解决数字素养问题，提出数字素养的测量框架是问题研究的关键。国内外有诸多组织机构和学者都提出了数字素养的测量框架。比如，联合国教科文组织提出了包括软硬件基本知识、信息和数据素养等6个一级维度、25个二级维度的数字素养框架[3]；我国的杨江华、苏岚岚、姚争等学者针对不同人群提出了数字素养框架。

本文认为，新闻媒体是有着特定角色规范的行业，媒体融合背景下，提高新闻记者的数字素养应该从以下几个方面着手。

（一）数字专业知识与技能

记者应该学习与新闻传播领域相关的专业软硬件知识与技能。在媒体融合时代，传统媒体与新媒体之间融合不断加深，只拥有传统媒体的专业知识水平远远不够，还要掌握新媒体的传播特点，才能生产出适合的新闻报道。因此，要强化记者对新媒体的认知，提高其专业理论业务方面的能力。同时，可以培养"一专多能"的记者。何映霏等学者就总结到，大部分记者没有接受过传统新闻技能以外的技能培训且精力和时间是有限的，

---

[1] GILSTER P. Digital literacy [M]. New York：Wiley，1997：1-2.
[2] MARTIN A，GRUDZIECKI J. DigEuLit：concepts and tools for digital literacy development [J]. Innovation in teaching and learning in information and computer sciences，2006，5（4）：249-267.
[3] UNESCO. A Global Framework to Measure Digital Literacy [EB/OL].（2018-03-19）[2024-03-20]. https://uis.unesco.org/en/blog/global-framework-measure-digital-literacy.

无法做到样样精通，很难成为"全能记者"[1]。因此，鼓励记者钻研某一个领域的知识技能，从而成为该领域的"专家型记者"，进而组织一支每名记者可以发挥自身特长的"全媒体型记者"队伍，这样可以达到更好的传播效果[2]。

（二）数字信息评估、挖掘与管理

记者应具备核查信息内容真实性的能力，同时保持新闻敏感，以挖掘并整合高质量信息。首先，媒体平台中充斥着大量的信息，其中不乏虚假新闻、谣言等，再加上如今社交媒体平台使用算法推荐技术，这可能会造成信息茧房等现象的出现，使得虚假信息更加容易传播。这时新闻记者需要有信息评估能力，核查信息的真实性，并还原事件的真相。与此同时，生成式人工智能、算法等数字技术运用到信息生产传播过程中，虽然能在时效维度上远远超过人类，但其在自身不了解的领域还存在诸多问题，如准确性不高、被人利用制造假新闻等，这就需要新闻记者从信息生产者转向信息核查者，即核查人工智能所生成内容的真实性以及生成的新闻内容是否符合伦理规范[3]。其次，保持新闻敏感是记者最为重要的天赋。社交媒体平台中可能隐藏着诸多新闻事件的新闻线索，这时记者就需要拥有新闻敏感，从诸多网络信息中获取有价值的新闻线索并整合形成高质量的新闻内容。

（三）数字社会责任

记者应加强保护个人隐私等伦理道德的能力以及增强使用数字技术和内容时的法律和道德方面的意识。首先，记者作为职业新闻传播伦理主体，应该加强保护个人隐私等伦理道德的能力，要坚持新闻真实性原则，认真核实新闻源的真实性。其次，有的学者认为记者要学习法律知识，以

---

[1] 何映霏，李龙飞.常规"脱嵌－再嵌入"：媒介融合视域下新闻从业者的行动逻辑与职业认知［J］.传媒观察，2022（9）：29.

[2] 何耀军."全媒型记者"不是"全能记者"：基于"全国50个城市135名一线记者问卷调查"的思考［J］.青年记者，2022（21）：39.

[3] 陈力丹，荣雪燕.从ChatGPT到Sora：生成式AI浪潮下强化新闻专业意识的再思考［J］.新闻爱好者，2024（4）：5-6.

防止出现利用职业牟利的行为[①]。如今有不少记者处于利益至上的媒体环境中，在面对资本、机制、技术等各方面的挑战时，要能够抵御诱惑，以社会利益为先，坚持良好的职业操守。最后，新闻媒体作为党的喉舌，要求新闻记者要提高自身的党性修养，在新闻传播工作中坚守职业伦理道德，牢记社会责任。

（四）数字实践与创新

记者应该提升借助数字技术实践应用的能力，通过整合信息创造有意义的产品。伴随媒体融合的推进，记者的工作内容从"写新闻"逐渐变为"做产品"[②]。传统新闻记者新闻写作的重要准则，包括真实性、客观性等，当新闻记者的工作任务从"写新闻"变为"做产品"时，原有的专业新闻的特征就增加了更多产品生产的含义，即参与性，实现用户与内容之间的互动成为新闻产品制作的重要标准。因此，为实现这一点就需要记者选择并整合合适的新闻内容从而匹配用户的消费场景[③]。例如，新闻产品的发布时间应与用户的作息时间相匹配，新闻内容的选择应基于用户群体特征等。新闻内容的质量同样至关重要，记者应通过技术手段，为受众提供有深度、有思想的新闻内容，在日常工作中，要树立新闻创新、策划意识。苟凯东通过调查研究发现，逆向思维、超前意识以及创新、策划能力是记者需要具备的能力[④]。

结　语

数字技术使我国媒体融合向着纵深发展，也逐渐融入新闻业并对其

[①] 王叶华. 新媒体时代背景下新闻记者的职业素养与社会责任[J]. 科技传播，2014，6（22）：76.

[②] 樊攀，杨保军. 从"做新闻"到"做产品"：媒体融合中职业新闻工作者的边界扩张[J]. 中国编辑，2023（5）：51-52.

[③] 邓建国，刘博. 从Web2.0到元宇宙：论技术与用户驱动的新闻产品创新[J]. 中国出版，2022（14）：6.

[④] 苟凯东. 新闻记者胜任力模型构建和培训需求分析[J]. 东南传播，2013（6）：15.

产生影响。与此同时，记者作为新闻媒体传播活动中的重要一环，也因数字技术的发展在职业角色、专业技能等方面深受影响。因此，本文提出了提升记者数字素养维度的四个方面，即数字专业知识与技能，数字信息评估、挖掘与管理，数字社会责任，数字实践与创新，这对记者适应媒体数字转型等方面具有一定的实践价值。

知识付费产品试用体验对用户黏性的影响研究

——以"一元公开课"为例

周思超　俞健豪　卢光金　戚晓婷

【摘要】随着知识付费产品同质化渐显,在线教育平台尝试通过在线体验的方式增强用户黏性。公开课体验并不是传统意义上的体验营销,其课堂氛围及社群效果对受众的影响也不能单单以电商主播特征来解释。本研究的目的是探索公开课体验过程中影响用户对知识付费态度的因素,并从用户体验等角度为在线教育平台和知识生产者提升用户量及效益提出落地性的建议。本文在 UTAUT 模型的基础上,依托准社会互动理论,以感知价值和绩效期望为中介变量构建模型,运用 SPSS、AOMS、PROCESS 等数据分析工具进行定量分析。通过研究发现,用户特征等因素对后续购买意愿具有显著正向影响,证明了感知价值和绩效期望的中介作用,发现了群体压力的调节作用和由沉没成本带来的层递效应的直接促进作用。这对企业提升用户转化率及黏性具有重要借鉴意义。

【关键词】知识付费；公开课体验；感知价值；用户特征；后续购买意愿

当今社会处于知识爆炸的数字经济时代,市场细分趋势明显,人们习惯了利用碎片化的时间从网络上获取资源来提升自身价值,知识付费彰显出了巨大的发展潜力。与线下教育不同,在线教育依靠互联网超时空的特性可以打破以往的时空限制，使人们能共享优质教育资源，是促进教育公平、缩小数字鸿沟的有效途径。知识付费领域因此从业者剧增，竞争激烈，知识付费相似产品也越来越多。而信息爆炸的互联网为用户提供信息获取渠道的同时，也因为信息过载，使用户很难进行信息内容的筛选，加上知识付费产品由于产权化和虚拟化而无法退货的特殊性，知识付费产品营销愈加艰难。为了进一步扩大消费用户群，越来越多的在线教育平台推出了在线公开课的模式，并对公开课收取少量费用，通过在线体验的方式增强用户黏性。在知识付费时代开展公开课体验并不是传统意义上的体验营销，其课堂氛围及社群效果对受众的影响也不能单单以电商主播特征来解释，其过程既包含了体验营销的特点，又由于其线上开展的模式及产品虚拟化的特性，具有自身的显著特点。

目前，已经有很多学者针对知识付费相关内容进行了研究，有学者使用计划行为理论和技术接受模型等，这为我们进一步研究用户知识付费意愿及其影响因素提供了参考，但对在线互动情景下的体验营销的关注还很不足，忽视了由知识提供者及周边人所带来的虚拟陪伴感及群体行为对用户消费意愿的影响。为此，本研究基于整合型技术接受理论，结合准社会交往理论，以期探究在线互动型知识体验课中，用户"体验－消费"的形成机理，更好地结合知识付费平台与经济发展的联系，探索提升用户体验、增强其消费意愿的路径。

一、理论基础及文献回顾

（一）知识付费试用体验相关研究

知识付费是依托网络平台有关知识、信息、经验、技术等付费的服务经济，是知识变现的一种共享新经济模式[1]。由于视频课程等虚拟产品的特

---

[1] 肖叶飞. 知识付费行业：基于知识传播与共享的服务经济[J]. 编辑之友，2023（1）：88-92，109.

殊性，大部分视频课程不支持退款，这也正是产品打开率和复购率不足的重要原因。卢恒等指出，知识付费课程能否满足用户对知识、互动、娱乐等的需求，是影响其继续付费意向的主要因素[1]。马昭指出，免费试用是一种成熟的非价格营销策略，对于视频课程等虚拟产品而言，公开课正好提供了一个了解相关信息、体验相应服务的渠道[2]。高云慧在文章中阐述，根据需求动机理论，用户在为商品付费时会受到相关传播主体行为与同属消费者的他人行为的影响，并在这种外部影响下产生消费动机，做出相应的消费决策[3]。闫幸等在研究中指出，社交体验、象征性消费体验和审美体验都不同程度地影响顾客欣喜，并且顾客欣喜对消费者的重复购买意愿有非常显著的正向影响[4]。

（二）相关理论模型概述

1. 整合型技术接受理论

绩效期望和社会影响是 Venkatesh 提出的 UTAUT 模型中的核心变量[5]。Schaupp 等人在原 UTAUT 模型基础上将用户态度、网络信任等变量加入研究。结果表明，用户态度对其后续的使用意愿产生影响[6]。

2. 社会临场感与准社会互动

社会临场感强调的是人们在虚拟情境下产生的具有社会性属性的交互

---

[1] 卢恒，许加彪，崔旭，等. 在线问答平台知识付费研究综述［J］. 图书情报工作，2023，67（16）：135-149.
[2] 马昭，尤薇佳，吴俊杰. 免费试用营销对众筹平台的影响研究［J］. 管理学报，2020，17（1）：121-130.
[3] 高云慧. 电商主播特征对消费者购买意愿影响研究［D］. 哈尔滨：哈尔滨工业大学，2020.
[4] 闫幸，吴锦峰. 盲盒顾客体验对消费者重复购买意愿的影响［J］. 中国流通经济，2021，35（7）：85-95.
[5] VENKATESH V, MORRIS M G, DAVIS G B, et al.User acceptance of information technology: toward a unified view［J］. MIS quarterly, 2003, 27（3）：425-478.
[6] SCHAUPP L C, CARTER L, MCBRIDE M E. E-file adoption: a study of US taxpayers' intentions［J］. Computers in human behavior, 2010, 26（4）：636-644.

过程，其被广泛应用在线上教育、电商服务、人际交互等领域[1]，越来越多的学者以此视角为基点研究直播依赖现象。与之相关的准社会交往理论提到受众所"交往"的媒介人物可以是虚构人物，但受众仍会像面对面交往那样对媒介人物做出认知和情绪反应[2]。媒介化的社会空间实现了赋权，在线互动情景使得传统意义上的意见领袖边界逐渐消磨，逐渐展现隐蔽性特征[3]，社群中的活跃分子在媒介赋能下逐渐发挥出越来越大的影响力。

二、模型构建和研究假设

本研究选取 8 名知识付费的忠实用户进行了半结构化访谈，基于现有研究和访谈结果，整理可能影响后续购买意愿的因素，构建本研究模型，各变量定义如表 1 所示。

表 1　变量定义

变量名	定义
内容独特性	课程内容是否具有不可替代性
内容全面性	课程内容是否足够全面，是否涉及课程主题的各角度内容
课堂氛围	课堂中的互动性、讲师风格是否有吸引力
产品认识程度	信息不对称程度，判断产品内容是否适合自己
自我效能	用户在使用付费知识服务平台时，对自身知识掌握能力的判断
知识焦虑	用户面对自身知识体系不完善问题产生的忧虑等消极反应的倾向
感知价值	基于对所得利益和所付出成本的感知而对产品或服务效用的总体评价
绩效期望	用户主观感受到的使用在线知识服务平台所获得的好处程度
群体压力	群体中其他人的言行对主体行为的示范或约束作用

---

① 蔡礼彬，丁子群.节事活动中观众互动与社会临场感量化机制研究：以东京奥运会开幕式为例[J].旅游学刊，2023，38（6）：105-121.
② 韩秀，张洪忠，何康，等.媒介依赖的遮掩效应：用户与社交机器人的准社会交往程度越高越感到孤独吗？[J].国际新闻界，2021，43（9）：25-48.
③ 刘怡.意见螺旋：危机舆情中网络动员的发生特征及传播逻辑[J].编辑之友，2019（2）：91-96，101.

续表

变量名	定义
层递效应	个人投资于学习其他信息获取策略或工具的时间和精力，以前的决策投资越大，复制早期决策的可能性就越大
后续购买意愿	用户愿意进一步为有某种特质的产品或服务付费的程度

（一）后续购买意愿

用户黏性指网站吸引用户，并能使用户长时间停留的能力，是一种主观感受。为便于量化分析，本研究采用后续购买意愿来指代用户黏性。王文珺指出，付费意愿定义为用户为有某种特质的服务或商品付费的意愿程度，也可以表示用户愿意为此支付的额外价值[1]。现有研究已经证明，意愿在很大程度上能决定行为，学者们在研究时经常使用购买意愿或偏好来指代真正的购买行为。因此，本研究采用后续购买意愿（SPI）作为模型的因变量。

（二）感知价值

感知价值（PV）起源于消费行为科学，Zeithaml认为，感知价值是对付出和所得关系的整体评价[2]。李武等从感知价值理论出发，证明了感知付出和感知收益等因素能影响用户对产品的感知价值，同时指明了用户的感知价值能正向影响付费意愿[3]。本文提出以下假设：

H1：用户对视频课程的感知价值（PV）显著正向影响后续购买意愿（SPI）。

H1a：用户对视频课程的感知价值（PV）对用户后续购买意愿（SPI）具有一定的中介作用。

---

[1] 王文珺. 网络视频用户付费意愿影响因素研究［D］. 广州：暨南大学，2020.

[2] ZEITHAML V A. Consumer perceptions of price, quality, and value: a means-end model and synthesis of evidence［J］. Journal of marketing, 1988, 52（3）: 2-22.

[3] 李武，艾鹏亚，谢蓉. 基于感知价值视角的在线付费问答平台用户付费意愿研究［J］. 图书情报知识，2018（4）: 4-14.

(三)绩效期望

知识付费用户的绩效期望(PE)指用户在享受知识付费服务时主观感受到的好处程度。Venkatesh在文中表明,在影响用户对新技术使用意愿的因素中,绩效期望是一个不可忽视的变量。瞿林云等人在研究中发现,绩效期望因素显著正向影响学生MOOC的学习意愿。[①] 本文提出以下假设:

H2:绩效期望(PE)对在线知识服务平台的后续购买意愿(SPI)产生正向影响。

H2a:绩效期望(PE)对用户后续购买意愿(SPI)具有一定的中介作用。

(四)用户特征

1. 自我效能

自我效能(SE)是个体的一种自我认知,它表现为个体是否能判断自己能否完成某项任务。在互联网环境下,用户在知识付费前,对于自身能否完成相应学习任务及该知识掌握的感知和判定会对其后续的购买意愿造成影响。

2. 知识焦虑

知识焦虑(KA)指用户面对自身知识体系亟待完善而产生的忧虑等消极反应的倾向。在社会竞争加剧的大环境下,有学者研究指出了用户焦虑在一定程度上能促进偏好及情绪影响的购买动机。快节奏的生活带来了社会无穷的内卷化,人们由于对社会环境不安,担心被社会洪流淹没,更会产生知识焦虑,知识需求也会不断扩张。因此,本文提出以下假设:

H3:自我效能(SE)对绩效期望(PE)产生正向影响。

H4:知识焦虑(KA)对绩效期望(PE)产生正向影响。

---

① 瞿林云,周雨青,赵馨蕊,等. 大学生MOOC学习的影响因素研究:基于UTAUT2模型[J]. 湖北第二师范学院学报,2018,35(8):47-57.

（五）内容价值

内容质量是用户对相关信息内容完整度、更新及时度以及信息正确度的判断。在线上教育课程中，内容价值是指用户在选择课程时，根据平台给用户倾向选择的课程所呈现的简介，并结合自身需求，所感知到的与课程相关的内容或周边产品质量。公开课情境下更有利于用户根据个人体验评价课程的内容是否符合预期。有研究表明，高信息质量或高知识质量可以通过提高用户的感知价值激发用户使用知识付费平台进行线上课程学习的动机。鉴于此，本文提出以下假设：

H5：内容独特性（CU）对感知价值（PV）产生正向影响。

H6：内容全面性（CC）对感知价值（PV）产生正向影响。

（六）在线体验

廖纮亿、方美淇认为，体验营销是企业或平台通过让顾客实际感知产品或服务的品质或性能，使顾客对产品产生一个全面的认知，进而促使购买的一种营销手段，在传统的线下营销中十分普遍[1]。知识付费时代，在互联网强时效性和强交互性特点的加持下，这些体验将会强化或改变顾客原有的消费意向。大量研究指出，课堂氛围和课堂中的准社会互动会对消费者的品牌态度和购买行为产生很大影响。邓乐认为，信息认知影响消费者的决策行为，因为个人认知有一定的信息不对称性，从而消费者对产品的认知也会产生一定偏差，产品认识程度在消费者购买决策中至关重要[2]。因此，本文提出以下假设：

H7：课堂氛围（CA）对感知价值（PV）产生正向影响。

H8：产品认识程度（PA）对感知价值（PV）产生正向影响。

---

[1] 廖纮亿，方美淇. 体验营销对消费者购买意愿的影响研究：以 Runner Camp 运动品牌为例［J］. 现代营销（经营版），2020（11）：190-192.

[2] 邓乐. 网购体验对于消费者购买意愿的影响研究［D］. 兰州：兰州财经大学，2021.

（七）群体压力

群体压力指他人可以通过"社会舆论""模范言行"等社会规范因素所带来的社会影响力对个体认知施加压力。移动互联时代，传播媒介的发展使信息流的传播更为迅速。本文认为，在课堂中，他人对产品的评价会对用户产生一定的"心理说服"效果，这种效果作用于用户心理并影响其认知使之做出趋同选择。基于此，本文提出以下假设：

H9：群体压力（GP）正向调节用户感知价值（PV）和后续购买意愿（SPI）的关系。

（八）层递效应

沉没成本是心理承诺中的重要维度，指的是以往在其中的投入。之前的投资越大，越可能再重复投资行为。对知识付费而言，沉没成本指的是个人投资于学习或相关信息获取的时间和精力以及已投入的经济成本。如果他们已经在此投资了很大精力，那么即使觉得该内容并没有很强的吸引力，也会更偏向于进行付费行为。对沉没成本的感知是引发进一步投入的重要因素，在已有投入的基础上增加投入又可以由层递效应来解释。因此，本文提出如下假设：

H10：层递效应（LE）正向显著影响用户后续购买意愿（SPI）。

基于以上分析，本文以用户行为为基点，结合准社会互动理论研究"一元公开课"体验对用户后续购买意愿的影响机制。本文的研究模型如图1所示。

图 1　假设模型

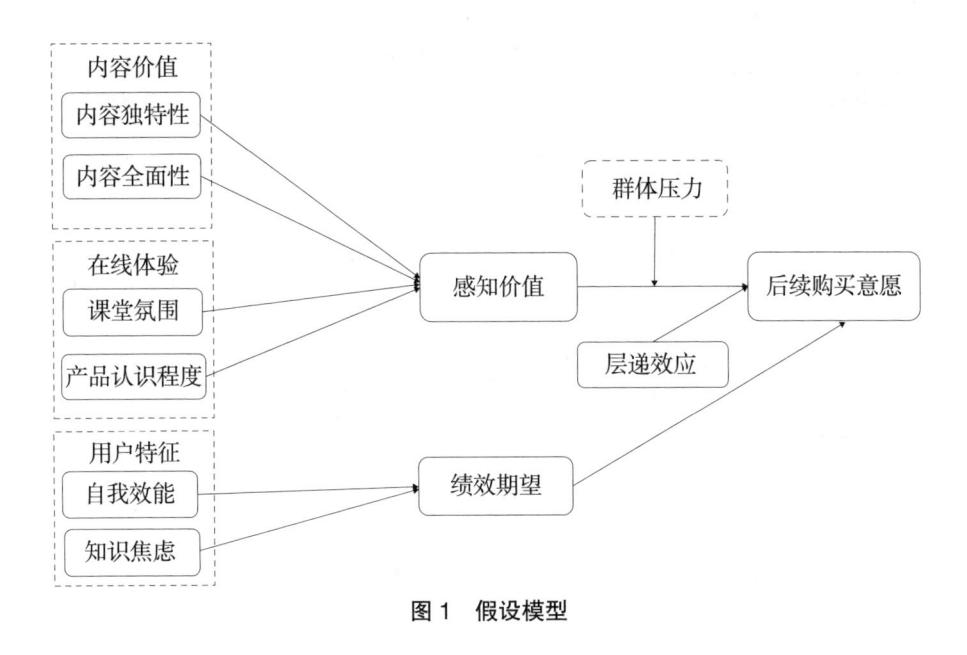

三、测量量表与数据收集

（一）问卷设计

本研究通过文献分析和归纳，结合有关后续购买意愿研究的问卷设计思路，参考了以往关于后续购买意愿研究中的成熟量表，根据半结构化访谈和预调研结果对问卷进行了调整和修改，以适应在线知识服务的背景及特征。

本研究的问卷分为两部分。第一部分是描述性统计及筛选性题项；第二部分是对用户公开课体验及后续购买意愿进行量化调查，选择了里克特5级量表进行选项设置。最终形成量表测度项如表2所示。

表2　量表测度项及来源

潜在变量		测量题项	参考来源
内容独特性	CU1	我会为网课平台付费，是因为它拥有独有的、垄断的课程内容	Delone&Mclean[1]
	CU2	我会为网课平台付费，是因为可以观看在其他平台上看不到的课程内容	
	CU3	我会为网课平台付费，是因为其他平台没有这个平台的课程内容	
内容全面性	CC1	我会为网课平台付费，是因为它上线的课程内容很全面	杨根福[2]
	CC2	我会为网课平台付费，是因为该平台的课程包含了其他平台的课程内容	
	CC3	我会为网课平台付费，是因为课程内容覆盖范围很广泛	
课堂氛围	CA1	通过公开课，我可以初步了解课堂氛围	访谈所得
	CA2	课堂中的互动让我感觉心情愉悦，便于理解	
	CA3	良好的互动交流能丰富我的人际网络，并给予我一定的归属感	
	CA4	我会倾向于选择给我良好体验的课程	
产品认识程度	PA1	通过公开课，我可以了解该课程讲述主题和我的学习需求是否符合	Venkatesh et al.
	PA2	通过公开课，我可以了解课程难易度是否契合我的阶段	
	PA3	我更愿意购买老师讲课风格吸引我的课程	

[1] DELONE W H, MCLEAN E R. The DeLone and McLean model of information systems success: a ten-year update [J]. Journal of management information systems, 2003, 19 (4): 9-30.

[2] 杨根福. MOOC 用户持续使用行为影响因素研究 [J]. 开放教育研究, 2016, 22 (1): 100-111.

续表

潜在变量		测量题项	参考来源
自我效能	SE1	与同龄人相比,我有能完成付费知识学习的竞争力	Kankanhalli et al.①
	SE2	我有完成在线付费后知识学习的才能	
	SE3	我很有信心我能完成在线付费知识的学习	
知识焦虑	KA1	我会因为某方面知识的缺乏而对工作生活感到担忧	Balon R.②
	KA2	我害怕自己因知识欠缺而落后于他人	
	KA3	没有掌握所需的知识使我更容易紧张和焦虑	
感知价值	PV1	我认为相比于我付出的金钱,对课程的后续购买行为是值得的	Venkatesh et al.
	PV2	我认为相比于我付出的精力,对课程的后续购买行为是值得的	
	PV3	我认为相比于我付出的时间,对课程的后续购买行为是值得的	
绩效期望	PE1	通过公开课,我认为该视频课能有效地解决我的问题	Venkatesh et al.
	PE2	通过公开课,我相信后续视频课可以为我的个人进步增加机会	
	PE3	通过公开课,我认为该视频课能很好地开拓我的思维,提高学习质量	
群体压力	GP1	看到其他人购买课程时,我也会倾向于购买	访谈所得
	GP2	看到其他人对课程表示好评时,我也会倾向于认同该课程	
	GP3	看到其他人通过该课程取得了进步,我也会倾向于购买	

---

① KANKANHALLI A, TAN B C Y, WEI K K. Contributing knowledge to electronic knowledge repositories: an empirical investigation [J]. MIS quarterly, 2005: 113-143.

② BALON R. Rating scales for anxiety/anxiety disorders [J]. Current psychiatry reports, 2007, 9 (4): 271-277.

续表

潜在变量		测量题项	参考来源
层递效应	LE1	我花了大量的时间和精力去获取知识	访谈所得
	LE2	我会倾向于选择自己已经消费过的产品	
	LE3	我在公开课中的投入会影响我后续的购买行为	
	LE4	收费的公开课能使我听课时更认真	
后续购买意愿	SPI1	我愿意为需要的课程付费	Hsu et al.[①]
	SPI2	如果将来有需要，我会打算（或继续）购买视频课程	
	SPI3	我愿意将好的课程推荐给周围有需要的人	

（二）数据收集

本文研究对象为体验过"一元公开课"或在线上教育平台进行课程消费的用户及未来有线上课程购买意愿的用户。共回收问卷342份，具体问卷来源如图2所示。

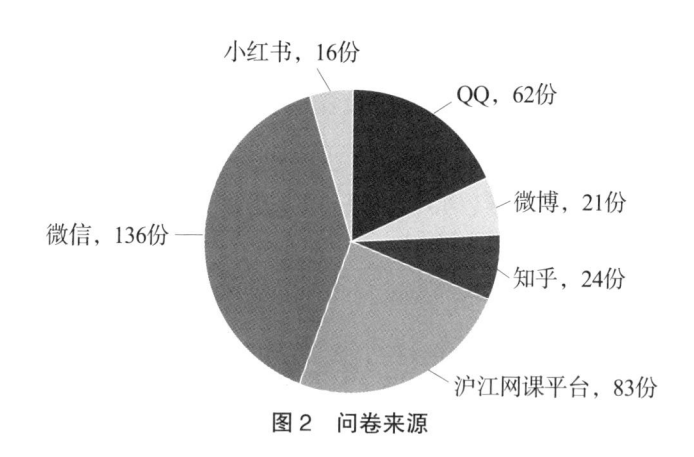

图2 问卷来源

- 小红书，16份
- QQ，62份
- 微博，21份
- 知乎，24份
- 沪江网课平台，83份
- 微信，136份

通过初步筛选，剔除无效问卷41份，具体筛选情况如图3所示，最

---

① HSU M H, CHANG C M, CHU K K, et al. Determinants of repurchase intention in online group-buying: the perspectives of DeLone & McLean IS success model and trust [J]. Computers in human behavior, 2014 (36): 234-245.

终获得有效问卷 301 份，问卷有效率 88.01%。

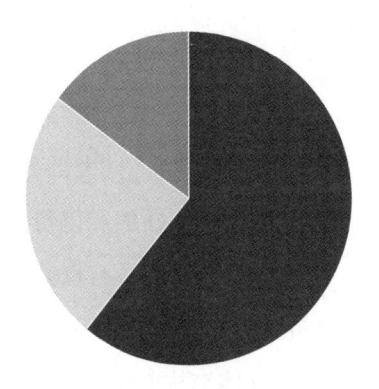

图 3 问卷数据筛选

四、数据分析

（一）描述性统计分析

本研究的人口统计学变量包括性别、年龄和学历三个方面。从性别分布上看，男性受访者少于女性，但相对趋于平衡；受访者年龄在 19—35 岁的较多，占总体的 77.08%，究其原因为问卷面向的人群为有过在线知识服务平台使用经历的个体，整体上偏向青年群体，这也符合当前我国网民发展状况。从问卷调查结果来看，本科学历的受访者最多，占受访总数的 67.77%，与我国青年群体受教育程度基本相符。根据被调查者在线知识服务平台使用情况的分析结果，大部分用户都愿意为知识付费，占总受访人的 77.74%，表明大部分用户已从知识的免费时代过渡到付费时代；84.05% 的受访者表示希望产品先试用再购买，这表明本研究具有很强的实际意义。

（二）测量模型检验

1. 信效度检验

通过 SPSS 进行问卷信度验证。由分析结果表 3 可以看出，各变量的 Cronbach's Alpha 系数均大于 0.74，且大部分在 0.80 左右，总信度达 0.956，问卷信度水平较高。通过 KMO 值和巴特球形值的检验发现本问卷总体效度达到了 0.94，说明本问卷整体具有良好的效度。各项 p 值均小于 0.05，表明适合做因子分析。除了部分题项因子载荷略小于临界水平 0.7，其他的因子载荷均大于 0.7。整体结构效度可以接受。

表3 信效度检验结果

变量	Cronbach's Alpha	KMO 值	巴特球形值
内容独特性	0.828	0.722	0.000
内容全面性	0.833	0.723	0.000
课堂氛围	0.743	0.757	0.000
产品认识程度	0.802	0.705	0.000
自我效能	0.805	0.714	0.000
知识焦虑	0.785	0.706	0.000
感知价值	0.811	0.707	0.000
绩效期望	0.782	0.703	0.000
群体压力	0.762	0.694	0.000
层递效应	0.794	0.786	0.000
后续购买意愿	0.793	0.688	0.000
总	0.956	0.940	0.000

2. 验证性因子分析

为了进一步验证量表的聚敛效度和区别效度，本研究使用 AMOS24.0 软件进行验证性因子分析。根据表 4 的检验结果可以发现，各变量的因子载荷量均大于 0.5，"课堂氛围（CA）"和"层递效应（LE）"两个变量的 AVE 值略小于 0.5，略有不足。各变量 CR 值均大于 0.7，总体上看模型聚合效度良好。

表 4 验证性因子分析

路径			Estimate	AVE	CR
CU3	<---	CU	0.803		
CU2	<---	CU	0.783	0.616	0.828
CU1	<---	CU	0.768		
CC3	<---	CC	0.769		
CC2	<---	CC	0.802	0.626	0.834
CC1	<---	CC	0.802		
CA4	<---	CA	0.595		
CA3	<---	CA	0.663		
CA2	<---	CA	0.667	0.422	0.744
CA1	<---	CA	0.670		
PA3	<---	PA	0.762		
PA2	<---	PA	0.718	0.578	0.804
PA1	<---	PA	0.798		
SE3	<---	SE	0.760		
SE2	<---	SE	0.732	0.580	0.805
SE1	<---	SE	0.791		

续表

路径			Estimate	AVE	CR
KA3	<---	KA	0.749	0.549	0.785
KA2	<---	KA	0.743		
KA1	<---	KA	0.731		
PV3	<---	PV	0.722	0.598	0.817
PV2	<---	PV	0.791		
PV1	<---	PV	0.805	0.598	0.817
PE3	<---	PE	0.732	0.546	0.783
PE2	<---	PE	0.778		
PE1	<---	PE	0.705		
GP3	<---	GP	0.705	0.516	0.762
GP2	<---	GP	0.758		
GP1	<---	GP	0.691		
SPI3	<---	SPI	0.661	0.578	0.803
SPI2	<---	SPI	0.817		
SPI1	<---	SPI	0.793		
LE4	<---	LF	0.677	0.495	0.796
LE3	<---	LF	0.747		
LE2	<---	LF	0.685		
LE1	<---	LF	0.702		

同时，我们运用模型比较的方法对各个变量的区分效度进行考察。如表5所示，原模型与另外10个模型相比，对实际数据最为拟合，说明本文所涉及的量表均具有良好的区分效度。

表 5　模型比较检验

编号	模型	X2	df	X2/df	CFI	IFI	RMSEA	模型比较	ΔX2	Δdf
1	原模型	834.059	505	1.652	0.939	0.940	0.047			
2	十因子模型	958.157	515	1.860	0.918	0.920	0.054	2 vs 1	124.098***	10
3	九因子模型	1008.447	524	1.925	0.911	0.912	0.056	3 vs 1	174.388***	19
4	八因子模型	1082.165	532	2.034	0.899	0.900	0.059	4 vs 1	248.106***	27
5	七因子模型	1208.607	539	2.242	0.877	0.878	0.064	5 vs 1	374.548***	34
6	六因子模型	1305.352	545	2.395	0.860	0.861	0.068	6 vs 1	471.293***	40
7	五因子模型	1475.604	550	2.683	0.829	0.831	0.075	7 vs 1	641.545***	45
8	四因子模型	1539.605	554	2.779	0.818	0.820	0.077	8 vs 1	705.546***	49
9	三因子模型	1571.351	557	2.821	0.813	0.814	0.078	9 vs 1	737.292***	52
10	二因子模型	1621.161	559	2.900	0.804	0.806	0.080	10 vs 1	787.102***	54
11	单因子模型	1763.739	560	3.150	0.778	0.780	0.085	11 vs 1	929.680***	55

五、假设检验

（一）回归分析

运用多元线性回归验证假设。回归分析检验结果如表 6 所示，除 H2 显著性水平为 0.18>0.05 的标准，其余路径 p 值均符合标准，假设均成立。

表 6　回归分析检验

假设	路径	标准化路径系数	T 值	P 值	结论
H1	CU → PV	0.262	4.274	0.000***	接受
H2	CC → PV	0.091	1.344	0.180	不接受
H3	CA → PV	0.254	3.759	0.000***	接受
H4	PA → PV	0.151	2.241	0.026***	接受
H5	SE → PE	0.395	7.398	0.000***	接受

续表

假设	路径	标准化路径系数	T值	P值	结论
H6	KA → PE	0.312	5.843	0.000***	接受
H7	PV → SPI	0.375	6.914	0.000***	接受
H8	PE → SPI	0.170	2.731	0.007***	接受
H9	LE → SPI	0.281	4.537	0.000***	接受

（二）中介效应检验

由于本模型中的中介变量不唯一，本研究参考了 Preacher 和 Hayes 提出的检验多中介模型的方法。采用 PROCESS 插件，取"内容价值"和"在线体验"的均值为观测变量 1"内容体验"，与观测变量 2"用户特征"分别作为要检验的自变量，"感知价值"和"绩效期望"作为中介变量，因变量为"后续购买意愿"，设置置信区间为 95%，bootstraping 抽样 5000 次进行分析。检验结果如表 7、表 8 所示，两条路径中显著性水平均符合要求，且置信区间均不包括零，表明中介效应成立，即"感知价值"和"绩效期望"在"内容体验"、"用户特征"与"后续购买意愿"中起间接中介作用。

表7 感知价值的中介效应检验

路径	B	SE	LLCI	ULCI
直接效应	0.4473	0.0714	0.3068	0.5878
间接效应	0.277	0.1455	0.0024	0.4899

表8 绩效期望的中介效应检验

路径	B	SE	LLCI	ULCI
直接效应	0.3065	0.0784	0.1523	0.4608
间接效应	0.2531	0.0655	0.1366	0.3918

（三）调节效应检验

通过 PROCESS 插件进行交叉项设置及均值中心化，选择感知价值（PV）作为要检验的自变量，群体压力（GP）作为调节变量，用户的后续购买意愿（SPI）作为因变量，选定置信区间为95%，设置 bootstraping 抽样5000次，最终调节效应检验结果如表9所示。

表9 调节效应检验结果

	coeff	se	t	p	LLCI	ULCI
constant	3.810	0.040	94.971	0.000	3.731	3.889
PV	0.442	0.051	8.591	0.000	0.340	0.543
GP	0.254	0.067	3.797	0.000	0.122	0.385
交互项	0.106	0.049	2.174	0.031	0.010	0.202

由检验结果可知，感知价值（PV）、群体压力（GP）及交互项检验 p 值均小于0.05，表明存在显著的调节效应。绘制调节效应图如图4所示，通过对图线斜率的分析可以发现，随着感知价值的增加，高群体压力的用户后续购买意愿要明显大于低群体压力的用户，即群体压力（GP）在用户感知价值（PV）及后续购买意愿（SPI）中具有正向调节作用。

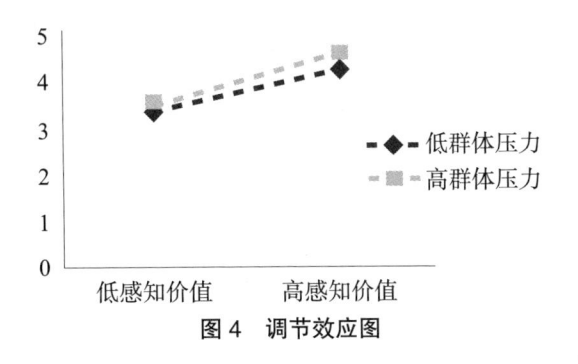

图4 调节效应图

（四）假设验证结果

基于以上实证分析，本研究提出的假设检验情况如表10所示。

表 10　假设检验结果

假设		结论
H1	用户对视频课程的感知价值（PV）显著正向影响后续购买意愿（SPI）	成立
H2	绩效期望（PE）对在线知识服务平台的后续购买意愿（SPI）产生正向影响	成立
H3	自我效能（SE）对绩效期望（PE）产生正向影响	成立
H4	知识焦虑（KA）对绩效期望（PE）产生正向影响	成立
H5	内容独特性（CU）对感知价值（PV）产生正向影响	成立
H6	内容全面性（CC）对感知价值（PV）产生正向影响	不成立
H8	课堂氛围（CA）对感知价值（PV）产生正向影响	成立
H9	产品认识程度（PA）对感知价值（PV）产生正向影响	成立
H10	层递效应（LE）显著正向影响后续购买意愿（SPI）	成立
H11	群体压力正向调节用户感知价值（PV）和后续购买意愿（SPI）的关系	成立
H1a	用户对视频课程的感知价值（PV）对用户后续购买意愿（SPI）具有一定的中介作用	成立
H2a	用户对视频课程的绩效期望（PE）对用户后续购买意愿（SPI）具有一定的中介作用	成立

根据检验结果，修正模型如图 5 所示。

图 5　修改后的模型

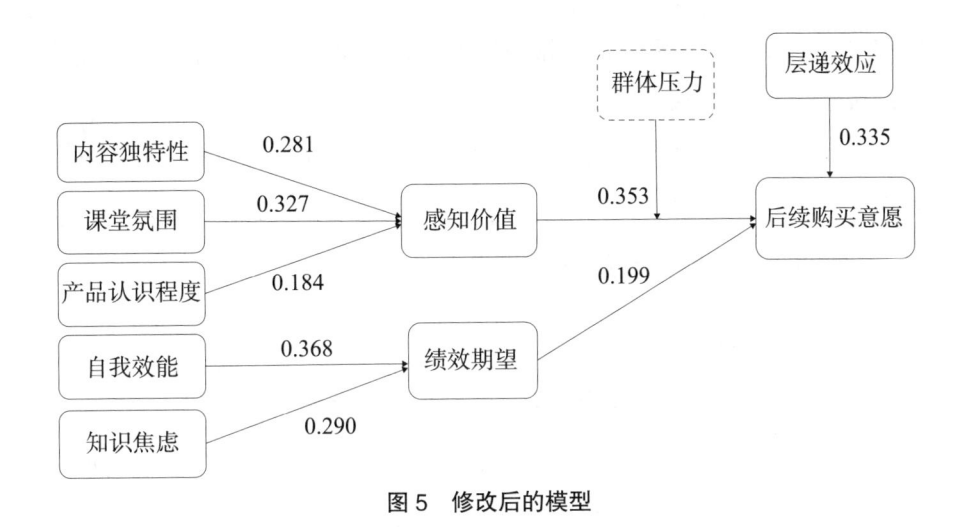

六、研究结论与对策建议

（一）研究结论

第一，根据描述性统计可以发现，大部分受访者都愿意为知识付费。在购买视频课程之前，用户最担心的是课程质量和课程内容不符合预期，因此，超过八成的消费者希望视频课程能先试用再购买，以此判断内容的匹配度。并且大部分受访者都有过参与网络公开课的经历，表明本研究具有重要的意义。

第二，根据假设检验结果可以发现，绩效期望、感知价值和层递效应直接正向影响用户对在线知识服务平台视频课程的后续购买意愿；用户的自我效能和知识焦虑对绩效期望有显著的正向促进作用，并通过绩效期望的中介作用对在线知识服务平台视频课后续购买意愿产生间接正向影响；内容独特性、课堂氛围和产品认识程度显著正向影响用户对该产品的感知价值，并通过感知价值的中介效应直接正向影响用户后续购买意愿。

第三，通过调节效应检验还发现了用户在参与公开课时的群体压力也会正向调节用户的感知价值和后续购买意愿关系，表明在公开课过程中，用户可能会受到他人影响，根据他人的言行决定自身对该课程的感知价值，从而产生一定的诱导性消费。

以上结论对于在线知识服务平台选择合适的营销传播方式，利用公开课展示课程内涵，突出自身优势，完善平台内容和结构建设，提高用户感知，促进用户后续购买及持续使用有着重要影响。

（二）对策和建议

1. 通过多方渠道，提高用户自我效能和知识需求

本研究已表明，大部分人都有知识付费的意愿及需求，知识付费平台可加大宣传力度，并提供一定的试用功能，利用良好的视听体验增加用户的价值感知，让用户清楚自身具有完成相应在线知识学习的能力及需求。此外，平台方在知识产品宣传推广期间，可以适度宣传先前用户通过知识学习实现个人提升的经验，让用户进一步认识到自身发展的可能性和知识汲取的紧迫性，进而产生或增强购买意愿。

2. 深耕知识内容，提高用户感知获益程度

本研究证明，感知价值能在很大程度上影响用户对知识付费平台的后续购买意愿，而知识内容是用户价值感知的重要来源。目前，知识付费平台的内容生产模式主要有 UGC 和 PGC 两种，各大在线知识服务平台一方面要不断拓宽知识产品覆盖领域提升其内容全面性，另一方面要不断拓展知识资源的广度和深度提升知识产品的专业性和稀缺性，打造自身的独特优势。平台方应适当注意用户的个性化需求，从内容独特性上发掘自身独特优势，进而利用行业壁垒进行垂直发展。

3. 用户需提升自己的媒介素养，明确自身需求

公开课确实为用户和知识付费产品提供了一个信息对接的渠道，但本研究发现，用户在公开课过程中可能会受群体压力的影响，对信息及自身感受的判断产生一定的偏差。因此为了正确地利用好公开课这个平台，参与的用户要提高自身的信息辨别能力，不能一味地盲从他人，要从体验过

程中发现自身需求的契合点，从而与知识服务提供商实现真正的互利共赢。

七、总结与展望

本研究探究了竞争激烈的知识付费时代，以"一元公开课"为代表的知识付费产品体验对用户黏性及后续购买意愿的影响，并取得了一定的研究成果。在互联网高速更新迭代的背景下，用户的媒介使用意识也逐渐增强，类似"一元公开课"的知识付费产品，一方面满足了用户的信息需求，另一方面在一定程度上弥合了经济发展不平衡导致的数字鸿沟。相关产品开发和管理者应充分了解用户需求，从产品体验角度寻找增强用户黏性的突破口，促进自身产业经济效益持久发展的同时进一步助力知识产品惠及普罗大众。由于资源和能力限制，本研究仍存在一定的局限性。在未来的研究中，可以将平台特征因素及长期试用效果对用户的后续购买意愿影响纳入研究，并结合其他机制的影响对此继续开展研究，以探究更深层次、更长期、更综合的影响效果。

"梗文化"塑造城市形象的路径分析
——以哈尔滨特色文旅活动火爆出圈为例

窦玉英　张卉馨

【摘要】当前，借助新媒体塑造更丰富、更接地气的城市形象，逐渐成为众多城市发展的着力点。本文以哈尔滨为例，采用案例分析法，研究哈尔滨这座城市在"南方小土豆"等热梗火爆出圈的互联网环境下，进行城市形象塑造的传播路径。研究发现，"梗文化"通过虚拟在场搭建情感对话、迷因传播进行社交狂欢、群体标签打造城市人设来进行城市形象的传播。同时，本文对"梗文化"在城市传播中存在的媒介隐忧进行分析，以期对其他城市在媒介融合的时代背景下塑造城市形象时有所启发。

【关键词】城市形象；梗文化；数字地方感；哈尔滨；"南方小土豆"

2024年1月2日，"哈尔滨元旦3天旅游总收入59.14亿"话题登上各大社交平台热搜榜单，哈尔滨成功晋升为2024年冬季旅游的"顶流"。在此背景下，"南方小土豆""东北大呲花""广西小砂糖橘"等热梗在网络传播中迅速火爆出圈。截至2024年1月14日，抖音平台关于"南方小土豆"的视频达到83亿次播放量。"梗文化"作为新媒介形式，如何发挥其传播特性，营造数字地方感，塑造城市形象成为关注热点。因此，本文以抖音短视频平台为例，探讨以"南方小土豆"为代表的"梗文化"如何激发个体记忆，搭建地方城市与社交媒体数字地方感之间的桥梁，实现新媒体语境下的城市传播路径，以期对其他城市在媒介融合的时代背景下塑造城市形象时有所启发。

一、"城市形象"与"梗文化"的概念引入

全媒体时代下，个体在互联网的互动和聚合让"城市形象"和"梗文化"两个看似毫无关联的概念产生了联系。过去专属官方塑造的"城市形象"变成了汇聚个体"数字地方感"的媒介化形象，而"梗文化"作为个体表达的社交货币，自然而然地成为塑造"城市形象"的重要媒介。

（一）城市形象和数字地方感

凯文·林奇在《城市形态》中首次提出"城市形象"的概念，并以"城市意象"作为进一步的补充。他认为城市形象是在大众传媒、个人经历、人际传播、记忆以及环境等多种要素的综合影响下产生的，是人与环境双向作用的结果[1]。过去，城市形象的塑造一般由大众传媒实现，掌握绝对媒介资源的大众传媒，通过报纸、广播和电视等媒介对城市经济状况、地标建筑等内容进行呈现。大众传播时代媒介构建的城市形象一般是宏观而抽象的，受拟态环境的影响，受众的城市观较为单一、疏离。进入新媒体时代，受众拥有了传播权利，个体力量崛起，城市形象的传播过程中出现了大量的微观视角，媒介内容爆裂式增长，在互联网端形成了具有沟通性的"流动空间"[2]。以一个城市为基点，用户可以在网络空间内形成快速聚合的群体，通过发布和交流个体经历，打造兼具宏观视角和微观视角的城市形象。

全媒体时代下，城市形象塑造的关键在于建立个体对于城市的数字地

---

[1] 汤培哲，王文姮.议题、凝视与狂欢："淄博烧烤"的网络出圈与其塑造的城市形象传播研究［J］.科技传播，2023，15（12）：7-10，14.

[2] 卡斯特.网络社会的崛起［M］.夏铸九，王志弘，等译.北京：社会科学文献出版社，2001：6.

方感。所谓地方感，是指地理上的认知和情感上的认同，而数字地方感是指实时化、碎片化、视觉化的数字传播搭建起"新地方感"——以海量信息和视频画面形成的个体对地方的地理认知、情感依恋与认同。从传播角度来说，数字地方感就是指媒介技术参与个人实践与地区互动的过程，形成"地区—人—媒介"的新型连接方式，通过游客对城市空间的在场介入与网民的虚拟在场体验来完成[1]。

（二）"梗文化"的概念

"梗"最早追溯于中国台湾地区的演艺圈，因"梗"与"哏"读音相似，在节目字幕中被误用，自此便有了好笑、逗乐的意蕴。随着社交媒体平台的建构与发展，多元主体参与到了文化的传播与创作当中，作为流行用语的"梗"逐渐成为一种社会方言，在特定群体中引发情感共鸣。总结来说，"梗"是指各类逸闻趣事，在文化交融和网络传播的过程中，不断被创造、被转化、被丰富，代表着某种特殊含义，并能引起知情网友共鸣的相关概念。"梗文化"通常以文字、图片、视频等为表现形式，在传播过程中承载群体的情绪与记忆，体现了当下的社会状况[2]。网络"梗文化"以其独特的文化属性，在社交媒体网络空间中，承担着沟通交流、社交娱乐、情感认同等重要功能[3]。

"梗文化"一般在"创造—传播—再创造—再传播"的过程中，不断扩展意义内涵。当网络热梗与现实地区碰撞，"梗文化"便成为数字地方感中的媒介角色，为城市形象的传播提供了新机遇。"梗文化"以其连接性、复制性和情感性为特点，成为连接现实地方与虚拟空间的重要媒介，推动着城市形象的塑造。

---

[1] 徐闻，陆冰灵. 探析数字地方感视角下"梗"文化的意蕴内涵与传播启示[J]. 汉字文化，2022（15）：185-186.
[2] 刘明昊. "梗文化"到底是什么文化[J]. 创作评谭，2021（2）：30-33.
[3] 王子健，李凌凌. 网络"梗"文化的意蕴内涵与传播逻辑[J]. 青年记者，2021（14）：109-110.

二、"梗文化"参与哈尔滨城市形象塑造的路径分析

在媒介化城市的打造中,"梗文化"作为最小的内容传播单位,搭建起了"地区—人—媒介"的连接方式,成为营造数字地方感的重要媒介。在此次哈尔滨城市形象的塑造中,以"南方小土豆"为代表的"梗文化",以接近性的语言符号、迷因式的社交属性和情感型的标签人设搭建起了专属于哈尔滨的媒介化形象,造就了哈尔滨城市的爆火出圈。

(一)弥合:以虚拟在场的连接性搭建情感对话

"南方小土豆"是指去东北旅游的南方游客,是东北当地人对身穿浅色羽绒服、头戴可爱帽子、身材娇小的南方游客的爱称。在"南方小土豆"这一萌化爱称之后,抖音平台又出现了一系列南方游客与东北当地人的互动视频,引发了网民的大讨论。至此,"南方小土豆"迅速成为网络热梗,进一步引发了哈尔滨的旅游热潮。

热梗"南方小土豆"作为互联网的语言符号体系,建立起虚拟空间中的共同体,打破了南北方之间维度距离的隔阂,成为这个冬天旅游领域的独特方言,发挥出"梗文化"特有的连接性,搭建起真实的对话与交流。具体而言,"南方小土豆"这一热梗,带有鲜明的冬季时间属性,不同于以往彼此区隔的差异话语,而是将外来者同样纳入自己的文化语境,使得在同一趣缘关系内的游客实现群体认同,激活了深层次的关系连接与情感交流。在"南方小土豆"占领哈尔滨的语境中,出现了"冻梨摆盘了""豆腐脑加糖"等哈尔滨"宠溺"模式,比起争论"甜咸豆腐脑",作为"梗文化"的"南方小土豆"搭建起包容与理解的赛博空间,凡是知晓"南方小土豆"的网民,都能以虚拟在场的身份参与哈尔滨游玩、南北话题的讨论,在接近性对话之中弥合了地区间的差异沟壑,展开情感传播,营造出真实、亲切和热情的哈尔滨城市形象。

(二)沟通：以迷因传播的复制性开启参与式社交狂欢

"梗文化"从大众文化创造中诞生，天生便具有复制属性和娱乐属性，在各个应用场景中，被不同主体以不同方式演绎，焕发着独特的生命力。在"南方小土豆"爆火后，无论是在哈尔滨游玩的亲身经历者还是网络在场的围观者，纷纷加入了这场网络热梗的狂欢传播。

一方面，"梗文化"的复制属性可作为一种"社交货币"满足人们的社交需求。在网络平台中，人们可以通过梗，以极低的成本和他人产生共鸣，实现社交优势感。热梗"南方小土豆"形成后，抖音平台相继出现了"尔滨你让我感到陌生""东北人宠南方小土豆""东北大地瓜独在家乡为异客"等相关话题，网民以不同形式对"南方小土豆"进行接力创造，在迷因传播中进行观点和情感交互，完成社交需求。另一方面，"梗文化"具有娱乐属性，梗在迷因传播过程中进行了语句的再创造、文化的接力以及意义的共享，从而实现了巴赫金提出的具有仪式感和颠覆性的"狂欢精神"。以"东北女生模仿南方小土豆"的相关话题为例，大部分视频内容为东北女生对南方游客声音语态的模仿，虽然是相似的内容，但通过不同人的演绎，在不断重复中，"南方小土豆"的"梗文化"完成一场又一场出圈的文化狂欢，激起不同地域之间的文化碰撞，塑造出包容、幽默的城市形象。

(三)联动：以群体标签的情感性打造城市人设

围绕着"南方小土豆"，许多衍生梗出现，如广西南宁到哈尔滨游学的小朋友，穿着橙色衣服，因此被称为"广西小砂糖橘"，除此之外还有"云南野生菌""四川小熊猫"等。哈尔滨通过这些热梗的群体标签，与南方的各个城市联动，进行情感互动，实现"霸总""东北大哥"等城市人设的打造。

符号互动论最早由美国社会学家米德提出，主要观点是，生活在社会中的个体，借助符号中介实现双方意义的共通，达到传受双方意义的互动。在哈尔滨的城市形象塑造中，传播在主客体的互动合议中形成了喜闻乐见的群体标签——"南方小土豆""广西小砂糖橘"等，这些群体标签以热梗的形式传播，相应的，哈尔滨具有温度的城市人设也在逐步建立。以"广西小砂糖橘"的群体标签为例，"小砂糖橘"勇闯哈尔滨之后，广西南宁送了11车砂糖橘、沃柑来到哈尔滨，而黑龙江省则"回报"广西10万盒蔓越莓。这10万盒蔓越莓掀起了"蔓越莓让东北人破防""东北人问蔓越莓啥味儿"的讨论热潮，哈尔滨回赠自家"掏家底"的农产品，既立住了对"小砂糖橘"的"宠"人设，又从更深层次上构建了以农业为依托的稳重人设。

三、"梗文化"进行城市形象塑造的媒介隐忧

"梗文化"产生于民间，爆发于追求"短平快"的互联网空间，其本身存在的争议会在广泛传播中进一步被放大。作为媒介的"梗文化"，在以秒为单位的快餐式传播中容易成为一种虚假的共识，造成认知危机，甚至会在官方媒体的下场玩梗之后对大众产生错误规训，由此形成对某类人群的刻板印象。因此，在应用"梗文化"进行城市形象传播过程中，不能忽视其存在的媒介忧患。

（一）媒介异化：阈限性空间引起认知危机

阈限性概念由人类学家维克多·特纳发展并普及，指一种社会文化结构从稳定的状态中脱离出来，同时向待建立的结构过渡的过程中模棱两可的状态或者过程，具有模糊性、开放性、非决定性和暂时性的特征[①]。"梗文化"在城市传播的过程中塑造出"新型哈尔滨"，在真实的物理空间和虚拟的数字空间中共生，成为阈限性的赛博影像空间。在这样流动的赛博空间中，围绕"南方小土豆"的热梗，存在着一些偏离实际的信息符

---

① 徐偲骕，姚建华.脸书是一个国家吗？——"Facebookistan"与社交媒体的国家化想象[J].新闻记者，2018（11）：15-25.

号,容易造成认知偏差。例如,在哈尔滨市内,一些本地人开展了免费接送"南方小土豆"的行动,出于安全的考量,许多游客保持迟疑的态度。随后,抖音平台出现了"为什么东北没有人贩子"的讨论,充分展现了东北人的热心与团结,呼吁游客相信免费乘车的安全性。这种阈限性的赛博影像空间内展现的绝对安全性,在一定程度上会对人们的现实认知产生影响,可能会造成游客的警惕性降低。这种情况下,以"梗文化"为代表的媒介技术产生了异化,反而制约了城市形象的塑造和游客的出行。

(二)官媒去严肃化:过度萌化叙事造成错误规训

"南方小土豆"一开始出现在网友的个体叙事中,成为网络热梗之后,哈尔滨官方迅速采纳网友对哈尔滨的萌化描述,出现了官方"带头玩梗"的现象。社交媒体时代,官方媒体为适应媒介生态,增强自身传播力,开始转化叙事语态,期望通过去严肃化的表达获取公众关注。但梗本身是在各种语境交织下形成的表达,具有不同的内涵和理解,当官方媒体为了迎合公众需要而使用该梗时,有时会放大梗本身的负面影响,造成不当的价值导向,最终会消解官方媒体的权威性。

(三)刻板印象加深:女性形象成认知定式

李普曼认为,刻板印象是人们对特定事物所持有的固定化、简单化的观念和印象,它由外在环境所赋予,经过媒体建构而形成。现在一提到"南方小土豆",人们脑中大多都会浮现出典型的娇小可爱的女生形象。虽然"南方小土豆"是哈尔滨对南方游客的爱称,但这样的群体标签下,不可避免地带有对于南方人身材矮小的刻板印象。而且在热梗的传播中,不断放大"南方小土豆"身上温柔可爱的特质,也是在强调加诸在女性群体身上的标签。当某种刻板印象通过网络热梗传播,就会形成一个社会广泛接受和普遍流行的刻板印象,对相关群体产生社会控制作用。因此"南方小土豆"的热梗传播,或许会让"可爱""弱小""香香软软"成为南方女生的"必备"特征,固化幼态审美,形成女性形象的定向认知。

结　语

　　当下网络热词、热梗已经成为现代内容社会交往中通行的社交货币，懂"梗"的人会自动形成社交圈层，建立互联网空间的群体认同。2024年初哈尔滨的火爆出圈，其玩梗造势的城市传播能力成为研究的焦点。本文以哈尔滨城市传播中的热梗"南方小土豆"为例，分析"梗文化"作为媒介如何通过虚拟在场、迷因传播、群体标签的方式进行城市形象的塑造。同时，也对"梗文化"在城市形象传播中存在的问题进行了反思，认为"梗文化"在传播过程中存在媒介异化、官媒去严肃化和刻板印象等问题，在未来的城市传播中需警惕注意。以"梗文化"为传播手段，哈尔滨成功塑造了多元的城市形象，展现了城市底蕴，提升了知名度和城市影响力。以此为基础，期望其他城市也能在媒介融合的时代背景下开辟出塑造城市形象的新路径。

新媒体平台赋能城市传播的媒介情境探析

吴 兵 王艺妍

【摘要】城市形象的传播离不开传播媒介这个载体，在新媒介技术出现前，传播城市形象主要依赖于报纸、广播、电视等传统媒介。现如今，城市形象传播也随着媒介的发展而产生变化，经历了从城市景观到综合城市内容再到城市生活为主的城市传播发展三阶段。在新媒体时代，人们对信息的需求发生了改变，从被动接受信息到主动生产信息内容，更多的受众掌握了信息的传播权。尤其是短视频等新媒体平台的崛起，为受众传播信息提供了更广阔的空间，让城市形象传播不再仅仅依赖于政府和媒体，而是有了更多智慧的结晶。因此，本文采用案例分析法、文献研究法，基于梅罗维茨的媒介情境论，梳理城市在传播内容、传播主体、传播渠道等方面如何利用新媒体平台进行形象塑造，从而总结其传播的经验及方法，利用新媒体平台探寻出城市传播更加有利的推进路径。

【关键词】媒介情境论；城市传播；形象塑造；新媒体平台

引 言

梅罗维茨提出："电子媒介通过改变社会场景的界限，使我们更详细地接近事件或行为的同时，也给了我们更多新事件和新行为。"新媒体平台电子媒介的使用，不仅帮我们塑造了城市形象，也有利于城市文化的向外传播。多元用户群体、多种传播形态，从不同角度深入城市生活的方方面面，这些内容也构成了立体的城市形象。胡翼青教授从"城市中的传播"、"传播中的城市"和"作为媒介的城市"三种路径分析将城市与传播视为双生共构的媒介，不仅体现了新媒体平台等媒介对于城市的意义，也突出了城市作为自身传播的媒介具有重要意义[1]。因此，城市传播的相关研究一直是居高不下的热议话题，具有重要意义。

一、新媒体平台赋能城市传播的媒介情境分析

城市文化、形象等诸多方面在新媒体平台的作用下，通过建立起不同的媒介情境进行传播。将碎片化的城市生活、市民生活凝练成独特的城市特征，利用新媒体平台的优势进行传播，可以让受众在沉浸式体验下产生群体参与式的情感认同。为了强化用户体验，城市传播在新媒体平台虚拟的社交场景下不断更新传播循环渠道进行情境扩散，从而形成传播新格局。因此，在分析新媒体赋能城市传播的媒介情境问题时，可以将上述内容分为建构情境、记叙情境与强化情境等三个方面进行研究。

（一）建构情境：城市生活的媒介镜像

1. PUGC 的内容生产模式赋予城市传播新机遇

梅罗维茨认为，对人们交往的性质起决定作用的并不是物质场所本身，而是信息流动模式。在城市形象传播过程中，媒介对信息的编码实际上是在进行情境建构，通过图文或是短视频等形式，建构起城市新的场景。新媒介技术打破了传统媒介技术下时间和空间上的距离，建构起的新的媒介情境，赋予了城市及城市传播群体"可见性"的新机遇。随着 MCN 运营模式的兴起，PGC 与 UGC 结合形成的 PUGC 使城市传播内容的短视频制作更加专业化与优质化，也从诸多角度呈现了城市的不同文化与特征。

---

[1] 胡翼青，张婧妍. 作为媒介的城市：城市传播研究的第三种范式——基于物质性的视角[J]. 福建师范大学学报（哲学社会科学版），2021（6）：144-157，172.

2. 功能形象成为城市传播的主要内容

城市传播不再局限于政府及传统媒体的宏观城市风景的场景建构，功能形象成为城市形象在新媒体平台的主要表达类型，餐饮美食、自然风光、娱乐、文化展览、人文场所变成城市新媒体形象的新型五大核心因素。就城市美食而言，在移动互联网时代，美食具有独特的感染能力，吸引着本地市民与外地游客的关注。这种关注除了体现在传统的吃播、烹饪上，也体现在对各地特色美食的打卡中。美食也在一定程度上代表了当地城市生活的特色文化，人们可以通过美食去体验城市人文风采，也可透过美食去体味城市的变迁。2023年的淄博一开始便是依靠美食烧烤被大学生群体打卡后而爆火出圈，它将烧烤与"饼卷一切"、山东大葱完美融合，既保留了烧烤本身的风味，又满足了人们对山东风土的想象，建立起地方辨识度[1]。此外，淄博烧烤也引来了各地烧烤的花式比拼，锦州烧烤、徐州烧烤也频频登上微博、抖音等新媒体平台的热搜榜单。餐饮美食成为城市传播的最大招牌，抖音生活服务数据显示，在2023年的中秋国庆双节长假中，仅中秋当天，抖音餐饮内容搜索量就达1.3亿次，488万条短视频记录了各地特色美食。平常且独特的城市内容搭载新媒体平台的情境建构进行真实形象的城市传播，全方位展示了城市场景的面貌。

（二）记叙情境：城市文化的沉浸式体验

1. 文旅部门从"新"出发唤起受众情感共鸣

以往，政府部门进行城市传播大都是用传统媒介进行，千篇一律的宏观镜头对受众来说没有强烈的吸引力。而电子媒介搭建的媒介情境，更加形象地体现出城市的特征，受众在虚拟与现实的沉浸式体验中也可以获得新的心理感受。在城市传播过程中，受众的情感共鸣，是促进该城市品牌形象裂变式传播的重要前提。现如今的城市传播中，各地政府及文旅部

---

[1] 朱萍，包晓婷. 建构·认同·扩散：媒介情境下短视频赋能城市形象传播研究——以淄博爆火出圈为例[J]. 新媒体研究，2023，9（17）：97-100.

门将网红地标元素及历史文化共同植入新媒体平台，以受众喜闻乐见的方式展现城市形象。在政府文旅部门通过新媒体平台助推城市宣传的行动中，不少文旅干部亲自出镜，化身网络红人为家乡代言，拉近了与群众的距离。截至2023年6月，全国268个地区的文旅部门均开通了抖音账号，开通率超过70%。

2. 多主体用户参与形成传播合力

新媒体平台赋予用户更多的主动性，城市形象的传播不再仅仅依靠单向传输，而是变成了双向交融。多主体用户共同参与城市传播这一重要过程，共同讲述城市新故事。用户在接收、浏览有关城市形象的信息时，也可以通过点赞、分享等方式将更多的城市信息主动传播，这种多样化的传播视角，也使得城市形象更加立体多元。与此同时，用户可以根据已有的视频文字信息进行剪辑，注入自己感兴趣的内容和创意，这也为城市形象的塑造带来了新的思路。这些富有新意的内容往往会引发更多的用户进行模仿制作，扩大了传播的范围和力度。用户的主动传播和再创作为城市形象的塑造与传播提供了更广阔的平台，增强了观众的情感共鸣。通过新媒体平台，KOL（意见领袖）及明星群体也加入城市传播的路径。"淄博烧烤"的话题热度就是在美食博主"特别乌啦啦"和"B太"的宣传下迅速出圈，两人的视频各自的点赞和转发量已近百万。另外，大学生"特种兵"群体的加入也扩大了城市形象传播的渠道，更多的年轻群体亲自体验不同的城市文化，进而制作成Vlog形式传播。2023年爆火的Citywalk旅行形式也是用户主动进行城市传播的典型案例。

（三）强化情境：城市形象的多渠道传播

1. 矩阵式传播扩大传播广度

在新媒体时代下，主流媒体需要以更加主动的方式实现融合转型发展。近些年，随着媒体转型的方式不断加深，主流媒体间构建起矩阵式传播形式，由政府部门牵头、多平台联结的"蛛网"式传播形态形成了强大的传播覆盖力。新媒介情境下，需要实现传统媒体与新媒体的优势互补，准确把握短视频时代传播规则，制造热点话题，打造协同合作传播模式，利用图片、文本、视频和音频形式进行分发，满足不同受众群体的多元化需求，营造出"所见即所得"的情境土壤[①]。2023年，贵州黔东南台盘村"村BA"火爆全网，我们不难发现，其爆火离不开媒体的"矩阵传播"。央视网、人民日报等央媒全程跟踪报道，各级新媒体和许多自媒体账号也进行转载，助推"村BA"收获近10亿次的播放量。

2. 与平台配合策划推动传播

城市形象传播不能仅仅依靠主流媒体的传播渠道，平台本身也是不可或缺的参与者与推动者。平台可以通过推出相关活动，吸引官方账号制作出更多内容有趣的短视频。此外，平台优质短视频的制作也要号召更多的用户加入，生成符合短视频行情的PUGC。用户更能把握用户需求，创作出更有针对性、个性化的传播内容。2023年，抖音平台策划了多个城市IP活动，打造了抖音城市的特色IP，有效激发了年轻群体的共鸣。与此同时，在淄博市政府打造的"好客淄博"媒介情境中，当地自媒体与普通用户的共同参与，强化了这一情境，引来了更多用户的体验与参与。

二、新媒体平台助力城市传播的价值与意义

新媒体平台的助力对于城市形象和乡村形象的构建具有重要的意义，微信公众号、小红书、抖音等新媒体平台的应用使其传播效果达到了最大化[②]。利用多元化、多渠道的城市传播模式，不仅可以满足受众对不同城市的多样化需求，也带动了城市的旅游消费，从而在一定程度上提升了城市品牌形象，为城市传播赋能助力。

---

① 杨敏.媒介场景视角下网红短视频中城市形象传播策略研究[D].兰州：甘肃政法大学，2023.
② 陈淼，张江汀.媒介情境视域下短视频构建乡村形象研究[J].中国电视，2022（5）：10-16.

（一）满足受众个体层面需求的必由之路

在传统媒体时代，受众对城市信息内容的接收往往是单向的，这一过程忽视了受众的主体性，城市传播的内容笼统且没有针对性。而在当前的媒介融合态势下，受众对信息的需求多样化，因此，新旧媒体需要相互配合依靠自身独特优势促进城市传播。不同的受众对不同的新媒体平台有不同的依赖程度，想要了解的城市内容也各有不同。新媒体平台通过大数据细分受众后进行内容的精准推送，以受众喜闻乐见的方式获得认同，扩大了城市传播的宣传效能也避免了对资源的浪费。年轻女性群体喜欢看小红书，通过小红书寻找她们心仪的城市，大学生群体喜欢通过从抖音等短视频平台搜集旅游资料获得城市信息。

（二）带动城市旅游与消费的关键之举

在新媒体平台的广泛应用下，城市借助于某个具体的任务、事件等特殊的影响力可以迅速吸引受众的注意力，从而起到宣传作用。在这种作用下，城市传播可以快速带动城市消费的增长，为城市注入新的活力。2023年五一期间，淄博站累计发送旅客超24万人次，比2019年同期增长8.5万人次，增幅55%。2024年，11个广西"小砂糖橘"勇闯黑龙江的话题在网络上引起热议，黑龙江人的热情好客以及漠河文旅局的花样待客获得网友们的连连赞赏，连"小砂糖橘"的家长都开始羡慕自己的孩子。漠河文旅果断抓住流量，为迎接"小砂糖橘"进行线上直播，直播观看人数超350万。东北本就是大多网友心中冬季的旅游胜地，"小砂糖橘"及"南方小金土豆"事件更是迅速带动了东北的旅游与消费。

（三）提升城市品牌形象的重要推手

现如今，新媒体平台为城市文旅品牌和旅游形象打造提供了新助力，成为形象传播的重要渠道。在当前城市化发展过程中，软实力开始成为城市综合实力竞争中的重要指标，文化对城市形象的塑造作用已不容小觑。新媒体平台上有关城市文化传播的内容逐渐丰富，城市文化的输出也已从地标建筑、美食等多方面着手，打造出独具特色的城市品牌，大大提高了城市品牌形象传播效能[①]。西安大唐不夜城通过对传统文化的创新，培育出"不倒翁小姐姐"等行为艺术，其在传播城市传统文化的同时也吸引了更多的年轻游客，形成了新的城市 IP。

三、新媒体平台助力城市传播的推进路径

在移动互联网技术突飞猛进的发展下，新媒体平台为城市传播赋能助力。但是，在这种发展背景下，也产生了相应的问题，包括新媒介技术下的短视频内容同质化严重、受众产生视觉疲劳以及违背伦理法规等。因此，为使新媒体平台更好地赋能城市传播，应探寻差异化审美，利用好"互联网+"的传播形式，从不同的视角传递不同的城市文化符号。

（一）发挥"人"的主体地位，强化城市文化认同

城市文化的传播主体是"人"，不仅包括新媒体技术下短视频的用户，也包括传统媒体中心利用新媒体平台进行短视频城市宣传的工作者。他们在不同的媒介中发挥意见领袖的作用，他们传播的城市内容决定能否唤起受众对城市文化的认同。不同的媒介情境有不同的传播主体，传播主体要考虑受众需求，注重创作者的素质。因此，城市文化传播平台的建设要提高媒体人的专业意识，深入了解城市文化内涵，努力生产出受众喜闻乐见的产品内容。同样，短视频平台也应加强审核机制，做好视频生产与发布的把关人。

（二）发掘独特城市文化符号，打造文旅融合新样态

发挥城市传播的最大价值，需要发掘独特的城市文化符号，打造具有特色的城市基因。只有充分激发城市文化的活力与创造力，深挖城市传统

---

① 接丹丹.移动短视频视域下城市形象传播策略分析：以抖音为例[J].传媒，2019（11）：46-49.

文化资源，拓宽文化的独特内涵，才能创作出更优质的文化作品，传播各地区不同的特色文化。通过新媒体平台的新模态，剪纸、杂技等非遗文化可以快速传播，受众被此吸引到城市，可以体验到不同的风土人情、地域美食和地方文化，这不仅可以创造城市经济价值，还可以打造城市文旅融合新样态。

（三）塑造"场景+"传播模式，创新城市传播表现形式

"场"是物理角度的时间和空间，"景"是心理角度的情境和情绪。媒体融合时代，"场景"一词在互联网领域中被大量使用，文化传播的"场景+"模式也在此基础上被提出。彭兰认为，场景是移动媒体时代的新要素，移动传播的本质是为媒介场景服务的。"场景+"以场景为核心，可以与城市传播中的一切事物相结合，如城市特色美食、城市自然景观、城市传统文化等。随着5G技术的出现，"场景+"的城市文化传播链条使360度全景式的传播效果有了新的突破，如使用穿戴式摄像机进行记录可以给传播主体与传播受众带来新的沉浸式文化体验，满足受众的文化需求。同时，也要坚持因地制宜，根据每个地区不同的城市特征呈现特色的"场景+"模式。

结　语

越来越多的"网红城市"为城市传播提供了新的范例和经验，但"网红热潮"势头越大也越应该提起注意，单一的传播内容必然会导致受众视觉疲劳，使得城市形象无法热度长存。因此，城市传播的关键在于如何变流量为城市发展的持续红利。在"无视频不传播，无平台不触达，无情感不共鸣"的媒介环境中，打造新的城市品牌形象，提升城市传播效果，需要深耕城市文化，联合当地政府和自媒体创作者优化渠道和创新情境，以技术的创新打造更具感官冲击力的媒介情境，让城市的"流量"转变为"留量"，实现城市品牌形象的长久性发展。

《长安十二时辰》跨媒介叙事对西安城市形象的传播

杨 茜 陈娅君

【摘要】 数字传播时代的媒介融合为文学作品提供了跨媒介叙事的可能。IP小说《长安十二时辰》为西安城市的发展创造了文化价值与经济价值，成为我国文化市场上IP开发的成功案例。本文基于跨媒介叙事视角，以IP小说《长安十二时辰》为对象，从跨媒介叙事的核心特质出发，通过跨平台展示、协作叙事、"无止境"激发受众反应，以及不断丰富的审美潜力剖析《长安十二时辰》跨媒介叙事的成功之处，从而进一步探究《长安十二时辰》跨媒介叙事对西安城市形象的传播。

【关键词】 跨媒介叙事；《长安十二时辰》；IP开发；城市形象

引 言

文旅结合背景下，文本的跨媒介叙事有利于城市旅游形象的塑造和传播。跨媒介叙事理论为城市形象塑造提供了多元化的手段、互动性的参与方式、创新性的叙事手法以及情感连接的机会。2003年，麻省理工学院亨利·詹金斯（Henry Jenkins）教授提出，当一个故事被跨媒体叙述时，每一个媒体平台上的故事应当相互独立，但同时又对该故事的整体做出独一无二且有价值的贡献[1]。IP小说《长安十二时辰》以盛唐时期为背景，讲述

---

[1] 詹金斯.融合文化：新媒体和旧媒体的冲突地带［M］.杜永明，译.北京：商务印书馆，2012：157.

了发生在长安城（今西安）的一段惊心动魄的故事，2017年一经出版便吸引了大批的读者。《长安十二时辰》IP通过现代新兴技术，将现实世界和虚拟世界相融合，进行了影视化呈现、沉浸式街区体验以及文创产品设计的转化，各媒介平台充分发挥自身优势，构建了高度完善的"故事世界"，形成了一套完整的跨媒体叙事逻辑，构成一个成功的跨媒介叙事实践，提升了西安的城市文旅形象。

一、《长安十二时辰》IP跨媒介叙事

亨利·詹金斯在论述电影《黑客帝国》的跨媒介叙事时，阐述了跨媒介叙事的核心特质，即跨平台展示、协作叙事、"无止境"激发受众反应、不断丰富的审美潜力。[①]《长安十二时辰》跨媒介叙事的成功之处在于，将这些核心特质有机地结合在一起，形成一个开放有序的叙事空间，打造出全新的、引人入胜的叙事体验。

（一）跨平台展示：建立多种媒体叙事体系

亨利·詹金斯在描述《黑客帝国》的跨媒介叙事时还指出，"一个跨媒体故事横跨多种媒体平台展示出来，其中每一个新文本都对整个故事做出独特而有价值的贡献"[②]。跨媒介叙事并非文本在不同媒介间的简单迁移，而是"媒介即讯息"[③]的深刻体现，《长安十二时辰》IP利用现代媒介技术，建立了多种媒体叙事体系。这一体系从最开始文字的视觉延伸，扩展到影视剧的视听觉综合延伸，最后到沉浸街区的具身体验，通过不同的叙事角度和手法，为观众呈现出统一但层次多元的长安世界。

不同媒介符码因性质的差异，展现出了各不相同的转化效果。《长安

[①] 詹金斯.融合文化：新媒体和旧媒体的冲突地带[M].杜永明，译.北京：商务印书馆，2012：157.

[②] 詹金斯.融合文化：新媒体和旧媒体的冲突地带[M].杜永明，译.北京：商务印书馆，2012：157.

[③] 麦克卢汉：理解媒介：论人的延伸[M].何道宽，译.北京：商务印书馆，2000：33.

十二时辰》小说文本以语言符号为基石，通过细腻的笔触和巧妙的情节设置，构建了一个丰富多彩的长安世界。原著共分二十四章，每章半个时辰，章节开头会注明故事发生的具体时间和地点，章节末尾附有一张长安城地图，详细标注了角色的位置和行踪，使读者对人物的行动路线具有清晰的观感[1]。在阅读过程中，读者可以通过文字想象出各种场景和人物形象，感受到故事的情感张力和戏剧冲突。这种文字的视觉延伸，是叙事艺术的基本形式，也是多种媒体叙事体系的起点。《长安十二时辰》影视剧则以影像符号为核心，通过画面、音效、配乐等多种手段，将原著中的场景和人物形象具象化，使得观众能够直观地感受到故事的魅力。比如，该剧开篇的全景式长镜头，将大唐景象展现得淋漓尽致。影视剧视听觉的综合延伸，不仅增强了故事的代入感，还能够让观众更加深入地理解故事的内涵。"长安十二时辰"街区的开发是多种媒体叙事的一种创新，通过构建与剧中场景相似的实体环境，游客身临其境地感受到长安城的繁华与危机。这种具身体验不仅增强了观众对故事的认知和理解，还让观众更加深入地参与到故事的叙述中。

（二）协作叙事：构建互文性故事世界

在文学领域，互文是指不同文本之间的相互关系。法国后结构主义学者克里斯蒂娃认为，"任何作品的文本构成都像是多个文本的镶嵌，任何文本都是对其他文本进行吸收和转化"[2]。在跨媒介叙事中，互文更多指文本间的协作叙事。亨利·詹金斯在分析电影《黑客帝国》和《卡萨布兰卡》的区别时，特别强调了协作叙事的重要性，并指出"通过近距离审视《黑客帝国》各种文本的互动，我们可以更好地理解跨媒介叙事新模式的运作过程"[3]。跨媒介叙事不是简单地把原著搬到另一个媒体平台上，而是

---

[1] 陆朦朦.面向跨媒介消费的网络文学 IP 价值开发优化策略［J］.编辑之友，2022（10）：52-57.
[2] 秦海鹰.互文性理论的缘起与流变［J］.外国文学评论，2004（3）：19-30.
[3] 詹金斯.融合文化：新媒体和旧媒体的冲突地带［M］.杜永明，译.北京：商务印书馆，2012：157.

试图通过在不同媒介上有机衔接文本内容，构建一个庞大的"故事世界"。《长安十二时辰》在跨媒介转化过程中，从小说原著到同名影视剧再到同名街区，三种不同的故事文本形态围绕同一 IP 主题对故事再演绎、再重构和再创造，实现了互文性的叙事模式。

《长安十二时辰》的小说与影视剧在故事情节、人物角色、叙事方式等方面都呈现出互文关系。首先，两者在故事情节和主题上保持一致。小说原著描绘了盛唐时期天宝三年（744 年）上元节时，长安城发生的一次重大刺客行动。影视剧则根据小说改编，同样以唐朝上元节前夕为背景，故事情节的互文性使小说和影视剧在内容上相互呼应，共同构建了一个完整的故事世界。其次，原著中的人物设定在影视剧中得到了展现，无论是主角张小敬、李必还是其他配角，都在影视剧中得到了鲜活的塑造。人物角色的互文性使小说和影视剧在人物性格、情感等方面相互补充，丰富了角色形象。最后，小说通过文字描述构建盛唐世界，而影视剧则通过画面、音效等视听结合将这一世界具象化，使观众能够直观地感受到盛唐时期的风貌和氛围。叙事方式和视觉呈现的互文性使小说和影视剧在表达上相互借鉴，共同提升了作品的艺术感染力。"长安十二时辰"沉浸街区则是对小说和影视剧故事世界的进一步延伸。街区中的各个业态，如长安小吃、主题文创、特色演艺等，都是对小说和影视剧中盛唐文化的具象化呈现和有益补充。沉浸街区还通过互动体验的方式，让游客与小说和影视剧中的角色产生共鸣，不仅增强了游客的参与感，也使小说、影视剧与沉浸街区在互文关系上更加紧密。

（三）"无止境"激发受众反应：形成强烈的情感纽带

在探讨《黑客帝国》与《卡萨布兰卡》等作品的差异时，亨利·詹金斯还阐述了跨媒介叙事如何在《黑客帝国》中形成强烈的情感纽带。在《黑客帝国》的跨媒介叙事中，观众成为故事的一部分。他们可以通过社交媒体、粉丝互动等方式与创作者和其他观众交流和讨论，共同构建和完善故事世界。这种协作叙事的方式不仅增强了观众的参与感和归属感，更使得故事的情感表达真挚和深刻。《长安十二时辰》影视剧的观众们通过线上线下不同方式参与到该剧的叙事中，与之产生深刻的情感共鸣，进一步扩大了剧集的影响力，形成了独特的情感纽带。

情感纽带的形成，源于跨媒介叙事带来的多维度、沉浸式的体验。影视剧《长安十二时辰》通过线上线下的全方位互动，将粉丝纳入叙事体系，成为 IP 传播的重要力量。《长安十二时辰》线上互动主要是在微博、微信公众号、抖音等社交媒体平台上，通过发布与剧情、角色、拍摄幕后等相关的内容，引发粉丝的讨论和关注。在微博平台，话题"长安十二时辰"阅读量达 81.1 亿次，互动量达 2062.7 万次。在抖音平台，话题"长安十二时辰"已有 29.4 亿次浏览量，19.1 万人参与互动。官方还通过建立粉丝群，为粉丝提供一个交流互动的平台，不仅增强了粉丝之间的联系，还增加了剧集的热度和影响力。

"长安十二时辰"街区的推出则是《长安十二时辰》线下互动的体现。"长安十二时辰"街区的高还原度和沉浸感为粉丝提供了良好的互动基础。无论是古装体验、手工艺制作还是唐风歌舞表演，都能让粉丝亲身参与到唐风文化的传承和创新中。此外，街区还注重与线上内容的联动，通过社交媒体、线上平台等渠道，发布与《长安十二时辰》剧集相关的活动信息、角色介绍等内容，引导粉丝和游客进行线上线下的互动。许多粉丝通过在社交平台上发布自己在街区游玩的照片、视频和感受，与其他粉丝互动。这种联动不仅丰富了游客的情感纽带，更为《长安十二时辰》IP 的宣传和推广提供了支持。

（四）不断丰富的审美潜力：促进传统文化传播

亨利·詹金斯认为，在《黑客帝国》的创作过程中，跨媒介叙事手法不断地挖掘丰富了其审美潜力。[1] 不同形态作品内在机理的变化和最终呈现

---

[1] 詹金斯.融合文化：新媒体和旧媒体的冲突地带［M］.杜永明，译.北京：商务印书馆，2012：157.

出的审美效果才是我们关注的重点。作品通过整合电影、动画、漫画、游戏等多种媒介平台展现了一个多层次、立体化的故事世界，为观众带来了前所未有的审美体验，《长安十二时辰》则通过影视剧服装、化妆、道具的还原，沉浸式场景的构建以及文创产品的衍生为观众带来了丰富的审美体验，促进了中国传统文化的传播。

《长安十二时辰》影视剧之所以能够在开播之际取得豆瓣网8.7分的高分，不仅仅是直白地将"文学"文本转变成"表演"文本，更是在剧中运用了大量视觉性的"盛唐长安元素"。小到人物的妆容、服饰。剧中人物造型的还原十分细致考究，各类角色都依照人物设定的服饰和妆容进行装扮，女性妆容仿照唐代仕女雕塑中千人千面的样子进行了高度还原，将"中国风"传统文化在剧中完美呈现。①大到服饰、房屋的设置。长安城远景的构图采用了"井字形构图"，即黄金分割构图法，使画面更加整洁干练，观众能够获得良好的视觉和审美体验。创造者通过镜像语言叙事和符号化表达，精准再现了古代长安的城市风貌。在"长安十二时辰"主题街区中，游客会在观看表演前被教授唐代传统礼仪"叉手礼"，旨在让游客更加深入地了解和体验盛唐文化。街区的负一楼南区，即文创展区，其中包括"长安十二时辰"主题文创、长安风物集，各种手办、摆件力求精致。两大集成文创店更是集合了影视剧《长安十二时辰》IP衍生品和长安区域特色，打造了最具代表性的唐朝风物礼品。官方发布的文创产品是小说在媒介转换和空间转换中呈现的新媒介叙事维度，是对故事的再创造。文创产品将大唐传统文化与现代生活时尚连接，还原"长安十二时辰"主题街区的经典唐文化元素，促进传统文化的传播。

二、《长安十二时辰》跨媒介叙事对西安城市形象传播效果

尽管《长安十二时辰》原著出版已经7年，同名影视剧开播也过去了

---

① 王颖.当下古装影视作品的"古风景观"和民族文化根性：以《鹤唳华亭》《长安十二时辰》《妖猫传》为例［J］.当代电视，2020（7）：37-41.

5年，但西安作为这部作品的背景城市，旅游热度依旧高涨不减。中国文化娱乐行业协会发布的数据显示，作为全国首个沉浸式唐风市井文化生活街区，"长安十二时辰"主题街区自开业以来，日均游客接待量达7000人次，累计接待游客量超过100万人次，实现全网曝光量总计75亿次。"长安十二时辰"主题街区以不俗的成绩提振了文旅行业的信心和西安文旅经济的市场热度，提升了西安的城市形象[①]。

（一）"文旅+平台"推广城市名片

作为文商旅融合的创新项目，长安十二时辰不仅激活了曼蒂广场这一城市新地标，而且在全国范围内彰显了西安城市新形象，成为宣传西安形象的名片。西安除了前期借助平台对《长安十二时辰》影视剧宣发共建流量场，后续对于该剧的深度开发以及现实承载，也是提升流量转换率的重中之重。在前期宣发的基础上，西安市政府进一步推进了《长安十二时辰》的深度开发。通过建设"长安十二时辰"主题街区，将剧中的场景、文化元素及人物故事等现实化、具象化，为游客提供了一个沉浸式的体验空间。这种现实承载的方式不仅提高了IP的变现能力，更为西安的经济发展和文化软实力提升注入了新动力。

（二）多元叙事加速城市文化交融

多元化的媒介叙事呈现出不同的特征与效果，促进传统文化与流行文化的交融传播。《长安十二时辰》跨媒介叙事打造出"热门剧集+沉浸式娱乐+主题餐饮+国潮零售"组合而成的新消费综合体，不仅巧妙融入中国古代历史元素，展现了独特的中国传统文化，而且将唐朝的鲜活人物、风土文化、美食习俗完美复原，让游客体验长安、感受长安、爱上长安。西安作为IP开发的背景城市，用多元叙事方式营造"全唐"概念的消费场景，以文化赋能商业，以多元业态填补、沉浸式体验及文化延伸等多维度

---

① 中国文化娱乐行业协会.智慧旅游沉浸式体验新空间：盘活存量资源 创造增量场景［EB/OL］.（2023-12-11）［2024-01-11］.https://mp.weixin.qq.com/s/lGEMMyihxhuHbTDJ45Yb7Q.

升级西安唐文化体验，让各年龄层次的游客"一秒入唐"。

（三）差异化IP激发城市新活力

作为十三朝古都，"雄都定鼎地，势据万国尊"的盛唐时期是古代西安最繁荣兴盛的时期。西安找准自身定位，结合热播剧《长安十二时辰》将"盛世唐朝"作为品牌打造的文化落脚点。通过打造差异化、具有地域特色的IP，"长安十二时辰"成为极具西安特色的城市旅游记忆点。IP与盛唐文化相结合，形成了西安独有的"大唐宇宙"。在游客走进主题街区的那一刻，顷刻便进入唐朝时空，宛如穿越至1500年前的长安。鼓声阵阵、市旗招展，大唐开市的场景扑面而来，彰显了仿古文化景区新的生命力，激活城市新活力。除了西安，北京、杭州、洛阳、开封等地方文化IP的打造与沉浸式文商旅的结合，正在成为国内历史文明城市的发展趋势以及新兴理念。

结　语

在城市宣传的渠道越发多元的背景之下，城市形象也将以一种更新的方式展现在大众面前。但是城市的发展不能仅靠短期的热度，不论是2023年出圈的淄博，还是2024年年初刷爆网络的哈尔滨，关注和流量退去后如何找到自身更加稳定和可持续的发展路径是每个城市需要深思的问题。《长安十二时辰》跨媒介叙事为西安城市的传播和城市的发展提供了新的思路和方向，为中国各城市的文旅项目实现长期可持续的发展带来了新业态、新范本。

海南红色文化之创新·扩散·融合
——以红色娘子军文化传播为例

付 超 林 娟

【摘要】 海南深厚的历史底蕴与多元文化交融为红绿蓝旅游产业的繁荣与红色文化的发展提供了得天独厚的优势,并孕育出巨大的发展机遇。本文以海南红色娘子军为例,运用产品生命周期理论,通过对知网学术论文的研究,系统分析了海南红色娘子军文化传播的兴起、扩散、成熟至现状四阶段发展轨迹。研究发现,尽管红色娘子军曾产生深远影响,但目前却面临由成熟向衰退的转折挑战。如何实现文化复兴,延长红色文化生命周期,本文从创新扩散理论的五大属性出发,探讨海南红色文化的发展潜力。基于此,本文提出了一系列创新策略:多角度解读红色娘子军历史内涵,将其去标签化;借助多种媒介形成矩阵传播,深度挖掘其故事性;分众式设计相应产品和展示形式;结合海南地域特色形成跨界合作,横向融通其连贯性。最后,展望未来海南红色文化发展趋势,认为可朝着数字化传播、体验式展示、定制化呈现方向尝试与探索。旨在促进海南红色文化的传承与发展,以期实现海南红色文化生命周期的复兴,为保护和赓续血脉提供有益的借鉴和参考。

【关键词】 红色娘子军;生命周期理论;创新扩散理论;文化产业;传播策略

"天气风霜尽，乾坤气象和。"2024新年伊始，三亚红色娘子军景区举办了"丝路鎏光季，三亚正当红"活动，吸引了大量游客。元旦假期的三天内，景区迎来了来自全国各地的游客共计17070人，与2023年相比增长了650.66%，与2019年相比增长了942.12%。景区收入同比2023年增长了483.05%，同比2019年增长了489.41%。活动现场人气旺盛、气氛热烈，文化+产业+演艺，展示了红色旅游的别样风采。

早在2018年，我国就提出要将文化和旅游业深度融合，发挥文化在旅游中的引领作用。2023年，旅游市场迎来了快速复苏。文化和旅游部贯彻落实《关于释放旅游消费潜力推动旅游业高质量发展的若干措施》，提出进一步细化释放旅游消费潜力，因地制宜推动促进旅游业发展。12月30日，海南省人民政府办公厅印发实施《海南旅游业高质量发展三年行动计划（2024—2026年）》。该计划立足海南本土特色，聚焦旅游业高质量发展，从6个方面，提出27条具体措施提振海南文旅。时代号召下，南海博物馆馆长辛礼学表示："只有通过深入了解源远流长的历史连续性，才能更好地理解中国，进而明确未来的发展方向。"

一、生命周期理论视域下红色娘子军文化发展轨迹

红色娘子军作为中国革命历史的一部分，承载了特殊的历史意义和文化价值。然而，随着时代变迁和文化多样性的崛起，海南红色文化进入了其生命周期的传播滞留阶段。产品生命周期理论，由经济学家雷蒙德·弗农于20世纪50年代提出，用以描绘产品从引入市场到退出市场的完整过程。通俗来说，可以被理解为"从摇篮到坟墓"的全过程。同样，如图1所示，红色娘子军的传播发展历史轨迹几乎与之重合。其引入期始于1931年，中国工农红军第二独立师第三团女子军特别任务连在海南琼海市的成立，标志着中国历史上首支妇女革命武装的诞生。随着1961年谢晋执导的电影《红色娘子军》的公映，以及1964年芭蕾舞

剧《红色娘子军》的盛大上演，红色娘子军文化进入了成长期，其英勇事迹广为人知，成为海内外观众共同记忆的经典。而后，通过文化创新与传承，红色娘子军文化逐渐走向成熟。2014年春节，中央芭蕾舞团的原创剧目《红色娘子军》首次登上春节联欢晚会的舞台，为几代海内外观众带来了红色经典的回顾。2018年，大型椰海实景演出场地的建成，不仅为红色娘子军文化提供了实体载体，更成为实景影画的代表性场所，实现了红色娘子军文化由抽象到具体、由平面到立体、由断层到连续的历史性跨越。如今，尽管红色娘子军文化在历史构建过程中产生了巨大的推动作用，但相较于昔日的辉煌，其影响力与传播效果正步入衰退期。

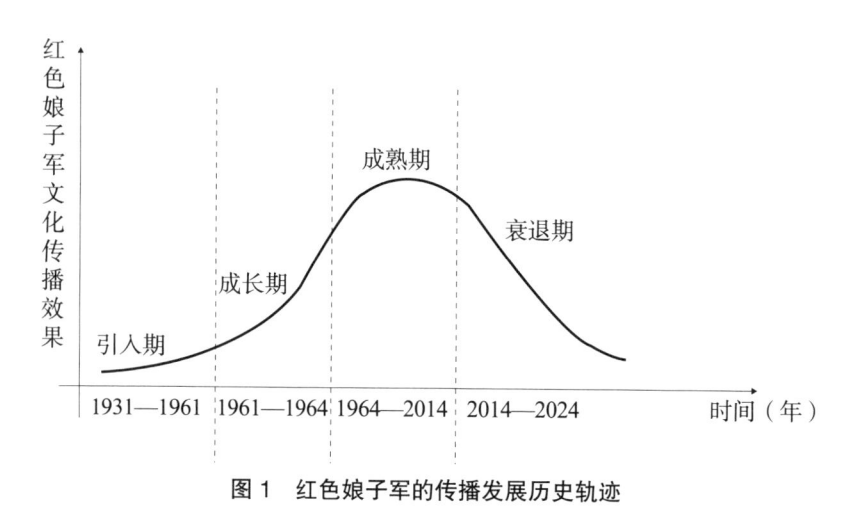

图 1 红色娘子军的传播发展历史轨迹

本研究通过系统梳理海南红色娘子军的发展历程与特色，力图构建"红色娘子军文化期刊生命周期图谱"。以中国学术期刊网络出版总库为数据源，搜集并整理关于红色娘子军文化时间跨度自1961年至2023年的学术研究文献。以年为时间单位统计期刊论文数量，绘制曲线图，展示红色娘子军文化研究的发展脉络，深入剖析不同阶段的走势及实际内涵，旨在揭示红色娘子军文化研究在不同时期的发展情况及趋势。

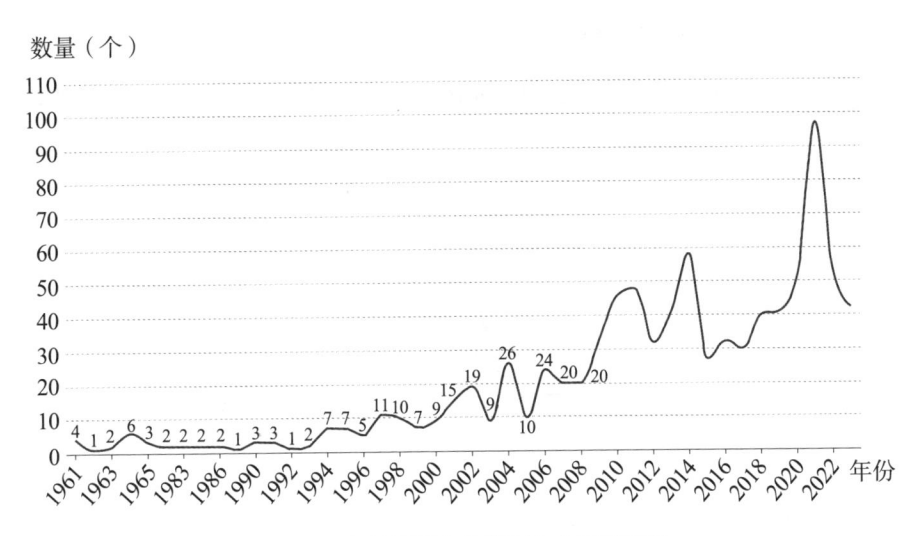

图 2　红色娘子军文化期刊生命周期图谱

笔者对检索到的 904 篇关于海南红色娘子军文化的文献进行筛选与整理，深入剖析了发表数量与刊物分布。图 2 数据表明，自 1999 年起，红色娘子军文化相关研究文献数量稳步增长，特别是 2008 年后，研究文献数量迅猛增长，凸显出海南红色文化日益受到学术界的关注。但在 2021 年达到峰值后开始呈现逐步下降趋势，这表明海南红色文化正处于生命周期的成熟至衰退过渡阶段。其发展所面临的困境包括历史误解的澄清、文化疲劳的克服、传统文化与现代生活的融合挑战，以及年青一代对其认知和兴趣度的下降等问题。

Butler 对生命周期理论进行总结，认为人们采用的分析方法存在问题，目前混沌理论是解释和预测旅游地生命周期的最好方法，旅游地演进表现为"波段—周期—轮回"的重复过程[①]。传播学理论先驱弗罗贝纽斯提出"文化没有脚"，他认为文化无法自发传播，需要人们的传播行为才能产生文化影响力，进而推动文化内涵的传播与延伸。如图 3 红色娘子军文化传播 Butler 生命周期模型所示，经历了探索、起步、发展和稳固阶段，红

---

① BUTLER R. Tourism in the future: cycles, waves or wheels? [J]. Futures, 2009, 41 (6): 346-352.

色娘子军文化正处于传播效果停滞期的关键节点,如何实现红色娘子军文化传播从成熟停滞期向复兴阶段的成功过渡,具有重大探寻价值和研究意义。

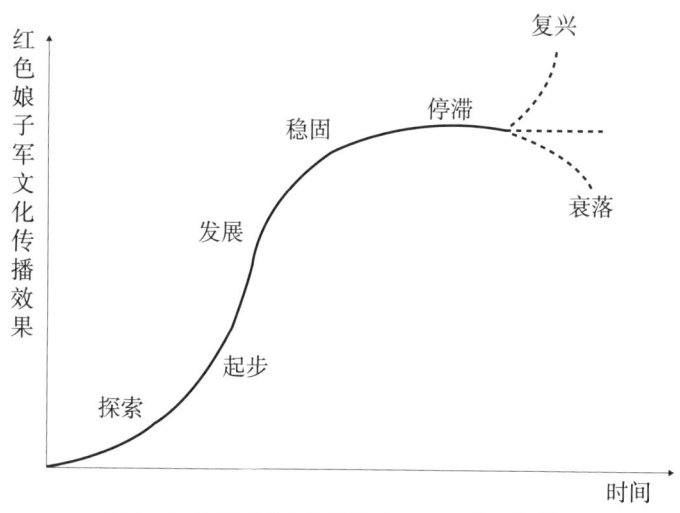

图 3 红色娘子军文化传播 Butler 生命周期模型

二、创新扩散理论视域下红色娘子军文化发展潜力

在埃弗雷特·罗杰斯 1962 年提出的创新扩散理论中,创新是指由个体或组织所采用的新观念、新经验或新事物。该理论详尽地阐述了创新的五个核心认知特征,即比较优势、相容性、复杂度、可观察性以及可实验性。这些属性在深入剖析创新采纳率的差异时,能够解释 49%—87% 的变异。这些属性相互作用,共同影响着新产品或技术的市场采用率,进而塑造了 S 形曲线的发展趋势。如图 4 所示,红色娘子军的文化传播与这五大认知属性越贴合,其扩散就越容易,速率就越高,从而越容易广泛被人们所熟知。

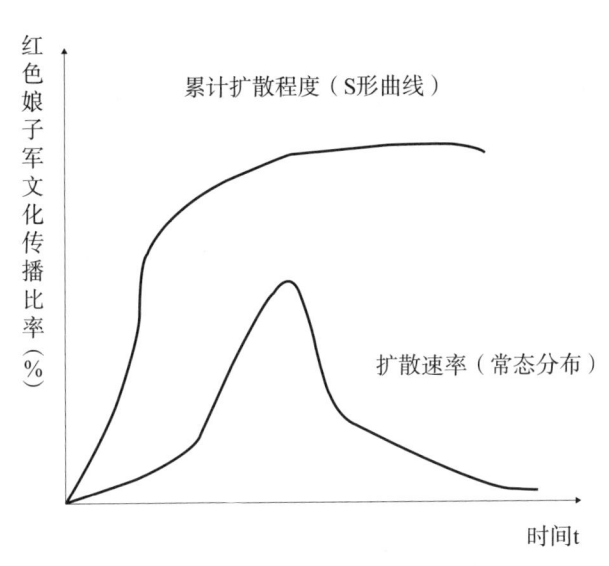

图4 红色娘子军文化传播创新扩散效果模型图

（一）相对优势：红、绿、蓝三色文化共融共生

所谓相对优势，是指某项创新或观念相对于其替代品或现有选择所拥有的独特优势。海南拥有丰富的红色、绿色和蓝色文化资源。为了构建一个以"红色人文、绿色生态、蓝色海洋"为基础的德育体系，海南市教育局借助海南独特的"红、绿、蓝"特色，整合利用海南独有的教育资源，并采用多元化的教育方式，加快培养学生德智体美劳全面发展，同时塑造海南独特的印记。文化融合共存是不同文化元素在特定区域内和谐共处、相互渗透的过程，而非简单的文化叠加。为庆祝中国共产党成立100周年，海南省旅游和文化广电体育厅于2021年3月27日正式推出了14条精品线路，以"红+蓝"和"红+绿"为主题，供游客选择。这些线路在去哪儿、携程、飞猪等在线旅游平台上被很好地宣传与推广，为"重走琼崖红军之路，追逐百年红色足迹"的海南红色旅游文化系列活动提供了支持。

以红色文化为核心，绿色和蓝色文化为翼。"红色+绿色"旅游线路巧妙地将红色景点与自然景观融为一体，游客在游览海口琼崖工农红军云龙改编旧址、五指山革命根据地纪念园等历史遗迹时，亦能欣赏到百花岭、木色湖等自然美景。这不仅让游客体验到琼崖地区的革命历史，也深刻感受到"绿水青山就是金山银山"的生态理念。"红色+蓝色"线路则展现了海南海洋文化与红色历史的交融。游客在参观张云逸将军纪念馆、临高县海南解放公园等革命遗址的同时，也能享受三亚红色娘子军演艺公园的艺术盛宴。乘坐"南海之梦"邮轮畅游西沙海域，在红色文化的氛围里领略海南独特的海洋文化与渔民生活。三色文化元素的相互交织，共同塑造海南独特而多元的文化风貌。

（二）复杂性：技术赋能文化增值

所谓复杂性，通常用以描述用户对创新的接受程度与传播难度之间的负相关关系。"红色娘子军"这一承载着妇女反封建、反压迫和抗日革命复杂历史背景的文化标识，因时间间隔久远、信息传承的模糊性等因素，在当代的传播和理解上存在一定的难度。2018年12月12日，国家发展改革委发布了《海南省建设国际旅游消费中心的实施方案》，这一举措意味着海南红色文化传播所面临的是具有更加复杂的文化背景的群体，其具有不同的情感共鸣和文化认同，由此产生的文化折损一定程度上加剧了文化的复杂性。如果不能有效消除文化隔阂与文化折扣带来的文化磨损，那么海南红色文化的扩散和传播就会遇到阻碍与壁垒。

海南大型椰海实景演出，红色娘子军项目运用全息投影、激光点亮、三维爆破等先进舞台技术，将20世纪30年代革命战争场景呈现于实景山体背景中，为观众带来一场独特的5D立体实景表演。习近平总书记指出，"不忘历史才能开辟未来，善于继承才能善于创新"[1]。这种创新性的视觉呈现手法，成功地将红色娘子军的历史故事以生动的实景电影形式展现出来，这种视觉化、情感化的表达方式，直观地呈现了红色娘子军历史的生动性和真实性，使观众能够更迅速地理解和感知红色娘子军的文化精髓，

---

[1] 习近平.在纪念孔子诞辰2565周年国际学术研讨会暨国际儒学联合会第五届会员大会开幕会上的讲话[N].人民日报，2014-09-25（2）.

也有效降低了文化传达的复杂性。

（三）可试验性：文化浸润民间生活

可试验性，指产品或技术能被广泛使用并得到验证的属性。文化传播不仅是顶层设计的结果，也是自下而上的意义构建过程。红色文化兼具物质符号与精神形态两种属性，其可试验性主要展现在将文化传播融入日常生活的潜力。

近年来，海南依托丰富的红色资源，积极打造红色旅游景点，将红色资源与乡村旅游、产业等有机结合。在"战地琼花——红色娘子军"文创设计大赛中，通过征集文具、园区用品、食品、生活用品、玩具、饰品及服饰穿搭等多样日常生活文创产品，不仅充盈了红色文化的历史氛围，也在生活体验中实现了心灵的净化和洗礼。张岱年先生认为，所谓的根本精神，就是其发展历程中细微的内部力量，即引导一个国家继续向前发展的根本理念[①]。丰富多样的具象化文化载体，直观地传达了红色文化的历史底蕴与精神内涵，深化了公众对海南红色娘子军文化的认知与理解，继而为文化的传承之泉注入了新的发展活水。

（四）可观察性：数字化生存增强用户黏性

可观察性指的是人们对一项创新的关注程度，所吸引的注意力越高表明用户依附性越强。中国互联网络信息中心（CNNIC）发布的第53次《中国互联网络发展状况统计报告》显示，截至2023年12月，中国互联网用户总数已达10.92亿，普及率达77.5%，互联网空间为红色文化的网络传播提供了广阔的平台。

海南省政府通过实施挂牌保护历史建筑和其他历史文化资源的措施，结合数字化信息采集和测绘建档工作，利用国土空间智慧化治理平台实现数据共享与动态维护，使历史文化资源以"一张图"的形式向公众展示。通过鼓励传统村落的数字化展示，为公众提供浏览、检索、数据挖掘和展

---

① 张岱年.中国文化的基本精神（上）[J].党政论坛（干部文摘），2015（9）：1.

示等服务，使历史文化保护对象焕发新生。

"向前进，向前进，战士的责任重，妇女的冤仇深。古有花木兰替父去从军，今有娘子军扛枪为人民……"1961年经典电影《红色娘子军》的主题曲，通过拥有244.2万粉丝的微博大V"一字马女生"的评论转载，以及各大社交媒体平台的裂变式传播，包括哔哩哔哩的二次创作、抖音的点赞收藏以及微信短视频的分享，成功唤起了公众对红色经典的记忆与情感共鸣，进一步强化了红色文化的群体记忆。此外，微信视频号"HIFI说"发布的对《红色娘子军组曲》的中西合璧再创作以及梅派弟子田慧的重唱，也在数字时代引起了强烈反响，引发了用户对红色娘子军相关歌曲创作背景、作词、作曲等深层次问题的探讨，体现了文化创作从群众中来、到群众中去的革命宗旨。这一系列"数字热潮"不仅展示了红色文化的时代价值，也促进了其在数字时代的广泛传播与深度认同。

（五）兼容性：流行元素贴合主流审美

兼容性，指创新或产品与接受者价值观、观念及行为习惯的契合程度。1972年京剧版电影《红色娘子军》通过当代艺术的再诠释，妆造、内容及传播形式均深度契合女性时代审美维度，从而取得巨大成功。

首先，从生命张力维度审视，主角吴清华由普通女孩蜕变为坚定革命者，其生命历程彰显了放弃私欲、追求社会意义的崇高转变。革命者用生命诠释历史进步，将青春献给时代解放，展现了挣脱束缚的生命张力，达到文化表达的最高境界。

其次，从反标签化再定义维度。传统观念中，中国女性在公共场合往往被期待展现出低调和委屈的形象。然而，《红色娘子军》中的革命女性形象却打破了这一束缚，她们敢于自我呈现，敢于自豪地展现自己的性别特征，包括对人体之美的赞美和认同，打破旧有秩序对"女性"角色的定义，重塑"女性"社会属性。在身体美学的维度上，《红色娘子军》这部作品巧妙地融合了军装与短裤，这种混合不仅未显突兀，反而产生了一种独特的性感审美效果。刘大鸿先生对《红色娘子军》主角吴清华形象的独特美感评价颇为精准，他提道："欧洲宫廷式的芭蕾舞姿，苏维埃红军军装，中国窈窕女子的腰身与大腿，一手持枪，怒目圆瞪，美，暴力，充满性感。"这既展现了角色形象的复杂多面性，又凸显了艺术创作的巧思与匠心。

如图5所示，这些流行元素并非呈线性的发展趋势，而是像螺旋一样在多个方向上循环变化或逐步进化。人们对美的理解和欣赏标准与时俱进，因此红色娘子军文化也会进行再认识和再加工，这将有助于红色娘子军的流行元素进一步更好地融入主流审美。多元传播的同时与主流文化高度契合，可以把中国的声音、中国的故事传播给全世界，递出新时代中国名片。

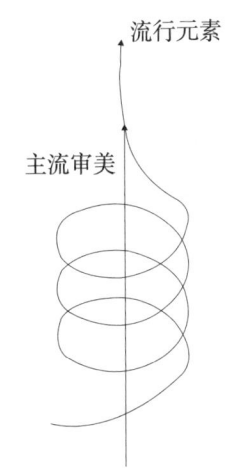

图5　海南红色娘子军流行元素与主流审美模型图

三、文化祛魅促创意传播

红色文化作为红色娘子军文化价值意涵的核心构成，具有承前启后的关键作用。其"承前"之意，在于不断弘扬红色文化，传承中华优秀传统文化的"家国情怀"与"天下一家"的精神。而"启后"则体现在将革命精神融入富强、民主、文明、和谐的社会主义建设。红色娘子军文化通过去标签化、去扁平化、去大众化与去孤立化的方式，整合与呈现不同文化元素，并以创新的手段，通过艺术、媒体等多元载体，使这些文化元素更具吸引力、独特性、亲近性和可感知性。下文将从四个维度深入探讨海南红色文化的开发与创新策略，以期更好地传承红色文化，发挥其在当代社会中的重要作用。

（一）去标签化：红色符号的塑造彰显文化特质

文化属性，能反映出一个地方的人文风情和文化特色。文化使得产品与众不同，同时也加强了产品本身的识别能力[1]。海南以其独特的热带气候和椰子资源广为人知，而文化传承的式微，一定程度上形成了人们对海南文化、历史等方面的认知局限。海南大学生对海南红色文化情感认同现状调查显示，仅 7.43% 的受访大学生对海南红色文化有深入了解，而 61.24% 了解甚少，14.26% 甚至毫无了解。由此可见，海南大学生对本土红色文化的认知匮乏且不足。长此以往，可能会导致海南封闭的"热带狂欢部落"印象根深蒂固，而更具价值主导内涵的红色文化则被忽视甚至消解。

雷召海将"红色旅游"定义为一种"精神"，将"广义的红色旅游"定义为"以爱国为本"的革命行动中凝聚起来的"人文风景"和"精神财富"，狭义上的"红色旅游"则是中国共产党在全国各地带领广大人民在革命战争过程中创造出来的"历史遗址"和"精神财富"[2]。琼崖革命根据地内的琼崖一大会址，是中国共产党在海南召开首个党的代表大会的地方，烈士陵园和红色墓群作为纪念革命烈士的圣地，承载着对先烈的敬仰与缅怀，是传承红色精神的重要载体。

1931 年红色女子军特务连成立后，与当地苏维埃政府合作，前往各村开展工作，深入与群众交流，密切联系群众。在驻地设立夜校，致力于

---

[1] 桑斯坦.信息乌托邦：众人如何生产知识 [M].毕竞悦，译.北京：法律出版社，2008：8.
[2] 周振国，高海生.红色旅游基本理论研究 [M].北京：社会科学文献出版社，2008：45.

教育农村妇女识字读书，并辅助农民进行农业生产，解决民生问题。她们深入农村，逐户宣讲党的政策，激发群众的思想觉悟，积极引导他们参军参战，从而加强了党领导下的革命武装力量，赢得了广大群众的信赖与支持。然而，这些手持枪杆与笔杆的海南巾帼英雄，尽管她们拥有英勇事迹与卓越贡献，但在当今社会的知名度并不高，其事迹的深度与广度并未得到充分的传播与认知，导致许多人对海南的红色历史、事件及英雄人物了解甚少。鉴于此，海南的文化传媒工作者应与政府、高校、地方融媒体等机构密切合作，深入挖掘海南的红色文化，探寻其深厚的历史底蕴和精神内涵。

（二）去扁平化：红色叙事挖掘故事性

故事的叙述性特质具有强大的吸引力，能够引发人们的情感共鸣和深入思考，从而增强其在传播和分享中的影响力。红色文化作为海南独特的历史遗产，其背后蕴藏着丰富的故事，不仅是特定时期和地域的见证，更是重要人物精神风貌的展现。

当前，海南在叙事性红色文化的传承与创新方面迈出了坚实的步伐，2023年11月3日的千人研学游活动便是这一努力的初步成果。千余名师生深入红色娘子军景区，开展意义深远的研学之旅——引导孩子们铭记历史、缅怀先烈，并在多样化的实践课程中深化对红色文化的理解。大型椰海实景演出《红色娘子军》运用先进舞台科技，将历史故事以立体、生动的形式呈现在观众面前，以震撼的视听效果为参与者带来沉浸式的体验，使尘封的历史焕发出新的活力。统计数据显示，该景区每日游客接待量稳定在1000人次左右，已然成为传承红色文化、弘扬红色精神的关键阵地。特别是在2023年五一期间，红色娘子军演艺公园共接待游客14757人次，同比增长率高达3888.38%，展现出强劲的发展势头。这一数据充分表明，采用生动的叙述手法进行红色文化的展示深受游客喜爱。

近年来，剧本杀作为一种新兴文化现象，其沉浸式角色扮演、团队协作与沟通、高度互动与趣味性等特性，吸引了大量年轻群体的关注和参与。调研数据表明，剧本杀通过 App、电视节目等多元渠道，有效触及并吸引潜在玩家，他们在游戏中积极参与并乐于在社交媒体分享体验，在游戏中体验推理乐趣的同时，也结交新朋友，拓展社交圈。其已超越单纯娱乐范畴，成为新兴社交方式，在年轻群体中奠定了广泛用户基础。当前，"潮文化剧本杀 + 红色文化"的融合助力剧本杀融合发展。红色娘子军等经典红色文化题材为剧本杀创作提供丰富素材和灵感，用户通过沉浸式体验，加深对红色文化的理解和认同。这种融合不仅为剧本杀创作体验注入新元素，也为红色文化的传承与发扬开辟新途径。未来，新时期叙事式的文化表现形式将不断涌现，对海南文化交流产生深刻正面影响。

（三）去大众化：分众设计注重实用性

真正的文化实用性源自其特性在传播与扩散过程中所赋予的独特体验与满足感。针对海南丰富的红色文化元素，其实用性的提升可从多个维度展开。首先，对于深度理解海南红色文化的消费者，设计富含知识内涵的文化产品。比如，拼装式红色革命场景模型，使消费者在组装过程中深入了解了红色历史与革命场景的复杂性，并配以详尽的说明书揭示其历史意义。为满足游客对美好回忆的保留需求，设计与景点或红色历史紧密相连的互动传播载体。比如，借鉴苏州集章册的概念，海南红色革命景区可推出集章纪念册，游客在游览过程中通过答题竞赛与打怪通关式集章的方式，记录足迹、传承文化，并唤起对景区的深刻回忆。

其次，对于将文化产品作为礼物的消费者，产品设计应注重礼物的仪式感和个性化表达。比如，采用富有海南红色文化特色的精美包装，并附赠特色贺卡或明信片，以增强礼物的精致感与仪式感。

最后，对于寻求学习体验红色文化的消费者，应设计互动性与教育性并重的场景体验。通过军事拓展项目、真人 CS 体验等活动，使消费者在参与中深刻感受文化的魅力，并在情感上与历史产生共鸣。

在新的历史时期，人们早已厌恶了刻板的说教模式，因此，"寓教于游""寓教于乐"的经营手段显得至关重要[①]。同理，不以生活为中心的文化难以持续发酵，弱化个体符号表示能力与记忆实践能力，致使消费者难以真正感受和传播海南红色文化的内涵，从而限制了这些产品的实际传播和影响力。聚焦不同消费者群体的个性化设计与反馈，四个维度续力海南红色文化产品的创新与循环，从而延长其生命周期。

（四）去孤立化：横向融合连贯性

连贯性，指作为连续一致、相互关联衔接的状态，避免孤立元素的存在，以创造更丰富、完整的文化体验。娘子军的故乡——琼海市申报的东坡笠入选海南省非物质文化遗产代表作保护名录，与红色娘子军形成古今贯通的文化符号。林语堂先生在《苏东坡传》中虽列举了苏东坡的众多头衔，却遗漏了其北宋"时尚先锋"与"制帽大师"的身份。苏东坡在京师设计的筒高檐短帽子，被士大夫们纷纷效仿，形成"子瞻样"。娘子军与东坡帽的联通，不仅展现了传统文化与红色流行元素的交融，更揭示出丰富的开发与打造潜力。

《中华人民共和国国民经济和社会发展第十四个五年规划和2035年远景目标纲要》中明确指出，要通过"以文塑旅""以旅促文"的方式，积极创造中华文化独特的旅游体验，推动"红色旅游"、"文化遗产"和"旅游演艺"等方面的创新性发展[②]。一些学者提出，"红色旅游"之所以能够得到充分的发展，是因为它既符合了革命传统教育的需要，又符合了老区的经济建设需要，这对保存革命历史文化遗产来说，有着十分重大的作用[③]。刘海洋等学者将"红色旅游开发模式"划分为"各个景点联动发展模式"、"社区参与式"社区管理模式以及"寓教于乐"的"体验式"模式[④]。

---

① 姚素英，王富德.关于红色旅游的探讨［J］.北京第二外国语学院学报，2005（5）：83-86.
② 中华人民共和国国民经济和社会发展第十四个五年规划和2035年远景目标纲要［M］.北京：人民出版社，2021：107.
③ 谷玉芬.红色旅游成功因素分析［J］.商业经济，2006（2）：112-114，121.
④ 刘海洋，明镜.红色旅游：概念、发展历程及开发模式［J］.湖南商学院学报，2010，17（1）：66-71.

毕剑在现场调查的基础上，归纳出了七种发展方式：红色旅游与绿水青山相融合，红色旅游与古城相融合等①。廖军华提出了"引爆—整合模式"②。还有一些学者针对地域特点，分别给出了相关的发展模型。例如，张文莲、杨志武针对绍兴市的特点，对其发展与保护的整合进行了探讨③；张雅彬、王梓润提出了四川巴中"智能旅游"发展的相应策略④；杨志军、郑建炯认为，安顺的红色旅游要以历史为依据⑤；李霞等通过对福建长汀的调查，指出了"红色"与"生态"的有机融合⑥。

通过对前述模式的深入剖析可见，学术界对于红色旅游发展的多维探讨，多是围绕"红绿""红古"模式的"红色演出"以及红色旅游与区域经济协同发展议题。不仅聚焦于红色旅游的共性特征，更在共性与个性之间寻求平衡与衔接。游客体验层面，学术界强调在游览红色革命历史遗址、了解英雄人物事迹的过程中，深入挖掘文化符号之间的内在联系，并将这些元素与当地的自然风光、民俗文化等有机结合，从而构建一种沉浸式的旅游体验。此外，得天独厚的条件给海南红色文化的传播提供了无可比拟的地域优势，一系列红色文化主题活动，如东坡笠主题展览、纪念活动、故事演讲以及戏剧表演等，借力互联网和数字化平台，以红色文化为向心力数字化式传播。另外，建立红色文化的网站、社交媒体账号，制作红色文化的短视频、互动式体验对其民俗风情与自然风貌进行云展示，亦可进一步丰富红色旅游的内涵和形式。多种元素的有机融合，共塑海南红色文化生态圈。

---

① 毕剑.红色旅游开发模式研究［J］.特区经济，2006（8）：229-231.
② 廖军华.论红色旅游开发模式［J］.新乡学院学报（社会科学版），2010，24（4）：53-55.
③ 张文莲，杨志武.绍兴红色旅游开发和保护一体化模式研究［J］.北方经济，2012（16）：66-67.
④ 张雅彬，王梓润.智慧旅游背景下四川巴中红色旅游开发研究［J］.旅游纵览（下半月），2015（8）：157-158.
⑤ 杨志军，郑建炯.安顺红色旅游产品开发模式探赜［J］.度假旅游，2018（8）：47-48.
⑥ 李霞，彭承丹，杨金林.全域旅游视角下红色旅游开发模式探讨：以福建长汀为例［J］.商丘师范学院学报，2020，36（6）：57-60.

结　语

海南，作为中国热带旅游胜地与红色文化的重要发祥地，其深厚的历史底蕴与丰富的文化内涵为红色文化的传播与创新提供了广阔的舞台，对于立体化讲述中国故事、传播中国文化具有举足轻重的意义。海南红色文化的深入挖掘与整理，展现出了较强的创意扩散与采纳效应。未来，海南红色文化的传播可进一步在文化性、实用性、一致性等维度上寻求突破。具体而言，可以通过数字化手段实现红色文化的广泛传播，利用现代科技将红色故事以更加生动、直观的方式呈现给公众；同时，体验式展示也是一个值得探索的方向，通过模拟历史场景、打造沉浸式体验等方式，能够让游客亲身感受红色文化的魅力；此外，定制化呈现也是提升红色文化传播效果的有效途径，可以针对不同受众群体的需求和特点，设计独特的传播内容与形式。

道虽远，行则将至。通过不断尝试与探索，海南有望构建一个更加完善、立体化的红色文化传播系统，进而成为国家改革开放的试验区、生态文明建设的示范区以及国际旅游消费的中心。

电视文化节目主持人话语样式分析

——以《非遗里的中国》为例

薛立磊 万重瑶

【摘要】 电视文化节目如今发展得如火如荼，其不断地创新叙事表达，影响着主持人在节目中的角色定位和与之相匹配的话语样式。本文选取电视文化节目《非遗里的中国》，通过对节目主持人不同的角色定位的分析，探寻其在节目中呈现的话语样式，分析在国家政策、受众需求与媒介发展三方面的影响下电视文化节目主持人话语样式的发展方向。

【关键词】 文化类节目；主持人；话语样式

党的十八大以来，传统文化备受重视，同时伴随着媒介技术的发展与受众精神文化需求的丰富，电视文化节目也在不断推陈出新。有《中国诗词大会》，它将诗词文化与益智竞技结合；有《经典咏流传》，它将经典文化与流行音乐结合；有《典籍里的中国》，它将典籍文化与戏剧表演结合；还有《非遗里的中国》，它将非遗文化与旅行体验结合；等等。而随着电视文化节目叙事表达的不断创新，节目中的主持人角色也在不断变化，其话语样式也在随着角色转变而改变。

一、电视文化节目主持人话语样式发展概述

说到电视文化节目，可以追溯到20世纪60年代北京卫视推出的《文

化生活》《生活知识》等文化类节目。此时的文化类节目多以科普生活、文化知识为目的，主持人的话语样式也多偏向于如广播一般直接向受众宣读，比较单一。到了20世纪90年代，电视文化节目开始井喷式发展，其中包括《读书时间》《开卷有益》等。虽然此时主持人开始有意识地将自然亲切融入其话语样式，但还是有些生硬。正如郝曼宁在《优雅狂欢：文化类栏目话语探询》中提到的，《读书时间》中节目主持人虽然刻意地去放低姿态，营造亲切感，但是缺少了灵动自如与主持人智慧[①]。2014年以来更多形式的文化类节目出现，主持人的话语样式也在不断发展。比如，2011年的《非常靠谱》中，汪涵作为主持人，其闲侃式的主持风格改变了传统文化类电视节目主持人的呆板甚至近乎死板的主持方式，使得观众较为容易地参与交流和探讨，变被动接受为主动参与[②]。《典籍里的中国》节目中，主持人以"当代读书人"身份出现。王鑫的《仪式建构·叙事转换·古今对话：论电视节目〈典籍里的中国〉对文化经典的创新呈现》一文中也提到，主持人撒贝宁在节目中不仅是穿针引线的角色，还是观众情绪的调动者[③]。此时主持人的话语样式是丰富多样的，有与古人交流时的文言文话语样式，也有引导情绪的宣讲式话语样式。而《非遗里的中国》这一电视文化节目脱离了演播室，主持人会带领嘉宾到户外，到传承人的"基地"去感受非遗文化，其角色更加多元，话语样式也更加丰富。

二、电视文化节目主持人话语样式变化原因

（一）政策导向引领变化

自党的十八大以来，以习近平同志为核心的党中央便高度重视非物质

---

① 郝曼宁.优雅狂欢：文化类栏目话语探询[J].电影文学，2006（8）：7-8.
② 杨磊.探寻省级卫视文化类节目的创新与发展之路：以湖南卫视《非常靠谱》为例[J].青年文学家，2015（18）：194.
③ 王鑫.仪式建构·叙事转换·古今对话：论电视节目《典籍里的中国》对文化经典的创新呈现[J].中国电视，2021（8）：106-109.

文化遗产保护工作，并且陆陆续续出台了《关于进一步加强非物质文化遗产保护工作的意见》《"十四五"非物质文化遗产保护规划》《关于推动传统工艺高质量传承发展的通知》等文件。这些文件不仅为新时代的非遗保护工作明确了方向，同时也为电视文化节目指明了道路。电视文化节目要跟随政策做以中华优秀传统文化、非遗文化为主要内容的节目，其根本目的是避免非遗文化的流失，引导人们积极传承和弘扬非遗文化，让传统非遗文化与时代接轨。

而电视文化节目主持人在节目中承担着文化宣传者的角色，他需要将晦涩难懂的非遗技艺转化成普通受众可以听懂并听得进去的话语，才能起到宣传文化的作用。

（二）受众审美需求更新

受众在如今这种电视节目与新媒体节目越来越丰富的环境中，对节目的要求是逐渐提高的。正如李志霞在《文化类电视节目创新策略研究》一文中提到的，节目创作过程中要注重具有代入感，以受众身份讲述故事，带领受众去感受文化类电视节目所要表达的内容，带领受众融入节目感受文化魅力与内涵[①]。

故而电视文化节目主持人在向非遗传承人提问及传播文化时，需始终站在受众的立场上，采用口语化、接地气的表达方式，同时注重情感交流与故事讲述，以期达到更好的文化传播效果，扩大社会影响力。

（三）媒介发展带动改变

黄馨瑶在《融媒体视域下〈典籍里的中国〉之价值引领与话语创新》一文中提到，在微信、抖音、公众号等新媒体的冲击下，为扩展受众辐射，电视文化节目要改变传统的以主持人讲解、观众聆听为主的模式，应主动与新媒体实现资源的融通、内容的兼容，形成受众与节目的双向交

---

① 李志霞.文化类电视节目创新策略研究［J］.新闻文化建设，2023（12）：118-120.

流，讲好中国故事，传承中国文化①。《非遗里的中国》节目中，龙洋以接地气的表达与自然流畅的表现，成功构建了强烈的代入感。她以受众视角讲述非遗故事，让古老文化触手可及，不仅传递了非遗的深厚底蕴，更引领观众沉浸其中，深刻感受到文化的独特魅力与丰富内涵，展现了文化类电视节目创新表达的典范。故而电视文化节目主持人要将自己的话语样式变得更加亲近观众，以平易近人的样子去传递中华优秀传统文化。

三、传承与创新：《非遗里的中国》主持人话语样式调整

（一）节目文化宣传者：高雅随和讲述式话语样式

《非遗里的中国》作为大型文化类节目，其首要目的就是传承宣扬中华优秀传统文化。而主持人作为节目中的一个重要元素，需要首先确定好自己在文化类节目中的定位，即文化宣传者。所以，在这种角色定位之下，要将朗诵式与讲解式融合到主持人的话语样式呈现中。

1. 朗诵式营造诗意氛围

《非遗里的中国》在表达上寻求诗意、有韵味的美学，主持人常常会以诗句开头找准文化类节目与文化宣传者的定位，并直接点明当期节目的选址与涉及的非物质文化遗产。在陕西篇、内蒙古篇等几期节目中，龙洋就直接以优美的语句开场，成功将选址引出并表明其为非物质文化遗产。在介绍青铜器制作时，主持人龙洋以"以蜡成模，熔蜡成壳，铸铜成型"十二个字开启制作体验，不仅用传统的诗句表明了青铜器的制作过程，还契合了节目的文化性质。在福建篇介绍茶文化的时候，主持人龙洋在刚看到传承人分茶时就说出了陆游《临安初雨春霁》中的"晴窗细乳戏分茶"。这种朗诵式的话语样式的使用，在介绍了当下传承人的行为的同时，还使节目中文化的氛围更上一层楼。这些诗意的朗诵式话语能够更好地配合节

---

① 黄馨瑶. 融媒体视域下《典籍里的中国》之价值引领与话语创新［J］. 电影评介，2022
（2）：93-96.

目的镜头语言并引出后续内容，同时有韵味的语气能够贴切地呈现出文化节目的性质。有受众评论，"博学多才，窈窕淑女，国之端仪"，这与主持人形成了时空上的错位互动。同时还有观众提到，主持人说的诗句唤起了曾经课本中的诗词记忆。这些诗句的使用能够唤起受众记忆，从而让受众达成一种情感上的共鸣。

2. 讲述式开启文化传播

（1）常用口语互动

在节目进行到现场表演与互动交流的部分的时候，主持人采用了更加亲切、自然和生动的话语风格，这使得观众能够更好地感受到非物质文化遗产的魅力和生命力。主持人经常使用一些口语化、接地气的表达方式，在观看非遗传承人的表演时，主持人会说"这真是太神奇了""太厉害了""了不起"等。在福建篇中，主持人龙洋提到了 7 次"了不起"。就像我们普通人一样，在看到让我们震惊的技术时也会脱口而出这句话。这些口语化的表达拉近了主持人与观众的距离，观众更加愿意以一个"看戏搭子"的身份聆听主持人的表达。

（2）适当方言使用

杨轶男在《电视节目中主持人方言使用刍议》一文中提到，方言具有极强的地域特色，能够迅速与观众建立亲切感，并增加节目的渲染力[1]。在《非遗里的中国》中，非遗项目的地点在变化，那么在当地的主持人与嘉宾在与非遗传承人沟通时就会进行信息交互，主持人这个时候就会开始模仿当地人们的行为语言。节目中适当利用方言可以准确地呈现出不同地区的特色。比如，在陕西篇中，节目刚开始主持人龙洋在与请到的陕西女明星交流的时候使用的就是方言，直观地给观众呈现出了陕西的当地特色。方言在此刻可以将当地的受众与主持人及嘉宾亲密地联系在一起，形成一种纽带关系，方言与非遗项目的结合讲解能够更强地展现地域特色和传统

---

[1] 杨轶男. 电视节目中主持人方言使用刍议［J］. 新闻传播，2022（10）：96-97.

文化魅力，帮助观众理解这项非遗文化所包含的历史文化与人文信息。在新疆篇中，将部分方言与非遗讲解融合在一起，不仅深刻解读了当地文化，还让观众学习到了部分新疆语的使用。

（二）节目流程引导者：巧妙平实的讲解式话语样式

主持人在《非遗里的中国》的节目推动过程中也扮演着重要的角色。他们是节目中非遗街道的引导者，在与传承人交流时是访谈者，在体验非遗项目时则是参与者。在话语样式方面，主持人也将讲解式、谈话式话语样式融入节目。这种多样化的话语样式使得节目的进程更加灵动自如。

节目中主持人一直把控叙事节奏，作为引导者用言语带动着节目进展，以讲述式的话语为观众介绍节目当期的非物质文化遗产项目，以及相关的技巧、背景、故事等。

于霞在《广播综艺节目"开篇"谈》中提到，报纸由于版面的限制其内容的开篇必须能够吸引受众的注意[1]。与之道理相通，主持人在节目中的开篇也尤为重要，不仅需要契合节目的基调，还要吸引观众的注意力，所以常常会用到一些直观又优雅的开场语，如"今天我们来到的是美丽的大草原，走进了内蒙古自治区，这片土地上孕育了吃苦耐劳、一往无前的内蒙古多民族同胞，他们也创造了许多非遗……"通过温暖亲切的话语，可以引领观众进入非遗的世界。他们还会用诸如"今天我们要带领大家领略一下中国传统文化的瑰宝——非物质文化遗产"等话语，来激发观众对节目的兴趣和期待。

根据张德禄的观点，连接是通过连接成分，如连词、介词等，将句子以及语篇的部分与部分直接连接起来的一种衔接手段[2]。这种连接方式通常基于逻辑语义关系，用于表达句子之间的顺承、并列、因果等关系。通过使用连接成分，可以更好地组织语篇的思路，使其更加清晰、连贯和易于理解。在《非遗里的中国》中，呈现技艺作品与展示技艺过程的衔接处，

---

[1] 于霞.广播综艺节目"开篇"谈[J].新闻传播，2000（3）：54-55.
[2] 张德禄.论语篇连贯[J].外语教学与研究，2000（2）：103-109.

主持人撒贝宁就说道:"接下来我们跟着镜头来看一看他的制作过程。"这种引导式的语言把控着节目的节奏,推动着节目的整体进展与走向。

主持人在节目的结尾处会用总结性话语来回顾本期节目的亮点和精华,如"所有的这些非遗项目在衣食住行,在我们生产生活的所有的细节里创造出的属于我们这个民族的文化和艺术,只要我们跟随着时代的脚步,跟随着生活的热度,不停地往前走,我们就能在这些非遗项目的身上挖掘出更多的青春、创造和未来的发展……"等。这种总结性话语能让观众对节目产生一定印象,并激发他们对传统文化的热爱和尊重。

(三)节目内容提问者:自然亲切的谈话式话语样式

在介绍某种非物质文化遗产时,主持人会邀请相关的传承人或专家进行访谈,通过他们的讲述和演示,观众可以更深入地了解这种文化遗产。此时主持人会在节目形成社会网络的基础上站在观众的视角,以与观众相似的思考方式来不断地发问。在内蒙古篇最后时段介绍香的制作时,主持人龙洋便成了访谈非遗传承人的主持人,在嘉宾展示的过程中不断提出作为"外行人"的问题。

1. 开篇引导性提问

主持人在提问时会使用一些引导性话语,来帮助嘉宾更好地阐述自己的观点。在浙江篇介绍蚕丝骨钉时,主持人撒贝宁一开始就引导嘉宾,问道:"这与非遗有什么关系?"在浙江篇介绍蚕丝的制造工具时,主持人撒贝宁又问出"听说这是您当年抢救下来的……"让嘉宾讲出背后的故事。另外,每一期刚开始,主持人都会询问嘉宾对于本次非遗之旅的期待。这种提问方式能够引导嘉宾进入主题,让观众更深入地了解非遗技艺的细节。

2. 过程挖掘式追问

主持人在访谈中善于追问,以深入挖掘嘉宾的观点和故事。当嘉宾提到一个有趣的故事或者一个关键的技艺环节时,主持人可能会追问。福建篇在介绍木雕时，嘉宾讲到展示的原材料大多是有五六百年树龄的，主持人龙洋就追问道："咱们这一段是多少米？"这种追问方式能够让观众更深入地了解嘉宾的经历和非遗技艺的精髓。

《非遗里的中国》的主持人作为访谈者，其提问式话语体现了他们的专业素养和访谈技巧，可以引导嘉宾深入讨论非遗技艺的话题，让观众更全面地了解和欣赏中国的非物质文化遗产。在福建篇中，主持人就提出过37个问题。挖掘式的追问能够引导着观众以一种深入思考的方式去了解非遗文化，这种方式能够带着观众一起思考，而不是直接给出答案硬性输出，能够让观众对主持人与专家对话中提到的非遗文化的相关知识有一个较为深刻的印象。

（四）节目活动参与者：切身体验的讲解式话语样式

《非遗里的中国》在节目设置上加入了互动体验的元素，通过传承者、主持人、行业专家、演艺嘉宾的互动，更全面、形象地将非遗呈现给受众。在体验浙江非遗项目时，主持人撒贝宁和龙洋通过与非遗传承人的交流和自己的实践操作，不仅将自己对于非物质文化遗产的切身体会说给了观众，更以一个"观众代表"的身份更加细节地描述出技艺的精巧，并且生动展示了这些项目的精湛技艺和深厚内涵。

1. 身临其境地描述

主持人通过身临其境地描述，将观众带到非遗技艺的体验场景中。例如，主持人龙洋在观看非遗表演时说："我现在正看着这些表演，听着这些声音，感觉仿佛穿越回了大唐。"这种描述方式让观众能够感受到非遗技艺的历史和文化氛围。同样地，主持人在面对美食时也如普通人一样无法拒绝，直接上手急不可待地品尝。

身临其境地描述有助于受众更加直观地接收和理解节目中的信息。通过具体的场景描绘和细节展示，主持人能够将复杂的信息转化为受众易于理解和接受的形式，从而提高信息传递的效率和质量。

2. 亲身体验的感受

主持人在节目中会亲自体验各种非遗技艺，并转换视角将亲身体验的感受通过话语传递给观众。例如，"我刚刚尝试了一下这个传统手艺，虽然刚开始有些笨拙，但在传承人的指导下，我逐渐感受到了其中的奥妙和乐趣"。这种体验式话语让观众能够更直观地了解非遗技艺的操作和感受。

主持人通过分享自己的体验、感受，不仅传递了非遗文化的相关信息，还提供了个人化的理解和见解。这种知识获取方式更加生动、具体，有助于受众更好地理解和记忆非遗文化的内涵和特点。同时，主持人的亲身经历和感受可能会激励受众采取实际行动去了解和体验非遗文化。受众可能会通过参观非遗展览、参加非遗活动或学习非遗技艺等方式来深入接触和了解非遗文化。

四、启示

电视文化节目主持人的话语样式受政策提倡、受众需求以及媒介发展的影响在不断地变化。尤其是《非遗里的中国》这一大型电视文化节目体现得更为明显，这也启示着电视文化主持人要随着社会的发展丰富自己的话语样态。

（一）高雅与通俗相融合

在电视文化节目中，主持人要在主持的过程中自然地与嘉宾沟通，以通俗的话语样式解读传递晦涩的文化知识。与此同时，还不能摒弃文化类节目本应具备的高雅气质，要将高雅与通俗的话语样式相融合。

（二）平实与随和相交织

在电视文化节目中，主持人要以平实无华的语言为基础，融入随和亲切的情感，营造出一种自然舒适的交流氛围。平实的表述中透露着随和的态度，使人在轻松愉悦中感受到真诚与温暖。

（三）规范与活泼相协调

在严格节目流程的前提下，要注入活泼的元素，要将庄重的、传统的、沉甸甸的文化以一种轻松的话语样式传达给观众。规范与活泼相得益彰，既展现了专业与严谨，又带来了灵动与活力，使整体氛围更加和谐多彩。

少数民族大学生参与社交媒体平台民族文化信息正向建构研究

金 强 赵晓楠

【摘要】在当前互联网高速发展的时代背景下，少数民族大学生在网络空间的活跃度相对较高。本研究聚焦于少数民族大学生账号主体如何积极正向建构本民族网络信息，旨在揭示其在民族网络文化传播中的重要作用。作为网络生活的重要参与者和基础信息的重要提供者，少数民族大学生网络行为呈现出多元化、个性化特点，但其传播行为与建构行动也面临网络信息安全、网络关系调适、文化误读等挑战。部分少数民族大学生的网络行为模式与认知结构，助力其展现了强烈的民族文化自觉，其通过网络精心策划内容选题，有效推动了民族文化的正确引流与正向传播。少数民族大学生搭建起正向的文化交流桥梁，对促进民族间的交往交流交融至关重要。

【关键词】少数民族大学生；民族信息；正向建构；民族文化；信息社会

一、研究缘起与基本考量

近年来，借力移动互联网技术的不断成熟以及移动互联网设备的逐渐普及和推广，民族地区在经济社会发展方面不断呈现出新气象，西部"少数民族地区民众受教育程度大幅度提高。特别是随着少数民族预科计划、援藏援疆计划、少数民族骨干计划等一系列国家政策的实施，越来越多的少数民族学生接受高等教育并逐渐成为其所属民族、所在地区的精英"[1]。少数民族大学生对新媒介的接触及应用相较于其他年龄层的少数民族群众程度要高，这就意味着这些民族精英在现在以及未来会掌握本民族的话语权，进而成为舆论领袖和正向信息建构主体，并一定程度上影响着少数民族地区的舆情发展。然而，对少数民族学生而言，这一使命与担当既有机遇也有挑战。

从学术视域来看，少数民族在融入信息社会的过程中，普遍面临着信息素养和信息技术应用能力不足等问题。受历史、地理、经济等多重因素的制约，一些少数民族地区的信息化建设相对滞后，这导致各级别学生在信息获取、处理和应用方面常显示出短板。在信息社会中，一些少数民族学生往往难以有效地获取和利用与本民族相关的信息资源，形成"信息孤岛"并制约其全面发展[2]。同时，网络信息的多元化和复杂化也给学生带来了识别与筛选信息的难题。在信息爆炸的时代，各种信息交织在一起，常常真假难辨，对缺乏足够信息鉴别能力的学生而言，如何正确识别、选择和利用与本民族相关的网络信息，成为关键问题。"少数民族在互联网连通和新媒体使用方面，总体上与汉族没有太大差异。少数民族间文化显著的区分度、适应性及自我革新的成长性，都影响到网民对其文化理解的意愿、态度与方法。"[3]信息社会中日益改善的信息传播场景与实际影响效度，对少数民族文化的传承和发展亦提出了新的挑战。

大学生是社会精英的基本组成部分，其社交媒体使用水平和网络信息建构能力对于网络生态平衡和信息和谐具有重要作用。研究大学生的网络

---

[1] 赵小雅.70年，民族教育风雨兼程[J].中国民族教育，2019（10）：5.
[2] 兰天.社交媒体使用对少数民族大学生中华民族共同体意识的影响研究[D].昆明：云南师范大学，2023.
[3] 金强，熊艳.新媒体背景下少数民族文化的形象建构与传播研究[J].广西民族研究，2021（3）：141-147.

社交情况，不仅有助于深入理解学生的网络生活和社群文化，也能为教育政策制定提供参考。中国青年网中青校园大学生网络社交调查研究数据显示，全国有超过八成的大学生经常在网络平台上进行社交活动，超过五成的学生会把每天的网络社交时间延长至 3 小时以上。在使用的社交媒体平台方面，据 2022 年中国互联网蓝皮书发布，微信和 QQ 是最受欢迎的两个头部社交平台，使用率超过 90%。这两个平台在中国的普及率非常高，因此也成为学生使用社交媒体的主要选择。在使用社交媒体的目的方面，与朋友聊天和获取新信息是两个主要目的。学生通过社交媒体与朋友家人和同学保持联系，分享生活和学习经验，获取信息知识。在使用社交媒体的过程中，也存在一些潜在的风险和负面影响，中青校园大学生网络社交调查指出，近四成的大学生在网络社交时遭遇过隐私泄露的问题。

在中华民族伟大复兴的历史进程中，国家始终关注少数民族群体的发展，习近平总书记在中共中央政治局第九次集体学习时强调并提出，"要全面贯彻党的二十大部署，准确把握党的民族工作新的阶段性特征，把铸牢中华民族共同体意识作为党的民族工作和民族地区各项工作的主线"[1]，这亦体现了国家对少数民族群体的高度重视和关心。党的二十大报告强调，"以铸牢中华民族共同体意识为主线，加强和改进党的民族工作"[2]。铸牢中华民族共同体意识对整个国家的生存与发展来说都具有重要意义。国家认同的构建有助于促进少数民族群体的发展。一个具有强烈国家认同感的少数民族群体，会更加积极地参与国家的建设和发展，为国家的繁荣稳定贡献力量。同时，国家也会更加关注和支持少数民族地区的发展，制定更加优惠的政策和措施，推动少数民族地区的经济、文化和社会进步。

本研究针对少数民族大学生群体使用社交媒体的情况进行深入调研，通过搜索社交媒体、少数民族等关键词，定向收集文献资料，并加以整理

---

[1] 吕晓丽，张甲子.少数民族大学生铸牢中华民族共同体意识工作探析：以积极心理学为问题分析视角［J］.中学政治教学参考，2024（12）：38-41.

[2] 敖然.新媒体语境下构建西部少数民族大学生舆情测评体系的原因动机与现实意义［J］.传播力研究，2018，2（24）：73，75.

和分析。通过对这些文献资料的研究,发现社交媒体因其互动性、趣味性和传播的便捷性,成为少数民族形象树立的重要载体,也是铸牢中华民族共同体意识的有力抓手。本研究以藏族、彝族、回族为主,以少数民族大学生的社交媒体使用为突破口,旨在了解相关学生在当今社交媒体流行的时代背景下,如何通过社交媒体来树立自身及民族形象。研究从内容文本、画面呈现、主题表达、隐含意义等具体方面进行分析,样本选取的时间设定为相关博主发布少数民族相关短视频内容开始至2024年7月21日,个别账号的内容发布时长为一至两年的时间跨度。通过系统考察这些短视频,少数民族题材类短视频的内容特征与精神内核均在逐步呈现和发展,长期观察可精确提炼和描述其内容生产机制。研究过程中,可以详细观察短视频平台上不同热点事件与少数民族视频内容的结合场景,在不同节日期间,观察少数民族题材短视频内容生产素材选取的变化。这些结果可以全面揭示少数民族题材类短视频的内容生产机制及文化传播意义,从而为进一步研究少数民族文化在新媒体平台上的传播提供重要参考。抖音平台少数民族大学生账号短视频分析样本见表1。

表1 抖音平台少数民族大学生账号短视频分析样本

一级类目（根据内容类型划分）	二级类目（根据内容主导因素划分）	分类介绍	样本账号
服饰	变装类	抖音热门话题,通过服饰之间的变化、反差呈现民族服饰及自我呈现	小诗诗~（视频获赞:443.1万） 攀攀nikki（视频获赞:1665.9万）
	服饰讲解类	以服饰为核心要素,介绍服饰背后的文化或历史	云品出滇（视频获赞:63.9万） 小明（视频获赞:4489.6万）

续表

一级类目（根据内容类型划分）	二级类目（根据内容主导因素划分）	分类介绍	样本账号
美食	美食制作	详细展现美食制作过程	滇西小哥（视频获赞：2205.4万）
	美食故事讲解	讲解美食背后的故事	野生作家叶子（视频获赞：302.1万）白玛卓玛在西藏呀（视频获赞：26.2万）
音乐	Rop音乐类	通过音乐宣传家乡	李梓沐ChiLi（视频获赞：23.8万）
舞蹈	民族舞蹈文化讲解	传承民族舞蹈文化	阿尔曼（舞者）（视频获赞：82.6万）
文旅结合类		利用民族服饰元素在旅游景点共创短视频内容	鸟木（视频获赞：7698.5万）央小央（视频获赞：336.7万）

（注：数据截至2024年7月21日。）

二、少数民族大学生参与本民族网络信息建构的现状和特征

（一）少数民族大学生参与本民族网络文化信息建构的行为特点

1. 普遍的文化自觉意识与传承责任感

少数民族大学生在参与本民族网络信息建构的过程中，表现出了对本民族文化的普遍理解和自觉传承，并愿意为实现民族文化传承和创新做出积极贡献。在参与本民族网络信息建构的过程中，他们不断加深对本民族

文化的深刻理解，不仅有着对民族文化传统的深厚情感，更具有强烈的文化使命感。比如，抖音平台拥有38万粉丝的大学生博主"白玛卓玛在西藏呀"，其账号向大家展现了丰富的藏族美食、秀丽的景色和神秘的藏族文化，仅13条作品就获得了488万次的点赞量和上千万次的浏览量。博主通过对自己家乡风俗的深刻理解和创新的表达方式广受人们的认可和喜欢。再如，于2023年冬天通过哈尔滨冰雪大世界大火的鄂伦春族博主"虎论贝尔"，其每一期作品都穿戴民族的特色服饰，自信地将本民族风俗展现给观众，在网络中已收获百万粉丝的喜爱。这种文化自觉的意识不仅体现在他们对民族文化的深入挖掘和整理上，也体现在通过网络平台对民族文化进行的创新性传播上。少数民族大学生通过网络平台，将本民族的文化元素与现代网络技术相结合，创造出具有独特魅力的网络信息作品，从而实现了本民族文化的传承和创新。

2. 相对较好的技术运用水平与信息能动性

在信息化和全球化背景下，少数民族大学生在信息素养和技术应用方面展现出了较高水平。他们不仅可以熟练使用网络平台和工具，进行信息搜集、整理、分析和传播，还能利用技术手段创新性地呈现和表达信息，使本民族文化在网络空间中得以有效传播。这些大学生通过将民族文化元素与现代网络技术相结合，创造出独具魅力的作品，实现了文化传承和创新。

在参与网络信息建构时，少数民族大学生表现出高度的表达严谨性和责任感，尤其注重信息的真实性和准确性。他们深知网络信息对社会公众的影响，因此在发布和分享信息时态度认真，力求内容经得起推敲和检验。此外，这些学生还具备专业的平台意识，能够巧妙利用不同平台的优势进行文化传播。在传播策略方面，他们运用标签和传播矩阵，将民族文化内容精准定位并有效推广。

3. 敏捷的文化融合意识与思维创新力

少数民族大学生不仅致力于保护和传承本民族的独特文化，更积极寻求与其他民族文化的交流与融合，从而推动中华民族文化的创新与发展。

据统计，少数民族大学生自媒体账号中，回族博主的内容占比最高，约占整体总量的40%[①]。其中，"解小羊""一个阿茶"等优秀自媒体博主，通过前卫的内容创作方式和精湛的视频剪辑技巧，呈现出大量积极向上的正能量内容，展现了少数民族文化的多样性和创造力。少数民族大学生通过网络平台，积极学习其他民族和地区的文化，包括历史、艺术、语言和风俗等。他们通过参与各种线上文化活动、观看纪录片、阅读书籍等方式，拓宽文化视野，增进对其他民族文化的理解和尊重。例如，抖音博主"尚·in London"通过深入了解其他民族文化，成功将各民族文化融入视频，单条视频最多获得165万点赞。这些视频在服饰设计、音乐创作、舞蹈编排等方面，吸收了其他文化的艺术手法和表现形式，使民族文化呈现出更加丰富多样的面貌。

此外，少数民族大学生还勇于进行文化创新尝试。他们积极探索新的表达方式，利用现代科技手段，如虚拟现实（VR）、增强现实（AR）等，将本民族文化以更加生动、直观的形式展示给大众。文化融合与创新的尝试还推动了民族文化的现代化和国际化，通过吸收其他文化的优秀元素和先进理念，民族文化能够不断焕发出新的生机和活力，更好地适应时代的发展需求。这种创新性的尝试也有助于提升民族文化在国际上的影响力和竞争力。在文化融合与创新的过程中，少数民族大学生展示了极高的文化敏锐性和创新能力。抖音作者"南木任真"用AI去展现藏族游牧民族生活，通过虚拟AI软件展现出藏族牧民人与自然和谐相处的生活。他们不仅是本民族文化的传承者和保护者，更是文化创新的推动者和引领者。他们的努力不仅促进了本民族文化的多样化发展，也为全球文化的交流与融合贡献了智慧和力量。

（二）少数民族大学生参与本民族网络信息建构的影响因素

少数民族大学生参与本民族网络信息建构的行为受多维度、多层次的

[①] 安军地.新媒体时代少数民族文化形象构建与传播研究[J].国际公关，2023（8）：151-153.

内外因素深刻影响，这些因素共同构成了复杂的动因体系。

1. 内在因素：民族文化认同感与心理归属感

民族文化认同感与心理归属感是少数民族大学生参与网络信息建构的核心驱动力。深厚的文化情感促使学生展示和传播本民族的文化特色，从而强化民族身份与归属感。个人兴趣与动机在这一过程中起着关键作用，对网络技术和信息传播的兴趣，以及对本民族文化的情感，共同推动其参与网络信息建构。创新能力和信息素养也不可或缺，具备创新思维的学生能够利用新技术和新媒体创作具有民族特色的内容，而良好的信息素养则使他们能有效地获取、处理和应用信息，为文化传播提供支持。

2. 外在因素：家庭文化熏陶与社会环境影响

家庭和社会环境对少数民族大学生的文化价值观塑造有重要影响。家庭的支持和社会对多元文化的包容为学生参与网络信息建构提供了有利的外部环境。高校通过相关课程、实践机会和资源支持，培养学生的信息素养与网络技能。政策环境和网络条件同样重要，政府的政策支持和引导，以及开放、安全的网络环境，保障了学生网络信息传播和互动的顺利进行。政府通过支持少数民族文化传播的政策，促进了学生对本民族文化的宣传和保护。

综上，少数民族大学生参与网络信息建构的行为由内外部因素共同驱动。内在因素如文化认同感、归属感、个人兴趣、创新能力和信息素养直接影响参与意愿和效果；外在因素如家庭熏陶、社会环境、学校教育、政策支持和网络条件提供了参与环境和保障。通过分析这些因素，可以为少数民族文化的保护与传播提供理论支持和实践指导。

（三）少数民族大学生参与本民族网络信息正向建构的效果评估

少数民族大学生在社交媒体中的评论和交流对于舆情走向和舆情研判具有重要价值，对于本民族网络信息的正向建构具有积极影响。以2023年8月在网络上爆火的凉山篮球"黑鹰队"为例，该队由彝族青年瓦尔阿木在家乡甘洛县阿沙莫村组建。瓦尔阿木在大学毕业后选择回到凉山，带领这支球队走出深山，让越来越多的人看到了彝族少年的风采。在此期间，随着越来越多彝族网络红人和彝族大学生的宣传，抖音、微博、快手等平台上逐渐涌现出大量积极向上、充满正能量的信息。这些信息不仅展示了彝族的文化特色，还通过彝族学生发布的充满友谊和爱的内容，营造了温暖的网络氛围。个人传播的简单内容往往难以广泛传播，但随着具有传播能力的同族同胞的出现，学生们发布的正确、客观和积极的声音更容易被人理解和接受。这有助于打破长期以来与外界交流较少的障碍，使身处大凉山的彝族文化更加为外界所了解。比如，最近全网爆火的彝族说唱歌手"诺米么lodmemo"，他的歌曲《阿普的思念》在朋友圈和网络中广泛传播，使更多人熟悉了彝族的民族文化和历史。大学生的参与有助于增强本民族网络信息的影响力。他们通过自己的社交网络和影响力，将信息传播到更广泛的人群中，有助于突破民族主义和地方保护主义的影响，使更多人了解和接受本民族的信息。

少数民族大学生在网络信息正向建构中的积极参与，不仅提升了本民族网络信息的质量和影响力，还为民族文化的传播和认同注入了新的动力。他们通过网络平台展示和传播本民族文化，增强了民族文化的可见性和认可度，进一步促进了民族间的交流与理解。这种积极的参与模式为其他少数民族文化的保护与传播提供了有价值的经验和借鉴，具有重要的理论意义和实践价值。

三、少数民族大学生参与本民族网络信息正向建构中存在的问题

（一）文化精准理解力与信息深度选择问题

在全球化与新媒体时代，民族文化传播的复杂性和多样性空前增加。少数民族大学生作为本民族文化的传承者和传播者，在社交媒体上面临着

筛选和展示本民族特色的挑战。文化理解力和信息选择能力是关键问题。深厚的民族文化底蕴是准确理解和诠释文化内涵的基础，但学生可能因认知局限性和外界信息多样性而产生偏差或误解。此外，少数民族大学生还需在信息泛滥中筛选和展示本民族特色，确保文化特色的同时保持信息的准确性和客观性。

社交媒体的信息传播具有即时性和广泛性，这要求大学生在发布信息时更加谨慎。他们需甄别信息真伪，避免传播虚假或误导内容，并通过图文结合、短视频等生动形式吸引受众关注和参与。在这一过程中，少数民族大学生不仅需要高水平的文化理解力和信息选择能力，还需提升媒介素养和技术应用能力。这将有助于增强他们在网络信息建构中的能动性，提升本民族文化在新媒体平台上的影响力和认同度。因此，加强对少数民族大学生的文化教育和信息素养培训，支持他们积极参与网络信息建构，是推动民族文化传承与发展的重要途径。

（二）网络持久互动力与信息场域扩展问题

互动与参与是构建和维系网络社区的关键，但少数民族大学生在这些方面面临独特的挑战。尽管国家政策推动了少数民族地区的经济和社会发展，但整体发展水平仍相对落后，特别是一些边疆民族地区。由于家庭贫困、生活环境和经济水平的差距，这些地区的学生在心理特征上与汉族学生存在差异，如处事能力、交际范围和思维方式，导致他们在适应新环境时可能面临较大的心理压力和不适感。

少数民族大学生在社交媒体上需要构建和表达自己的网络身份，如何在保持本民族特色的同时与其他民族用户产生共鸣，是核心挑战。他们应通过分享本民族文化故事和传统习俗展示独特魅力，同时应积极倾听并理解其他民族用户的观点，以建立和谐包容的网络社区。这要求他们克服语言和文化差异，寻找共同话题和兴趣点，并具备开放包容的心态，尊重不同民族的文化和价值观。

信息时代，网络不仅是交流平台，也是充满各种信息的场域。信息筛选的难度、信息场域中的偏见与误解，以及信息的不对等和歧视，都是少数民族大学生面临的主要问题。他们需在海量信息中筛选出与本民族文化相关的信息，面对复杂信息和潜在的偏见，这些挑战可能会影响他们对本民族文化的认知和传承。加强信息素养和文化理解力，将帮助少数民族大学生更好地应对这些挑战。

（三）外部技术驱动力与平台选择优化问题

少数民族大学生在参与本民族网络信息正向建构的过程中，技术使用与技能问题成为不可忽视的挑战。受历史、地理和经济条件的限制，一些少数民族学生在信息技术教育方面相对滞后，导致技术基础薄弱。这不仅影响他们的基本计算机操作能力，在对网络应用工具的掌握和运用上，他们也会在有效利用网络资源、搜索引擎、社交媒体等工具进行信息搜索、传播和交流时感到困惑。

此外，新的社交媒体和内容创作工具不断涌现，尽管为少数民族大学生提供了更多选择和机会，也同时带来了选择的困扰。他们难以判断哪些平台更适合本民族文化传播，哪些具有更大的用户基础和影响力，这种不确定性可能导致犹豫并错失传播机会。不同平台具有不同的文化氛围和用户特点，少数民族大学生需要找到与自己文化背景和身份认同相符的平台，以便更好地融入并与目标受众互动。但由于缺乏足够的经验和知识，他们在平台选择上可能出现失误，影响信息传播的有效性。

四、少数民族大学生参与本民族网络信息正向建构的提升策略

（一）加强民族文化学习与理解，营造多元传播生态

少数民族大学生作为民族文化传承与创新的重要力量，加强其民族文化教育至关重要。通过系统性和全面性的教育措施，鼓励学生深入学习和

理解本民族文化和历史，可以增强其对文化内涵的深刻理解。开设专门的民族文化课程、举办文化讲座和研讨会，可以系统地传授文化知识，帮助学生建立深厚的文化底蕴。这不仅可以提升学生对本民族文化的认同感和自豪感，也为他们在网络信息建构中提供了丰富的素材和灵感。

在内容创作和传播方面，应结合亲身经历和媒体沟通，将虚拟与现实情境联系起来，利用VR、音频、数字电视等技术，使民族文化内容以形象、动态的方式呈现。民族文化传播不仅是文化认同的进程，也是经验交流与媒体沟通的过程，应通过媒介融合，将新媒体与传统媒体的优势结合，合理应用图像、声音、文字、动画等多种手段，助力民族文化产品的传播与深度挖掘。

例如，利用微信公众号制作系列节目，通过数字化博物馆展示藏品，或在手机平台创设音频节目介绍民族习俗，这些创新尝试不仅提升了文化传播效果，也推动了学生在网络信息建构中的作用。学校和社会各界应提供必要支持和资源，推动民族文化的传承与发展。这不仅有助于增强民族文化的可见性和认同感，也为促进文化多样性和社会和谐做出贡献。在全球化与新媒体时代背景下，这种综合性的努力将使少数民族文化焕发出新的生机和活力。

（二）提升互动意识与交流能力，力促跨民族文化互融

提升互动意识和交流能力是少数民族大学生在信息社会中迈出的关键一步。这不仅是确保他们在网络空间中有效发声的核心要素，更是促进本民族文化传播的重要手段。积极参与社交媒体的互动，不仅意味着发表个人观点，还包括积极回应他人的评论和反馈。通过双向交流，学生可以建立更加深入的网络关系，增强本民族文化的传播效果。积极互动使学生能够扩大影响力，获取更多反馈和建议，从而不断改进和提升文化传播的内容和方式。

跨民族文化交流同样是构建和谐网络社区的关键。社交媒体平台应设立专门的跨民族交流板块或组织相关活动，为不同民族用户提供互动和交

流的机会。通过分享各自的文化、故事和经历，不同民族的用户可以增进理解、相互尊重，打破刻板印象和偏见，构建包容、多元的网络空间。这不仅拓宽了学生的视野，还为他们的文化创新提供了灵感和动力。在这一过程中，学生不仅是文化的传播者，也是文化的创新者，为构建和谐的网络社会发挥着重要作用。

（三）增进平台操控与使用技能，强化网络安全感知

鉴于少数民族大学生在社交媒体使用和信息处理方面可能存在的技术短板，院校应开设技术课程、举办技术讲座，系统传授社交媒体使用技巧、信息筛选与整合方法，以及数据分析与可视化工具的使用，提供专门的技术培训和支持。同时，社交媒体平台需采取综合措施以增强少数民族大学生的参与度和文化认同感。平台应提供多语言支持，确保少数民族大学生无障碍参与网络交流；建立文化专区，展示各民族的独特魅力，并鼓励学生分享文化体验以增进认同感。

另外，应加强与主流媒体和文化机构的合作，共同推广少数民族文化，扩大平台影响力，促进文化交流与融合。政府应积极参与少数民族文化宣传，组织民族文化展示活动，邀请新闻媒体进行宣传，以提高少数民族的知名度与影响力，同时避免过度商业化，保持文化传播的真实性和纯粹性。推广成功的文化传播案例，组织分享会和研讨会，帮助学生了解有效的信息传播策略，激发创新思维，提升文化传播效果。此外，应加强信息安全教育，保障学生在网络空间中的安全活动。通过举办信息安全讲座、提供安全使用指南、普及网络安全知识、提醒学生保护个人信息和隐私，并建立健全的信息安全管理制度，确保学生在网络信息建构过程中的安全。

结　语

通过深入剖析少数民族大学生在网络信息建构中的角色与影响，本文

旨在揭示他们在提升民族文化传播力、推动文化创新以及促进社会认同等方面的积极作用。通过社交媒体平台，学生可更好地传播民族文化特色和历史传统，有效增强民族文化的网络影响力。可通过提供技术支持、案例借鉴和安全保障等措施，帮助学生更好地参与本民族网络信息正向建构，进一步推动民族文化的传承与创新，促进网络空间的多元与和谐。在网络信息建构中，少数民族大学生可以发挥更加重要的作用，特别是结合所学专业和学科优势，以及文艺特长等，为推动本民族文化的传承与创新、促进网络空间的多元与和谐贡献更多的力量。同时，相关平台也应该给予少数民族大学生更多的关注与支持，共同推动少数民族大学生在网络信息建构中的发展与进步，为铸牢中华民族共同体意识而助力。

湖北卫视播音员主持人普通话应用调查研究

——以2023年12月4日全天段节目的语言呈现为例

张海燕　刘梦儿

【摘要】 在日新月异的智媒时代，省级卫视仍是传播客观信息、引导舆论价值的主流媒体，省级卫视播音员与节目主持人更是所属节目的灵魂人物，承担着引导节目氛围、传递信息、与观众互动等多重角色，其语言面貌直接关系到整体节目的质量和受众体验。因此，对其进行调研评估具有重要意义。湖北卫视是全国卫视排名前十的优质卫视，是讲好湖北故事、传播湖北声音、展现湖北风土人情的重要窗口。本次调研采取录屏形式，以湖北卫视2023年12月4日全天段节目呈现为调研样本，反复观察与分析所录视频并整理出相关数据，旨在调研省台播音员主持人的职业技能水准，分析主持人在语言表达、情感把控、专业知识等方面的表现，探讨目前主持人的优势和不足之处，提出提升技能水准的建议，以期为行业发展提供些许参考。

【关键词】 湖北卫视；播音员主持人；普通话应用

引　言

《中华人民共和国国家通用语言文字法》规定，广播电视节目要规范使用国家通用语言文字,要在推广普及普通话方面起到引领示范作用。多年来,媒体在推广普及普通话方面发挥了重要作用。在日常生活中谈到标准的普通话发音,广大人民群众自然会想到并去参照播音员主持人的读音,以他们的普通话语音做样板。但是,倘若进行细致调查就会发现,广播电视节目中普通话的语音、语调和语法的表达失误不在少数。

广播电视作为大众传播媒体是推广普通话的榜样,播音员主持人是标准音的示范者和宣传者,对全社会的语言规范产生着巨大的影响,他们的语音失误不可轻视。因此,开展以湖北卫视全天段播音员主持人语言面貌为样本的调查具有十分重要的意义。

一、调查研究宏观概述

此次调研以湖北卫视 2023 年 12 月 4 日(宪法日)全天段的节目呈现为监测对象,录制并监测了当天不同时段不同栏目播音员主持人有声语言的表达样貌。除去各时间段电视剧放映时间,本次节目视频录制时长共计 210 分钟[①]。收录视频内容涉及专题纪录片、国际与国内民生新闻、生活服务类节目三个不同的节目类型播音员主持人的语言表现,见表 1。

表 1 收录节目情况表

节目播放时间	视频时长	节目名称	节目类型	节目简要说明	数据采集价值
7:00	29 分钟	湖北新闻	新闻类	聚焦湖北民生实事和发展	高
8:00	30 分钟	天生我财	财经类	以直播方式提供对股市产生影响的最新资讯,并现场连线各大证券的专家,为广大投资者提出建设性和指导性操作建议	高

---

① 林琳. 融媒体视阈下传统播音方式的创新[J]. 中国地市报人,2019(10):79-80.

续表

节目播放时间	视频时长	节目名称	节目类型	节目简要说明	数据采集价值
8:30 17:50	40分钟	一起找健康	生活服务类	中医专家利用中医古方制成新药解决相关病友康复需求	一般
11:50	33分钟	天生我财	财经类	解读财经政策和相关数据，预测各尖端行业大盘走势	高
18:25	3分钟	湖北天气预报	生活服务类	每天准确及时地播报湖北各区域天气变化，方便出行和应对天气变化	高
18:30	22分钟	湖北新闻	新闻类	聚焦湖北现代化高新产业发展和社区文娱发展	高
21:10	10分钟	湖北十分	新闻观察类	挖掘一个新闻话题展开社会讨论与分析	一般
22:05	18分钟	影响世界的中国植物	专题片	介绍银杏果的神奇妙用和对世界发展的贡献	低
22:30	55分钟	夜观财经	财经类	以普通投资者为主角，为广大股民提供一个展示操盘理念和操盘思路、竞技操盘水平的平台，让广大股民从专家和普通投资者的交流中受益	高

续表

节目播放时间	视频时长	节目名称	节目类型	节目简要说明	数据采集价值
23：20	28分钟	长江新闻号	新闻类	放眼全球，以中国视角对国际热点新闻进行深度挖掘和解读	高

在初步整理和二次观察视频后发现，2023年12月4日湖北卫视各时段节目播音员与主持人的节目呈现整体优良[①]。从语言表达层面看，湖北卫视各节目播音员主持人的语言表达能力整体较强，能够流畅、准确地传达信息。然而也有部分主持人在用词和语调把握上还存在改进空间，建议主持人在平时的训练中注重语言的丰富性和多样性，提升表达能力。从情感把控层面看，当天湖北卫视大部分播音员主持人表现良好，能够在节目限定风格要求下准确地表情达意，与听众建立情感连接，可也有少部分主持人在表情达意过程中显得过于生硬或夸张，需要更多的训练和调整。从专业知识水平看，当天湖北卫视部分播音员主持人对所主持的节目内容有一定了解和积累，不时增添了节目的可信度和权威性，但其具体专业领域知识储备仍旧不足，需要加强针对性研究与学习。

二、调查研究微观分析

本次调查研究以节目类型为划分标准，将不同时段同种类型节目主持人的节目呈现进行横向归纳与纵深分析，进而评定2023年12月4日湖北卫视各时段节目播音员主持人职业技能水准，明确优势、寻找不足，提出问题解决的可尝试举措，以期为行业发展提供些许参考。

---

① 胡黎娜.播音员主持人普通话水平测试相关问题分析［J］.现代传播（中国传媒大学学报），2011（6）：153-154.

（一）新闻类节目播音员语言面貌呈现探析

1. 7:00 播出的《湖北新闻》

新闻女主播程丞与男主播尹华正当天呈现的普通话都是一级乙等水准，整体语言面貌良好，语音清晰标准，词汇和语法正确无误，语调自然、语意完整，但亦有美中不足之处。

女主播程丞语速偏快、字词归堆抱团不够紧凑、情感流动起伏区间窄，容易让句间逻辑关系不明朗，广大观众极易产生听感疲惫，出现转跳平台的情况。

男主播尹华正就"消失的课间十分钟"这一话题，由表及里、深入浅出地剖析了此现象背后折射出的社会问题，援引正反案例给出建设性意见，语言表达清晰流畅，情绪起承转合自然且灵动，展现出新闻人扎实深厚的语言基本功，也凸显出其理性又不失温度的话语风格。

2. 18:30 播出的《湖北新闻》以及 21:10 播出的《湖北十分》

女主播魏凌洁呈现出的普通话面貌是一级甲等水准。作为湖北广电新闻组的首席主持人，魏凌洁的普通话表达简练且准确，无语音语调不准确的问题。但是，从职业提升意义上讲，多年严谨端庄的有声语言和副语言表达习惯也一定程度上压缩了其职业成长空间。比如，21:10 播出的《湖北十分》，魏凌洁依旧采取坐播形式且没有换主播服，语态和肢体与当天 18:30 播出的《湖北新闻》差别甚微，观众整体看下来会以为是《湖北新闻》的衍生品，难免产生视感和听感的双重疲惫。

3. 23:20 播出的《长江新闻号》

片头男配音员语音规范，无语音语调偏误，判定其普通话为一级甲等。

女主播普通话语音标准，不带方言语调或方言色彩。表达流畅，语速适中，讲述感强，词汇与语法运用正确，停连、重音、轻声、儿化、语气、节奏等把握良好。判定其普通话为一级甲等。

（二）财经类节目主持人语言面貌呈现探析

财经类节目是湖北卫视多年的重磅节目，2023年12月4日湖北卫视8:00与11:50播出的《天生我财》以及当晚播出的《夜观财经》是本次财经类节目主持人语言面貌的调查重点。

1. 8:00播出的《天生我财》

节目共一男一女两位主播。男主播普通话语音面貌较好，语音标准，不带方言语调，表达流畅，语速适中，停连、重音、语气、节奏把握到位。无语调偏误，词语、语法正确无误，字调、变调、轻重音格式等方面把握较好。发音位置略微靠前，解说较好，情感基调显冷，存在读音不准确的问题，见表2，判定普通话为一级甲等。

表2 男主播语音问题

文字	错误语音	正确语音
刚刚	dangdang	ganggang
行情	qin	qing

女主播在播报"再来关注一下公司方面"时，出现明显突兀的卡嗓清嗓声音，这是财经主持人极为不专业的语言表现行为；在播报"公司停止增募资不超过135亿元计划"时，出现停连失误问题；也出现了相应的语音问题，见表3。判定女主播的普通话面貌为二级甲等。

表3 女主播语音问题

文字	错误语音	正确语音
回顾	gou	gu
公司	shi	si

2. 11:50播出的《天生我财》

女主播话语量较少，多是行业投资专家的盘势分析。投资专家为表现流畅而语速太快，常常吞字，观众不易捕捉核心问题。女主播普通话语音面貌较好，表达较流畅，无明显方言语调，但口腔开度不够，"这个""嗯""额"的口头语重复现象较为严重。存在词语搭配不当的问题，如"我们来请教一下操作的话题"应改为"我们来请教一下操作的相关问题"，"所以看了一下监管信息，短剧投资真的是王道"应为"因为了解过监管信息，所以我发现短剧投资真的是王道"。在语言表达时存在停连不当的问题，如"你扫码 / 之后"应为"你扫码之后"。判定女主播的普通话为二级甲等。

3. 22:30 播出的《夜观财经》

女主播王悦迪语音标准，语调自然，节奏把控适中，词语、语法正确无误，字调、变调、轻声、重音格式等方面把握良好。判定女主播的普通话级别为一级甲等。但她也存在语音问题，见表 4。

表 4　女主播王悦迪语音问题

文字	错误语音	正确语音
陈炜	cheng	chen
需要	xi	xu
这次	neici	zheci

男主播陈炜语言节奏恰当，语音语调流畅自然，偶有一些语音问题，见表 5。在语言表达时存在停连不当的问题，如"掌握了国内的 / 数字版权 / 分销 / 权利 / 之后"应为"掌握了 / 国内的数字版权 / 分销权利之后"。判定男主播的普通话级别为一级乙等。

表 5　男主播陈炜语音问题

文字	错误语音	正确语音
省级	shen	sheng
调整	zhen	zheng

虚拟主播小天整体语速平稳且偏快，语调清晰准确，停连断句符合语义逻辑，但是声音扁平，缺少主观强调、强弱分明、起伏流动的情感色彩。判定虚拟主播小天的普通话级别为一级乙等[①]。

（三）生活服务类节目主持人语言面貌呈现探析

1. 8:30 和 17:50 播出的《一起找健康》

女主持人语言连量较少，多散布在开头和结尾处，语音面貌良好，语音标准，语调自然，表达流畅，节奏把握好。判定普通话为一级乙等。

2. 18:25 播出的《湖北天气预报》

男主持人出镜播报时语速偏快，存在发音吞字现象。例如，"未来三天，我省大部分天气……"中的"大部分"一词，由于主播语速过快而发出了弹舌音。判定普通话为一级乙等。

3. 22:05 播出的《影响世界的中国植物》

专题片配音员，语音规范，无语音语调偏误，判定普通话为一级甲等。

综合上述分析，此次湖北卫视全天段各节目播音员主持人普通话应用情况调研发现了以下显著问题。第一，相较于其他节目类型，新闻类节目主播的普通话水准更高，语音问题更少，语言表达更加规范。新闻类节目主播的普通话发音都稳定在一级乙等及以上水准，财经和生活服务类节目主播的普通话应用等级相差则较大。第二，就同一类节目而言，各节目主播普通话应用水准不尽相同。以财经类节目为例，早午晚不同时段财经主播的普通话应用水准也相差较大。第三，就同一节目而言，各位主播的普通话应用水准也是参差不齐，差异明显。比如，在当天 8:00 播出的《天生我财》节目中，男主播的普通话发音是一级甲等水平，女主播的普通话发音是二级甲等水平，两位节目主播的普通话应用水准相差较大。第四，在引进 AI 虚拟主播的节目中，真人主播的普通话应用表现优势不明显。

[①] 黄豆豆. 播音员、主持人常见语音问题及改正方法：以淮安地区播音员为例[J]. 传媒论坛，2020，3（15）：64，66.

例如，在 22:30 播出的《夜观财经》节目中，虚拟主播小天和男主播陈炜的普通话运用水准大致相当，二者的普通话都是一级乙等。

三、湖北卫视各节目播音员主持人普通话存在问题的对策思考

（一）各节目开设普通话语音督察小组，建立具体清晰的奖惩机制

在当前复杂的媒体环境下，各大卫视平台若想稳固媒介影响力和受众群，必然要最大限度地巩固提升平台节目主持人的业务水准[1]。然而，一些媒体单位往往会忽略此项工作的重要性，缺少对平台各节目主持人普通话语音的长期有效的监督。

节目组可以聘请业内专业的普通话测试员对节目主播的普通话语音表现做不定期的监督检查，也可以开设普通话语音督察小组进行长期监督，建立起具体清晰的奖惩机制，进一步优化各节目播音员主持人的普通话语音面貌，以便更好地树立媒体语言的公信力，展示媒体语言运用的示范性，也为更好地推广普通话发挥媒体平台的应有作为。

（二）加强各节目播音员主持人的普通话培训力度，拓宽培训途径

平台各节目播音员主持人的普通话语音培训要依据节目类型分门别类地展开进行。这样不仅能够强化他们的普通话语音，还能提升他们各自的业务技能。各类节目的播音员主持人，他们不仅要有标准规范的普通话语音，还要在"目中无人"的环境中做到"心中有人"，重视观众的信息接收习惯和接受心理，调整自己的语言表达样态，这是对播音员主持人业务素养扎实与否的巨大考验。无论是新闻配音解说还是专题节目主持，都需要依据节目要求开展针对性培训。要结合所负责的节目和板块的稿件，加强各位主播的普通话培训力度，提高他们的业务技能水准，更好地提升语

---

[1] 范洲. 浅谈新闻播音中的情感调动［J］. 新闻世界，2021（8）：64-66.

言表达的质量[①]。

媒体应多组织学习和培训活动，拓宽培训途径。可聘请资深前辈做业务顾问，发扬前辈的传帮带作用。还可以和相关高校合作，允许新生代播音员主持人进行在职研修等。

（三）开设为本台各节目纠音的专门栏目

开设为本台纠音的专门栏目是提升各节目播音员、主持人、解说员语言使用水平的重要方法。这能够及时发现和解决媒体人的语言失当问题，不只语音还有文字。这档节目可以每周一期，时长半小时左右。节目可以邀请特约听审员交流每周本台的语音失误，纠正错误之处；还可邀请业内的语言文字应用和播音主持相关的学者专家谈论媒体语言应用的规范和技巧；播音员主持人也可就易读错字进行讲解示范，让人们了解词语背后的故事。节目力求生动有趣、通俗易懂，达到推广普通话正确语音的效果。

结　语

复杂多变的时代环境和传媒生态对当代的播音员主持人提出了更高要求。无论是中央广播电视总台还是省卫视台，播音员主持人在电视节目中都发挥着重要作用，是"传播好中国声音，讲好中国故事"的重要载体，也是衡量同级别平台是否具有竞争力和影响力的重要标准之一。本文将2023年12月4日湖北卫视栏目主持人有声语言表达状态作为探究点，挖掘该卫视平台播音员主持人口语传播过程中普通话应用水平，依据突出问题提出相应对策，以此提升该平台播音员主持人的业务素质，进而提升平台和栏目的竞争力。主持人职业技能水准的提升既需要主持人本人的努力学习，同时也需要广播机构提供更多的培训机会和支持。希望通过本次调研，能够为广播行业的发展和主持人的个人成长提供一定的参考和帮助。

---

① 李玮.提高县级广播电台播音员、主持人业务水平的四个要素［J］.西部广播电视，2017（8）：128.

在"智慧传媒"研究院成立暨首届"新传论坛·五月科研活动月"的总结发言
（代后记）

张金桐

尊敬的各位领导、专家、老师们、同学们：

大家好！

我怀着一颗激动的、感恩的心站在这里发言，因为我们成立了"智慧传媒"研究院，河北传媒学院首届"新传论坛·五月科研活动月"亦将落下帷幕。这两个活动得到了在座的各位的支持和帮助，特别是专家们百忙中从远方莅临，为我们的活动助力添薪。在此，我感谢大家，感谢来自远方的朋友！

这两个活动是2024年1月发起的，伴随着新闻传播学院的五年发展规划（2024—2028年）而产生。学院的五年规划中明确规定了写作科研论文的任务目标，实话说是为了实现科研目标而采取的两项措施。新闻传播学院是一个大学院，有8个本科专业、1个研究生硕士点，4302名学生，其中研究生391人。新闻传播学院2008年建院，是一个年轻的学院，有一批有活力的、有激情的青年教师，但是，仅有活力和激情是不够的，要有能力。学院年轻、教师年轻，因此，科研积累比较薄弱，于是，为了提高师生的科研能力尤其是论文写作能力，营造良好的科研环境，以科研助力人才培养，根据学科发展规律和学院的科研现状，我们主动给自己施压。比较高的科研目标确实给学院师生带来了压力，而且这个压力是前所未有的，若要减轻压力，必须强化能力，于是决定常态化举办"新传论坛·五月科研活动月"，成立"智慧传媒"研究院，助力一切科研活动。

两个活动均有比较完备的方案。"新传论坛·五月科研活动月"有组织形式、后期工作机制等，规定教师的论文写作与发表与其年度考核、导师评聘和职称评审挂钩，学生的论文写作情况，与各项评优、中期考核挂钩。定期举办论坛，形成制度，使全院师生养成良好的科学研究习惯。

我们的总体发展目标是：五年内学院的综合实力达到全国同类高校同类院系一流水平，力争成为"龙头"学院。为了实现任务目标，在学校的大力支持下，我们采取了一系列措施，比如，引入双高教师、传帮带、实行科研助推计划、常态化召开年度"新闻传播学院建设发展研讨会"、常态化开设"优秀传统文化大讲堂"、常态化实施寒暑假"燕赵文脉"项目创作计划等。写作科研论文的任务目标，目前的情况是，老师写出论文82篇，已发表22篇，今天参加论坛的47篇，学生写出论文206篇，已发表50篇，今天参加论坛的54篇。

今天，将两个活动放在一起进行，意在为学院师生提供多角度的学习机会。我相信这个"多角度"的目的实现了，特别是专家专场论坛，非常精彩，让我们现场感受到了大学者的思想和学识。专家们高屋建瓴的论述，让我和我的老师、同学们获益匪浅。为此，再次感谢各位专家！

其实，在分论坛中，专家们扮演了两个角色，既是分论坛主持人、点评人，又是伯乐。作为主持人、点评人，专家们给我们的作品把脉、会诊，找出我们的病症所在，并给出"医治"良方，老师和同学们非常感动、感激；作为伯乐，我相信专家们的慧眼也一定发现了一些老师和同学们的论文有闪光之处，因此，我特别希望这些有闪光点的论文能在专家们主持的期刊上得以刊发，让更多的人看到其闪光处，如此，幸甚！

今天开展的论坛活动，我们会常态化地搞下去。专家们的参与让今天的活动变得耀眼，我和我的老师们、同学们记在了心里。这只是首届，我期待着第二届、第三届，乃至第八届、第九届，希望专家们能再次莅临现场，期盼着你们能见证我们年轻教师科学研究的成熟，助力河北传媒学院新闻传播学院这个年轻的学院的成长！

谢谢大家！

2024.5.25

图书在版编目（CIP）数据

智慧传媒：五月新传论坛 / 李锦云主编. --北京：中国国际广播出版社，2024.10. --ISBN 978-7-5078-5677-4

I . G210-53

中国国家版本馆CIP数据核字第2024WT9117号

智慧传媒：五月新传论坛

主　　编	李锦云
副 主 编	张金桐　张　玮　申玉山　付　超
责任编辑	尹　航
校　　对	张　娜
版式设计	邢秀娟
封面设计	李修权

出版发行	中国国际广播出版社有限公司 ［010-89508207（传真）］
社　　址	北京市丰台区榴乡路88号石榴中心2号楼1701 邮编：100079
印　　刷	北京汇瑞嘉合文化发展有限公司

开　　本	710×1000　1/16
字　　数	450千字
印　　张	30.75
版　　次	2024年10月 北京第一版
印　　次	2024年10月 第一次印刷
定　　价	98.00元

版权所有　盗版必究